대원불교
학술총서

15

대원불교
학술총서

15

윤회

REBIRTH

. . .

불교의 마음, 업, 우주에
대한 길잡이

. . .

로저 잭슨 지음

윤희조 옮김

. . .

운주사

REBIRTH: A Guide to Mind, Karma, and Cosmos in the Buddhist World
by Roger R. Jackson
© 2022 by Roger R. Jackson
Korean Translation © 2024, UNJUSA
Published by arrangement with Shambhala Publications, Inc., Boulder
through Sibylle Books Literary Agency, Seoul

발간사

오늘날 인류 사회는 4차 산업혁명을 통해 완전히 새로운 세상을 맞이하고 있습니다. 전통적인 인간관과 세계관이 크게 흔들리면서, 종교계에도 새로운 변혁이 불가피하게 되었습니다. 이런 상황에서 대한불교진흥원은 다음과 같은 취지로 대원불교총서를 발간하려고 합니다.

첫째로, 현대 과학의 발전을 토대로 불교를 현대적으로 재해석할 필요가 있습니다. 불교는 어느 종교보다도 과학과 가장 잘 조화될 수 있는 종교입니다. 이런 평가에 걸맞게 불교를 현대적 용어로 새롭게 이해할 수 있도록 하려고 합니다.

둘째로, 현대 생활에 맞게 불교를 이해할 필요가 있습니다. 불교가 형성되던 시대 상황과 오늘날의 상황은 너무나 많이 변했습니다. 이런 변화된 상황에서 부처님의 가르침을 제대로 이해할 수 있도록 하려고 합니다.

셋째로, 불교의 발전과정을 종합적으로 이해할 필요가 있습니다. 북방불교, 남방불교, 티베트불교, 현대 서구불교 등은 같은 뿌리에서 다른 꽃들을 피웠습니다. 세계화 시대에 부응하여 이들 발전을 한데 묶어 불교에 대한 총체적 이해가 가능하도록 하려고 합니다.

대원불교총서는 대한불교진흥원의 장기 프로젝트의 하나로서 두 종류로 출간될 예정입니다. 하나는 대원불교학술총서이고 다른 하나는 대원불교문화총서입니다. 학술총서는 학술성과 대중성 양 측면을

모두 갖추려고 하며, 문화총서는 젊은 세대의 관심과 감각에 맞추려고
합니다.

　본 총서 발간이 한국불교 중흥에 조금이나마 기여할 수 있기를
바랍니다.

　　　　　　　　　　　　불기 2568년(서기 2024년) 3월
　　　　　　　　　　　　　　(재)대한불교진흥원

본서에 대한 찬사

"이것은 내가 본 것 중 윤회와 업에 대한 가장 포괄적이고 학술적인 연구이며, 앞으로 수년 동안 이 주제에 관한 권위 있는 책이 될 것으로 생각합니다. 나는 로저 잭슨이 동료들에게 이 책을 싱할라어 및 따밀어로 번역하도록 격려해 주기를 바랍니다."

오베예세케레(Gananath Obeyesekere): 프린스턴 대학교 인류학과 명예교수

"평생을 바쳐 깊게 연구한 결실, 로저 잭슨의 『윤회』는 고대부터 현대까지 불교권을 가로질러 환생에 대한 불교 사상사를 추적합니다. 이 책은 그 결정판입니다. 폭과 깊이 면에서 다른 어떤 책도 필적할 수 없습니다. 생생하고 접근하기 쉬운 산문으로 쓰였으며, 모든 장에서 잭슨의 엄청난 학식을 입증한 『윤회』는 불교 연구와 종교사에 크게 이바지합니다."

카베존(José I. Cabezón): 캘리포니아 대학교,
산타바바라, 티베트 불교와 문화 연구소, 달라이 라마 석좌교수

"『윤회』는 이 주제에 관한 불교사상의 결정적인 연구입니다. 로저 잭슨의 학식은 자료와 문맥 모두에 세심한 주의를 기울이고 방대한 문헌을 참조하고 있어서 흠잡을 데가 없습니다. 서술 구조는 현대 서양 불교의 접근법을 통해 불교 이전 인도사상사로 우리를 데려가고, 윤회의 실재와 형이상학에 대한 논의, 그리고 더 큰 불교의 전망 안에서 윤회가 하는 역할을 탐구합니다. 이것은 불교 연구에 대한 특별한 기여입니다."

가필드(Jay L. Garfield): 멜버른 대학교 철학과 교수

"박식하고 유능한 로저 잭슨은 고대 인도에서 현대 미국에 이르기까지 불교 세계를 가로지르며 수 세기에 걸친 여행으로 독자를 안내하고, 그 과정에서 윤회의 기제와 시학을 제시합니다. 잘 알지 못하는 사람들은 많은 것을 배우고, 많이 아는 사람들은 더 많이 배우게 될 것입니다."

로페즈(Donald S. Lopez Jr.): 미시간 대학교,
불교와 티베트 연구소, 아써 링크 석좌교수

"불교에는 독단이 없지만, 윤회와 업의 실재를 반드시 수용하는 독특한 '관점'에 기초하고 있습니다. 이것은 복잡한 주제입니다. 궁극적인 진리와 상대적인 진리를 구별하는 동시에 이 두 가지 진리의 불가분성을 이해하지 않고서는 불교적 관점을 이해할 수 없습니다. 이 신간은 이론적이고 철학적인 수준에서 그런 복잡성을 현명하게 피하는 한편, 매우 실용적인 수준에서 접근함으로써 논의에 중요하게 이바지합니다. 나는 윤회에 접근하는 불교도들의 다양한 방식에 관한 잭슨 박사의 분석이 흥미롭고 과감할 뿐만 아니라, 현대 세계에서 이 주제를 이해하고 제시하는 방식에 값진 이바지를 할 것으로 생각하고 있습니다."

종사르 잠양 키엔체(Dzongsar Jamyang Khyentse):
*What Makes You Not a Buddhist*의 저자

서문

1974년 초여름 네팔 코판(Kopan) 사원에서 티베트불교를 본격적으로 공부하기 시작한 지 불과 몇 달 만에, 나는 인도의 다람살라(Dharam-sala)에 있는 티베트 고문서 도서관에서 서양인들을 가르치라고 달라이 라마가 선임한 티베트 동부의 저명한 학자 게쉐 나왕 다르기에이(Geshe Ngawang Dhargyey)가 진행한 업과 윤회에 관한 강연을 들었다. 영어를 구사하는 환생한 젊은 툴쿠(tulku)이자 라마가 강연의 내용을 통역했다. 게쉐 다르기에이는 두 형제에 관한 이야기를 시작했다.

그들은 인간으로 사는 동안 둘 다 각자 다른 사람에게 똑같이 심각하지만 약간은 서로 다른 범죄를 저질렀다. 그 결과, 다음 생에 한 명은 푸른 머리를 한 붉은 물고기로, 다른 한 명은 붉은 머리를 한 푸른 물고기로 태어났다. 그리고 각자 짧고 비참한 물고기의 삶 동안 끊임없이 압도적인 공포와 배고픔에 시달려야만 했다.

그 강연 이후 도서관 매점에서 점심을 먹던 중 그 통역가를 발견하고 물었다. "그 이야기는 말 그대로가 아니라 상징적으로 받아들여야겠지요?" 그는 재빠르게 "아, 아니요. 말 그대로입니다."라고 대답했다. 나는 침을 꿀꺽 삼키고 다시 점심을 먹었다.

흔히 불교도는 우리 모두 수많은 전생을 경험하고, 쌈싸라(saṃsāra)로 알려진 윤회의 과정에 계속해서 묶어 두는 무명을 극복하지 않는 한 다시 태어난다고 주장한다. 현대인들은 이것을 잘 받아들이지 못한다. 만약 어떤 이가 비종교인이고 세상을 이해하는 데 과학적 세계관이 신뢰할 만하다고 여긴다면, 마음은 뇌에 기반하고 뇌 기능이 멈추는 것은 곧 죽음이기 때문에 죽음 이후의 삶은 존재하지 않는다고 생각할지 모른다. 만약 보수적인 기독교인이나 무슬림 혹은 유대인이라면, 천국이나 지옥에서 영원히 머무는 형태의 죽음 이후의 삶은 있지만, 분명히 인간이나 다른 몸으로 환생하는 것은 존재하지 않는다고 가정할 것이다. 심지어 과학적 감수성과 철학적 회의론으로 무장한 많은 현대 불교도에게도 문자 그대로 엄격한 의미의 윤회에 관한 전통적 주장은 걸림돌이 될 수 있다. 내 경우는 확실히 이러했다.

네팔과 인도에서 시간을 보낸 후, 나는 게쉐 룬둡 소파(Geshe Lhun-dub Sopa) 교수와 함께 연구하기 위해 위스콘신-메디슨 대학의 불교학연구 대학원 프로그램에 들어갔고, 내가 품었던 의문과 질문들은 마침내 박사학위논문으로 결실을 거두었다. 논문 주제는 윤회와 깨달음의 가능성과 같은 불교의 핵심 주장을 합리적으로 입증하려 시도했던 7세기 인도의 학승 다르마끼르띠(Dharmakīrti, 法稱)의 고전에 관한 것이었다. 근래 상당수의 불교 스승, 특히 상좌부불교와 선불교 전통의 스승들은 형이상학적 질문에는 별 관심이 없고, 다르마에 대한 좀 더 실용적이고 세속적인 사고방식을 선호한다. 반면 티베트의 스승들은 아주 실용적이면서도 전통적인 형이상학을 꽤 진지하게 받아들이는 경향이 있어서 지난 몇 년 동안 내 마음에 반향을 일으킨 것은 그들의 가르침과 글이었다. 좋든 싫든 거의 50년간 나는 윤회에 관한 질문을 간직해 왔다.

이 책은 윤회의 가능성 자체에 대한 질문을 해결하려는 것이 아니다.

또 그러한 의도로 기획된 것도 아니다. 이 책은 이 주제에 대해서 2,000년 이상 이루어진 광범위한 불교의 담론을 조사하려는 시도이다. 이 책을 저술하는 데 있어서 나는 인도불교를 가장 중요시했다. 왜냐하면 아시아의 다른 불교국가들이 채택하거나 적용한 교리와 관행 대부분은 대략 공통 기원전 400년부터 기원후 1200년 사이에 인도 아대륙에서 발전한 문헌과 전통에서 유래하기 때문이다. 그렇지만 인도 밖 아시아 불교국가들의 동향도 다루고 현대 불교사상, 특히 서구에서 윤회의 위치를 고찰할 것이다. 불교사상과 관행 대부분은 최대한 간단하고 이해하기 쉽게 설명하고자 한다. 그럼에도 불구하고 때로는 규범적 의견이 필요하고, 마지막 부분에서 만일 필요하다면 '윤회의 문제'에 대한 나의 접근 방식을 언급할 것이다.

1장은 아프리카에서 폴리네시안과 아메리칸 인디언에 이르기까지, 또 그리스에서 다른 서구 전통에 이르기까지 다양한 세계 문화에서 윤회의 위치를 논한다. 2장은 붓다 당시에 성행했을 가능성이 있는 초기 남아시아 윤회사상의 배경을 설명한다. 3장은 윤회에 대한 붓다 자신의 태도라고 구분할 수 있는 것이 있다면 무엇인지 논하고, 그가 전생과 내생을 믿었다는 일반적인 견해에 반대되는 의견을 검토한다. 4장은 다시 태어날 곳, 오도五道나 육도윤회六道輪廻라는 점에서 초기 불교의 윤회 개념을 상세하게 설명한다. 5장은 우리의 정신과 물질적 차원의 인과 과정을 탐구한다. 이를 통해 우리는 4장에서 설명한 영역 중 한 곳에서 실제로 다시 태어나는 것을 탐구한다.

6장은 이런저런 상황에 다시 태어나는 이유를 설명하는 긍정적, 부정적 또는 혼합적 행위, 그리고 업의 토대와 의미를 분석한다. 7장은

'삶의 수레바퀴'에 대한 시각적 묘사, 문학 작품, 그리고 인도불교의 이론과 수행 사이의 긴장관계를 포함한 대중적인 이미지와 문헌 및 수행에 대해 간략하게 설명한다. 8장은 정토경전, 중관, 유식학파의 철학을 비롯해 윤회에 관한 인도 대승불교의 접근 방식을 알아본다. 9장은 금강승 또는 만뜨라승으로 알려진 인도 대승불교의 밀교사상과 수행을 살펴본다. 10장은 경험적, 도덕적, 비유적, 합리적 논변을 다루면서 윤회사상을 옹호하고 입증하려는 전근대, 특히 인도불교의 시도를 살펴보고, 불교도들이 다시 태어나는 '자아'를 부정하면서 어떻게 윤회를 주장할 수 있는지와 같은 난해한 문제를 풀어본다.

11장은 인도 밖으로 불교가 전파되는 것을 조사하고, 스리랑카를 예로 들어 남아시아와 동남아시아 상좌부불교 지역의 윤회에 관한 전근대적인 태도를 고찰한다. 12장은 중국을 예로 들어 주로 대승불교가 우세한 동아시아 국가에서 윤회를 채택한 근대 이전 시대의 불교를 조사한다. 13장은 티베트를 예로 들어 주로 금강불교가 우세한 내륙아시아 국가에서 윤회에 관한 근대 이전 시대의 불교의 관점을 조사한다. 14장은 대략 1800년 이후의 근대사상, 특히 근대 서구불교에서 윤회의 위상을 다루고, 아시아와 서구 문화 환경에서 윤회사상이 수용되고 해석되는 다양한 방식을 탐구한다. 15장은 윤회에 관한 최신 논의를 요약하고, 21세기에 윤회사상이 나아갈 길을 모색해본다.

쇼펜(Gregory Schopen)의 논문모음집 서문의 수사학적 비유를 빌리자면, 이 책의 존재에 대한 비난 또는 칭찬에 대한 대부분의 책임은 켐프(Casey Kemp)에게로 돌아간다. 페인(Richard Payne)이 『세속화된 불교』를 편집할 때 나는 너무 긴 글을 제출했고, 삼발라(Shambhala)

출판사에서 편집을 하고 있던 켐프는 자료집의 주제와 무관한 글을 내가 가져왔으니 그것을 윤회에 관한 입문서로 만들어보자고 제안했다. 물론, 그 절차는 조각난 기사를 흩뿌린 다음 다시 모아 여기저기 조금씩 짜 맞추는 것처럼 단순하지 않았다. 사실 나는 책을 거의 완전히 다시 썼고, 결국『세속화된 불교』(Jackson 2021)에서 밝힌 현대적 관점에 관한 일부 자료도 이 책 15장에 포함시켰다.

이 책의 집필을 제안하고, 열정과 비판적 통찰로 편집 과정을 살펴봐준 켐프에게 감사를 전한다. 또한 이 책을 쓸 수 있도록 다른 책의 출간을 미뤄 준 것에 대해 샴발라 출판사의 오디세오스(Nikko Odiseos)와 버지니아 대학의 쉐퍼(Kurtis Schaeffer)에게 감사를 전한다. 그리고 책의 제작을 도운 로크(Breanna Locke)와 색인을 준비해 준 섬머(LS Summer)에게도 감사를 전한다.

그리고 라마 둡텐 예쉐(Lama Thubten Yeshe), 라마 둡텐 조파 린포체(Lama Thubten Zopa Rinpoche), 게쉐 나왕 다르기에이(Geshe Ngawang Dhargyey), 게쉐 룬둡 소파(Geshe Lhundub Sopa), 게쉐 나왕첸(Geshe Ngawangchen), 초캄 트룽파 린포체(Chögyam Trungpa Rinpoche), 종사르 키엔체 린포체(Dzongsar Khyentse Rinpoche), 켄포 세랍 상포(Khenpo Sherab Sangpo), 밍규르 린포체(Mingyur Rinpoche), 가덴 트리 린포체 로상 텐진(Ganden Tri Rinpoche Losang Tenzin), 양시 린포체(Yangsi Rinpoche), 게쉐 도르제 담둘(Geshe Dorjee Damdul)을 포함하여 개인적으로, 책으로, 온라인이나 비디오로 윤회를 공부하고 생각을 함께 나눈 티베트의 라마들께도 깊은 존경과 감사를 전하고 싶다. 수년에 걸쳐 윤회에 관해 유익한 논의를 했던 학계 동료들이 너무 많아

14

전부 다 나열하기 어렵지만, 그중에서 카베존(José Cabezón), 그리피스(Paul Griffiths), 존스(Elvin Jones), 마크란스키(John Makransky), 뉴먼(Beth Newman), 뉴먼(John Newman), 오마프레이(Troy Omafray), 패트(Kavid Patt), 산고(Asuka Sango), 스위트(Michael Sweet), 서먼(Robert Thurman), 즈윌링(Leonard Zwilling)에게 감사를 전한다. 또한, 배철러(Stephen Batchelor), 플래너간(Owen Flanagan), 헤이즈(Richard Hayes), 톰슨(Evan Thompson), 월러스(Alan Wallace)와 같은 사상가들의 저술이 주는 멋진 자극에도 감사한 마음을 가진다. 그 밖에 학생들에게 가장 고마운데, 남아시아 종교와 불교에 관한 그들의 관심은 이 책에 실은 많은 생각을 전개하고 다듬도록 내게 영감을 주었다. 늘 그렇듯, 생각을 가장 자극하는 대화는 불교 연구에 관한 학문적 훈련이 없는 친구들과 함께한 것들인데, 특히 다르마에 대해 깊게 사려한 아트킨스(Linda Atkins), 아트킨스(Mike Atkins), 바론(Frank Barone), 그로브(Morgan Groves), 케네디(Cathy Kennedy), 메이(Will May), 먼로우(David Monroe), 솔로몬(Sue Solomon), 그리고 나의 평생의 뮤즈, 절친, 토론 파트너 퍼시(Pam Percy)에게 감사를 전한다.

약어

A	*Aṅguttara Nikāya*
AK	*Abhidharmakośa* (Vasubandhu)
AkBh	*Abhidharmakośabhāṣyam* (Vasubandhu)
AS	*Abhidhammathasaṅgaha* (Anuruddha)
ASm	*Abhidharmasamuccaya* (Asaṅga)
C.	Chinese
D	*Dīgha Nikāya*
GS	*Guhyasamāja Tantra*
HT	*Hevajra Tantra*
M	*Majjhima Nikāya*
MK	*Madhyamakakārikā* (Nāgārjuna)
MP	*Milindapañhā*
P.	Pāli
PV	*Pramāṇavārttika* (Dharmakīrti)
Skt.	Sanskrit
S	*Saṃyutta Nikāya*
SN	*Sutta Nipāta*
T.	Tibetan
VM	*Visuddhimagga* (Buddhaghosa)

1장 서론: 세계 문화에 나타난 윤회

인류학자이자 심리학자이며 철학자인 베커(Ernest Becker, 1924~1974)
는 그의 퓰리처상 수상작 『죽음의 부정(The denial of death)』에서 문화의
주된 목적은 인간에게 '불멸 프로젝트'를 제공하기 위한 것이라고
말한다. 사회적, 정치적 모임의 구성, 예술작품의 창작, 후손들을
위한 유산의 상속, 철학과 종교체계에 의지하는 것과 같은 불멸 프로젝
트는, 비록 육체적 죽음을 피할 수 없더라도, 육체의 소멸 이후 우리의
일부는 계속 살아갈 것이라는 확신을 줌으로써 유한한 삶에 의미를
부여한다.[1] 많은 문화, 특히 현대의 문화체계에서 우리는 죽음을 통해
개체성을 상실한다. 그래서 '생존'은 실제보다 더 상징적이다. 만일
실제로 생존하는 것이 있다면, 그것은 우리의 후손을 통한 것이다.
그렇지만 전근대사회를 심오하게 형성한 인간의 문화체계, 이른바

---

1 Becker 1973.

종교는 우리의 개체성은 죽어도 완전히 사라지지 않으며 아주 실제적인 의미로 사후에도 영원히 생존한다고 거의 한결같이 주장한다는 점에서 독특하다.

전 세계의 수많은 전통 종교, 신흥 종교, 세계적 종교, 지역 종교, 소규모의 다양한 종교에는 사후 존속을 예견하는 두 가지 기본 유형이 있다. (1) 다시는 이 세상에 돌아오지 않고 초월적 영역에서 영원히 머무는 것, (2) 인간, 동물, 아니면 다른 형태로 이 세상에 한 번 이상 돌아오는 것, 이 두 가지 종말론이 그것이다. 유형 (1)은 일반적인 유대교, 기독교, 이슬람교, 조로아스터교, 도교의 일부 교파, 그리고 전 세계 다양한 지역의 수많은 소규모 종교의 세계관이나 우주관 안에서 폭넓게 제시되고 있다. 유형 (2)는 힌두교, 불교, 자이나교, 시크교와 같은 남아시아에서 기원한 종교의 우주관에서 가장 뚜렷하게 보인다. 하지만 도교의 일부 교파, 고대 그리스의 종교 학파, 가끔은 유대교, 기독교, 이슬람교 안에서도 보이고, 세계에 산재한 다른 소규모 전통에서도 발견된다. 이 두 유형은 서로 배타적이지 않고 복잡한 다양성을 인정하지만, 좀 거칠더라도 준비된 방식으로 종말론적 가능성을 제시한다.

여기서 우리의 관심사는 주로 유형 (2)이다. 이것은 다양한 맥락에서 윤회(rebirth), 환생(reincarnation), 이주(transmigration), 재생(metempsychosis), 부활(palingenesis), 변신(metamorphocis)이라 불리는 과정을 설명한다. 나는 그것들을 주로 윤회(rebirth)라고 부를 것이다. 왜냐하면 가장 일반적이고 산스끄리뜨 뿌나르잔마(punarjanma)의 정확한 번역어로도 사용되며, 구체적인 어떤 형태의 존재로 돌아가는 사후 과정을 가리키기 위해서 불교도들이(보통 남아시아인들이) 사용하는 가장 흔한 용어 중 하나이기 때문이다.[2] 또 가장 보편적으로 사용되는 말인 환생(reincarnation)을 윤회와 거의 같은 뜻으로 사용할 것이다. 불교도들은 그들이 전형적으로 거부하는 아뜨만(ātman) 개념을 넌지시 의미한다는 이유로 윤회의 과정을 환생이라고 표현하기를 꺼린다. 이 문제는 10장에서 논의할 것으로, 여기서는 불교도들이 영원하고, 단일하고, 독립적인 자아의 존재를 부정하지만, (근대 이전에는) 거의 윤회를 부정하지 않는다는 사실을 고찰할 것이다. 무언가가 또는 누군가가 다시 태어난다고 하는 중요한 의미가 있으므로, 어떤 형태로든 불교도들은 적어도 폭넓은 의미에서 '영혼'의 존재를 인정한다고 말할 수 있을 것이다.[3]

1. 윤회 종말론의 유형

지금까지 누구보다 더 완벽하고 세심하게 전 세계의 윤회 관련 자료를 조사한 스리랑카의 인류학자 오베예세케레(Gananath Obeyesekere)에 따르면,[4] 윤회론은 크게 '윤회 종말론과 업 종말론', 그리고 '윤회의 과정에 대한 윤리적 설명과 비윤리적 설명'이라는 두 가지로 나눌 수 있다.

---

2 불교도들은 '다시 태어남(upapatti)'이라는 용어도 일반적으로 사용한다.

3 G. Obeyesekere 2002, 127; Brons 2014를 보라.

4 G. Obeyesekere 2002. 현대 철학자의 역사적, 철학적 분석은 Ducasse 1961을 보라.

윤회 종말론(rebirth eschatology)은[5] 아프리카, 남태평양, 북아메리카 인디언 부족과 같은 특히 작은 사회, 그리고 그 외에 고대 그리스 같은 곳에서 전형적으로 찾을 수 있지만, 그곳에서만 발견되는 것은 아니다. 소규모 사회의 구성원들은 보통 인간이 세상에 태어날 때 조상의 세계에서 오고, 죽으면 그곳으로 돌아갔다가 다시 오는 등 끊임없이 순환한다고 여긴다. 고대 그리스와 같은 대규모 사회에서는 일반적으로 이전의 친족 집단에 다시 태어난다는 가정을 하지 않는다. 소규모 사회든 고대 그리스든, 윤회 종말론은 대부분 윤리적으로 규정되지 않는다. 물론 윤리 규범은 있지만, 이생의 자기 상황과 경험을 전생에서 한 행위와, 혹은 자신이 한 행위의 성격을 내생에 일어날 일과 상세하고 체계적인 방법으로 결부시키지는 않는다. 윤회 종말론 간의 차이는 다음과 같은 복잡한 질문으로 알아볼 수 있다. 윤회가 좋은 것인지 나쁜 것인지? 이종(가령 인간에서 동물 혹은 그 반대) 간의 환생이 일반적인지? 개인의 기억이나 다른 사람들에 의한 신체적 특성과 정신적 성향의 분석을 통해 한 사람의 전생을 확인할 수 있는지? 아마도 가장 결정적인 것은, 윤회의 초월을 통해서 영원한 영적 자유를 얻을 수 있다는 구원론이 전통적 우주론에 포함되는지의 여부 등이다.

업 종말론(karmic eschatology)은[6] 인도 전통, 특히 힌두교와 불교의 영향을 받은 대규모 사회에서 가장 흔하게 발견된다. 우리의 현재 상황은 전생의 행위, 즉 업(karma)으로 설명되고, 사후의 운명은 이생에서 지은 행위의 성격에 아주 정확히 달려 있다는 점에서 높은 수준의

5 G. Obeyesekere 2002, 72-76, 90.
6 G. Obeyeskere 2002, 78-84.

윤리성을 수반한다. 태어난 모든 것은 불만족이나 괴로움(duḥkha)을 겪기 마련이므로, 대부분의 업 종말론은 반복되는 환생을 차선의 상황으로 받아들인다. 그리고 윤회는 시작이 없는 과정이라고 말하지만, 그것을 끝내는 궁극적인 해탈의 가능성을 전개하면서 구원론을 제시하기 때문에 꼭 끝이 없는 것만은 아니다. 업 종말론 간의 차이는 다음과 같은 복잡한 질문으로 알아볼 수 있다. 전생을 기억하는지? 만약 기억한다면 어떻게 기억하는지? 또 얼마나 믿을 만한지? (축생, 악귀, 천상 등) 어떤 세계에 태어날 수 있는지? 어떤 행위를 하면 어떻게 다시 태어나는지? 해탈의 상태는 어떠한 것인지?(초연함, 영적 지혜, 지복, 사랑, 지혜 또는 이러한 것들의 조합인지?) 등을 포함한다. 오베예세케레의 범주 유형을 염두에 두고, 1장의 나머지 부분은 간략하게 비인도권의 윤회론을, 2장에서는 남아시아의 불교 이전의 윤회론과 비불교적인 윤회론을, 3장에서는 붓다의 이론으로 규정할 수 있는 정도까지의 윤회론을 살펴볼 것이다.

2. 소규모 사회의 윤회론

남아시아 밖의 윤회론은 서구와 비서구의 크고 작은 다양한 사회에서 전개되었다. 여기서 그 모두를 상세하게 언급할 수는 없지만,[7] 일부 대표적인 사례를 간략하게 살펴보도록 하겠다. 윤회론이 발전한 비서구권의 소규모 사회는 시베리아의 무속인 집단과 일부 오스트레일리아

---

7 더 상세한 설명은 G. Obeyesekere 2002(참고문헌 포함).

원주민 사이에서도 관찰되지만, 주로 사하라사막 남쪽의 아프리카, 남태평양, 아메리카 인디언 부족들 사이에서 발견된다.

나이지리아 남동부의 이그보족(Igbo)에게[8] 우주는 치(chi)라 불리는 창조 정신이나 대령(大靈, oversoul)으로 충만하고 또 통제된다. 치는 또한 조력 신들(helper-deities)과 그 정신을 소유한 인간의 영혼들을 가리킨다. 인간은 태어날 때 삶과 죽음 동안 함께 할 자신의 영혼을 위해 우주적인 치의 호수에 그림을 그리는 것이 창조자와의 거래를 통해서 허용되었다. 치는 자신의 근원으로 돌아가지만, 개인은 새로운 치를 주입받아 인간 세상에 다시 돌아갈 때까지 한 시기 또는 한 시기 이상의 죽음을 혼령(ghost)으로 돌아다닌다. 이그보족의 생각에 다시 태어난 조상은 아는 친족에게 돌아가며, 항상 같은 부계 집단으로 돌아가는 것은 아니지만[9] 보통 그 조상의 화신이라는 것은 분명히 밝혀진다. 다시 태어난 사람의 영적 구성에 대한 개념은 복잡하다. 왜냐하면 환생한 특정 조상인 동시에 부계와 모계 양쪽에서 자신의 고유한 정체성을 받는다고 믿기 때문이다. 대부분은 다시 태어나겠지만, 일부는 그렇지 못할 것이다. 그런 사람들은 나쁜 죽음으로 여겨진다. 이처럼 윤회는 좋은 것이고, 조상의 귀환이라는 관점은 우주와 사회의 질서를 유지하고 개인에게 더 큰 의미와 목적의식을 제공한다는 점에 있어서 이그보족에게 꼭 필요하다는 것이 분명하다.

20세기 초 인류학자 말리노프스키(Bronislaw Malinowski, 1884~1942)의 연구에 의하면, 멜라네시아(Melanesia)의 트로브리안드(Trobriand)

---

8 G. Obeyeskere 2002, 22-28. 그들은 또한 이보(Ibo)라고도 불린다.

9 G. Obeyeskere 2002, 28.

섬 주민들이[10] 죽으면 그들의 발로마(baloma, 영혼)는 보이지 않는 카누를 타고 투마(Tuma)라고 불리는 보이지 않는 섬으로 여행한다. 자신이 살았던 그 마을의 그 종족으로 다시 태어나기 전까지 그들은 그곳에서 알 수 없는 시간 동안 젊은이로만 산다고 한다. 다시 태어나기 전까지 살아 있는 사람에게 다가갈 수 없는 이그보족의 혼령(ghost)과 는 다르게, 발로마는 전생의 거처를 정기적으로 방문해서 제례 의식을 통한 환대를 받고, 꿈이나 환영을 통해 마을 사람들을 만난다. 트로브리 안드 사람들은 부족 문제에 관한 발로마(영혼)의 조언과 지시를 매우 진지하게 받아들이는 것으로 보인다. 결국 발로마는 끊임없는 젊음에 싫증을 느끼고 지상의 삶으로 돌아오고 싶어질 것이다. 발로마가 지상으로 돌아오면, '나이를 거슬러 올라가 작은 태아'가 되어[11] 그의 이전의 몸과 같은 모계 혈족에 태어난다. 그러나 특이하게도, 트로브리 안드 섬 주민들은 신생아가 어떤 조상의 환생인지 확인하려 들지 않고, 또 그것을 알 수도 없다고 믿는다. 그럼에도 불구하고, 다시 태어난 자는 전에도 그곳에 있었고, 자연스럽게 소속되어 있던 곳으로 돌아왔다고 생각하고 산다.

오베예세케레가 언급한 것처럼, 윤회에 대한 믿음은 "사실상 모든 북아메리카 인디언 사이에 상당히 널리 퍼져 있다."[12] 그런 사회의

---

10 G. Obeyeskere 2002, 28-37.

11 G. Obeyeskere 2002, 33.

12 G. Obeyeskere 2002, 37. 그렇지만, 그는 각 집단의 전반적인 우주론에서 윤회의 중심성은 확인하기 어렵고, 부분적으로는 지난 몇 세기 동안 서구 문화와의 접촉이 많은 경우 오랜 믿음을 변화시켰기 때문이라고 덧붙인다. 이 문제는

윤회론이 가지는 보편적 특징은 '모든 생명체는 더 크고 상호 연결된 충만한 영적 질서에 속한다'는 종에 대한 지각(species sentience)을 수용한다는 것이다.[13] 영적 질서는 적어도 두 가지 형태의 윤회를 허용한다. 즉, 동물은 동물로만, 인간은 인간으로만 태어난다는 종 간의 평행 윤회(parallel-species reincarnation), 그리고 동물이 인간으로 또 그 반대로도 환생할 수 있다는 종 간의 교차 윤회(cross-species reincarnation)이다.

종에 대한 지각은 지금의 캐나다 이누이트(Inuit), 틀링기트(Tlingit), 콰키우틀(Kwakiutl)에 살고 있는 토착민과 원주민 간에 특히 잘 드러난다. 수 세기 동안 밴쿠버(Vancouver) 섬과 브리티시 콜롬비아(British Columbia)의 남부 해안을 따라서 살아 온 콰키우틀족은[14] 종 간의 교차 윤회와 종 간의 평행 윤회가 모두 가능하다는 복합적 우주론을 제시한다. 그들에 따르면 죽은 자의 벡수에(bexwue, 영혼)는 인간 세상에 돌아오기 전에 동물계를 떠돈다.[15] 동물로 윤회하는 것이 아무렇게나 이루어지는 것은 아니다. 바다 사냥꾼의 벡수에(영혼)는 범고래가 되고, 육지 사냥꾼의 벡수에는 늑대가 되며, 보통 사람들의 벡수에는 올빼미가, 쌍둥이의 벡수에는 연어가 된다.[16] 몇 년 후 대부분의 벡수에는 대개 이전의 자신의 손자로 인간 세상에 다시 태어난다.

오늘날 거의 모든 소규모 사회에서 발생한다.

13 G. Obeyeskere 2002, 43-44.

14 G. Obeyeskere 2002, 58-70, 92.

15 G. Obeyeskere 2002, 59.

16 G. Obeyeskere 2002, 59.

그렇지만 모든 벡수에가 인간으로 다시 태어나는 것은 아니다. 바다에서 죽은 사람의 벡수에는 그 벡수에를 사로잡은 해달의 세계로 보내져 그곳에 영원히 남게 된다.[17]

여기서 언급한 소규모 사회의 윤회 종말론처럼, 콰키우틀족 개인에게 윤회는 사는 동안 저지른 행위의 적절성이나 사후의 특정 사건과 경험이 연관되어 있지 않다는 점에서 윤리를 초월하는 것으로 여겨진다.[18] 하지만 폭넓게 퍼져 있는 이런 소규모 사회에서, 윤회는 좋은 것이며 적어도 우주와 사회 그리고 개인이 올바른 기능을 하는 데 있어서 필수적이라는 가정에 전적으로 동의한다. 따라서 그들은 윤회 과정 중 그 어떤 것도 개인이 초월할 수 있다고 상정하지 않는다. 왜냐하면 한 생에서 다른 생으로 순환하는 과정은 단지 있는 그대로의 존재의 모습이자 존재가 있어야 할 방식이기 때문이다.

3. 유럽과 중동 사회의 윤회론

지중해 동부지역에 바탕을 둔 비교적 큰 규모의 유럽과 중동사회에서는 윤회론에 관한 증거를 산발적으로 발견할 수 있지만, 그것이 주류 종말론이었던 적은 거의 없다. 그리스의 역사학자 헤로도투스(Herodotus, B.C.E. c.484~425)는 이집트인들에게 다음과 같은 믿음이 있었다고 언급했다.

---

17 G. Obeyeskere 2002, 59-60.

18 G. Obeyeskere 2002, 90.

육신이 죽으면 영혼은 다른 생명체에 들어가서 다시 태어난다. 그리고 땅, 바다, 공기의 모든 것을 겪고 나서 다시 태어날 때 인간의 육신으로 들어간다. 영혼의 주기는 3,000년이다.[19]

윤회가 실제로 고대 이집트 종교의 중심이었다는 것에 대해 학자들 간에 합의된 바는 없지만, 사후 계속되는 영혼의 여행에서 지구로 돌아오지 않는다는 것을 인정하는 (1) 유형의 종말론 모델 개념이 특정 집단에서 받아들여졌을 수 있다.[20] 어쨌든 헤로도투스는 서아시아, 심지어 인도의 영향도 배제할 수는 없지만, 잘 입증된 고대 그리스의 윤회 개념의 출처를 이집트로 돌린다. 다수의 뛰어난 그리스 사상가들은 윤회에 대해 다양한 생각을 했는데, 많은 신비주의 학파, 특히 오르페우스(Orpheus) 학파에서 이런 경향이 두드러졌다.[21] 여기서 간략하게 피타고라스(Pythagoras)와 플라톤(Plato)에 대해서 살펴보자.

그리스의 식민지였던 남부 이탈리아에서 삶의 많은 시간을 보냈던 피타고라스(B.C.E. c.570~495)는[22] 스스로를 '지혜의 애호가', 즉 철학자라고 부른 최초의 인물이었지만, 그의 삶과 가르침은 그를 둘러싼

19 Herodotus, *The History*, 2.123(David Grene 번역), G. Obeyesekere 2002, 193-94에 인용되었다.

20 G. Obeyesekere 2002, 317.

21 G. Obeyesekere 2002, 5-6장. 내가 조사할 사람들 외에도 오베예세케레가 논의한 주목할 만한 인물들로는 시인 핀다르(Pindar, 232-236), 후대의 피타고라스 학파의 엠페도클레스(Pythagorean Empedocles, 214-232), 신플라톤주의자 플로티누스(Plotinus, 290-308)가 있다; 오르페우스의 생각은 pp.236-40에서 논의된다.

22 G. Obeyesekere 2002, 193-214, 특히 p.198 도표에 주목하라.

후대의 신화나 전설과 뒤엉켜 진실을 가려내기가 어렵다. 그의 이름이 붙은 수학 이론, '천체의 조화'를 통한 음악 체계, 금욕과 채식을 중시하는 윤리론, 윤회를 포함하고 전생을 기억할 가능성을 허용하는 우주론들은 그가 소유했다고 하는 능력이고, 혁신적인 아이디어로 인정받았다. 또한 그는 학교를 설립해서 그의 추종자들에게 다양한 생각과 기량을 전했고, 피타고라스주의는 수 세기 동안 그리스로마 세계의 중요한 문화적 힘이었다고 전해진다. 피타고라스의 윤회 개념에서는 죽음 직후 환생하기 때문에, 이른바 종 간의 교차 윤회의 관점에 해당한다. 이것은 우리가 살펴본 소규모 사회에서의 개념과 달리, 이전의 사회 집단이나 가족에서 다시 태어나는 것을 전제하지 않으며, 적어도 소수의 엘리트들은 같은 생각을 가진 수행공동체에서 순수한 삶을 살고, 천체의 음악에 자신을 조율하는 법을 배움으로써 살아 있는 동안이나 죽은 후에도 윤회 과정을 종결하는 것을 생각한다. 그런 점에서 피타고라스의 우주론은 구원과 관련되어 있고 윤리적 실천이 구원에 도움이 될 수는 있겠지만, 오베예세케레가 주장하듯이 한 생에서의 행위와 또 다른 생에서 겪는 사건과 경험 사이에 직접적인 연결선이 그려지지 않는다는 점에서 그것은 완전히 '윤리화된' 윤회론, 즉 업 종말론이라고 할 수 없다.

화이트헤드(Alfred North Whitehead)가 모든 서양철학은 플라톤의 각주에 불과하다고 언급한 아테네의 철학자 플라톤(Plato, B.C.E. c.425~347)은 많은 대화편에서 윤회에 대한 믿음을 표현했다. 윤회 문제에 대한 플라톤의 생각은 시간이 지나면서 발전한 것 같지만, 최종적이고 체계적인 형태에는 이르지 못했다.[23] 그의 가장 유명한 대화편인 『국가(Republic)』 10장과 마지막 장의 엘의 신화(Myth of Er)를 예로 들 수 있다. 전사인 엘은 죽은 지 12일 만에 깨어나 그간 다른 세계에서 겪었던 일을 이야기한다.[24] 엘에 따르면, 사후에 육체와 분리된 영혼은 살아 있었을 동안의 정당하고 부당한 행위 모두를 심판받고, 사후세계의 한 영역이나 다른 영역에서 적절한 벌이나 보상을 받는다. 합당한 대가를 치른 후 지상으로의 (인간 또는 동물로의) 윤회를 선택할 수 있다. 선택은 보통 감각적 욕구에 지배되므로 (자신의 경험으로부터) 완전히 자유롭지 못하다. 그래서 레테(Lethe)라는 망각의 강물을 마시고 윤회한다. 엘의 신화에 구원론은 없지만, 『파이돈(Phaedo)』과 같은 대화에서 플라톤은 다음과 같이 구상한다. 소수의 참된 철학자들은 세 번 윤회한 후,

신과의 영적 교류와 현실의 초월적 전망에 관한 사색을 허용하는 존재 양식을 달성할 것이다. 철학자는 존재의 세상에 다시 태어나지 않지만, 평범한 사람은 만 년 동안 이어진 윤회의 순환이 끝나고 새로운 순환이 시작될 때까지 계속 태어난다.[25]

당시에 자유롭지 못한 영혼들의 운명은 명확하게 설명되어 있지 않으므로, 사람들 대부분의 궁극적인 운명은 잘 알려져 있지 않다. 『파이돈』은 또한, 우리가 이전에 알고 있던 것을 잊지 않으므로 새로운

---

23 G. Obeyesekere 2002, 240-287, 특히 p.273 도표에 주목하라.
24 Plato, Republic, 614b-622d; G. Obeyesekere 2002, 240-48.
25 G. Obeyesekere 2002, 271.

것을 배우지 않는다는 사고방식인 상기설(anamnesis)에 기초한 지식론을 펼친다. 어쨌든 윤회에 관한 플라톤의 관점은 우주적 정의(cosmic justice)에 대한 일반적 개념이 작용한다는 점에서 윤리적 요소, 적어도 우리 중 가장 뛰어난 사람들은 구원받을 수 있다는 점에서 구원론적 요소를 모두 포함한다. 그렇지만 플라톤주의는 매우 복잡함에도 불구하고 업 종말론이 아니라 윤회 종말론에 속한다. 플라톤의 윤회에 대한 개념은 다음 장에서 살펴볼 남아시아에서 발생한 업 종말론의 사례와는 거리가 멀다. 플라톤주의와 그의 사상은 또한 유럽과 중동, 그 너머의 문화생활을 지배했던 아브라함계 종교, 즉 기독교, 이슬람교, 유대교에서 전개된 사후세계에 대한 관점의 토대를 다지는 데 도움을 주었다.[26]

14장에서 보게 될 프리드리히 니체(Friedrich Nietzsche)는 기독교를 '민중을 위한 플라톤주의'라고 악명 높게 묘사했다.[27] 기독교가 영혼의 불멸, 지상에서 우리의 행위가 내세에서의 우리의 상황에 영향을 미친다는 형벌과 보상의 체계, 그리고 적어도 일부에게는 구원이 열려 있다는 구원론을 가정하는 것은 사실이다. 그렇지만 플라톤 사상에서 윤회가 중심에 놓이는 것과 일반 기독교에서 윤회가 부재하

---

26 플라톤주의는 또한 서력기원 초에 유럽과 중동에 상당한 영향력을 행사했던 페르시아 기반의 종교운동 마니교에게도 정보를 제공했다. 하지만, 조로아스터교, 기독교, 인도, 심지어 도교의 영향도 보인다. 영지주의 지식인들에게 자유는 가능하다는 생각 때문에 윤회는 마니교의 우주론에서 중요한 위치를 차지한다. 마니교와 기독교 영지주의 사이에는 강한 반향이 있다.

27 Friedrich Nietzsche, *Beyond Good and Evil*, preface: www. marxists.org/reference/archive/nietzxhe/1886/beyond-good-evil/preface.htm.

는 것을 고려할 때 니체의 언급은 오해의 소지가 있다. 사실 기독교의 종말론이 (1) 유형에 속하는 것은 꽤 분명한 것으로 보인다. 왜냐하면 기독교인들은 영혼의 존재와 사후 생존을 받아들이지만, 세속적 삶으로 복귀하지 않는 것이 그들이 생각하는 영혼의 궁극적인 성향이기 때문이다. 오히려 평생에 걸친 행위의 질에 따라(우리를 향한 신의 처분뿐만 아니라), 마지막 심판 전이 아니라면, 천국에서 보상을 받을 것이다. 천국에서 영원히 신과 함께한다고 느끼거나 그것이 아니면 지옥의 심판을 받을 것이다. 지옥에서는 끔찍한 고문을 받게 되는데, 그중 가장 최악은 신과 절대적으로 단절되는 것이다. 신이 우리의 운명을 구원이나 지옥으로 결정했는지, 최후의 종말론적 사명에 믿음과 행위가 얼마나 중요한지, 마지막 심판 전에 머무를 수 있는 연옥이 존재하는지에 대해 기독교 신학자들 사이에 많은 논의가 있었지만, 그 어디에도 윤회는 끼지 못했다. 이와 유사하게, 이슬람 신학은 "정말로 우리는 알라에게 속한다. 우리는 그분께로 돌아가리라"라고 선언하고(Qur'ān 2:156), 최후의 심판이 오면 개인의 영혼은 자신의 선행에 따라 심판받고 영원한 낙원이나 지옥으로 가게 된다. 기독교인과 마찬가지로 무슬림은 자유의지와 결정론, 세상의 정의를 실현하기 위한 합당한 자격, 이슬람 이외의 종교를 믿는 신도들의 지위 등을 포함한 여러 가지 신학적 문제와 씨름하지만, 윤회는 표준적인 논의가 아니다.

　역사적으로 기독교와 이슬람교 모두 광범위한 사상과 문화적 관습에 영향을 받았다. 그중에 윤회가 있었으며, 윤회에 근거한 종말론을 내세운 소수의 기독교인과 무슬림도 분명히 있었고 또 앞으로도 그럴 것이다. 기독교의 경우 윤회는 초기 영지주의 학파들과 카타리파 (Cathar), 알비파(Albigensian), 보고밀파(Bogomil) 등 영지주의의 영향을 받은 중세 '이단들', 그리고 영지주의와 근래 플라톤주의 및 다른 형태의 그리스 사상에 대한 재발견으로 고무된 르네상스 운동(또는 다른 신비주의 운동)을 통해 받아들여졌던 것 같다. 비록 지지자들이 억압받고 때로는 박해받기도 했지만, 서구 기독교 안에서 이러한 반종말론이 완전히 사라진 적은 없었으며, 근대 초기와 그 이후 신비주의 학파의 부상과 많은 관련이 있다. 신비주의 학파는 근대 서구에서 예상보다 더 널리 퍼진 윤회를 받아들이는 데 기여했다.[28] 그와 유사하게, 정도는 좀 덜할지라도 무슬림도 때때로 윤회를 생각했다. 그것은 플라톤주의에 많은 영향을 받은 이슬람 공동체 시아파(Shi'ite) 사이에서 가장 흔했지만, 페르시아의 12이맘파(Twelvers)처럼 대다수 시아파들은 윤회를 거부하는 전통을 유지하고 있었기 때문에 윤회사상은 대체로 누사리야파(Nuṣarīyah), 드루즈파(Druze), 알라위파(Alewi)와 같은 분파된 집단에 한정된다.[29] 윤회가 핵심적 믿음인 남아시아 문화권의 일부 무슬림들은 이슬람 교리와 수정된 윤회론을 통합했다.

　세 번째 위대한 아브라함계 종교, 즉 유대교도 대체로 윤회(히브리어 gilgul은 '회전')를 받아들이지 않지만, 사후세계를 완전히 부정하는 사람들, 기독교 및 이슬람교와 같이 메시아적 모델을 따르는 사람들, 윤회를 상정하는 유력한 소수의 사람들에 이르기까지 유대인들은

---

28 2018년 Pew Research Center의 조사는 전 미국인의 3분의 1이 윤회를 실제로 믿는다는 것을 보여준다; Gecewicz 2018을 보라.

29 G. Obeyesekere 2002, 313-18.

광범위한 영역에서 종말론적 사상을 항상 유지해 왔다. 윤회 개념은 플라톤의 영향을 많이 받은 알렉산드리아의 위대한 1세기 철학자 필로(Philo, b. 25 B.C.E.)가 받아들인 것으로 보인다. 아이작 루리아(Isaac Luria, 1534~1572)와 같은 중세 카발라 전통의 신비주의자뿐만 아니라 카발라에서 영감을 받아 유대 세계에 큰 영향을 미친 최근의 하시디즘 운동에서도 윤회 개념은 두드러졌다. 기독교 종말론자들의 생각처럼 유대 카발라주의자들의 생각은 그들의 가족 공동체 밖의 세계에 작지만 큰 영향을 미쳤고, 내세의 본질에 관한 논의에도 지속적으로 기여했다.

2장 불교 이전 인도의 윤회관

1장에서 언급한 대로, 높은 수준의 윤리와 초월적인 구원론 때문에 오베예세케레(Obeyesekere)는 업 종말론을 인도 문화에 영향을 받은 남아시아 지역과 아시아 지역에 한정한다. 아시아 지역은 불교와 힌두교의 사상 및 수행이 깃든 동남아시아를 비롯해 대승불교가 유입된 동아시아, 그리고 만뜨라승이나 금강승으로 알려진 대승밀교가 심오하게 형성된 내륙아시아를 포함한다. 요가, 업, 열반, 카스트 제도, 다르마와 함께 윤회는 남아시아의 종교와 대중의 마음에 자리 잡은 기본 개념 중 하나이다. 복잡한 인도 문명은 공통 기원전 약 3300년 전으로 거슬러 올라가지만, 윤회는 (공통 기원전 1000년 중반기) 붓다 시대 이전이나 그 당대에 인도 우주론의 중심으로 부상한 것 같다. 붓다는 인도 아대륙에서 그의 사상을 명확하고 상세하게 표현한 최초의 사색가였을 것이다. 물론, 붓다의 윤회론은 아무것도 없는 상태에서 출발하지 않았다. 그것을 어떻게 생각하고 설파했는지를 묻기에 앞서, 그가 가르친 우주론, 종말론, 윤리론의 배경을 더 잘 이해하기 위해 인도에서 출현한 윤회론을 먼저 추적하고자 한다.[1]

독자는 베다, 불교의 경장과 율장, 일부 자이나교 경전과 같이 초기 인도 문헌들은 연대기를 정확하게 추적하기 매우 어렵다는 사실을 알고 있어야 한다. 그 대부분은 문자로 기록하기 훨씬 오래 전에 구전되었으며, 비록 상당한 부분들이 충분히 전달되었더라도, 다른 부분들은 수 세기에 걸쳐 수정되었기 때문에 문헌들의 절대 연대기와 상대 연대기 측정에 의문들이 많아 남아 있다. 보다 중요한 것은, 종교적 삶에 관해 읽은 내용이 동시대의 장소와 시간에 쓰였는지 또는 후기 전통의 렌즈를 통해 거꾸로 보였는지를 확신할 수 없다는 것이다.

1. 초기 남아시아 문명에서 종말론

19세기 후반, 인류학자들이 지금의 파키스탄, 북동부 아프가니스탄, 북서부 인도에 해당하는 광범위한 지역에 걸쳐 폐허가 된 다수의 주요 도시와 소규모 정착지들을 발견했다. 유물로 남아 있는 최초의 인더스 문명은 인더스강 유역과 그 인접 지역의 문명으로, 대략 공통 기원전 3300년과 1300년 사이에 번성했던 것으로 보인다.[2] 그 도시들은

---

1 윤회(그리고 업)에 관한 초기 및 고전 인도의 관점을 개관하려면 O'Flaherty 1983의 논문과 Collins 1982의 1장, Phillips 2009의 4장을 보라.

2 '공통 기원전(Before Common Era, B.C.E.)'은 '기원전'이 가지고 있는 특정 종교적 어감을 제외하고자 학계에서 사용하고 있는 용어이다.

특히, 동시대의 이집트와 메소포타미아 문명에 필적하는 규모로 상당한 수준의 조직들을 갖추고 있었다는 증거를 보여준다. 폐허가 된 도시들에서 수천 개의 점토판들을 비롯해 청동과 석조로 제작된 여성 조각상 등 다양한 인간과 동물을 묘사한 것들이 발견되었다. 그것들은 모신母神 숭배, 동물신 숭배, 원시 요가 전통, 심지어 윤회 개념의 여부 등 인도 종교의 본질에 관한 많은 추측을 낳았다. 그러나 안타깝게도 인더스 문자는 아직 해독되지 않은 채 모든 추측은 그대로 남아 있다.

인더스 문명의 유적지에서 학자들이 여신 숭배, 동물신, 요가, 윤회를 '발견한' 이유는, 그런 생각과 관행들이 후기 남아시아 전통에서 두드러지게 나타나지만, 우리가 해독할 수 있는 최초기의 인도-아리안 문명에서는 증거물이 거의 남아 있지 않기 때문이다. 인도-아리안 문명은 공통 기원전 1200년 무렵부터 편잡지역에 정착한 중앙아시아 출신 인도-유럽 이민자들이 세웠다. 그들의 생활 방식은 목가적 유목민이었으며, 사회 계급은 대략 네 개의 직업 관련해서 '색깔'을 의미하는 '카스트'로 나뉘었다. 즉, 성직자인 브라만(brāhmaṇa), 군인인 끄샤뜨리야(kṣatritya), 일반인인 바이샤(vaiṣya), 노예인 수드라(śudra)로 나뉘었다. 이 체계는 3,000년에 걸쳐 매우 세분화하고 계층화되었으며, 현대 인도에서 여전히 의미를 간직하고 있다.

인도-아리아인의 흔적은 북쪽에서 가장 뚜렷했지만, 천 년 이상에 걸쳐 갠지스강 유역을 따라 남동쪽으로, 그리고 데칸고원을 지나 남쪽으로 확장했고, 마침내 대부분의 인도 아대륙에 권한과 영향력을 행사하게 되었다.[3] 인더스 문명의 주민들과 달리, 초기 인도-아리아인들은 남아시아에서 물질적인 흔적을 거의 남기지 않았지만, 처음에는 언어로, 나중에는 글로 광범위한 싼쓰끄리뜨어 문자전통을 남겼다. 베다(Veda)로 알려진 방대한 양의 경전군은 언어와 지리적 분석을 토대로 어느 정도 연대기 순으로 정리할 수 있다. 그것은 대략 공통 기원전 2000년 후반과 1000년 중반 사이에 형성되었고, 처음에는 목가적 유목민에서 나중에는 도시와 농업으로 문명이 옮겨감에 따라 인도-아리아인의 사회와 종교적 삶에 많은 변화가 있었음이 드러났다. 베다는 다음과 같이 구성되어 있다. (1) 쌈히따(Saṃhita): 리그베다와 세 가지 형태의 종교 의례용 운문집인 야주르(Yajur), 사마(Sāma), 아타르와(Atharva) 베다로 이루어진다. (2) 브라흐마나(Brāhmaṇa): 쌈히따를 해설하고 대부분 의례 절차를 규정한다. (3) 아란야까(Ā-raṇyaka): 의례의 철학적이고 정신적인 의미를 탐구한다. (4) 우빠니샤드(Upaniṣad): 희생제, 자아, 세상의 의미를 깊이 있게 궁구한다. 이것은 세계의 종교 문헌들 가운데 가장 중요한 경전이다. 복잡하고 고도로 도식화된 방식으로 연결된 이 네 개의 모음집은 힌두교의 계시(śruti) 문헌이 되었다.[4]

브라만 선지자들(ṛṣi)의 찬가 기도집인 리그베다(Ṛgveda)는[5] 대략

---

3 1세기 후반기 이전, 남아시아 문화에 미친 또 다른 가장 큰 영향력은 드라비다어를 사용하는 사람들에게서 왔다. 가장 현저한 것으로 타밀어, 텔루구어, 칸나다어, 말라야람어가 있다. 그들은 여전히 남아시아에서 우세한데, 천 년에 걸친 인도-아리안 문화와의 상호교섭은 복잡하며 때로는 논쟁의 여지가 있다.

4 힌두교에서 계시(śruti)는 위대한 서사시(Mahābhārata, Rāmāyaṇa), 사회, 종교, 철학에 대한 다양한 논의(sūtra 또는 śāstra), 뿌라나(Purāṇa)로 알려진 신성한 역사처럼 후기 경전들에 수록된 '기억된(smṛti)' 전통과는 대조적으로 정의된다.

공통 기원전 2000년 후반으로 거슬러 올라갈 가능성이 크기 때문에
초기 인도-아리아인의 종교를 이해하기 위한 최적의 자료이다. 그들
의 종교는 폭넓게 다신교적 제식주의로 특징지을 수 있는데, 자연과
인간의 현상을 통제하는 다양하고 강력한 신들의 존재를 상정하고(가
령, 폭풍의 신 인드라, 태양의 신 수라, 불의 신 아그니, 도덕 질서의 신 바루나,
죽음의 신 야마), 그들의 호의를 사기 위해 찬양, 기도, 간청을 비롯해
신성한 불에 공물을 실어 나르는 희생 제식(yajña)을 규정한다. 그들의
기도 대부분은 많은 득남, 건강한 소, 제방 내에 계절별로 흐르는
강, 장수 등 속세의 혜택을 신들에게 요청한다. 요컨대, 우주는 질서를
따른다(ṛta). 후기 리그베다는 종종 우주의 시작 방식을 다양하게
일자(Eka)에게 귀속시키고, 만물의 주인(Prajāpati), 최초의 인간(Pu-
ruṣa), 만능자(Viśvakarman), 말(Vāc), 미지의 신 등에 대해 사색한다.
또한, 종말론은 상세하거나 체계적이지는 않지만, 어느 정도 죽음과
사후에 관심을 가진다. 희생 제례를 수행하는 사람들은 사후에 아버지
의 나라(pitṛloka) 또는 천상(svarga)의 영생을 통해 보상이 주어진다고
생각한 것 같다. 한편, 제례를 부적절하게 행한 사람들은 암울한 '진흙
의 집'으로 인도될 수 있다. 비록 "그가 자기 자손들에게 닿게 하고,
평생 옷을 입게 하고 … 육체와 결합하게 하라"와 같이 그 시대와
걸맞지 않게 윤회를 암시한다고 읽힐 수 있는 일부 구절들도 있지만,[6]
윤회의 가능성에 대한 분명한 암시는 드러나지 않는다. 같은 맥락에서,

---

5 이 용어의 완벽한 번역어는 Jamison and Brereton 2017, 정선된 선집은 Doniger
   1981을 보라.
6 Ṛgveda 10.16.6, 번역: O'Flaherty 1981, 49-50.

후대의 주석가들은 우주 질서 밖의 자유로운 상태를 제안하거나 그런 자유로움을 얻기 위해 요가와 명상을 실천한 증거 자료로 리그베다를 연구했지만, 윤회와 관련된 증거 자료는 빈약하다.

2. 새로운 우주론: 우빠니샤드

리그베다부터 브라흐마나(Brāhmaṇa)와 아란야까(Āraṇyaka)를 거쳐 초기 우빠니샤드(Upaniṣad)까지 인도-아리아인의 종교를 추적하면서 우리는 500년 이상(대략 공통 기원전 1200년부터 600년까지)을 횡단했으며, 그동안에 문화는 갠지스 평원 전체로 확장되었고, 삶의 거의 모든 측면에서 놀라운 변화가 일어났다. 그래서 목가적 유목민의 경제는 보다 정착된 형태에 밀려나고, 농업 활동으로 유지되는 마을과 도시가 표준이 되었다. 바라문 계급의 우월성은 새로운 권력과 부를 누리는 도시의 왕과 장자들에게 차츰 도전받게 되었다. 동시에, 지금도 완전하게 바뀌지는 않았지만, 바라문이 주관하는 다신교적 제식주의는 점차 더 정교한 '새로운' 우주론으로 덧씌워졌고, 우주의 질서로서 르따(ṛta)는 무명, 욕망, 업에 의해 촉발된, 시작도 없고, 끊임없이 변화하며, 불행한 재생이 반복되는 윤회관으로 변형되었다. 윤회는 우리를 천국에 데려다 줄 뿐인 희생 제식을 통해서가 아니라, 변함없는 지복의 해탈(mokṣa)을 통해 극복될 것이다. 그리고 해탈은 욕망에서 멀어지고, 우주를 떠받치는 영원한 정신적 실재로서 브라흐만(brahman)이라 부르는 일자—者, 또는 개인을 떠받치는 영원한 정신적 실재로서 일자인 아뜨만(ātman)의 가장 깊은 본성에 대한 지적이고 사색적인 지혜(jñāna)를 통해 달성된다. 초기에,[7] 브라흐만과 아뜨만은 같은 실재로 인식되고, 두 가지 관점으로 이해되었으며, 그것의 실현은 이생에서든 사후에서든 윤회로부터의 완전한 자유, 그리고 변하지 않는 실재-지식-지복(sat-cit-ānanda)에 대한 영원한 향유를 수반한다. 비록 많은 다양성을 인정하지만, 남아시아 문화에서 규범이 되었던 이 새로운 세계관을 보통 윤회-업-해탈의 우주론(saṃsāra-kar-ma-mokṣa cosmology)이라고 부른다.[8]

인도적 가치가 극적인 변화를 겪었던 방식은 많은 논의의 대상이 되어 왔다. 신화학자 캠벨(Joseph Campbell)은 그것을 '대반전(great reversal)'이라 부르기도 했다.[9] 많은 학자는 그것이 마을과 도시 건설에 충분한 목재를 제공해줄 산림을 개간하게 해주고, 더 향상된 경작과 더 많은 농산물과 잉여물을 얻도록 더 나은 쟁기를 생산하게 해준 발전된 철제기술의 산물이라고 말한다. 새로운 경제 개편은 신흥 계급, 특히 상업 집단의 부상을 가져온 한편, 개선된 무기 제조술은 전쟁의 규모와 치사율을 높였다. 공통 기원전 1000년 중반 갠지스강 동쪽 지역은 '멋진 신세계'를 다스리는 도시국가 간의 전쟁으로 점철되었다. 당연히, 초기 인도-아리아인의 소규모 목가적 삶을 위해 개발된 오래된 사회 종교 제도는 더 이상 맞지 않았다. 낡은 질서에 불만을 품은 많은 사람들은 다른 것에서 의미를 찾았고, 리그베다에서 설한

7 찬도기야 우빠니샤드(Chāndogya Upaniṣad) 6.8.7-15; Radhakrishnan 1968, 458-65.
8 이에 관한 간결한 요약은 Collins 1982, 29-30.
9 Campbell 1962, 139, 211-18.

것과는 상당히 다른 생각과 관습들을 시험해 보기 시작했다. 우빠니샤드에 나타난 이론과 기법들은 통일된 베다 전통의 자연스러운 변화를 반영했는지, 아니면 드라비다 부족 사람들, 심지어 인더스 문명의 생존자들처럼 인도-아리아인의 접경 밖 다른 집단에서 유입되었는지에 관해 상당한 논쟁들이 있었다. 거기에 제시된 모든 답변은 진실을 담고 있을 수 있으나, 의견의 일치를 보지는 못했다. 그런데 점차 인도적 가치에 중요한 변화가 생겼고, 우빠니샤드가 그런 변화의 첫 번째 명백한 증거를 제공한다는 점은 폭넓게 받아들여졌다.[10]

변화는 점진적이었다. 리그베다에서는 분명하지 않지만, 윤회를 암시하는 개념이 최초기의 우빠니샤드보다 앞선 소수의 베다 경전에 묘사된다. 공통 기원전 8세기와 6세기 사이에 만들어졌을 샤따빠타 브라흐마나(Śatapatha Brāhmaṇa)로 알려진 (같은 종류의 경전 중 가장 후기) 의식집은 죽은 후 어떤 영역이든 들어가서 머무는 기간은 영원하지 않을 것이며, '재-죽음'을 맞아 지상의 존재로 돌아올 가능성을 암시한다.[11] 하지만 샤따빠타 브라흐마나는 이것을 본격적인 윤회론으로 삼지 않는다.

일반적으로 가장 이른 것으로 간주되는 브리하다라냐까(Bṛhadā-raṇyaka) 우빠니샤드는 샤따빠타 브라흐마나 10장의 연속인데, 재-죽음에 관한 생각을 윤회론으로 바꾼다. 가령, 죽음과 사후의 성격에 관한 논의에서 브라만 성자 야즈냐발키야(Yajñavalkya)는 자나까(Janaka) 왕에게 마치 애벌레가 풀잎 끝에 이르렀을 때 몸을 쭉 뻗어

---

10 G. Obeyesekere 2002, 3-4, 13-14의 논의를 보라.
11 Śatapatha Brāhmaṇa 10.4.3(9), 10.4.5.1(4), 번역: Eggeling 1897, 357, 365.

디딜 곳을 찾는 것처럼, 미망의 자아(ātman)는 몸을 버릴 때 새로운 몸을 찾을 것이라고 말한다.[12] 브리하다라냐까의 다른 곳에서, 끄샤뜨리야(kṣatriya) 성자인 자이발리(Jaivali)는 그가 이해한 대로 윤회의 과정을 자세히 열거했다. 즉, 화장 이후에 깨닫지 못한 자아는 연기가 되어 밤에 스며들어 겨울에 보름달이 지는 날, 아버지의 세계, 달로 가서 신들의 음식이 된다. 신에게 먹힌 다음 허공, 공기, 비, 땅에 스며들고, 그로부터 인간이 소비하는 곡물로 자라난다. 그리고 그 씨앗은 여성의 몸에 싹을 틔워 마침내 존재는 다시 태어난다.[13] 브리하다라냐까는 사후에 신의 길과 아버지의 길이라는 두 갈래 길을 따라가는 존재들을 묘사한다. 신의 길은 브라흐만을 아는 자의 길이다. 그는 죽어서 브라흐만이 되어 다시는 태어나지 않는다. 아버지의 길은 제사장의 길이다. 이것은 천상으로 이끌지만, 결국에는 다시 태어난다. 야즈냐발키야가 그의 문하생 아르타바가(Arthabhāga)에게 "선한 행위로 선인이, 악한 행위로 악인이 된다"고 말하듯이,[14] 윤회에 종속된 사람들 간에 어떤 종류의 윤회가 일어날지 결정할 중요한 요소는 여전히 행위의 질, 업(karma)이다. 그리고 무지와 욕망에 지배된 정도에 따라 선하고 악한 행위가 결정된다. 업의 세력에 흔들릴수록 윤회는

---

12 Bṛhadāraṇyaka Upaniṣad 4.4.3-4, 번역: Radhakrishnan 1968, 271; 비고. G. Obeyesekere 2002, 5.

13 Bṛhadāraṇyaka Upaniṣad 6.2.16, 번역: Radhakrishnan 1968, 314-15; 비고. G. Obeyesekere 2002, 8.

14 Bṛhadāraṇyaka Upaniṣad 3.2.13, 번역: Radhakrishnan 1968, 217; 비고, G. Obeyesekere 2002, 4.

더 불행해지고 덜 굴복할수록 결과는 더 좋아진다.

찬도기야(Chāndogya)나 까우씨따끼(Kauṣītaki)를 비롯해 윤회를 제
시하는 브리하다라냐까 혹은 다른 초기 우빠니샤드도 윤회가 작용하는
과정에 대해 그 이상 더 상세히 언급하지 않으며,[15] 윤회가 핵심적인
부분인 윤회-업-해탈의 우주론도 그것을 광범위하게 다루지 않는다.
따라서 종 간의 교차 윤회가 가능한지, 식물은 재생 계획에 포함되는지,
우리가 태어날지도 모를 지옥과 비슷한 것이 있는지는 분명하지 않다.
또한 주목해야 할 점은 전체적으로 볼 때 쌈히따(Saṃhita)와 브라흐마
나(Brāhmaṇa)에서 제시한 것보다 더 심오한 방식이긴 하지만, 지식에
집중하는 것과 거의 거리가 먼 초기 우빠니샤드는 여전히 베다의
제식에 관심이 많았다는 것이다. 그럼에도 불구하고 오베예세케레가
강한 윤리성을 띤 '업 종말론'이라 부른 것이, 더 폭넓은 윤회-업-해탈
의 우주론을 띤 채로, 초기 우빠니샤드에서 인도 아대륙에 형태를
갖추기 시작했다는 것은 분명하다. 소외된 제식과 신, 윤리와 영지의
상보성 강조, 브라흐만과의 영원한 결합이라는 구원론적 목표를 달성
하기 위한 금욕적이고 요가적이며 명상적인 삶을 추구하는 것을 포함
한 우주론의 영향력이 증가하는 것은 께나(Keṇa)와 까타(Kaṭha)처럼
중기(B.C.E. 6C~5C) 우빠니샤드에 뚜렷하다. 아마도 불교 이후 이샤

---

15 G. Obeyesekere 2002, 10-13. 찬도기야(5.10.9; 번역: Radhakrishnan 1968, 434)는
'추락'을 초래할 네 가지 주요한 죄, 즉 황금 절도, 음주, 브라만 살해, 스승의
아내와의 부정을 열거한다. 까우씨따끼(1.1-7, 번역: Radhakrishnan 1968, 753-60)
는 브리하다라냐까처럼 윤회의 과정을 조금만 기술한다. 한편, '초기'로 인정되는
다른 두 우빠니샤드에서 윤회관은 그다지 명백하지 않다.

(Īśa), 스웨따스와따라(Śvetāśvatāra), 문다까(Muṇḍaka)를 포함한 후
기 우빠니샤드에 전해졌을 가능성이 크다. 고고학적 문헌 연구에서
알 수 있듯이, 힌두 전통은 그 후 몇 세기 동안 새로운 신과 여신의
등장, 그들에게 바치는 헌신적인 행위의 발달, 그리고 의식, 명상기법,
철학적 관점 등의 전환을 통해 수많은 방식으로 변모했다. 그렇지만,
브리하다라냐까와 찬도기야에서 처음 제시되었고 뒤이어 우빠니샤드
에서 공고해진 윤회-업-해탈의 우주론은, 그 이후에도 수많은 힌두교
도 전통의 규범으로 남아 바가바드 기타(Bhagavad Gītā)와 뿌라나
(Purāṇa)와 같은 서사시와 문헌들을 통해 위대한 의미를 부여받았고,
오늘날까지 수많은 힌두교도에게 계속해서 받아들여지고 있다.

3. 사문 전통

우빠니샤드는 군사 및 행정 계급인 끄샤뜨리야의 권력과 영향력에
대한 증거를 포함하고 있지만, 다른 베다 문헌과 마찬가지로 우빠니샤
드는 주로 사제 브라만에 의해 양산되고, 브라만 자신들의 가치가
가장 밀접하게 반영된다. 인도-아리아인 사회의 지식인으로서 브라
만은 지금 우리가 힌두교라고 부르는 형태를 갖추도록 많은 일을
했다. 힌두교는 아주 최근의 용어로, 초기 무슬림들이 인더스강 유역
에 거주했던 인도 아대륙의 비이슬람권 주민들에게 붙여준 '인더스
(Hindus)'가 계기가 되어 영국인들이 만든 것이다. 공통 기원전 상황에
서 브라만의 정체성은, 계시된 경전으로서 베다 전집에 대한 신뢰,
즉 계급제도의 신성한 기원에 대한 확신, 전부는 아니지만 대부분

베다 전통에 뿌리를 둔 다양한 신과 여신 경배, 불과 음식 위주의 제식, 우주론 안에 해탈을 달성하는 주요 요소로서 불멸하는 자아 및 변치 않는 자아에 관한 지식을 포함한 윤회-업-해탈의 우주론을 수용하는 태도를 통해 확인할 수 있다.

  그렇지만 브라만은 공통 기원전 1000년 중반 남아시아에서 유일한 종교 집단이 아니었다. 공통 기원전 1세기 후반으로 연대를 산정할 수 있는 불교경전은 두 번째 중요한 형태의 수행자로 사문(śramaṇa)을 지명한다.[16] 문자 그대로 '노력하는 자' 혹은 '실행자'를 의미하는 이 용어는 베다 문헌에 나타나는데, 거기서는 주로 무니(muni)로 알려진 금욕적 은둔자들을 가리킨다. 가끔 정통 브라만과 거리가 먼 것처럼 보였지만, 그들의 정신적 훈련은 다양한 방식으로 전통에 명백하게 영향을 미쳤다. 사실, 때때로 문제가 되기도 하지만, 어떤 사람들은 수천 년 동안 힌두교 전통의 일부분으로 받아들여져 온 싼냐씬(sannyā-sin)과 싸두(sādhu)의 선구자들을 그들 안에서 본다. 동시대 혹은 그 이후에, 사문이란 용어를 불교와 자이나교에서는 공통 기원전 1세기 중반 북인도에 번성한 비브라만교 철학자들을 묘사하는 데 사용했다. 믿음과 실천에 있어서 그들 사이에 많은 차이가 있었지만, 일반적으로 베다의 권위를 부정하는 특징을 보였다. 그들은 수행 공동체 조직(saṅgha), 신분 계급 경시, 금욕적이고 사색적인 수행 중시, 그리고

---

16 브라만-사문의 구분은 이미 공통 기원전 3세기 중반에서 후반으로 산정되는 아소까왕의 칙령에 드러난다(Nikam and Mckeowon 1959, 27). 아소까왕이 사문들을 추천했기 때문에 아소까왕보다 앞선 시기여야 하는 불교 경전에서는 말할 것도 없다; Thanissaro 1993을 보라.

주목할 만한 예로 윤회-업-해탈의 우주론 수용 등 그들이 고안한
규범적 문헌들로 베다의 권위를 대체했다. 유일하게 단일 교단에서
완비된 인도의 초기불교 경전, 즉 우리가 테라와다(Theravāda)라고
부르는 빠알리(Pāli) 경전은 붓다 당시의 주요한 여섯 명의 사문을
지명한다. 그들의 견해는 싼자야 벨라티뿟따(Sañjaya Belaṭṭhiputta)의
회의론적 불가지론, 빠쿠다 깟짜야나(Pakhuda Kaccāyana)의 원자론적
영원주의, 아지따 께싸깜발리(Ajita Kesakambalī)의 쾌락적 유물론,
뿌라나 깟싸빠(Pūraṇa Kassapa)의 도덕 부정론, 아지비까(Ājīvika)의
스승 막칼리 꼬쌀라(Makkhali Gosāla)의 운명론, 자이나교의 성자 니간
타 나따뿟따(Nigaṇṭha Nātaputta)의 다원적 금욕주의에 이르기까지
다양하다.[17] 여기서 윤회에 관한 가장 흥미로운 관점인 아지따 께싸깜
발리의 견해만 간략하게 기술한다. 아지따 께싸깜발리는 「사문과경
(Samaññaphala-sutta)」에서 다음과 같이 주장한다.

선하거나 악한 행위의 결실이나 과보는 없다. 이 세상도 저 세상도
없다. … 이 세상에 완전하게 실천하고, 이 세상과 저 세상을
천명하며, 자신의 초자연적 지혜로 깨달은 금욕주의자나 바라문은
없다. 인간은 네 가지 요소로 이루어졌고, 죽으면 요소들은 본래의
것으로 돌아간다. … 몸이 부서질 때, 어리석은 자와 지혜로운
자 모두 파괴되고 무너져 사후에 존재하지 않는다.[18]

---

17 이들에 대한 상세한 설명은 D 2.16-33(Samaññaphala-sutta)에 있다; 번역: Walshe
1987, 93-97; 전생의 기억과 사후의 조건을 포함해 브라만과 사문의 다양한
견해들은 『범망경』에 열거되고 부정된다(D 1), 번역: Walshe, 1987, 73-74, 82.

50

경전에서는 그렇게 밝히지 않았지만, 아지따는 분명 중요한 인물이
면서도 초기 인도 사상의 한 자락으로 인정받지 못한 대표적인 인물이
다. 나중에 짜르와까(Cārvāka)나 로까야따(Lokāyata)라고 불린 운동
은[19] 현존하는 자료가 거의 남아 있지 않은데, 윤회-업-해탈의 우주론
뿐만 아니라 작지만 완고한 저항 정신을 보여준다. 그의 형이상학은
완전히 유물론이고, 지식에 대한 회의적 인식론은 감각에 의존하지
않는다고 주장하며, 철저한 쾌락주의가 아니라면 쾌락적 도덕론이라
고 말할 수 있다. 예상대로 이것은 많은 힌두교, 불교, 자이나교로부터
풍자되고 비난받았다. 그중 가장 중요한 인물은 불교 철학자 다르마끼
르띠(Dharmakīrti, 7C)이다. 그는 전생 및 내생의 실재와 정신과 육체의
분리 가능성을 증명하기 위한 시발점으로서 사후 존속과 몸을 떠난
마음의 독립성에 관한 로까야따(Lokāyata)의 논쟁을 활용한다. 이것은
10장에서 좀 더 자세히 살펴볼 것이다.

후대 주석가들이 비도덕론이나 부작위不作爲를 옹호하는 자라고
묘사한 뿌라나 깟싸빠는 전생 및 내생과 다양한 윤회계는 정말로
존재하지만, 업은 과보를 내지 않으므로 그것들은 업의 결과가 아니라
는 독특한 입장을 취한 것 같다. 그래서 무슨 짓을 하든, 가장 악하거나
극악무도한 죄라도, 그에 따른 실제적인 결과는 없다.[20] 뿌라나가
윤회 해탈론을 인정했는지는 분명하지 않다. 분명한 것은 유물론자인

---

18 D 2.23(Samaññaphala-sutta), 번역: Walshe 1987, 95-96.

19 Chattopadyaya 1992, 1994.

20 D 2.17(Samaññaphala-sutta), 번역: Walshe 1987, 94, G. Obeyesekere 2002,
102-3.

아지따처럼 다른 이유로 브라만과 사문 모두 실천하는 영적 훈련의 효용을 거부한다는 것이다.

뿌라나의 관점은 막칼리 꼬쌀라의 관점과 다소 유사하다. 막칼리 꼬쌀라는 불교와 자이나교 문헌에서 충분히 입증되었고, 사라지기 전까지 천 년 이상 인도 아대륙에서 상당한 지원을 받은 사문학파, 붓다 당시 아지비까(Ājīvika) 전통의 주요 교사로 확인된다.[21] 불교 문헌에 따르면, 막칼리는 (3,000개의 지옥을 포함하는) 수백만 가지의 윤회, 수천 개의 직업군, 수백 가지의 업, 8,400,000 겁이 걸려 윤회로부터 해탈하는 과정을 비롯한 복잡한 우주론을 펼쳤다. 그러나 뿌라나와 마찬가지로 막칼리는 업의 개념과 해탈을 엮지 않았다. 그 결과 적어도 원칙적으로, 영적 운명을 바꾸기 위해 우리가 할 수 있는 것은 아무것도 없다. "다 풀릴 때까지 실타래의 공이 굴러가듯이, 어리석은 자와 지혜로운 자는 괴로움이 끝날 때까지 그렇게 내달리고 구른다."[22] 뿌라나처럼 막칼리도 마치 운명론과 부작위를 조장하는 것처럼 보이지만, 아무것도 하지 않는 영적 공동체를 상상하긴 어렵다. 아지비까가 수많은 삶의 과정에서 축적하는 여러 가지 복잡한 업을 탈피할 수 있는 금욕적 실천을 통해, 적어도 지식인들에게, 해탈이 앞당겨질 수 있을 거라 생각했다는 오베예세케레의 시사는 틀리지 않을 것이다.[23] 그랬다고 가정하면, 아지비까는 자이나교와 유사했고, 자이나교 경전은 빠알리 불교 전통에서 니간타 나따뿟따(Nigaṇṭha Nātaputta)로

---

21 Basham 1951을 보라; G. Obeyesekere 2002, 104-7.

22 D 2.20(Samaññaphala-sutta), 번역: Walshe 1987, 94-95.

23 G. Obeyesekere 2002, 107.

알려진 24번째 구원자(Tīrthaṅkara), 대웅(大雄, Mahāvira)의 한때 제자로 막칼리 꼬살라를 인정한다고 볼 수 있을 것이다.

니간타 나따뿟따의 가르침은 빠알리 경전에서 아주 상세하게 묘사하지 않는다. 「사문과경」은 그가 오로지 네 가지 구속에 묶여 있었고, 이 네 가지 구속으로 인해서 자기 완성, 자기 통제, 자기 확립에 이르게 되었다고 전한다.[24] 가장 포괄적인 설명은 「괴로움의 무더기에 대한 짧은 경(Cūḷadukkhakkhandha-sutta)」에서 발견된다. 여기에서 붓다는 라자가하(Rājagaha) 인근에 사는 자이나교도와의 만남을 묘사한다. 그는 계속 서서 고행하면서 괴롭고 날카로운 느낌을 경험하며 지냈다.[25] 왜 그렇게 지내느냐고 붓다가 묻자, 자이나교도는 자기들의 전지적 스승 니간타 나따뿟따가 다음과 같이 알려주었다고 말한다.

니간타들이여, 너희는 과거에 악한 행위들을 저질렀다. 고행으로 그것들을 없애라. 그리고 몸과 말과 마음에 속박된 지금 여기에서 미래를 위해 악한 행위를 짓지 말라. 고행으로 과거 행위를 없앰으로써, 그리고 새로운 행위를 하지 않음으로써 미래에 아무런 결과도 없을 것이다. 미래에 결과가 없으므로 행위가 파괴된다. 행위가 파괴되므로 괴로움이 사라진다.[26]

---

24 D 2.29(Samaññaphala-sutta), 번역: Walshe 1987, 97. '구속(vāri)'이란 용어는 또한 '물'을 의미한다. 문자적 의미와 어조에 있어서 풍자적일지도 모르는 이 문구를 어떻게 읽어야 할지 많은 논란이 있었다. 네 가지 구속과 물은 전통 자이나교에 알려지지 않았다. Walshe 1987, 545ⁿ 115.

25 M 14.15, 번역: Ñāṇamoli and Bodhi 1995, 187.

26 M 14.17(Cūḷadukkhakkhandha-sutta), 번역: Ñāṇamoli and Bodhi 1995, 188.

그러자 붓다는 자이나교 수행자들과 담소를 나눈 다음, 그들이 실제로 전생과 내생에 대해 알지 못하며 어떤 종류의 행위나 부작위가 우리의 행복과 고통에 영향을 주는지도 잘 알지 못한다고 설파한다. 또한 말의 상대성을 입증하고, 자기 학대와 관련 없는 방법으로 자신은 최상의 즐거움을 얻었노라고 논증함으로써 "즐거움은 고통을 통해서 얻어진다"는 그들의 주장을 일축한다.[27] 다른 곳에서, 니간타 나따뿟따는 자신이 전지하다는 주장, 붓다를 모욕하는 듯한 말과 행동, 제자들을 교화하는 데 성공한 붓다에 대한 질투, 사후 추종자들의 논쟁과 혼란 등으로 비난받았다.

여러 정황상, 남녀를 모두 아우르고 불교의 전통보다 앞선 것 같은 승가 전통이 존재하는 자이나교 교단은 붓다의 승가를 강력한 경쟁자로 여겼고, 공통 기원전 1000년 중반 북인도의 '영적 무대'에서 후원과 영향력을 놓고 정말로 각축전을 벌였던 것이 분명하다. 자이나교가 남아시아에서 번성했기 때문에 막대한 양의 인상적인 문헌들을 만들어 냈으며, 비록 고전적인 전통의 형태가 붓다 당시 니간타 나따뿟따가 천명한 것과 다소 다를지라도, 초기불교 문헌에 보이는 것보다 오늘날 더 많은 업, 윤회, 해탈의 관점을 파악할 수 있는, 작지만 중요한 종교 공동체를 남겼다. 요컨대, 자이나교의 범심론汎心論적 형이상학은 온 우주에서 인식(upayoga)이나 영혼(jīva)이 발견된다고 주장한다. 우주는 일정한 간격을 두고 생성과 소멸을 하지만, 영혼은 시작도 끝도 없다. 따라서 우리는 업에 따라 이전부터 살아왔으며 분명히

---

27 M 14.20-22(Cūḷadukkhakkhandha-sutta), 번역: Ñāṇamoli and Bodhi 1995, 188-89.

다시 살아갈 것이다. 우리는 식물, 광물, 인간, 동물, 천상, 지옥 등 최소한의 의식을 가진 어떤 형태로든 다시 태어날 수 있다. 업은 본래 빛나는 영혼을 가리는 미묘한 형태의 물질로 간주된다. 그래서 윤회에서 벗어나려면 지식, 헌신, 명상 등도 칭송받지만, 극단적인 불상해(ahiṃsā), 독신, (나체를 포함한) 무소유, 다양한 형태의 자기학 대(죽도록 하는 금식 포함) 등 가능한 한 최대한도로 행위를 멈춰야 한다. 이런 실천들을 통해 우리를 가로막는 업의 가장 미묘한 흔적이 사라지면 영혼은 우주의 제일 상층부로 올라가 완전한 존재, 성취자 (siddha)로 영원히 살아간다.[28] 텍스트에 대해서 적절히 염두에 둔다면, 이것은 초기 우빠니샤드, 초기 불교 및 자이나교 경전에서 밝혀졌듯이 공통 기원전 6세기와 5세기의 북인도 세계였다.

이 시기에 오랫동안 확립된 규범을 뒤엎는 데 도움이 되는 새로운 사회, 경제 구조가 생겨났고, 윤회-업-해탈의 우주론은 (비정형적이 거나 논쟁의 여지가 없는 것은 아니지만) 차츰 인간의 조건을 규정하는 데 사용되었으며, 도시와 숲은 철학자, 은둔자, 요기들로 넘쳐났다. 그들은 브라만과 사문처럼 존재의 수수께끼를 해결하고, 고통받는 존재에게 윤회의 악순환에서 벗어나거나 적어도 이 생에서 행복에 이르는 길을 알려주었다. 그런 스승들에 의해 발전한 종말론은 사후세 계를 부정하는 유물론에서부터 윤회 없는 사후세계를 단정한 베다의 전통주의, 윤회는 인정하나 업과의 연계성을 부정한 숙명론과 운명론, 그리고 우빠니샤드와 자이나교에서 다소 잘 발달된 업 종말론에 이른

[28] 이것이 통상적인 개요이다; 더 상세한 의미는 Campbell 1962, 218-40, Jaini 1983을 보라.

다. 그들은 자신들의 교리를 표방하기 위해 공동체를 결성했다. 그중 일부는 여전히 계속되고 있으며, 그 공동체는 경전을 펴냈다. 이것은 우리에게 낯설지만 묘하게 친숙한 공통 기원전 5세기 남아시아를 볼 수 있는 창을 제공한다. 이제 그 장소, 그 시간에 가장 위대한 인물인 붓다에게로 방향을 돌린다.

3장 붓다의 윤회관

사실 우리는 붓다가 윤회에 대해 생각하거나 가르친 것이 무엇인지 확신할 수 없다. 왜냐하면 석가족의 성자 석가모니로 알려진 역사적인 붓다를 우리가 잘 알지 못하듯이, 그의 실제 가르침도 그렇기 때문이다. 그의 실존을 가정하면(어떤 사람은 그를 신화적 인물이라고 주장한다), 불교 시대의 서막을 알리는 그의 반열반般涅槃은 전통적으로나 현대적으로 학자들에게는 오랫동안 논쟁거리가 되어 왔다. 전통 학자들은 반열반을 공통 기원전 9세기 초로 추정할 것이다. 고고학적 증거뿐만 아니라, 이질적인 불교 연대기를 사용하는 현대 학자들은 공통 기원전 486년부터 367년에 이르는 시기를 주장하지만, 오늘날은 대부분 공통 기원전 400년 무렵으로 기운다. 붓다가 세상을 떠난 해야 어떻든, 초기불교 '경전'은 100년 혹은 그 이상 구전으로 전해진 것 같았고, 공통 기원전 3세기쯤 문자로 기록되기 시작한 후에도 공통 기원전 1세기 아주 늦은 시기까지 편집되지 않았다. 문자화되었을 때, 보통 붓다가 말하지 않은 언어, 즉 빠알리어(Pāli), 간다리어(Gandhārī), 여러 쌘쓰끄리뜨어(Sanskrit)로 기록되었다. 다양한 '주류(Mainstream)' 학파에[1] 의해 만들어진 우리가 아는 불교 경전은 세 가지 바구니 또는 모음집(piṭaka)으로 나뉜다. 붓다의 교설을 담은 다섯 가지 경장(Sutta piṭaka, nikāyas), 개별적 규율을 제정하게 된 상황 설명과 승가 공동체의 규정을 담은 율장(Vinaya piṭaka), 법(dhamma)의 성격과 기능에 대한 추상적 분석을 담은 논장(Abhidhamma piṭaka)이 있다. 이들은 틀림없이 오랜 편집 과정의 산물이기 때문에 경장과 율장이라도 그 안에 나타난 것이 '붓다가 가르쳤던 것'이라고 확신할 수 없으며, 나중에 불교도들과 직접적인 관련이 있는 문제와 관심사들은 붓다의 본래 가르침에 포함되지 않았다. 학자들은 지난 2세기 동안 빠알리 경전의 언어형식, 용어, 사회·지리적 자료를 분석하기 위해 애써 왔지만, 방법론과 결론에서 서로 의견이 일치하지 않았다. 여기서, 우리는 석가모니의 윤회관을 규정하기 위한 주된 자료로 전체 경전을 사용하고, 거기에 나타난 신화화한 붓다를 활용할 것이다. 그럼에도 불구하고, 그의 윤회관을 최종적으로 규정할 수 없다는 점을 충분히 이해할 것이다.[2]

---

1 이 용어는 인도 대승불교에서 그들의 경전과 관점을 초기불교 학파와 구분하기 위해 만들어낸 경멸어 '소승'이나 '열등한 수레'보다 요즘 더 자주 사용된다. 다른 용어로는 '근본' 불교와 '니까야' 불교가 사용된다.

2 경전은 초기불교의 사상과 수행을 이해하는 유일한 자료가 아님을 아는 것이 중요하다. 비문, 그림, 다른 고고학적 증거 또한 고려되어야 한다. Schopen 1997, 2005. 그렇지만 여기서는 주로 경전에 주목할 것이다.

기독교의 복음과 달리, 상좌부(Theravāda) 빠알리 경전에 보이는 경장과 율장은 자서전적인 것은 물론 전기적인 것에도 관심을 두지 않는다. 빠알리 경전에 상응하는 다른 주류 불교 학파에서 유래한 싼쓰끄리뜨의 아함과 율은 적은 부분을 제외하고는 한문 번역본만 존재한다. 실제로 붓다 최초의 전기는 모두 주류 경전이 어느 정도 확립된 이후 공통 기원전 1세기 초에 만들어졌다. 여기에는 붓다의 전생 이야기 빠알리 『본생경(Jātaka)』을 소개하는 인연담(Nidāna-kathā)과 함께 위대한 시인 마명(Aśvaghoṣa)의 『불소행찬(Buddhacāri-ta)』, 익명의 준 경전 『대사(Mahāvastu)』, 그리고 『보요경(Lalitavistara)』과 같은 싼쓰끄리뜨 경전이 포함된다.[3] 붓다는 빠알리 경전을 통틀어 주요 화자이며, 그의 입을 통해 우리가 듣는 것은 수많은 교리적 설명과 논의뿐만 아니라, 경험에 대한 자기 보고이다. 우리는 붓다가 자신에게 귀속된 것을 실제로 경험하거나 설하는지를 가정할 필요 없이, 먼저 '자서전적' 보고서나 '1인칭' 보고 형식의 윤회에 관한 몇 가지 구절을 고려한 다음, 붓다의 우주론 내에서 윤회의 중요성을 평가할 것이다.

1. '1인칭' 시점으로 본 붓다의 윤회

붓다에게 귀속되는 유명한 운문경구집 『법구경(Dhammapada)』을 읽을 때, 유난히 「늙음의 품」의 두 구절의 시구가 눈에 띤다.

---

3 Ashva-ghosha 2008, Jones 1949-56, Bays 1983, Jayawikrama 1990.

많은 생을 윤회에서 방황하며
집 짓는 자를 헛되이 찾았다.
거듭 태어남은 비통하다.

오, 집 짓는 자여, 그대를 보았다!
그대는 이 집을 다시 짓지 못하리!
서까래는 부서졌고 대들보는 무너졌다!
나의 마음은 지음을 멈추고
갈애의 종식을 얻었다![4]

위대한 학승 붓다고사(Buddhaghosa)는 이것이 보드가야의 보리수
아래서 붓다가 깨달은 순간 자연스럽게 나온 오도송이라고 설명한다.
『법구경』에 대한 그의 5세기 주석은 모든 언급에 대해서 전기적 맥락을
제시한다. 이 게송의 핵심은 윤회사상과 윤회의 정복이라는 데 유의할
필요가 있다. 집과 집 짓는 자라는 비유를 통해 붓다는 거듭되는
'비통한'(혹은 괴로운: dukkha) 윤회를 겪어야 했다고 묘사한다. 그가
찾는 집 짓는 자(건축가)에서 집은 윤회이다. 전체적인 과정이든 그것을
구성하는 개별 출생이든, 집 짓는 자라고 마침내 '보여진' 것은 괴로움의
원인인 갈애(taṇha)이다. 집 짓는 자를 보았기 때문에, 즉 갈애를
알고 극복했기 때문에 그의 마음은 무위無爲, 열반에 이르러 다시는
집을 짓지 않는다. 그래서 재생과 윤회를 끝냈다.

---

4 Dhammpada 153-5, 번역: Buddharakkhita 1966, 73. 나는 번역을 조금 바꿨고,
  본래의 구조를 반영한 시행으로 재배치했다.

은연중에, 이 시구는 깨달은 후 싸르나트에서 7주간 설한 첫 번째 법문인 「전법륜경(Dhammacakkapavattana-sutta)」에 나타난 붓다의 핵심적인 가르침인 사성제를 상기시킨다. 석가모니는 (1) 괴로움(dukkha)이라는 현상, (2) 괴로움의 원인으로서 갈애, (3) 괴로움의 소멸: 형성되지 않고 비-조건적인 열반의 상태, (4) 열반에 이르는 길: 갈애를 제거하는 팔정도의 바른 견해, 바른 사유, 바른 말, 바른 행위, 바른 생계, 바른 노력, 바른 염(念, sati), 바른 삼매(定, samādhi)를 천명했다. 붓다는 설법 끝에 말한다. "흔들리지 않는 마음의 해탈을 얻었다. 이것이 나의 마지막 생이다. 이제 더 이상 태어남은 없다."[5] 『법구경』의 시구와 마찬가지로, 윤회-업-해탈의 우주론에 기대지 않고는 「전법륜경」이나 사성제를 이해할 수 없다. 첫째, "감각 조건은 괴로움이다"라는 것은 다양한 삶의 과정을 통해 발생하고, 몸과 마음의 분리성을 전제로 한 현실이다. 둘째, 윤회 안에서 모든 존재는 의존적 발생(緣起)의 법칙에 따라 원인과 조건에서 유래하므로 괴로움에는 식별 가능한 원인, 갈애가 있다. 여기서 업은 원인으로 언급되지는 않지만, 암묵적으로 팔정도의 요소들과 상반되고, 갈애의 결과이며, 다시 태어나게 만드는 미숙한 행동으로 이해된다. 셋째, 순수한 열반의 상태에서 괴로움의 종식, 마음의 정화와 완성은 실제로 가능하다. 넷째, 완전한 상태는 갈애와 갈애에서 비롯된 부정적인 행위의 제거, 즉 팔정도를 통해서 달성된다. 요컨대 『전법륜경』의 관점에서 윤회는 우리 모두 직면한 근본 문제이고, 그 해결책은 윤회를 일으키는 갈애의

5 S. 56.11, 번역: Bodhi 2005, 77.

제거이다.

윤회로부터 해탈한 것에 대한 붓다의 확신은 깨닫던 날 밤 보리수 아래서 겪었던 경험에 뿌리를 두고 있다. 후대의 전기적 자료들은 그것을 아주 상세하게 묘사하지만, 빠알리 경전에서 붓다는 속속들이 회상하지 않는다. 그렇지만 일부 경전은 흥미로운 자전적 발언을 담고 있다. 「사자후의 큰 경(Mahāsīhanāda-sutta)」에서 석가모니는 출가와 깨달음의 사이 몇 년 동안 실행했던 극단적인 고행을 묘사한다. 그는 고행이 해탈로 인도하지 못한다는 것을 알았다.[6] 나아가, 마지막까지 쓰라린 윤회를 견뎌야 '정화'가 일어난다고 주장한 사람들이나(아마 아지비까) 어떤 한 번의 윤회가 정화를 가져올 것이라고 주장한 사람들에 맞서, 그가 견디지 못한 윤회는 하나도 없지만, 개별적인 윤회도 그 합도 해탈로 이어지지 않았다고 말한다.[7] 「고귀한 추구 경(Ariyapariyesanā-sutta)」에서 그는 유행의 삶을 시작한 이후 스승들이 가르친 명상(무소유처정과 비상비비상처정)을 배웠고, 그것들이 해탈에 도움이 되지 않기 때문에 거부했으며, 보드가야로 이동해서 늙음, 병듦, 죽음, 슬픔, 번뇌에 더 이상 종속되지 않는 최상의 확고한 열반을 성취한 이야기를 전한다. 열반을 성취하자, 그에게 해탈은 확고부동하고 현생이 마지막 생이라는 '앎과 봄'이 생겼다.[8] 이어서, 설법의 결심, 싸르나트로의 여행, 첫 번째 다섯 명의 제자에 대한 가르침을 묘사한다. 가르침은 고귀한 가문의 사람이 정당하게 집에서 집 없는 곳으로

---

6 M 12.44-59, 번역: Ñāṇamoli and Bodhi 1995, 173-76.

7 M 12.57-59, 번역: Ñāṇamoli and Bodhi 1995, 176.

8 M 26.17-18(Ariyapariyesanā-sutta), 번역: Ñāṇamoli and Bodhi 1995, 259-60.

가서 거룩한 삶의 최고 목표에 도달할 수 있도록 길을 열어준다.[9] 『쌍윳따니까야(Saṃyutta-nikāya)』에 나타난 '고대도시의 비유'에서 석가모니는 어떻게 이 세상의 존재들이 '고통에 빠져서 태어나고 늙고 죽고 다시 태어나는지, 그리고 어떻게 고통에서 벗어날 수 있는지 알기를 열망한 자로서 그가 탐구한 방식을 설명한다. 그는 정글에서 폐허가 된 도시를 찾는 탐험가에 자신을 비유해서 먼저, 윤회로 이어지는 원인과 결과의 연속성을 이해하게 한 다음, 무명과 갈애라는 주요 원인을 제거하는 과정을 통해 해탈하는 방법을 설명한다. 그리고 그것들을 제거했기 때문에 '전체 괴로움의 무더기'는 사라지고, "나에게 앎과 봄, 지혜, 참된 지식, 광명이 생겼다"고 말한다.[10] '1인칭' 화자 중 더 큰 관심이 가는 것은 「두려움과 공포 경(Bhayabherava-sutta)」이다. 거기에서 붓다는 깊은 숲속에 살면서 마음을 한데 모아 일으킨 사유, 지속적 사유, 희열, 기쁨을 순차적으로 흘려보내고, 괴롭지도 즐겁지도 않고 평정으로 인해 청정한 알아차림만이 남을 때까지 특정한 대상에 집중하는 네 가지 선정을 성취한 다음, 이를 통해 무시무시한 거주처에 대한 두려움과 공포를 극복했던 방식을 설명한다. 그리고는 다음과 같이 말한다.

"집중된 마음이 청정하고 고요해졌을 때, 마음을 전생의 기억에 대한 앎으로 돌렸다. 한 번의 생, 두 번의 생, 세 번의 생 … 십만 번의 생, 세상이 팽창하는 수많은 겁, 세계가 수축하고 팽창하는

---

9 M 26.27ff.(Ariyapariyesanā-sutta), 번역: Ñāṇamoli and Bodhi 1995, 264ff.
10 S 12:65, 번역: Bodhi 2000, 601-4.

수많은 겁. '거기에서 나는 저런 이름이었고, 저런 종족이었고, 저런 용모를 가졌고, 저것이 나의 음식, 경험이었고, 즐겁고 괴로운 경험이었고, 저것이 내 생애였다. 그리고 거기서 죽어서 다른 곳에 태어났고 거기서 죽어서 여기에 다시 태어났다.' 이처럼 나는 외모와 그 특성으로 다양한 전생을 회상했다."[11]

붓다가 청중에게 말한 이것은 깨달은 날 밤 그가 성취한 세 가지 '참된 지식' 중 첫 번째였다. 바로 뒤따라 온 두 번째는 '신성한 눈'이었다. 그것을 통해

"나는 존재가 죽어서 열등하고 뛰어나고, 잘생기고 흉하고, 행복하고 불행하게 다시 태어나는 것을 보았다. 그들이 지은 행위에 따라 사는 방식을 이해했다. 따라서 '몸, 말, 마음으로 그릇된 행위를 한 존재들은 죽어서 몸이 무너질 때 궁핍한 처지, 처참한 곳, 파멸의 장소, 심지어 지옥에 다시 태어난다. 하지만 몸, 말, 마음으로 좋은 행위를 한 존재들은 죽어서 몸이 무너질 때 안락한 운명, 심지어 천상에 다시 태어난다.'"[12]

이렇게 자신과 다른 사람들의 윤회를 직접 알게 된 붓다는 그가 완전하게 파악한 사성제를 향해 주의를 돌린다. 그리고 다음과 같이 말한다.

---

11 M 4.27, 번역: Ñāṇamoli and Bodhi 1995, 105.
12 M 4.27, 번역: Ñāṇamoli and Bodhi 1995, 105-6.

"나의 마음은 감각적 욕망의 번뇌, 존재의 번뇌, 무명의 번뇌에서 벗어나 해탈했다. 해탈하자 '해탈했다'는 앎이 생겼다. '태어남은 파괴되고, 고귀한 삶을 살았으며, 해야 할 바를 다 해 마쳤다. 더 이상 어떤 존재로든 오지 않는다'라고 곧바로 알았다."[13]

이것은 깨달은 날 밤 석가모니가 성취한 세 번째이자 결정적인 참된 지식이다. 「두려움과 공포 경」은 오베예세케레가 말한 놀랄 정도로 명확한 '업 종말론'의 틀을 제공한다. (a) 사람의 사후 운명은 그가 사는 동안의 행위로 결정된다. (b) 윤회를 포함한 종교체계의 전반적인 목표는 윤회를 완전히 피하는 것이다. 이것은 붓다가 경험했기 때문에 보장한다. 그는 단순히 말로써가 아니라, 지혜로써 직접 윤회 우주론이 사실임을 인지하고 있다. 하지만, 아직 개요 정도에 머물지만, 그 세부 사항 중 일부는 다른 빠알리 경전에 나타난 붓다의 '경험적' 언급에서 보완할 것이다.

붓다는 「위대한 영광 경(Mahāsudassana-sutta)」에서처럼 가끔 자신의 전생을 이야기한다. 그는 '저 너머 정글 속' 작은 도시 꾸씨나라(Kusinārā)를 열반할 장소로 택한 이유는 전혀 중요하지 않다고 말한다. 그는 꾸싸바띠(Kusāvatī)가 대도시였을 때 거기서 일곱 번 살다 죽었고, 윤회의 마지막에 다르마(Dharma)를 지녔으며, 세상을 포기하고 죽은 마지막 생에 반열반을 위한 토대를 마련했던 마하쑤닷싸나(Mahāsu-dassana)라는 이름의 전륜성왕이었다.[14] 「위대한 관리인 경(Mahāgo-

---

13 M 4.32, 번역: Ñāṇamoli and Bodhi 1995, 106.
14 D 17, 번역: Walshe 1987, 279-90.

vinda-sutta)」에서 붓다는 전생에 궁중의 관리인이었는데, 천신과의 만남에서 붓다의 가르침을 듣고 금욕 생활을 시작한 후 자애, 연민, 기쁨, 평정의 고귀한 수행(梵住)을 완성했다는 이야기를 전한다.[15] 전생에 대한 가장 포괄적인 석가모니의 회상은『본생경(Jātaka)』에서 이루어진다. 이것은 남아시아의 우화를 자유롭게 끌어들였고, 문자로 남기기 전 수 세기 동안 구전으로 유통되었으며, 어떤 때는 경전의 지위를 부여받았다.[16] 각 이야기에서(빠알리 경전에 547개) 붓다는 이런 저런 몸과 환경에 처했던 전생을 이야기한다. 그는 인간, 동물, 천신, 부귀하거나 가난한 삶이었을지 모르지만, 그 모든 경우에 있어서 행위는 실천하려는 노력과 관대함, 인내심, 지혜, 또는 도덕적 미덕과 같은 다른 자질을 보여준다. 항상 그는 마지막에 이야기 속의 다양한 등장인물이 지금의 누구인지를 설명한다. 그런 다음, 현재 상황과 지난 행위를 연결하고, 깨달은 날 밤 그가 성취한 첫 번째 앎에 대한 예를 소개한다. 깨달은 날 밤 석가모니가 성취한 두 번째 앎은 죽은 후 업에 따라 다양한 영역에 다시 태어나는 다른 존재들에 관한 것이다. 이것은 수많은 사람의 사후 운명을 말한 경전에 많이 묘사되어 있다. 가끔은 천신들에 의해 알게 되지만, 대부분은 자기 눈으로 직접 본다. 「자나바싸바 경(Janavasabha-sutta)」에서 갠지즈강 유역을 오르내리는 주민들로부터 그를 따르던 죽은 친척들은 어떻게 되었느냐는 질문을 받자, 그는 500명은 예류자預流者가 되어 최대 일곱 번 더 윤회를 겪고, 90명은 일래자─來者가 되어 한 번만 돌아오며, 50명은 불환자不

---

15 D 19, 번역: Walshe 1987, 301-13.
16 Shaw 2007을 보라.

還者가 되어 죽은 후 청정한 곳에서 짧게 살다가 더 이상 번뇌가 남아 있지 않고 다시 태어나지 않는 아라한(arhat)이 될 것이라고 상술한다.[17] 여래如來의 다양한 초자연적 능력을 묘사한 「사자후의 큰 경」에서 붓다는 천상의 눈을 통해 마음으로 마음을 포섭해서 존재들이 천신, 인간, 동물, 아귀, 지옥의 오도五道에 윤회하는 것을 본다고 말한다. 그리고 각 영역의 성격, 그곳에 이르는 길, 윤회가 일어나는 방식, 그곳에서의 삶이 즐거운지 괴로운지 아니면 그 둘이 섞인 것인지를 안다고 덧붙인다.[18] 모든 영역은 빠알리 경전 전체에 걸쳐 때로는 붓다의 직접적인 경험을 근거로 또 때로는 보다 일반적으로, 비록 일반적인 말에서도 붓다의 초자연적 지혜의 무게가 느껴지지만, 상세하게 묘사된다. 다수의 천상계는 여러 경전과 후대 문헌 『천궁 이야기(Vimānavatthu)』에서 열거된다.[19] 천상계는 쾌락 및 권력에 대한 강렬한 경험과 아주 오래 장수하는 특징이 있다. 즐거움과 괴로움, 지혜와 어리석음이 혼합된 인간계는 붓다의 가르침을 펴는 주된 장소로 네 가지 카스트, 다양한 형태의 종교 스승, 수도자와 평신도, 남성과 여성 등의 범주로 나눌 수 있다. 동물계는 『본생경』뿐만 아니라 일부 경전에서 다양한 성격이 상세히 묘사된다. 『본생경』은 거의 모든 동물이 처하기 쉬운 배고픔, 목마름, 공포, 돌연사를 강조하는 경향이 있다. 아귀계와 그곳으로 인도하는 업은 또 다른 후대 문헌 『배고픈 귀신 이야기(Petavatthu)』에서 볼 수 있다.[20] 아귀는 극도의 배고픔과

---

17 D 18.1, Walshe 1987, 291.

18 M 12.36-41(Mahāsīhanāda-sutta), 번역: Ñāṇamoli and Bodhi 1995, 169-72.

19 Masefield 1989를 보라.

68

목마름, 육체와 정신적 고통으로 특징지어진다. 천상계처럼 지옥도 다양한데, 천상계와 완전히 대조를 이루는 만큼 자주 묘사된다. 한 가지 예를 들면, 「천신의 사자 경(Devadūta-sutta)」에서 업과 윤회의 일반적인 관계를 개설한 후, 석가모니는 악인들이 죽음과 저승의 신 야마에게 당하는 사후 심문을 묘사한다. 야마는 악인들에게 그들이 사는 동안 보낸 유아, 노인, 환자, 사형수, 부패한 시체 등 다양한 '천신의 사자들'을 알아보지 못했는지 묻고는 대지옥, 배설 지옥, 불지옥 같은 다양한 지옥의 고문에 대해 고통스러울 정도로 상세하게 설명한다. 붓다는 마지막에 "나는 다른 브라만 은둔자에게 들은 것을 말하는 게 아니라, 내가 직접 보고 알고 발견한 것을 말한다"라고 핵심을 덧붙인다.[21] 이것은 깨달은 날 밤 두 번째 앎으로 성취한 '신성한 눈'을 통해서였다.

2. 붓다의 우주론에서 윤회의 중요성

우주에서 사물이 존재하는 방식에 대한 다양한 1인칭 시점의 보고와 중생의 삶을 지배하는 구조 및 과정에 대한 더 많은 3인칭 시점의 주장들을 통합할 때, 붓다의 전체 가르침은 명시적으로나 암묵적으로 윤회-업-해탈의 우주론에 의해 뒷받침된다는 결론을 피하기 어렵다. 따라서 중생에게는 유일하게 두 가지 가능성만 있다. 거친 방식이든 미세한 방식이든 번뇌와 오염된 행위를 기반으로 한 윤회의 영역에서

---

20 Petavatthu(배고픈 귀신 이야기)를 보라.
21 M 130.29(Devadūta-sutta), Ñāṇamoli and Bodhi 1995, 1036.

계속되는 괴로움, 그리고 번뇌와 오염된 행위, 괴로움을 넘어 자유로운 상태, 이른바 열반에 이르는 길을 통한 윤회의 극복이다. 윤회하는 우주는 복잡하고, 세 가지 영역, 즉 욕계, 색계, 무색계로 이루어진다. 이것은 대여섯 가지 영역이나 목적지(gati)에 대한 위치도일 것이다. 이것은 초기 전통에서[22] 마음의 정화와 즐거움에 따라 천신계, 인간계, 아귀계, 축생계, 지옥계의 내림차순으로 배치된다. 후대 전통은[23] 종종 그 위계가 모호한데, 여기에다 여섯 번째로 아수라계를 더한다. 여섯 가지 영역의 구조는 가끔 아귀를 축생계 아래로 강등시킨다. 각 영역은 다시 다양한 영역으로 세분화한다.

우주에서 인구분포는 지옥과 다른 비참한 하위 영역에 가장 많고, 상층의 즐거운 신의 영역에 가장 적다.[24] 그럴 만한 이유가 있다. 자신들이 지은 행위, 업, 부정한 행위의 결과를 모두 받는 개개의 윤회하는 중생들은 미덕보다는 살인, 도둑질, 성적 부정, 거짓말, 중상모략, 거친 말, 하찮은 말, 욕심, 악의, 사견 등 열 가지 부덕不德으로 명시된 것들을 짓는 편이 더 쉽기 때문이다. 업은 갈애, 적의, 무명, 자만, 질투의 경향이 있는 다양한 번뇌에 의해 추동된다. 여기서 갈애와 무명은 가장 빈번하게 오염원의 뿌리이며, 이런 '고통스런 마음들'은 서로를 강화하면서 윤회의 흐름을 계속 이어가게 만든다.

22 빠알리 경전과 그에 상응하는 싼쓰끄리뜨 경전, Vasubandhu's *abhidharmakośa* (AK 3.1ff., trans. La Vallée Poussin 1988, II, 365)와 Asaṅga's *Abhidharmasamuccaya*(ASm, 81).

23 인도와 티베트의 후대 대승 전통과 Bodhi 1993, 190을 보라.

24 S 56.102, 번역: Bodhi 2000, 1885-88.

그런데 행위하고 윤회를 겪는 중생들은 영구적이고 단일하며 독립된 자아가 아니라, 물질, 느낌, 지각, 형성, 의식 등 변하는 오온五蘊의 단순한 배열로서 이해된다. 거기에다 우리는 개체성을 부여한다.[25]

윤회에서 벗어나는 길은, 「전법륜경」에 나타난 팔정도든, 다른 곳에서 설명된 계율, 선정, 지혜의 삼학三學이든 간에, 불교 수행의 또 다른 형태이다. 가장 기본적인 수준에서 앞서 말한 열 가지 부덕을 피하고, 더 향상된 수준에서 다양한 조목들을 평생에 걸쳐 지키는 계율은 출가자와 재가자 모두에게 제시된다. 고요함만 남을 때까지 차츰 인지와 정서적 요소들을 제거함에 따라(samatha) 초월적 힘이 잇따라 생기는 선정은 네 가지 몰입의 과정을 통해 마음을 대상에 모으는 것이다. 초월적 힘은 선정의 수준을 넘는 공무변처空無邊處, 식무변처識無邊處, 무소유처無所有處, 비상비비상처非想非非想處의 무색계의 성취를 통해서도 생긴다. 개별적으로든 전체적으로든 이들 중 어느 것도 해탈에 충분치 않다. 왜냐하면 사성제, 의존적 발생에 의한 인과 법칙, 핵심적인 무아의 교리로 있는 그대로 존재하는 (yathābhūta) 방식을 이해하는 데 필요한 지혜가 부족하기 때문이다. 우리는 이 주제를 가지고 지성적으로 숙고해야 할 필요가 있지만, 또한 신체, 정신적 현상을 관찰하고 무상, 고, 무아의 본성을 이해하는 통찰 명상(vipassanā)을 통해서도 직접 경험해야 한다. 있는 그대로의 방식에 관한 직접적인 깨달음, '바른 견해'를 가지고 오염원을 뿌리 뽑는 과정에 착수해서 연속적으로 예류자, 일래자, 불환자, 아라한을

---

25 전생에 사는 동안 무-형상(formless)을 성취한 천신들은 색온色蘊이 없다.

성취한다. 윤회에서 자유로운 아라한은 색계와 무색계 선정에 대한 최소한의 경험을 한 지혜 해탈자와 부분적으로 혹은 완전하게 다양한 형태의 선정을 닦고 통찰 또한 겸비한 양면 해탈자로 나뉜다. 우주의 역사가 순환하는 특정 시점에서 법의 재발견자로서 완수해야 할 특별한 역할을 지닌 붓다는 양면으로 해탈한 아라한이다. 아라한은 비교적 흔하지만, 붓다는 극히 드물다. 초기불교 우주론에 관한 조사에서 요점은, 윤회가 절대적인 주요 관심사 같아 보인다는 점이다. 윤회에 종속되는 것은 중생이 직면한 심각한 문제이고, 그것으로부터의 해탈은 지속적인 평화와 안정을 위한 유일한 희망이다.

　윤회의 중심성에 관한 추가적인 증거는 열반을 성취하는 열쇠인 팔정도의 첫 번째 요소인 '바른 견해(정견)'를 더 상세하게 고찰한 결과로 도출된다. 바른 견해는 무엇이 사견邪見인지 알지 못하고는 이해할 수 없다. 사견은 앞서 말한 열 가지 부덕 중 마지막의 것이다. 다음은 초기불교에서 잘못된 사견에 속하는 것들이다.

- 우주의 성격, 논증 형식, 사후 존속 가능성, 열반의 길과 관련된 62가지 견해. 이것은 「범망경(Brahmajāla-sutta)」에 요약되어 있다.[26]
- 붓다의 열 가지 무기無記: 우주는 (1)영원하다 (2)일시적이다, 우주는 (3)무한하다 (4)유한하다, 영혼은 (5)몸과 같다 (6)몸과 다르다, 여래는 사후에 (7)존재한다 (8)존재하지 않는다 (9)존재

---

26 Dīgha Nikāya 1. 번역: Walshe 1998, 67-90.

하기도 존재하지 않기도 한다 (10)존재하지도 않고 존재하지 않는 것도 아니다.[27]

• 해탈은 극심한 고행, 불 희생제, 신성한 강에 잠기기처럼 의식을 통해서 얻어진다는 믿음.

• 영원한 자아(ātta)가 정신과 육체의 복합체 안에서 발견될 수 있다고 주장하는 사견.[28]

• 붓다와 동시대 여섯 명의 사문 스승들의 입장.

정리하면, 이러한 주장들은 불교도의 사견에 관한 생각이 인도 북부의 공통 기원전 1000년 중후반에 걸쳐 브라만과 사문, 베다와 우빠니샤드, 아지비까(Ājīvika)와 자이나교, 회의적 원자론자, 도덕부정론자, 유물론자 등 거의 모든 종교 및 철학파로 확장될 수 있었음을 분명히 한다.

그런데 가장 유해하다고 간주된 것은 아지따 께싸깜발리와 같은 유물론자의 사견인 것 같다. 왜냐하면 빠알리 경전의 수많은 곳에서 붓다는 "사견은 무엇인가?"라고 수사적으로 묻고는 아지따가 한 말로 답변하기 때문이다. 즉, 주어지고 제공되고 희생된 것은 아무것도 없다, 선하거나 악한 행위의 결과는 없다, 이 세상과 저 너머의 세상은 없다, 아버지와 어머니는 없다, 자연적으로 태어난 존재는 없다, 이

27 Dīgha Nikāya 63(Cūlamālunkya-sutta), 번역: Ñāṇamoli and Bodhi 1995, 533-36.
28 Majjhima Nikāya 44.2-8(Cūḷavedalla-sutta), 번역: Ñāṇamoli and Bodhi 1995, 396-98, Majjhima Nikāya 22.15-16(Alaggadūpama-sutta), 번역: Ñāṇamoli and Bodhi 1995, 229-30.

세상과 저 너머의 세상을 이해하고 가르친 브라만과 사문도 없다.[29] 붓다는 그런 견해가 "불건전한 상태를 증가시키고 건전한 상태를 감소 시킨다"라고 설명한다.[30] 주지하듯이, 불교 업 종말론의 핵심 교의는 불건전한 상태가 불행한 윤회로 이끈다는 것이다. 그런데 이것은 논증할 수 없다. 「빠야씨 경(Pāyāsi-sutta)」은 붓다의 제자 꾸마라 깟싸 빠(Kumāra-Kassapa)와 공공연한 유물론자인 빠야씨 왕 사이의 논쟁을 그린다. 왕은 자신의 간청에도 불구하고 죽은 친구나 친척이 아무도 사후세계의 존재를 알려주러 나타나지 않는다고 말하며 자신의 견해를 피력한다. 또한 다수의 실행 가능한 잔인한 실험을 제안하고 그것을 주로 유죄 판결받은 중범죄자의 처형에 동원한다. 그 결과, 누군가 죽을 때 어떤 마음이나 영혼도 육체를 떠나는 것이 관찰되지 않으므로 죽음 이후 생존의 부재를 '실증적으로' 증명한다. 깟싸빠는 증거의 부재가 부재의 증거가 아님을 보여주는 일련의 비유를 통해 그의 주장을 부정한다. 그리고 의식은 비물질적이라서 통상의 경험적인 파악을 넘어서기 때문에 죽음의 때에 의식이 이탈하는 것을 관찰하거 나 측정하는 것이 불가능하다는 것이 그런 사건이 발생하지 않음을 보여주는 것은 아니라고 반박한다. 그렇지만 깨달은 존재의 신성한 눈에는 보일 수 있다. 윤회에 반하는 경험적 증거는 없지만, 그것에 유리한 경험적 증거는 존재한다. 마침내 빠야씨는 불교로 개종하고 낮은 단계의 천상에 윤회한다. 거기서 그는 이전의 견해를 완전히

---

29 M 117.5(Mahācattārīsaka-sutta), 번역: Ñāṇamoli and Bodhi 1995, 934. 비고; 위의 p.22.

30 M 114.10(Sevitabbāsevitabba-sutta), 번역: Ñāṇamoli and Bodhi 1995, 919.

뉘우친다.[31] 잘못된 견해를 버리지 못한 사람에게 사후의 운명은 끔찍
하다. 「로힛짜 경(Lohicca-sutta)」에서 붓다는 "사견이 지옥이나 축생으
로 인도한다"라고 설한다.[32]

'잘못된' 사견이 붓다에 의해 다양하게 정의된다면, 유물론적 관점이
전면에 서고, 그 반대인 정견正見 또한 다양한 범주가 부여된다. 이에
관한 상세한 논의는 「바른 견해 경(Sammādiṭṭhi-sutta)」에 나타난다.
거기에서 정견은 건전하고 불건전한 행위, 신체 및 정신적 자양분,
사성제, 늙음과 죽음, 출생, 집착, 갈애, 접촉, 감각기능, 의식, 형성,
무명, 오염에 관한 이해를 포함한다고 명시한다.[33] 여기에서 암묵적으
로, 그리고 경전의 많은 곳에서 정견과 연기의 교리를 동일시하고,
다양한 인과적 요소의 발생과 소멸을 묘사한다. 「코끼리 발자국에
비유한 큰 경(Mahāhatthipadopama-sutta)」에서 붓다는 "의존적 발생을
본 자는 법을 본다. 법을 본 자는 의존적 발생을 본다"라고 설한다.[34]
「깟짜나 경(Kaccānagotta-sutta)」에서 정견은 연기와 직접 연결되고,
영속론(지속적 자아나 실체에 대한 믿음)과 단멸론(윤회는 물론 인과의
규칙성은 없다는 견해) 사이의 중도를 표방하면서 12개의 연결 고리를
설명한다. 따라서 연기는 분명히 정견이다.[35] 그밖에, 모든 윤회하는

31 D 23(Pāyāsi-sutta), 번역: Walshe 1987, 351-68. Duncan 2015; Anālayo 2017,
45-48.
32 D 12.10(Lohicca-sutta), 번역: Walshe 1987, 182.
33 M 9.28, 번역: Ñāṇamoli and Bodhi 1995, 132-44.
34 M 28.28, 번역: Ñāṇamoli and Bodhi 1995, 283.
35 S 12.15, 번역: Bodhi, 2005, 356-57.

존재는 무상, 고, 무아라는 세 가지 특성으로 나타난다는 인식과 정견이
명시적으로 연결된다.[36] 많은 초기 및 후기 전통에서, 세 번째 특성,
즉 무아는 오염원을 뿌리 뽑고 해탈을 이루는데 가장 도움이 되는
단일한 이해로 간주되어 암묵적으로 정견임을 특정한다.

그런데, 사견처럼 정견도 윤회-업-해탈 우주론을 결정적으로 수용
하는 수많은 구절이 존재한다. 「위대한 마흔 가지 경(Mahācattārīsaka
-sutta)」에서 붓다는 유물론자의 견해와 상반되는 이해로 정견이 구성
되어 있다고 명시한다. 그래서 주어지고 제공되고 희생된 것, 선하거나
악한 행위의 결과, 이 세상과 저 너머의 세상, 아버지와 어머니, 자연적
으로 태어난 존재, 이 세상과 저 너머의 세상을 이해하고 가르친 브라만
과 사문 모두 실재한다.[37] 「계발된 것과 계발되지 않은 경(Sevitabbāsevi-
tabba-sutta)」은 정견의 반대로 유물론을 특정하고, "불건전한 상태를
증가시키고 건전한 상태를 감소시킨다"라고 하는 유물론의 견해를
상술한다.[38] 붓다의 '업 종말론'에 대한 거부 또는 수용이 각각 초기불교
의 정견과 사견에 대한 이해를 모두 망라하지 않지만, 그것을 이해하는
핵심 요소이며, 윤회-업-해탈의 우주론을 참조하지 않고는 석가모니
의 가르침을 이해하기 어렵다는 추가 증거를 제공한다.

---

36 S 22:59(Anattalakkhaṇa-sutta), 번역; Bodhi, 2005, 341-42. 빠알리 주석서 전통의
   붓다고싸(Buddhaghosa)는 『청정에 이르는 길(Visuddhimagga)』에서 18장 전체를
   '견해의 정화'에 할애한다. Ñāṇamoli n.d., 679-92를 보라.
37 M 117.7, 번역: Ñāṇamoli and Bodhi 1995, 935.
38 M 114.10, 번역:; Ñāṇamoli and Bodhi 1995, 919.

3. 세 가지 학술적 반론

주류 경전의 증거에도 불구하고, 붓다는 업 종말론을 옹호했다고 모든 학자가 동의하는 것은 아니다. 우리가 믿어왔던 것보다 윤회는 그에게 덜 중요했다고 보는 사람들은 보통 다음을 주장한다. (1) 최초기의 불교 경전은 현저하게 윤회를 특정하지 않는다. (2) 초기 경전은 형이상학자와 우주론자의 견해를 비롯한 모든 견해를 극복하는 것보다 '바른' 견해에 훨씬 관심이 적었다. (3) 붓다가 윤회를 가르쳤다 해도, 그것은 당시의 관습을 용인한 것에 불과하다.

처음 두 가지는 다양한 언어적, 사회적, 교리적 이유로, 다른 것보다 더 오랜 것으로 간주되는 빠알리 경전에 집중한다는 점에서 텍스트의 계층화 논쟁이라고 부를 수 있을 것이다. 텍스트 중 일반적으로 논의되는 것은 「여덟 게송 품(Aṭṭhakavagga)」이다. 이것은 16개의 경전을 편집한 것으로, 대개 운문으로 이루어져 있고, 무명의 편집자에 의해 모아졌으며, 나중에 『경집(Suttanipāta)』이라 불리는 짧은 담화 모음집의 네 번째 부분에 포함되었다. 『경집』 자체는 결국 『소부(Khuddaka -nikāya)』 경전군의 다섯 번째에 배속되었다.[39] 콜린스(Steven Collins)에 따르면, 이 문헌들은 학문적 '목록 만들기' 경향이 경전 전체로 번지기 이전 단계의 불교 문헌을 보여준다.[40] 쌋다띳싸(H. Saddhatissa)는 "그것들이 현학적이지 않고, 까다로운 규칙과 규정이 없으며, 경전

---

39 Saddhatissa 1985, 91-113. 이어지는 Pārāyanavagga는 많은 학자가 똑같이 고대의 것으로 간주한다.

40 Collins 1982, 129.

의 신층에서 발견되는 반복적이거나 상투적인 고정된 형식이 없다"고 평가한다.[41] 텍스트의 계층화 논쟁은 크게 윤회의 축소화와 초월적 관점으로 특징지을 수 있다. 윤회의 축소화는 윤회사상이 실제로 「여덟 게송 품」에 완전히 빠져 있지는 않지만, 윤회에 대한 언급은 상대적으로 적다고 강조한다. 프론스달(Gil Fronsdal) 따르면,

> 윤회와 윤회의 종식에 대한 일반적인 불교도의 관심사는 비불교도 가 믿는 것의 관점에서 주로 논의된다. 「여덟 게송 품」은 미래의 재생에 대한 갈망을 극복하는 데 중점을 둔다. 윤회에 대한 믿음에 입각한 후대 불교의 가르침과는 대조적으로 다중 생에 대한 걱정이 없어 보이는 「여덟 게송 품」은 이생에서 이룰 수 있는 실천의 길을 제시한다.[42]

「여덟 게송 품」에서 사실 윤회는 주요 관심사가 아닌 것처럼 보이지 만, 그 안에 존재(bhava)의 상태를 꺼리는 성자에 대한 언급이라든가, 건너편 피안에서 '절대 돌아오지 않는다'라든가 더 큰 불교의 맥락에서 미래의 재생을 암시하는 경향이 있다.[43] 프론스달이 "「여덟 게송 품」이 강조한 것은 어떤 형태로든 재생에 대한 갈망을 극복하는 것"이라고 언급할 때, 은연중에 윤회를 받아들인 것이 된다. 그리고 그것은 "다양 한 존재의 상태를 갈망하게 운명 지워진 세상의 흔들리는 존재, 죽음에

[41] Saddhatissa 1985, ix.

[42] Fronsdal 2016, 3-4.

[43] SN 9:5(839), 5:8(803), 번역: Saddhatissa 1985, 99, 95.

움츠러든 자는 파멸하고 거듭되는 출생에 대한 갈애에서 벗어나지 못한다"라고 붓다가 정확히 관찰한 지점이다.[44] 경전은 업 종말론의 세부 사항에는 열중하지 않을 수 있지만, 윤회에 대한 전망이 실제로 받아들여졌다는 것은 의심할 여지가 거의 없는 것 같다. 그러면 '다중 생에 대한 관심'은 아주 멀어진 것일까? 실제로 「여덟 게송 품」에서 윤회가 발생하는 방식과 거기에서 벗어나는 길에 관한 상세한 논의가 부족한 데도 그 개념은 틀림없이 배경으로 작동하고 있었고, 경전을 암송하거나 독송하는 사람들에 의해 은연중에 이해되었다.

윤회에 대한 초월적 관점은 「구경에 대한 여덟 게송 경(Paramaṭṭhika -sutta)」에서처럼, "붓다는 지식에 의존하지 않는다, 그는 논쟁의 한복판에서 편을 들지 않는다, 그에게는 독단적 견해가 없다"라고 하는 「여덟 게송 품」에 주목한다.[45] 실제로 붓다는 「마간디야 경(Māgandiya -sutta)」에서 다음과 같이 역설한다.

"사람은 견해, 전통, 지식, 미덕, 의례에 의해서 '정화'된다고도, 그것들이 없이 정화된다고도 말하지 않는다. 그것들을 오직 수단으로 삼고 목적으로 이해하지 않을 때 정화되고 필사적으로 다시 존재하기를 갈망하지 않는다."[46]

---

44 SN 2:5(776), 번역: Saddhatissa 1985, 92.
45 SN 5:5(800), 번역: Saddhatissa 1985, 95.
46 SN 9:5(839), 번역: Saddhatissa 1985, 99. 논의는 Collins 1982, 129-31; Fuller 2005, 148-50을 보라.

이와 같은 진술은, 경전의 다른 부분에서 「범망경(Brahmajāla-sutta)」의 62견, 「사문과경(Samaññaphala-sutta)」의 육사외도의 견해, 「말룽끼야의 작은 경(Cūḷamālunkya-sutta)」의 열 가지 무기無記와 같은 사변적 이론에 대한 붓다의 거부와 함께, 석가모니는 본래 기본적으로 영적 수행을 정신적, 윤리적, 경험적 활동으로 생각했으며, 실제로 형이상학과 우주론 자체에 별 관심이 없었다는 것을 암시하는 것으로 읽을 수 있다.[47] 이것으로, 그가 '무-견해'를 '정견'보다 더 우월하게 여겼으며, 그가 선포한 광대한 우주론적 형이상학의 가르침은 윤회의 강 건너 열반의 언덕에 데려다 주는 유명한 '뗏목'의 비유처럼, 일단 목표가 달성되면 폐기되는 방편이었다고 결론지어도 무리가 없다.[48] 이것은 붓다 자신이 모든 견해에 대한 거부를 촉구했기 때문에 옳든 그르든 윤회 종말론과 윤회-업-해탈 우주론을 너무 문자 그대로 받아들일 필요가 없다는 의미이다.

초월적 관점의 수사법은 용수(Nāgārjuna)와 같은 여러 대승불교의 사상가들이 채택했지만,[49] 주류 불교의 담론에서 그 중요성은 아마도 과장되지 않았을 것이다. 가령, 「마간디야 경」에서 붓다는 '정견'을 부정한 것이 아니라, 오직 '견해'를 부정한 것에 주목하라. 빠알리어 딧띠(diṭṭhi)는 흔히 사변적인 것, 따라서 잘못된 것의 약어이다. 이것은 개인적인 성찰, 이해, 경험을 토대로 붓다가 제안한 정견과 상반되는 것이다. 「마간디야 경」에서 마음의 정화는 견해, 전통, 지식, 미덕,

---

47 Saddhatissa 1985, Batchelor 2015, Fronsdal 2016.

48 M 22.13(Alaggadūpama-sutta), 번역: Ñāṇamoli and Bodhi 1995, 228-29.

49 Gómez 1976.

의례를 통해 얻어지지 않는다고 명시해 놓고 다시 "그것들 없이는 얻어지지 않는다"라고 한 것을 기억하라. 심지어 바른 견해도 한계가 있다는 의미라면, 그것은 우주에 실제로 존재하는 방식에 상응하지 않아서가 아니라, 견해 자체보다 거기에 매달리기 때문이다. 집착은 우리의 고통이 지속되는 기반이므로 치명적이다. 「마간디야 경」에서처럼, 견해를 "수단으로 보아야지 목적으로 삼아 집착하면 안 된다." 그렇다고 정견은 단순히 사견에 대응하는 일련의 철학적 명제로 축소될 수 없다. 왜냐하면 정견의 '올바름'은 그것이 명료하게 표현할 수 있는 문자 그대로의 진리에 있기보다는(분명히 진리를 명료하게 표현할 수는 있지만) 욕심, 집착, 독선이 없이 채택되는 방식에 있기 때문이다.

그런 의미에서, 풀러(Paul Fuller)가 '다른 시각으로'라고 말했듯이, '정견'과 '무-견해'는 합쳐질 수 있다.[50] 「여덟 게송 품」에 대한 마지막 기술이 만일 주장만큼 그렇게 오래된 것이라면, 만일 윤회의 축소화와 윤회의 초월적 관점이 제시한 정도로 윤회를 무시하거나 견해를 경시한다면, 후대 전통의 주장처럼, 붓다 자신은 형이상학적 윤회에 별 관심이 없었다는 흥미로운 증거일 것이다. 하지만 프론스달도 인정하듯이, 「여덟 게송 품」이 고층이라는 것은 확정적으로 입증될 수 없으며,[51] 그것의 전망과 관심사를 빠알리 경전 다른 곳에서 발견되는 것들과 완전히 다른 것처럼 간주하려는 유혹은 지양되어야 할 것이다.

결국 단순한 관습으로서 윤회를 주장하는 것은, 초기불교 경전에 반영된 것처럼, 붓다가 윤회를 많이 논했고 적어도 부분적으로 미래에

---

50 Fuller 2005, 157-59, Collins 1982, 120-23.
51 Fronsdal 2016, 137-47.

다시 태어남을 피한다는 측면에서 해탈을 말했지만, 그런 이미지를
사용하는 데 있어서 무엇보다 실용적이고, 심리적이며, 윤리적인 다르
마(dharma)의 실천에 윤회 개념이 필수적이라고 믿지 않고서 당대의
표준적인 우주론적 관습을 단지 고수하고 있었을 뿐이라는 데 동의하
는 것이다. 배철러(Stephen Batchelor)는 2015년의 연구『불교 이후
(After Buddhism)』에서 방법론적 기본 원리로서,

> 같은 시대의 다른 유행자, 자이나교 승려, 브라만 성직자의 말처럼,
> 고따마(Gotama)에게 귀속된 모든 〔독단적 진술을〕 괄호로 묶을
> 것이다. 그가 행위는 미래에 천상이나 지옥에 속한 선하거나 나쁜
> 결과를 가져올 것이라고 말할 때, 또는 최후의 열반을 얻기 위해
> 삶과 죽음이 반복되는 순환을 끝내야 한다고 말할 때, 나는 그런
> 진술들이 다르마의 본질적 요소를 반영하기보다 당시의 보편적인
> 전망에 따라 정해진 것이라고 여긴다. 그러므로 나는 공통 기원전
> 5세기 인도의 세계관에서 파생될 수 없는 고따마의 가르침에 중요
> 한 의미를 부여한다.[52]

붓다는 분명히 최고의 독창적인 사상가이자 스승이었지만, 당시의
보편적인 우주론이나 형이상학적 믿음을 실제로 받아들인 사실을
부정하는 것은 그를 역사와 문화 밖으로 완전히 내보내는 것이다.
문화와 사회가 제공하는 보편적인 틀 안에서 그의 관점을 분명히
표명하는 것은 놀라운 일이 아니다. 만일 가장 두드러졌던 윤회-업-해

---

52 Batchelor 2015, 26.

탈 우주론과 함께 그 틀을 뒷받침한 많은 전제들을 고수하지 않았다면, 그것이 놀라운 일일 것이다. 당시에 우주론은 아직 초기 단계였다. 붓다는 그 작용에 대해 체계적이고 자세하게 생각하는 과정에 중요한 공헌을 했다. 요컨대 여러 논쟁에도 불구하고, 우리는 붓다가 (a) 윤회를 믿지 않았고, (b) 그것을 세상과 그 너머에 있는 것을 이해하는 방식의 중심부 가까이 두지 않았다고 주장할 만한 결정적인 이유를 찾지 못했다.

4장 윤회가 발생하는 장소: 불교 우주여행

지금까지 묘사한 빠알리 경전과 한문번역과 상응하는, 근래 발견된 싼쓰끄리뜨 아가마는 공통 기원전 1~2세기에 수집되고 편집되어 서기 1세기 초에 완성되었다. 그 안에 기본적인 불교의 세계관이 많이 포함되어 있어서 놀랍지만, 그것만이 당시에 제작된 유일한 경전군은 아니다. 비구와 비구니들을 단속하는 법칙과 규율 중심의 가장 오래된 율장, 그리고 체계적인 형이상학과 심리 작용 위주의 아비담마 문헌은 점차 출가 공동체 내 지적 엘리트들의 중요한 선입견이 되어 갔다. 경전의 제작을 포함한 모든 문자적인 발전은 초기불교 공동체 내 수많은 종파가 태동하는 상황에서 발생했다. 그중 가장 중요한 것은 아마도 대중부(Mahāsaṅghika), 상좌부(Sthavīravāda; Theravāda), 설일체유부(Sarvāstivāda), 정량부(Sammatiya)였을 것이다. 그들 각각은 하위 종파로 나뉠 수 있으므로 주류의 수는 보통 18개라고 한다. 만일 더 있다면 이 숫자는 적게 헤아린 셈이다.[1] 대승 경전과 논서는 공통 기원전 1세기 초에 나타나기 시작했다. 다음 세 장에서는 우주의 구조와 윤회가 발생하는 방식에 관한 초기불교의 입장을 더 깊이 궁구할 것이다. 그리고 빠알리 경전에 나타난 자료에 주로 초점을 맞추지만, 때로는 정통 아비담마와 후대 아비담마 문헌들로부터, 또 때로는 유익할 것으로 보이는 대승의 사상가를 들 것이다.

지난 장에서 언급한 것처럼, 붓다가 옹호한 우주론은 윤회-업-해탈의 다양성으로 인해서 살아 있는 존재의 두 가지 기본적인 가능성을 인정했다. (1) 불만족스러운 이런저런 영역에서 계속되는 윤회, (2) 평화로운 열반의 성취를 통한 괴로움과 윤회의 초월이다. 열반은 윤회의 영역 밖에 존재하므로 잠시 접어두기로 한다. 주지하듯이, 윤회가 발생하는 우주는 넓게 욕계, 색계, 무색계로 나뉘지만, 오도五道나 육도六道로 더 나뉠 수 있다. 여기서 다룰 육도는 천신, 인간, 아수라, 아귀, 축생, 지옥에 속한 영역들이다. 천상계는 26개의 하위 천상으로 분류되기 때문에 우주는 보통 31가지 영역으로 이루어져 있다고 말한다. 하지만 다른 영역에서(특히 지옥) 분류되는 하위 영역을 고려하면 그 숫자는 훨씬 많아진다. 색계와 무색계는 사선정이나 사무색정을 얻은 극소수의 존재들이 속한 영역이므로 압도적으로 많은 숫자의 중생은 욕계에 머문다. 육도의 인구분포는 방대한 수의 지옥 중생들, 그보다 조금 적은 수의 축생계, 그보다 더 적은 수의 아귀계, 그보다 더 적은 수의 아수라계, 그보다 훨씬 적은 수의 인간계, 그리고 가장 적은 수의 천상계에 사는 존재들로 이루어진 광범위한

1 Thuken 2009에는 네 개의 주요 종파와 그 하위 종파로 분류한 Vinītadeva의 분석이 인용되어 있다.

피라미드 구조를 상상할 수 있다.[2] 이렇게 하층이 무거운 인구분포는 자기가 지은 업의 수준에 따라 윤회의 질이 결정되며, 대다수 오염되고 우매하며 미숙한 존재는 긍정적인 업보다 부정적인 업을 더 많이 축적한다는 사실에 기인한다. 6장에서 업의 의미를 설명할 것이다. 여기서는 가장 낮은 곳에서부터 가장 높은 곳까지 육도 윤회를 간략히 살펴보고 그 각각의 원인과 성격, 체제 기간 등을 설명할 것이다.

1. 지옥계

빠알리 경전과 다른 초기 경전들은 전형적으로 모든 종류의 악인들이 위탁되는 유일하고 혹독한 지하 목적지처럼 지옥을 언급한다. 그러나 불교의 범주화 경향은 그런 자료들의 지옥에 관한 설명에서도 종종 보여준다. 가장 주목할 만한 것은 「천신의 사자 경(Devadūta-sutta)」일 것이다. 거기에서 윤회의 성격을 알려주기 위해서 보내진 유아, 노인, 병자, 범죄자, 부패한 시체 등 천신의 사자使者를 무시하고 악행을 고치지 못하는 자들은 지옥, 대지옥, 배설물 지옥, 화탕 지옥, 검수 지옥, 부식성 강의 지옥처럼 지옥의 이름이 장차 겪을 고문을 암시하는 일련의 지옥계에 위탁된다. 그런 곳에서 사람은 불태워지고, 조리되고, 껍질이 벗겨지고, 꽂히고, 잡아먹히고, 쪼개져서 괴롭고 고통스럽고 극심한 통증을 느끼지만, 악행의 결과가 소멸하지 않는 한 죽지는

---

2 S 56. 102-103, 번역: Bodhi 2000, 1885-88을 보라. 거기에 아수라계는 빠져 있고 인구분포만 함축되어 있다. 또한, Dharmachakra Translation Committee 2021을 보라.

않는다.[3]

다른 지옥들은 그 외 다른 경전에서 단독으로 혹은 무리로 언급되며, 여덟 개의 화탕 지옥과 여덟 개의 한빙 지옥으로 전개된 전통적인 표준 목록은 각각이 선행하는 것보다 더 낮고 더 비참하며 더 오래 지속된다. 가장 낮은 지옥에 머무는 기간은 거의 계산할 수 없다. 화탕 지옥은 되살아나는 지옥, 검은 실 지옥, 분쇄 지옥, 아비 지옥, 규환 지옥, 열 지옥, 화염 지옥, 그리고 가장 혹독한 무간 지옥으로 이루어져 있다. 지하의 화탕 지옥에 대응하는 한빙 지옥은 수포 지옥, 수포가 터지는 지옥, 오한 지옥, 비탄 지옥, 이가 부딪치는 지옥, 푸른 연꽃 지옥, 연꽃 지옥, 대 연꽃 지옥으로 이루어져 있다.[4] 그 각각이 운명을 연상시키는 지옥은 네 방향으로 둘러싸여 있으며, 각 방향에는 네다섯 개의 하위 지옥이 존재한다.[5] '가끔' 지옥을 추가해서 그 수는 간단히 수백 개를 훌쩍 넘는다. 지옥으로 가는 길은 잘못된 견해에서부터 간음, 오무간죄五無間罪, 즉 어머니를 살해하는 것, 아버지를 살해하는 것, 아라한을 죽이는 것, 여래에게 상처를 입히는 것, 승가의 화합을 깨뜨리는 것에 이르기까지 많은 죄악으로[6] 포장되어 있다. 그러나 후대 전통에서 그곳에 태어나는 것은 무엇보다 분노와

---

3 M 130.29(Devadūta-sutta), 번역: Ñāṇamoli and Bodhi 1995, 1032-36.

4 세 개의 연꽃 지옥은 먼저, 몸이 우트팔라(utpala) 꽃처럼 변한 다음 연꽃잎처럼 쪼개져서 완전히 조각나 버리기 때문에 지어진 이름이다.

5 Vasubandhu의 AkBh on AK 3.59a-b, 번역: La Vallée Pousin 1988, II, 457-59; Anuruddha, AS 5.4, 번역 Bodhi 1993, 189-90을 보라.

6 일찍이 열거한 10개의 상세한 비도덕적 목록은 3.163-82, 번역: Bodhi 2012, 374-76을 보라.

폭력의 표출, 특히 살생과 관련 있게 된다. 사후의 운명은 행위의 수준인 업으로 결정된다. 정도 차이는 있지만, 지옥의 경험은 고통스러워서 체류하는 동안에는 긍정적인 행위를 할 기회가 거의 없으며, 윤회를 낳게 한 업보가 끝나가는 체류 말기에는 비참하게 죽는다. 따라서 더 높은 곳으로 윤회하는 데 유익한 긍정적인 마음을 가질 기회는 지극히 낮고, 기껏해야 축생이나 아귀처럼 조금 더 높은 또 다른 지옥 악처에 떨어질 기회는 훨씬 더 크다.[7] 요컨대 지옥에 가기는 쉽고 벗어나기는 너무 어렵다.

2. 축생계

축생은 빠알리 경전에서 지나가는 말로 자주 언급되지만, 지옥만큼 많이 언급되지는 않는다(그 점은 천상도 마찬가지이다). 그런데도 불교 초기부터 재생할 수 있는 자격이 인정된 것처럼 보이고, 인간계와 함께 모든 사람이 경험적으로 접근할 수 있는 단 두 가지 목적지 중 하나에 속한다. 인간계와 다르게, 축생계는 어떤 체계에서는 지옥 바로 위에 위치하고, 또 다른 체계에서는 인간계 바로 아래에 위치하면서 확실히 불행한 재생으로 여겨진다.

붓다는 "나는 축생계처럼 다양한 중생들의 무리를 보지 못한다"라고 표명했고,[8] 많은 문화에서 축생은 보통 육지, 바다, 공중으로 폭넓게 분류되지만, 「어리석은 자와 지혜로운 자 경(Balapaṇḍita-sutta)」에서

---

7 S 56.102-130, 번역: Bodhi 2000, 1885-88.

8 A 3.100, 번역 2012, 958.

는 그들이 먹는 음식이나 태어나고 죽는 곳에 따라 구분하였다. 일부는 (코끼리, 말, 소) 풀을 먹고, 다른 것은(닭, 돼지, 개) 거름을 먹고, 다른 것은(나방, 구더기, 지렁이 등) 어둠에서 나서 죽고, 또 다른 것은(물고기, 거북이, 악어 등) 물에서 나서 죽으며, 불특정 다수는 오물 속에서 나서 죽는다.[9] 여기서 알 수 있듯이, 축생은 대부분 비참한 존재로 살아간다. 뱀을 닮은 용처럼 어떤 것은 장수하고 심지어 강건하기도 하지만, 그것은 예외적이다. 홉스(Thomas Hobbes)의 말에 따르면, 대다수 축생은 "고약하고 흉포하며 짧은" 생을 산다. 그들은 욕망과 두려움, 즉 먹을 것과 짝을 구하고 피난처를 찾기 위한 욕망에, 그리고 다른 동물에 의해서 잡아먹히거나, 희생시키려는 의도를 가진 인간에 의해서 죽임을 당할 것이라는 끝없는 두려움에 지배된다. 축생은 인간에게 속하는 지능이 부족하다고 해서 윤회의 원인은 잘못된 견해, 또는 폭넓게 무지라고 한다. 그렇지만 그들의 무지가 그들의 업보를 다소 줄여준다. 왜냐하면 인간과 다른 지적 생명체들이 할 수 있는 방식으로 도덕적 책임을 질 수 없기 때문이다. 세친(Vasubandhu)은 인간들 사이에서만 도덕적 위반이 가능하다고 주장한다.[10] 지옥의 존재들처럼 축생은 대체로 비참하게 살다 죽기 때문에 다음 생에서 더 높게 윤회할 기회는 매우 희박하다.[11]

---

9 M 129. 18-22(Balapaṇḍita-sutta), 번역: Ñāṇamoli and Bodhi 1995, 1019-20.
10 AK 4.97a, 번역: La vallée Poussin 1988, II, 680. 그 견해는 불교도들에게 보편적으로 받아들여지지 않는다.
11 D 129.24-26(Balapaṇḍita-sutta), 번역: Ñāṇamoli and Bodhi 1995, 1020-21을 보라.

축생계에 관한 최종 기술: 경전과 율장에서는 적게 논의되었지만, 붓다의 수많은 전생은 축생이었다고 말하는 『본생경(Jātakas)』에서는 두드러지게 등장한다. 『본생경』의 이야기 대부분은 사실 인간의 미덕과 악덕을 묘사하기 위한 것이었지만, 일부 동물들은 실제로 인간들보다 혹은 심지어 최악의 인간들보다 더 도덕적이라는 희유한 암시와 함께 축생의 본성을 이해하는 초기불교의 방식에 관한 통찰을 제공한다.[12]

3. 아귀계

초기 인도 전통에서, 싼쓰끄리뜨어 쁘레따(preta, 빠알리어 peta)는 원래 '죽은 자'를 가리킨 것으로 보인다. 아귀는 죽은 후 음식을 공급받아 위로받아야만 산 사람을 괴롭히지 않고 다음 생에 이상적으로 천상계에 태어나는 불안정한 영혼이다. 불교 우주론에서 아귀는 아직 태어나지 않은 고인을 가리켰지만, 점차 불행한 영혼이나 배고픈 귀신이라 할 수 있는 존재의 부류를 의미하게 되었고, 단일한 물리적 장소는 없지만, 그들만의 비참한 '영역'을 차지하게 되었다. 주로 사막, 숲, 습지, 묘지, 인적이 드문 장소에 살면서 보통 인간의 눈에 띄지 않지만, 가족처럼 특별한 업으로 연결되었던 사람들이나 아라한과 같이 천안통을 가진 사람들과는 만날 수 있었을 것이다. 주류 불교의 경전과 아함경(Āgama)에는 아귀의 고통을 상술하지 않지만, 앞서 언급했듯

---

12 이에 관한 논의를 비롯해 초기불교에서 축생과 관련된 또 다른 문제는 Ohnuma 2017을 보라.

이, 비참함과 비참함으로 인도하는 악행은 후대 경전 『배고픈 귀신
이야기(Petavatthu)』에 상세히 기술되어 있으며 또 다른 후대 경전인
『밀린다왕문경(Milindapañhā)』에도 언급되었다. 『밀린다왕문경』에
서 아귀는 주로 다음과 같이 묘사된다.

> 몸과 팔다리는 야위고, 울퉁불퉁하고, 어둡고, 머리는 부풀어 오르
> 고, 구멍투성이고, 배고프고, 목마르고, 색깔과 형태가 이상하고,
> 무시무시하고, 귀는 온통 찢어지고, 눈은 계속 깜빡이고, 팔다리는
> 상처투성이고, 전신은 구더기의 먹잇감이고, 배는 바람에 불타는
> 용광로처럼 뜨겁고, 입은 바늘귀보다 크지 않아서 절대 갈증이
> 멈추지 않는다. 날아갈 피난처가 없고, 도와줄 보호자가 없고,
> 신음하고, 울고, 절규하고, 자비를 구하고, 땅 위에서 울부짖으며
> 돌아다닌다.[13]

또한 『밀린다왕문경』은 아귀를 네 가지로 세분화하는데, 이것은
『배고픈 귀신 이야기』에도 상세하게 나온다. 구토물을 먹고 사는
반따씨까(vantāsikā), 굶주림과 갈증에 시달리는 쿰삐빠씨노(khuppi-
pāsino), 낮에는 즐거움을, 밤에는 고통을 겪는 니자마땅이까(Nijjhā-
mataṇhikā), 그리고 초기 인도 전통의 아귀가 그랬던 것처럼 크게
고통을 겪지만, 인간이 제공하는 음식을 먹고 살 수 있는 빠라닷뚜빠지
비노(paradattūpajīvino)이다.[14] 물론 아귀계에서 윤회를 이끄는 업은

---

13 Rhys Davids 1963, II, 262. 귀신은 남성 혹은 여성일 수 있다는 사실을 나타내기
   위해 대명사를 바꿨다.

아주 부정적이다. 「아따나띠야 경(Aṭānāṭiyā-sutta)」은 독설가, 중상 모략가, 잔인하고 탐욕스러운 자, 도둑, 교활한 사기꾼이 아귀가 될 운명이라고 특정한다.[15] 후대에 아귀로 윤회하는 것은 보통 탐욕적이고 인색한 행위에서 비롯된다고 한다. 아귀가 경험하는 멈출 수 없는 배고픔과 목마름은, 특별히 불교 승가 공동체만을 향한 것은 아니지만, 보시의 덕목을 자연스럽게 일깨운다. 지옥과 마찬가지로 아귀계에서의 삶은 굉장히 긴데, 계산하면 인간의 시간으로 547,500년에 해당된다.[16]

4. 아수라계

아수라계(신이 아닌 존재 또는 신에 대항하는 존재)는 불교 우주론에서 아마 가장 고정되어 있지 않고 안정적이지 않은 계일 것이다. 실제로 대부분의 불교 전통에서 그곳은 지옥, 축생, 아귀, 인간, 천상계와 동등하게 구별되는 윤회의 영역을 구성하지 않는다. 베다 시대 이후부터 아수라는 인도 판테온의 중요한 인물이라서 초창기 불교 문헌에서부터 인정되고 알려졌지만, 이해되는 방식은 자료마다 다채로웠다. 이러한 다양성은 폭넓은 인도 환경에서 아수라라는 용어에 담긴 복합적 의미를 반영한다. 이는 서로 다르지만, 부분적으로 겹치는 두 개의 개념으로 요약할 수 있다. (1) 신에 대항하는 아수라: 인드라가 이끄는

---

14 Rhys Davids 1963, II, 151. 최근의 연구는 Rotman 2021을 보라.

15 D 32.5(Aṭānāṭiyā-sutta), 번역: Walshe 1987, II, 473.

16 AkBh on AK 3.83b-d, 번역: La Valle Poussin 1988, II, 473.

베다 신들에게 전복된 힌두 신화의 '타이탄(titan)'이지만, 하늘과 땅을 지배하고 불멸의 감로를 차지하려고 신들과 계속 전쟁을 벌인다. (2) 악마 아수라: 모든 부류의 존재들, 특히 신과 인간을 끊임없이 괴롭히는 비참하고 악의적인 존재이다. 악마 아수라는 때론 아귀들과 연합하지만, 일정한 정착지가 없으며, 고통받은 영혼의 처지이기 때문에 지옥계, 축생계, 아귀계의 위, 낮은 윤회계에 사는 것으로 여겨진다.[17] 한편, 신에 대항하는 아수라는 보통 남아시아 전통에서 세계의 중심인 메루(Meru) 산에서 흘러 들어가는 바다에서 살고 있는데, 신들과 전쟁에서 패한 후 그곳으로 좌천되었다고 알려져 있다.[18] 그들은 질투, 불만족, 두려움, 공격성만큼이나 위대한 힘과 긴 수명으로 정의되므로, 인간계보다 위이고 여러 천상계보다는 낮지만, 높은 윤회계 중 하나에서 머문다.

빠알리 경전에서 가장 흔하게 접하는 것은 신에 대항하는 아수라이다. 그들은 모든 영역의 존재들처럼 여러 부류로 나뉠 수 있다. 그 수장은 베다 점성술에서 일식을 일으키는 행성의 신 라후(Rāhu)라고 한다.[19] 그들이 겪는 경험의 성격은 초기 경전에 좀처럼 상세하게 나타나지 않지만, (힌두 신화에서처럼) 많은 참고문헌에서 강력하고

17 Bodhi 1993, 190을 보라.

18 D 20.12(Mahāsamaya-sutta), 번역: Walshe 1987, 318. 또한 A 4.19, 번역, Bodhi 2012, 1143.

19 D 20.12(Mahāsamaya-sutta), 번역: Walshe 1987, 318을 보라. 아수라를 분류하는 또 다른 방식은 A 4.91, 번역: Bodhi 2012, 473을 보라. 또 다른 곳에서 그들은 자신들에게 최선을 다하는 신들로부터 멀지 않은 메루산에 산다고 한다. 이것이 '삶의 수레바퀴'라는 그림에서 전형적으로 묘사된 방식이다(이에 관해 7장을 보라).

야심적이며 호전적인 데다 마법적인 능력까지 소유한 것으로 여겨지고 있음을 알 수 있다. 그들은 신들의 힘을 빼앗으려고 거듭해서 자신들의 능력을 이용하지만, 반드시 패배할 뿐이다. 「빠띠까뿟따 경(Pāṭika-putta-sutta)」에서 붓다는 네발로 기어 다니고 땅 위의 음식을 먹으며 금욕 수행을 하는 '개-사람' 꼬락캇띠(Korakkhatti)가 소화불량으로 7일 후에 죽어서 아수라의 가장 낮은 등급인 깔라냔자(Kalanañja) 아수라들 사이에 다시 나타날 것이라 예언했지만, 아수라로 태어나는 업은 자주 언급되는 편은 아니다.[20] 더 일반적으로, 특히 후대 학문적 전통에서 아수라로 태어나는 것은 지능과 부, 권력 등 일부 긍정적인 자질들과 섞인 시기, 두려움, 오만, 만용과 같은 부정적인 성격 때문이라고 한다. 불행히도 그들의 정서적인 고통은 분별력을 압도하는 경향이 있어서 삶을 즐기거나 진리를 이해할 수 없다.[21] 망상에 사로잡힌 다른 영역의 존재들과 마찬가지로 아수라는 다음 생에 더 높은 곳으로 옮기는 데 어려움을 겪는다.

5. 인간계

인간계는 주류 경전에 묘사된 사건들 대부분이 일어난 무대이다. 다른 영역과 아주 같은 방식으로 분석하고 있지는 않지만, 경전은 인간계의 성격과 중요성, 범주에 관해 많은 것을 말하고 있다. 모든 불교 문헌을 통틀어 분명한 한 가지는, 거주자의 즐거움과 권력, 장수라

---

20 D 24.1.7(Pāṭikaputta-sutta), 번역: Walshe 1987, 373.
21 Nāgārjuna 1979, 119-20.

는 점에서 천상계 아래 상위 영역으로 간주하지만, 사물의 본질에 대한 이해와 담마(Dhamma, 法)의 실천, 열반을 성취할 기회라는 점에서 실제로는 천상계보다 우월하다는 것이다. 결국, 아무 이유 없이 부처가 인간으로 태어나는 것은 아니다. 인간존재는 매우 다양하지만, 대개 육체적, 정신적 즐거움과 괴로움의 결합, 그리고 타고난 지능을 특징으로 한다. 실제로, 싼쓰끄리뜨어와 빠알리어 '인간(manuṣya, manussa)'은 사고(man)라는 어원과 관련이 있다. 보다 더 낮은 영역의 존재들과 달리, 인간은 지적 분별력이나 선한 행동을 할 수 없을 정도로 고통에 압도되지 않는다. 그리고 신과 달리, 출생, 질병, 노화, 죽음, 사랑하는 것과의 이별, 불쾌한 것과의 만남, 원하는 것을 얻지 못하는 것 등 그들이 겪고 있는 진짜 고통을 무시할 만큼 즐거움과 권력에 사로잡혀 있지도 않는다.

상위 영역으로의 윤회와 마찬가지로, 인간으로 태어나기는 어렵다. 일찍이 잘 알려진 비유가 있다. 인간으로 태어날 기회는, 눈먼 거북이가 대양을 헤엄쳐 다니다가 백 년에 딱 한 번 공기를 마시기 위해 머리를 내밀고 나올 때 바다에서 떠돌던 구멍 뚫린 널빤지에 머리가 들어갈 확률과 같다.[22] 일단 인간으로 태어나면 다른 영역의 존재들에 비해 수명은 짧다. 『앙굿따라 니까야(Aṅguttara Nikāya)』는 그 짧음을 일출의 이슬방울, 빗물 웅덩이 속의 거품, 빠르게 흐르는 계곡물, 막대기로 물에 그은 선과 같다고 묘사한다. 사실 도살장에 끌려가는 소처럼 매 걸음마다 우리는 죽음에 더 가까워진다.[23] 원칙적으로 인간의 수명

---

22 D 130.24(Bālapaṇḍita-sutta), 번역: Ñāṇamoli and Bodhi 1995, 1020-21.
23 A 7.73, 번역: Bodhi 2012, 1095-98.

은 최대 백 년까지 지속되지만, 업이라는 조건은 그 정확한 지속 기간을 예측할 수 없게 만든다. 속담에도 있듯이, "내일이나 내생 중 어느 것이 먼저 올지 알 수 없다." 죽음은 확실하지만, 죽음의 시간은 불확실하며, 인간으로의 윤회는 매우 드물고 귀중한 성취이다. 따라서 사성제를 이해하고, 선한 행위와 명상을 실천해서 해탈하도록 잘 활용하는 것이 급선무다.[24]

　인간계는 메루산의 산기슭 사방에 있는 네 개의 '대륙(각각 두 개의 아대륙에 둘러싸여 있음)'에 분포되어 있다. 그들 중 남쪽 대륙 염부제(Jambudvīpa, 장미-사과 섬)는 붓다가 출현해서 설법했던 장소이기에 가장 큰 관심사이다. 다른 세 개의 대륙은 수명이 더 긴 사람들이 살고 있지만, 그렇게 축복받은 땅이 아니다. 상황에 따라, 주류 경전은 다양한 사회적 그룹, 가령 성(여성, 남성), 계급(브라만, 끄샤뜨리아, 바이샤, 수드라), 종교적 실천(브라만과 사문), 재산(부자와 가난한 자), 용모(아름다움과 추함) 등으로 염부제의 거주자들을 구분한다. 불교 공동체는 대략 남성재가자, 여성재가자, 남성 견습승려, 여성 견습승려, 완전히 수계를 받은 남성승려, 완전히 수계를 받은 여성승려로 나뉜다. 완전히 수계를 받은 남성승려의 경우, 그들의 정주지(마을 혹은 숲), 수행 성향(교학 혹은 명상), 정신적 성취 수준(예류자, 일래자, 불환자, 아라한)으로 세분될 수 있다. 아라한은 명상적 성취 수준이나 지역 사회의 참여 정도에 따라 더 다양한 방식으로 나뉜다. 가령 불교의 가르침을 듣고 실천해서 해탈을 얻은 후 지역 사회에 사는

---

24 A 7.73, 번역: Bodhi 2012, 1170.

사람들은 성문(Skt. śrāvaka)인 반면, 스스로 해탈을 얻고 승가와 떨어져 '코뿔소처럼' 사는 사람들은 독각불(Skt. pratyekabuddha)이다. 인간계는 상위 영역이기 때문에 인간계로 이끄는 업은 기본적으로 긍정적이어야 한다. 대개 세 가지 덕목의 실천, 즉, 관용(특별히 수도원 공동체를 향한 것만은 아니다), 도덕(10가지 부도덕함과 반대로 정의되는 것들), 명상과 관련된다. 이때 명상은 결정적인 것은 아닐 것이다.[25] 붓다는 사람들 간에 명백한 사회적, 행위적, 신체적 차이는 인간으로 윤회하는 긍정적인 업과 부정적인 업이 혼합되었기 때문이라고 설한다.[26]

6. 여성으로의 윤회

긍정적인 업과 부정적인 업이 혼합된 결과 가운데 설명이 좀 필요한 부분은 특히 여성과 관련된 성과 젠더의 영역이다. 물론, 인간으로 태어나는 것은 좋은 일이지만, 여성으로 태어나는 것은 혼합된 운명인 것 같다. 빠알리 경전은 여성에 대한 세속적인 것뿐만 아니라 영적인 것을 비롯해, 여성 혐오적인 구절과 미덕을 드러내는 구절이 혼재하면서 뚜렷한 양면성을 보여준다. 적어도 여성으로 다시 태어난다는 것은 특별히 행복한 운명이 아니라는 것은 분명하다. 붓다는 여성이 발휘하는 다양한 가정적이고 도덕적인 미덕을 인정하면서 더 높은 영역에 태어날 수 있는 역량을 거듭해서 강조한다. 심지어 여성을 '최상품'으로 묘사하고 "여성이 남성보다 더 잘 될 수 있다"라고 단언까

---

25 A 8. 36, 번역: Bodhi 2012, 1170.

26 A 8. 36, 번역: Bodhi 2012, 1170-72.

지 한다.[27] 그렇지만 여성으로 태어나는 것의 여러 가지 결점 또한 명시한다. 예를 들면, 여성은 대개 화를 잘 내고, 질투심이 많고, 인색하며, 현명하지 못하기 때문에 공적 활동에 참여할 수 없다.[28] 그리고 출생한 가족에서의 지위, 결혼한 가족에서의 지위, 여성 경쟁자가 있을지, 아들을 낳을 수 있을지, 남편을 통제하는 방법에 관해 끊임없이 시달린다.[29] 특히, 결혼 후 친정과의 분리, 월경, 임신과 출산, 남성에 대한 봉사로 고통받는 등 다섯 가지 '여성의 문제'에 취약하다.[30] 더 우주적인 규모로, 붓다는 「많은 종류의 요소 경(Bahu-dhātuka-sutta)」에서 여성은 절대 붓다, 전륜성왕, 인드라, 마라, 브라흐마(Brahmā)처럼 강력한 신이 될 수 없다고 단언한다. 그런 존재들은 절대 여성의 모습으로 출현하지 않는다.[31]

논란의 여지는 있지만, 경전에는 붓다에게 귀속된 노골적인 여성 혐오적 발언들이 발견된다. 가령 "여자는 성스러운 삶의 오점이다. 여기에 남자들은 걸려들어 있다."[32] "비구들이여, 나는 여성의 형상만큼 애타게 하고, 감각적이고, 취하게 하고, 매혹적이며, 속박으로부터 안전함을 확보하는 데 탁월하게 방해가 되는 단 한 존재도 알지 못한다"라고 설한다.[33] 「짜뚜마 경(Cātumā-sutta)」에서는 마을로 가서는 얇고

---

27 A 8.46, 번역: Bodhi 2012, 1183-84; S 37.24, 번역: Bodhi 2000, 1289; S 1.77, 번역: Bodhi 2000, 136; S 3.15, 번역: Bodhi 2000, 179.

28 A 4.80, 번역: Bodhi 2012, 465.

29 S 37.32, 번역: Bodhi 2000, 1292.

30 S 37.2, 번역: Bodhi 2000, 1287.

31 M 115.15, 번역: Ñāṇamoli and Bodhi 1995, 929.

32 S 1.58, 번역: Bodhi 2000, 129.

98

가벼운 옷을 두른 여성을 쳐다보는 수행력이 약한 비구를 잡아먹는 상어에 여성을 비유한다. "여성을 쳐다볼 때 비구의 마음은 욕정에 물들어 수행을 포기하고 낮은 삶으로 돌아간다."[34] 그런 식의 수많은 비난이, 성관계나 출산에 관한 한 만족할 수 없고,[35] 흔히 직접적으로나 상징적으로 세속적인 삶과 연관되어 있다고 말하는 것이 여성에게 돌아가지만, 남성도 분명히 어느 정도 책임을 져야 한다. 왜냐하면 붓다가 한때 그의 사촌이자 수행자인 아난다에게도 말했듯이, 여성의 유혹에 직면해서 규율을 유지해야 하기 때문이다. 결국 문제는 여성이나 남성이 아니라 성적 욕망이다. 이것은 승가적 가치의 관점에서 볼 때 남녀 모두의 영적 삶을 너무나 쉽게 훼손할 수 있다.[36] 주류 불교 경전과 문헌은 대개 남성 독자들을 위해 남성들이 만들었으며, 청자나 독자에게 중요한 도덕적이고 실천적인 도전을 제기하는 것으로 보이기 때문에, 여성들이 남성들보다 더 자주 폄하되는 것은 놀라운 일이 아니다. 그 문제에 관한 붓다의 가장 유명한 조언은 『대반열반경(Mahāparinibbāna-sutta)』에 보인다. 여성을 대하는 태도와 관련된 아난다의 질문에 붓다는 다음과 같이 대답한다.

"쳐다보지 마라, 아난다여."
"쳐다보게 되면 어찌해야 합니까?"

---

33 A 5.55, 번역: Bodhi 2012, 683.
34 M 67.19, 번역: Ñāṇamoli and Bodhi 1995, 565.
35 A 2.61, 번역: Bodhi 2012, 168.
36 A 1.1-10, 번역: Bodhi 2012, 89-90.

"말을 걸지 마라, 아난다여."

"말을 걸어오면 어찌해야 합니까?"

"알아차려라, 아난다여."[37]

주로 사회적인 이유로 붓다는 여성을 위한 비구니율의 제정을 꺼린 것으로 유명하다. 그의 계모 마하쁘라자빠띠(Mahāprajāpati)가 이끄는 석가족의 여성들은 비구니율을 제정해 달라고 간청했지만, 붓다는 반복해서 거절했으며, 아난다의 중재 이후에야 비로소 승낙했다. 그리고는 분명히 남성 승가에 종속된 비구니 팔경계八敬戒를 제정했다.[38] 비구니율을 제정한 붓다의 의지를 볼 때, 여성들도 진지하게 불도를 닦을 수 있고, 윤회로부터 완전히 자유로운 아라한이 되어 불도를 완성할 수 있다고 여긴 것이 분명하다. 경전은 덕망 있는 비구니 성취자의 이야기들로 가득 차 있다. 그녀들은 모든 불교의 교계를 수용하고, 법을 설하고, 불사不死를 가르치고, 재가자들의 보시를 받으며, 더 높은 영역으로의 윤회뿐만 아니라, 예류자, 일래자, 불환자, 아라한의 네 가지 영적 열매를 얻는다.[39] 『대반열반경』에 따르면,

---

37 D 16.5.9, 번역: Walshe 1987, 264. 읽기 쉽도록 서식을 바꾸었다.

38 A 8.51, 번역: Bodhi 2012, 1188-92; Mūlasarvāstivāda의 설명은 Paul 1985, 83-85를 보라.

39 교계의 수용은 M 146(Nandakovāda-sutta, 난다까의 교계 경), 번역: Ñāṇamoli and Bodhi 1995, 1120-25; M 142.7(Dakkhiṇāvibhaṅga-sutta, 보시에 대한 분석 경), 번역: Ñāṇamoli and Bodhi 1995, 1104-5; 법을 설하는 것은 S 10.9, 번역: Bodhi 2000, 313; 보시를 수용하는 것은 M142.7(Dakkhiṇāvibhaṅga-sutta, 보시에 대한 분석 경), 번역: Ñāṇamoli and Bodhi 1995, 1104-5; 더 높은 영역으로의

붓다는 완성되고 훈련되고 유능하며 법을 잘 아는 사부대중, 즉 비구, 비구니, 남성 재가자, 여성 재가자가 스승으로부터 배운 바를 전수하고 경이로운 법을 가르칠 때까지 열반에 들지 않는다.[40] 남성과 여성 신도 모두 자신들의 역할에 알맞게 성취하였기 때문에 붓다는 평화롭게 죽음을 맞이할 수 있었다. 만일 여성 성취자들이 없었더라면, 붓다는 열반에 들지 못했을 것이다. 실제로 「왓짜곳따나 큰 경(Mahāvaccagotta-sutta)」에서 붓다는 다음과 같이 단언한다.

> "지금 여기, 직접지直接智에 의한 깨달음을 통해 오염원으로 파괴되지 않는 마음의 해탈과 지혜의 해탈에 들어 머무는 100명 … 500명, 그보다 훨씬 더 많은 비구니들이 있다."[41]

여성의 완전한 영적 능력에 관한 가장 중요한 두 가지 초기의 단언은 부분적으로 겹치는 두 개의 경전, 『쌍윳따니까야(Saṃyutta-nikāya)』의 「비구니 쌍윳따(Bhikkhunīsaṃyutta)」와 『쿳다까니까야(Khuddaka-nikāya)』의 「장로니게송(Therīgāthā)」에서 발견된다.[42] 「비구니 쌍윳따」에는 11개, 「장로니의 게송」에는 101개(73개로 구분된) 등 각각 깨달은 비구니들의 이야기와 게송들이 실려 있다. 「비구니 쌍윳따」에 실린

윤회는 A 5.116, 번역: Bodhi 2012, 738; 예류자의 성취는 S 55.39, 번역: Bodhi, 1826; 최종 열반은 M68.569(Naḷakapāna-sutta, 날라까빠나 경), 번역: Ñāṇamoli and Bodhi 1995, 569.

40 D 16.3.7-8, 번역: Walshe 1987, 247.

41 M 73.8, 번역: Ñāṇamoli and Bodhi 1995, 596.

42 각각 S 5.2, 번역: Bodhi 2000, 221-30; Halisey 2015를 보라.

것들은 이야기 형태로 구성되어 있는데, 모두 비구니들이 마라와 대화하고 승리하는 내용을 담고 있다. 그 가운데 한 가지 예로, 비구니 쏘마(Somā)의 성취는 마라의 도전을 받는다. 마라는 "선인들이 도달한 경지는 성취하기 어렵다. 두 손가락만큼의 지혜를 가진 여성은 도저히 그것을 성취할 수 없다"라고 주장한다. 함정에 빠지지 않고 쏘마는 다음과 같이 응답한다.

> "마음이 잘 집중되고
> 마음이 고요하게 유지되고
> 법을 바르게 꿰뚫어 보는데
> 여자라는 존재가 무슨 문제가 되는가.
>
> 만일 어떤 사람에게
> '나는 여자'라거나 '나는 남자'라거나
> '나는 무엇'이라는 것이 아직 남아 있다면
> 그것은 마라에게나 어울린다."

그러고는 붓다가 깨달은 날 밤에 물러났던 것처럼, "마라는 '비구니 쏘마는 나를 알아버렸구나'라고 하면서 실망하여 곧바로 사라졌다"라고 덧붙였다.[43] 「장로니의 게송」에서 가장 인상적인 것은 영적 성취에 관한 일인칭 오도송이다. 그것은 그들 나름의 방식으로 윤회의 집을 파괴하는 이미지와 함께 붓다에게 기인한 은유적 '승리의 노래'를

---

43 S 5.2, 번역: Bodhi 2000, 222-23.

반영한다. 여기에 세 가지 예가 있다. 담마(Dhammā)는 "구호품을 찾아 헤매보지만, 허약해서 떨리는 팔다리를 막대기에 의지한 채 땅에 넘어졌고, 몸의 위험함을 보자 마음이 해탈하였다"라고 노래한다.[44] 씨하(Sihā)는 극적으로 묘사한다.

야위고 창백한 나는 7년을 떠돌았다.
낮이든 밤이든 행복하지 않았다.
내가 가진 것은 극심한 고통이었다.
"이 비천한 삶보다 차라리 죽는 게 낫겠다"라고 생각하고는
밧줄을 가지고 숲으로 갔다.

올가미를 튼튼히 만들어 나뭇가지에 묶었다.
그것을 목에 걸자 마음은 해탈했다.[45]

마침내 웃따마(Uttamā)는 말한다.

나는 원하는 것은 무엇이든 즐긴다.
그것은 어떤 흔적이나 표식도 없이 비어 있다.
나는 진정한 붓다의 딸로서
항상 열반을 기뻐한다.

---

44 Hallisey 2015, 15.
45 Hallisey 2015, 53.

모든 감각적 욕망이 차단될 때,

천상계에 있든 인간계에 있든

윤회의 소용돌이는 완전히 끝난다.

이제 더 이상의 생은 없다.[46]

요컨대 인간계에서 여성으로의 윤회는 이상적인 것이 아니지만, 여성이 겪어야 할 사회적 억압이 무엇이든 붓다의 재가 신도가 된다면 더 높은 곳으로 윤회할 수 있고, 만일 수계한다면 영적 삶의 완전한 결실을 이루어 남성들이 할 수 있는 것처럼 아라한이 될 수 있다.

7. 천상계

천상은 사후에 다다르는 '좋은 목적지'로서 지옥처럼 주류 불교 문헌에 자주 묘사된다. 그곳에서의 생은 길고 천신(deva)으로서 누리는 즐거움과 권력은 인간계보다 훨씬 크다.[47] 그런 점에서, 불교의 천상에 관한 개념은 인간이 사는 동안 지은 올바른 행위로서 선업에 대한 보상이라는 필연적인 믿음 때문에 베다 우주론의 개념과 연결된다. 낮은 수준의 천상계 중 하나에서 남성으로 태어나는 것은 '천상의

---

46 Hallisey 2015, 35.

47 실제로, 가장 오래된 불교 문헌 자료인 아소까(Aśoka, 공통 기원전 3세기 중후반) 비문에서, 유일하게 환영받는 목적지는 천상이다(Nikam and McKeown 1959, 47). 그렇더라도 한 비문에서 아소까는 모든 노력의 궁극적 목표로서 열반을 묘사한 경전들을 권장했다(Nikam and McKeown 1959, 47, 번역: Thanissaro 1993).

오욕락을 즐기면서 천신들과 함께하는 것'이라고 한다.[48] 더 높은 수준
의 천신들은 단순한 감각적 쾌락의 기쁨을 훨씬 능가하는 지고한
명상의 기쁨을 누린다. 그렇지만 우빠니샤드와 마찬가지로, 불교 경전
은 중생이 도달할 수 있는 정점은 천상이 아니라 오직 열반이라는
점을 분명히 한다. 또한 가장 높은 천상조차도 여전히 윤회의 범주에
속해 있다는 사실을 모르는 천신들은 자만에 빠져 정신적·육체적
즐거움, 마법의 힘, 장수가 오히려 미묘한 함정이 될 수 있다. 장수와
즐거움을 누리는 만큼 신적 존재는, 적어도 일부 신들은, 업보로 주어진
천상의 체류 기간이 거의 끝나갈 무렵 자신의 상태가 변한다는 징조를
느낀다. 화환이 빛바래기 시작하고, 몸에서 악취가 풍기며, 다음에
태어날 곳의 광경을 목격한다. 그곳은 상당히 낮은 곳일 수 있다.

　지옥과 마찬가지로, 불교도는 천상에 관해서도 풍부하게 묘사했다.
천상은 메루산의 상층부 경사면이나 그 위에 있으며, 통상 26개로
셈하는 전문화된 많은 신들의 영역으로 나뉘어져 있다.[49] 천상계 중
여섯 개는 욕계의 가장 높은 영역인 사대천왕천, 삼십삼천, 야마천,
도솔천(Tuṣita), 화락천, 타화자재천이다. 그중 두 가지는 특별한 의미
가 있다. 삼십삼천은 인드라(Indra) 혹은 샤끄라(Śakra)를 왕으로 모신
베다 신전의 위대한 신들이 주재하는 즐거움이 깃든 영역으로,[50] 메루
산 정상에 위치한다. 따라서 그 위 천상에 사는 천신 대부분은 공중
궁전(vimāna)에 사는 셈이다. 그곳은 후대 경전 『천궁 이야기』(Vimānav-

48 S 55.1, 번역: Bodhi 2000, 1788.
49 D 41.18-42(Sāleyyaka-sutta), 번역: Ñāṇamoli and Bodhi 1995, 384.
50 AkBh on Ak 365-68, 번역: Pruden 1988, II, 463-64.

atthu)』에 상세히 묘사된다. 만족스러운 신들의 천상인 도솔천은 윤회는 다 했으나, 붓다가 되기 위한 생을 살려 지상에 내려올 때까지 보살로서 머무는 곳이다. 이런저런 욕망의 지배를 받는 욕계의 신들은 간다르바(gandharva), 약샤(yakṣa), 긴나라(kinnara), 마호라가(mahoraga)처럼 인간 문제에 등장하는 갖가지 사소한 신들이다.

색계는 16개의 천상을 포함한다. 그곳은 집중 명상의 네 가지 수준 중 하나 혹은 그 이상을 닦은 신들이 독점적이지는 않지만, 전형적으로 점유하고 있다. 가령 세 가지 범천, 신성한 빛의 수준이 증가함에 따라 지어진 세 가지 천상, 신성한 영화(glory)의 수준이 증가함에 따라 지어진 세 가지 천상, '잘 성취한 신'과 '인지 능력이 없는 신이 머무는 천상들',[51] 그리고 무번천, 무열천, 선현천, 선견천, 색구경천(Akaniṣṭha)이다. 다섯 개의 '순수한 거처'는 불환자와 아라한에게 국한된다. 색계의 신들은 일괄하여 주로 브라흐마(Brahmā)라고 불린다. 이 이름은 불교의 여러 신들을 나타낸다. 가령 싸끄라(Śakra)와 함께 붓다에게 설법을 간청하고 열렬히 불교를 신봉한 브라흐마 싸함빠띠(Sahampati)를 가리킬 수 있다. 아니면 힌두교 전통에서 우주의 창조자로 알려진 브라흐마를 가리킬 수 있다. 힌두 전통은 그를 창조자라 생각하지만, 불교적 관점에서 보면 그렇지 않다. 왜냐하면 모든 것은 한 사람의 제작자가 아니라 다양한 원인과 조건으로 생기기 때문이다.[52] 끝으로, 무색계와 관련된 네 가지 천상이 있다. 그곳에는 공무변처, 식무변처, 무소유처, 비상비비상처 등 네 가지 무색계의 집중

---

51 이 특이한 우주론은 Sharf 2014, 151-57을 보라.
52 브라흐마에 대한 조롱은 D 2.1-6(Brahmajāla-sutta)을 보라.

명상 중 하나를 성취한 가운데 죽은 자들이 머문다.

천상계 중 한 곳에 태어나는 결과라고 할 수 있는 업은 인간계에 태어날 사람들에게 규정된 것과 다르지 않다. 즉, 세 가지 불선한 몸의 행위, 네 가지 불선한 말, 세 가지 불선한 마음과 반대되는 열 가지 선행,[53] 오계의 준수, 도덕적 부끄러움과 도덕적 두려움에 근거한 행위, 업설 수용, 붓다와 그의 가르침에 대한 믿음, 승가에 대한 보시와 관대한 행위, 만일 그럴 수 있다면, 공적인 일을 진행하는 것이다. 천상에 태어나는 것이 바람직해 보일지 모르나, 덕이 있는 자들에게 약속된 즐거움에도 불구하고, 그곳은 중생의 영적 여행의 최종 목적지가 아니다. 영적 여행은 오직 윤회를 완전히 초월해서 더 이상 태어나지 않는 아라한이 되어야만 끝날 수 있다. 그런 의미에서, 가장 높은 신의 영역이라도 여전히 고성제苦聖諦 안에 있다. 사람의 집합체를 구성하는 모든 것은 현재나 미래와 관계없이 무상함으로 정의되기 때문에 괴로움이다.

윤회가 발생하는 과정을 설명하러 다음 장으로 가기 전에, 방금 설명한 우주론에 관한 몇 가지 핵심 사항을 요약한다.

- 첫째, 아무리 오래 지속되는 태어남이라도 영원하지 않다. 따라서 지옥과 천상의 존재 모두, 그것을 가져온 업이 다하면 끝날 것이다.
- 둘째, 윤회의 과정은 진화적인 것이 아니다. 그러므로 자기의 업에 따라 높은 수준의 윤회 다음에 낮은 수준의 윤회가 뒤따를

---

53 A 3:178, 번역: Bodhi 2012, 374-76.

수 있다.[54] 그런 의미에서, 윤회의 과정은 한순간에 우리를 꼭대기에 있다가 다음 순간에 나락으로 떨어뜨리는 관람차의 움직임에 비유될 수 있다.

• 셋째, 아무리 매력적으로 보여도 무상하다. 무상함은 항상 즉각적으로나 궁극적으로 정신적 고통과 육체적 고통을 수반하기 때문에 윤회의 모든 영역은 본질적으로 괴로움으로 가득 차 있다.

• 넷째, 주류 불교 전통 및 후대에 전개된 대부분의 전통에서 지각은 몸, 마음, 독립적인 운동 능력, 고통받을 수 있는 능력을 갖춘 존재에 국한된다. 따라서 자이나교의 전통과 달리 식물은(광물은 물론) 의식이 없어서 '지각 있는 존재의 사건'에 끼어들지 못한다.[55]

• 다섯째, 한 생의 범위 안에 지옥 중생처럼 육체적 고통과 천신처럼 쾌락 등 윤회의 모든 영역을 경험할 수 있는 의미가 존재한다고 불교 문헌에서 일반적으로 인정하지만, 모든 영역이 단순히 인간의 다양한 몸과 마음의 상태에 대한 상징일 뿐이라는 표현은 하지 않는다. 실제로 대다수 불교도는, 전통에 따라서 자세하게 기록되어 있지 않다고 할지라도, 다양한 사후세계가 실제로 존재한다고 확실히 믿은 것 같다.

---

54 이것은 『앙굿따라 니까야(Aṅguttara-nikāya)』 4.85, 번역: Bodhi 2012, 467에 분명히 나타난다.

55 그런데도, 씨앗과 식물을 해치는 것에 대한 승가의 금기가 존재한다. 그것은 여러 가지로 대중적인 애니미즘 사상을 존중할 필요성이나, 식물 특히 관목식물과 나무는 서식지가 파괴되면 거기에 사는 신이나 동물들이 해를 입을 수 있다는 사실이나, 식물 파괴가 인간의 삶에 해로울 수 있다는 가능성 등에 기인한다. Schmithausen 1991, 특히 105-6을 보라.

5장 윤회가 발생하는 방식: 12연기, 죽음, 재생

아브라함의 종교의 맥락에서 우리의 사후 존재는 우주를 창조한 전지전능한 신에 의해 결정된다. 단 한 번 인간으로 사는 동안 지은 행위는 신에 대한 믿음을 키워 온 정도에 따라 우리가 심판받는다는 것과 같은 방식을 가리킬 수 있지만, 결국 결정은 오로지 신의 몫이다. 정의상 그것은 반박할 수 없다. 불교도들은 우주와 그 안에 있는 존재, 환경, 사건들이 단 하나의 창조자로 인해 존재하게 된다는 것을 부정하고, 여러 식별 가능한 신체적, 정신적 원인과 조건을 통해 우리와 세상이 존재한다고 주장한다. 그렇지만, 정신적 조건이 가장 중요시된다. 『법구경(Dhammapada)』에 실린 첫 번째 시는 불교에서 실재를 바라보는 관점에 대한 선언과 같은 것이 포함되어 있는데, "모든 것은 마음을 선구자로 하고, 마음에 기초하며, 마음으로 이루어진다"라고 선언한다.[1] 윤회로 이끄는 인과 과정은 전형적으로 의존적 발생에 관한 12연기 형식으로 펼쳐진다. 이것은 3장에서 인용한 '고대도시의 비유'에서 붓다가 깨달음에 관한 증표로서 발견한 것이자 회상한 내용이다.[2] 12연기는 보편적 인과 법칙에 관한 중요한 영적 예시이며, 의존적 발생(dependent origination, 緣起)이라고도 불리는데, 많은 면에서 우주가 작동하는 방식에 관한 불교의 이해를 뒷받침한다. 유명한 붓다의 말처럼, "의존적 발생을 본 자는 법을 보고, 법을 본 자는 의존적 발생을 본다."[3]

1. 12연기

빠알리 경전에는 보다 일반적인 형태로 의존적 발생에 관한 유명한 문구가 있다. 율장 「대품(Mahāvagga)」에는 사리뿟따(Sariputta)의 개종과 관련된 이야기가 있다. 그는 가장 출중한 지혜를 가진 붓다의 제자가 되었다. 이전에 회의론자 싼자야(Sañjaya)의 제자였던 그는 붓다가 아니라 아싸지(Assaji)에 의해 교화되었다. 아싸지는 붓다의 다섯 제자 가운데 한 사람인데, 사리뿟따가 스승의 교리에 관해 묻자 그는 다음과 같이 대답했다. "원인에서 발생하는 모든 법들, 그들에 대해서 여래는 설해주셨네. 또 그들의 소멸에 대해서도 설해주셨네. 이것이 위대한 사문의 가르침이라네." 윤회하는 것은 원인에서 발생하기 때문에 이것은 본질적으로 모든 현상에 관해 설명한 것이지만,

---

1 Manopubbaṅgamā dhammā / Mano seṭṭhā mano mayā / manasā ce paduṭṭhenā. 번역: Buddharakkhita 1966, 2.

2 S 12:65, 번역: Bodhi 2000, 601-4.

3 M 28.28(Mahāhatthipadopama-sutta), 번역: Ñāṇamoli and Bodhi 1995, 283.

가장 분명한 언급은 괴로움이 일어나고 사라지는 원인에 관한 것이다. 사리뿟따는 그 즉시 아라한이 되었고, 그의 친구 목갈라나(Mogallana)에게 같은 가르침을 전하자 그도 깨달음을 얻었다.[4] 아싸지가 말한 명제는 나중에 간결하면서도 마법처럼 강력한 법요法要의 진술이 되어 만뜨라로 암송되었고, 대승 경전에서 기렸으며, 붓다의 법신으로서 불탑에 안치되었다. 또한 1세기 후반에는 수많은 조각상의 기단에 새겨지기도 하였다. 다음은 경전에서 자주 대하는 또 다른 간략한 명제이다. "이것이 있으면 저것이 있다. 이것이 일어나면 저것이 일어난다. 이것이 없으면 저것이 없다. 이것이 사라지면 저것이 사라진다."[5] 더 간략하게는 X → Y, -X → -Y이다. 요컨대 인과법은 윤회하는 우주의 모든 신체적, 정신적, 도덕적, 영적 단계에 작용한다. 그것은 이 공식이 나오는 다양한 구절에서 분명하지만, 추상적으로 이해되는 것이 아니라, 일반적으로 의존적 발생의 12연기에 적용되는 것을 의미한다. 12연기는 우리가 어떻게 고통받고 다시 태어났는지, 그리고 현재하는 어떤 요인을 토대로 어떤 요인이 생겼다가 그것이 사라지면 중단되는지를 설명한다.

　12연기는 불교 경전에서 반복적으로 열거된다.[6] 물론 다양한 변형들

---

4 Mahāvagga 1.23.1-10, 번역: Thanissaro 1996.

5 S 12:41, 번역: Bodhi 2000, 579.

6 「인연 쌍윳따(Nidānasaṃyutta)」에서 가장 집중적으로 다룬다. 이것은 12개의 쌍윳따 중 하나인데, Bodhi 2000, 516-26과 533-620에서 분석하고 번역하였다. 그에 대한 다각적인 논의는 「큰 인연경(Mahānidāna-sutta)」, D 15, 번역: Walshe 1987, 215-30을 보라. 후대 문헌은 AkBh on AK 3.21-24, 번역: La Vallée Poussin 1988, II, 402-4; VM chaper XVII, 번역: Ñāṇamoli n.d., 592-678; Anuruddha,

이 존재하지만, 그들 간에는 대체로 큰 일관성이 존재한다. 「갈애의
멸진에 관한 긴 경(Mahātaṇhasankhaya-sutta)」은 그 전형적인 예이다.

"비구들이여, ① 무명無明을 조건으로 ② 형성(行), 형성을 조건으
로 ③ 의식(識), 의식을 조건으로 ④ 명색名色, 명색을 조건으로
⑤ 육입六入, 육입을 조건으로 ⑥ 접촉(觸), 접촉을 조건으로 ⑦ 느
낌(受), 느낌을 조건으로 ⑧ 갈애(愛), 갈애를 조건으로 ⑨ 집착
(取), 집착을 조건으로 ⑩ 존재(有), 존재를 조건으로 ⑪ 출생(生),
출생을 조건으로 ⑫ 늙음(老)과 죽음(死), 슬픔, 한탄, 고뇌, 비탄,
절망이 발생한다."[7]

그리고 늙음과 죽음에서 거꾸로 무명까지 역순으로 설명한 다음
무명이 사라지므로 형성이 사라지고, 형성이 사라지므로 의식이 사라
지는 등 출생의 멈춤이 늙음과 죽음, 슬픔, 한탄, 고뇌, 비탄, 절망의
사라짐을 수반하는 식까지 계속 설명을 이어간다. 여기서 생략된
요소는 역순으로 이루어져 있다.[8]
12개 각각의 요소와 그 뒤에 오는 것과의 연결은 약간의 설명이
필요하다. ① 무명無明은 영속적인 자아에 대한 잘못된 믿음이나 사성

AS 8.3-10, 번역: Bodhi 1993, 294-303을 보라.

[7] M 38.17, 번역: Ñāṇamoli and Bodhi 1995, 353-54. 아홉 번째 고리 취(upadāna)를
'clinging'에서 'grasping'으로, 10번째 유(bhāva)를 'being'에서 'becoming'로 영역
했다.

[8] M38.18-22, 번역: Ñāṇamoli and Bodhi 1995, 354-57.

제에 대한 무지, 또는 업과 다른 중요한 세속적 활동이 작동하는 방식을 가리킬 수 있다. 어느 쪽이든, 무명은 선하거나 불선한 방식으로 행동하도록 만든다. ②형성(行)은 뒤이은 ③의식(識)이 발생하는 토대가 된다. 의식은 ④정신-물질(名色)을 의미한다. 정신-물질은 주로 명색으로 번역된다. 명색은 '인간'을 구성하는 오온五蘊의 물질(色), 느낌(受), 지각(想), 정신 작용(行), 식(識)과 동의어이다.[9] 정신-물질은 ⑤육입六入이 발생하는 토대가 된다. 육입의 안근眼根, 이근耳根, 비근鼻根, 설근舌根, 신근身根, 의근意根은 각각 모습, 소리, 냄새, 맛, 감촉, 정신적 대상을 감지한다. 감각 기능과 대상의 만남은 ⑥접촉(觸)이라 부른다. 접촉은 즐거운·괴로운·즐겁지도 괴롭지도 않은 ⑦느낌(受) 또는 감각을 발생시킨다. 당연히 우리는 즐거운 느낌은 유지하고, 괴로운 느낌은 없애려 한다. 그렇게 하려는 욕구는 ⑧갈애(愛)이다. 갈애는 고통이나 존재의 유무에 따라 감각적 즐거움에 대한 갈애, 상견常見에 대한 갈애, 단견斷見에 대한 갈애 등 세 가지가 있다. 갈애의 적극적인 형태는 ⑨집착(取)이다. 집착은 특정한 감각적 욕망이나 열망에 매달리는 행위로 ⑩존재(有)를 이끈다. 존재는 자신이 좇던 바대로 되는 것이다. 이것은 불가피하게 ⑪출생하고(生) 무엇이 되었든 ⑫늙고 죽게(老死) 만든다.

　　12연기는 한 생애 혹은 한 순간에 진행되는 것처럼 이해되지만,[10] 지금까지 가장 일반적인 해석은 윤회가 발생하는 방식을 설명하는

---

9 무색계에 속한 존재의 경우 미래 몸의 씨앗은 행온에서 이어지나, 색온은 없다.

10 살인하는 순간에 연결되는 고리에 대한 설명은 AkBh on Ak 3.24d, 번역: La Vallée Poussin 1988, II, 404를 보라.

것으로 보기 때문에 둘, 셋 혹은 그 이상의 생애로 늘어난다. 삼생三生의 형태가 아마 가장 널리 알려졌을 것이다. 나 자신을 예로 들어 보자. 생애 1에 속한 ①무명과 ②형성은 살인에서 관대함에 이르기까지 무지에 기반한 어떤 행위가 나의 정신적 연속체(특히 행온)에 심어진 것으로 미래 태어날 악처나 선처를 위한 업의 씨앗이 된다.[11] 업이 활성화된 직후 업의 씨앗은 삶에서 윤회를 위한 조건들을 만나거나, 적절한 때가 오기 전까지 수많은 삶 동안 휴지기로 있어야 할 수도 있다. 어느 쪽이든 조건이 적절하고, ③의식이 아버지와 어머니가 생성한 생물학적 유기체와 결합할 때 생애 2가 시작된다. 의식은 수태에서 죽음에 이르기까지 육체와 결합한다. 오온五蘊을 설명하는 일반적인 방식인 ④명색 또는 정신−물질은 우리를 이루는 요소들로 구성되어 있다. 나의 오온은 외부 세상과 끊임없이 교류한다. 나는 ⑤육입을 통해 외부 세상과 상호 작용한다. 상호작용은 ⑥접촉을 수반한다. 접촉은 즐거운·괴로운·즐겁지도 괴롭지도 않은 ⑦느낌을 가져온다. 본능적으로 나는 즐거움이 계속되고 괴로움이 사라지기를 ⑧갈망한다. 그로 인해 망상과 감정에 휘말려 살아가면서 죽음의 문턱에 도달하고, 사라짐을 두려워하면서 계속 존재할 가망에 ⑨집착한다. 난 아직 해탈하지 못했기 때문에 생애 2에서 생애 3으로 이끄는 ⑩존재의 과정은 계속된다. 생애 3은 ⑪출생의 순간에 시작된다. 태어난 이후 모든 순간은 이미 늙고 죽는 과정의 일부가 된다. 나는 사성제와 12연기로 체계화한 전 과정의 성격을 잘 몰라서 생애 3

---

11 무착의 말처럼, 형성은 "다양한 존재의 영역에 중생들을 배치한다." Asaṅga 2001, 57을 보라.

동안 분명히 윤회의 씨앗을 뿌릴 기회가 더 많아질 것이다.[12]

처음부터 불교 사상가들이 탐구해 온 12연기의 작용에는 수많은 의미가 있다. 그중 가장 중요한 것은 아마 원인과 결과의 연관성에 관한 분석일 것이다. 얼마나 많은 생애가 연관되어 있든 상관없이, 원인의 요소는 무명, 갈애, 집착이고 그 나머지는 결과라고 한다. 업 형성, 의식, 명색, 육입, 접촉, 느낌은 모두 무명에서 유래한 반면, 존재, 출생, 노사는 모두 갈애에서 온 집착의 결과이다. 그런 점에서, 중요한 원인으로서 무명과 갈애는 흔히 두 개의 뿌리라고 불리는데, 다른 요소 간의 연결을 끊고, 윤회에서 벗어나며, 해탈을 이루기 위해 한 개 혹은 다른 한 개 아니면 둘 다 제거해야 한다. 이와 관련된 분석 형태는 세 개의 오염원(무명, 갈애, 집착), 두 개의 행위(형성, 존재), 여덟 개의 결과(의식, 명색, 육입, 접촉, 느낌, 존재, 출생, 노사)이다.[13] 또 다른 형태는 무명·형성·의식을 투영하는 요소로, 명색·육입·접촉·느낌을 투영된 요소로, 갈애·집착·존재를 선행하는 요소로, 출생·노사를 산출된 요소로 묘사한다.[14]

일련의 요소들은 간단한 인과 관계의 실행을 통해 각기 후행하는

---

12 이 과정에 관한 더 상세한 설명은 AkBh on AK 3.21-24, 번역: La Vallée Poussin 1988, II, 402-4; VM 7장, 번역: Ñāṇamoli n.d., 592-692; AS 8.3-10, 번역: Bodhi 1993, 294-303.

13 존재(有)는 출생(生)을 촉발하고 집착한 결과이므로 행위와 결과 양쪽에 위치한다. 좀 더 상세한 설명은 AkBh on AK 3.26a-b, 번역: La Vallée Poussin 1988, II, 406-7; AS 8.7-9, 번역: Bodhi 1993, 299-302를 보라.

14 ASm, 1장, 번역: Asaṅga 2001, 56.

116

요소를 발생시키는 선형적 인과 과정으로 여겨져선 안 된다. 요소 간의 관계는 선형적 인과라기보다 늘 복잡한 조건 중 하나이다. 조건적 기능은 상호성(두 가지 요인이 서로를 지탱할 때), 필연적 선행(한 요인이 현재해야만 다른 요인이 발생할 때), 원거리 효용성(먼 과거의 의도적 형성이 새로운 생에서 의식을 발생시킬 때)과 같은 다양한 관계를 포함할 수 있다. 또한, 연속되는 과정의 특정한 지점에서 연결 고리는 복잡한 과정을 강화하는 방식으로 반복된다.[15]

끝으로 12연기에 관해 두 가지는 언급할 가치가 있다. 첫째, 붓다는 연기하는 방식을 이해하는 이점 중 하나가 과거에 우리가 존재했는지 또 어떻게 존재했는지, 미래에 존재할지 또 어떻게 존재할지와 같은 망상에 사로잡히지 않는 것이라고 말한다. 다시 말해 의존적 발생을 정확하게 이해하는 사람은 모든 의문을 잠재운다.[16] 둘째, 세친 (Vasubandhu)의 언급처럼, 의존적 발생, 특히 12연기는 보편적으로 적용할 수 있는 견실하고 변치 않는 '법칙'이지만, 의존적 발생이라 불리는 어떤 영원한 법이 존재한다는 말은 용납할 수 없다.[17] 그런 의미에서, 의존적 발생이나 12연기는 다른 세속적 실체나 개념들이 존재하지 않는 것과 마찬가지로 '본질적으로' 존재하지 않는다. 달리 말하면, 의존적 발생은 그냥 의존적으로 발생한다.

---

15 Bodhi 2000, 522-23.

16 S 12:20, 번역: Bodhi 2000, 552.

17 AkBh on AK 3.28a-b, 번역: La Vallée Poussin 1988, II, 413.

2. 기타 원인과 조건들

12연기는 핵심적이긴 하지만, 주류 불교가 설명하는 윤회의 범주는 그것만이 유일한 것은 아니다. 가령 빠알리 아비담마의 『발취론 (Paṭṭhāna)』은 24연緣을 통해 다양한 조합으로 윤회와 함께 사물, 사람, 사건의 발생을 설명한다. 좀 더 정확하게 사물, 사람, 사건을 구성하는 82가지 법이 발생한다. 24연은 원인, 대상, 지배, 틈 없이 뒤따름, 더욱 틈 없이 뒤따름, 함께 생김, 서로 지탱함, 의지함, 강하게 의지함, 먼저 생김, 뒤에 생김, 반복함, 업, 과보, 음식, 기능(根), 선禪, 도道, 결합됨, 결합되지 않음, 존재함, 존재하지 않음, 떠나가 버림, 떠나가 버리지 않음이다.[18] 각 조건은 다수의 부분집합을 가진다. 만일 『발취론』이 그 각각을 아비담마에 묘사된 82가지 법(그리고 다수의 부분집합)에 적용했다면, "아마 수십억 개의 조합으로 만들어진 가장 큰 책이 될 것이다"라고 수자토(Sujato)는 말한다.[19] 복잡하고 일시적인 무한한 수의 정신적, 육체적 요소의 산물로서 우주를 묘사하려는 불교의 세밀한 시도에 단순히 감탄하는 것보다, 그런 조건들이 윤회를 설명하는 데 어떻게 사용될 수 있는지 상세히 기술하는 것이 더 중요하다. 하지만 『아비담마길라잡이(Abhidhammathasaṅgaha)』는 분리된 요소, 즉 우리의 정신적 측면과 물질적 측면은 나뉘어져 있지만 연결되어 있다는 점에서 그 과정이 어떻게 일어나는지에 대한 사례를 제시한다.

---

18 이에 대한 논의는 AS 8.11-28, 번역: Bodhi 1993, 303-24.

19 Sujato n.d.

118

결합되지 않은 조건은 세 가지이다. (1) 재생 연결의 순간에 심장 토대는 과보(정신적 무더기들)에게, 또 마음과 마음부수는 함께 생긴 물질에게, 함께 생긴 결합되지 않은 조건이 된다. (2) 뒤에 생긴 마음과 마음부수는 먼저 생긴 이 몸에게 뒤에 생긴 결합되지 않은 조건이 된다. (3) 여섯 가지 토대는 삶의 과정에서 일곱 가지 식의 요소(識界)에게 먼저 생긴 결합되지 않은 조건이 된다.[20]

세친의 『아비달마구사론(Abhidharmakośa)』에 요약된 것처럼, 더 간단하지만 여전히 복잡한 인과 개념은 설일체유부(Sarvāstivāda)에 의해 설명된다. 여기서 조건적 요소는 여섯 개의 원인(hetu), 즉 능작인(能作因, karaṇa), 구유인(俱有因, sahabhu), 동류인(同類因, samprayukta), 상응인(相應因, sabhaga), 변행인(遍行因, sarvatraga), 이숙인(異熟因, vipāka)으로 표현된다. 이들 중 어느 것이라도 윤회의 관점에서 분석될 수 있지만, 이숙인은 이번 생과 내생에서 무르익는[21] 악업과 선업이 섞여 있으므로 특히 밀접한 관련이 있다. 또한 세친은 인연(因緣, hetu), 등무간연(等無間緣, samanantara), 소연연(所緣緣, alamabana), 증상연(增上緣, adhipati)의 사연四緣을 말한다.[22] 세친의 분류는 주로 디그나가(Dignāga)와 다르마끼르띠(Dharmakīrti), 그리고 그들의 후계자들이 전개한 불교논리학에서 받아들여지나, 기타의 원인과

---

20 AS 8.25, 번역: Bodhi 1993, 321. 24연에 대한 추가적인 논의는 VM XVII. 66-100, 번역: Ñāṇamoli n.d., 611-22.

21 AkBh on Ak 2.54c-62, 번역: La Vallée Poussin 1988, I, 274.

22 AkBh on AK 2.61c-62, 번역: La Vallée Poussin 1988, I, 296-304.

조건들 또한 거기에 제시된다. 『쁘라마나바르띠가(Pramāṇavārttika, 量評釋)』에서 다르마끼르띠는 전생과 내생의 진실, 그리고 불교의 다른 형이상학적 주장에 관한 논리적인 방어를 위해서 근본 원인의 관점에서 말한다. 즉, 상응인相應因처럼 순간적인 사건들은 그 선후의 사건들과 동종이어야 하고, 조연助緣은 필수 불가결한 것 또는 단순히 돕는 것으로 분류될 수 있다. 다르마끼르띠는 윤회가 발생하는 근본 원인은 새로운 생애의 첫 번째 순간 바로 앞에 선행하는 순간의 의식이지만, 조연은 무명, 갈애, 업의 형성, 몸을 포함한다고 주장한다. 12연기에 관한 분석처럼, 무명과 갈애는 핵심적인 조건들이다. 무명은 끊임없이 이어지는 어리석은 행위의 배경이지만, 갈애는 다음 생의 연속체를 추동하는 직접적인 요인이다.[23]

3. 죽음과 윤회에 관한 세부 사항

한 생에서 다음 생으로의 전환, 죽고 태어나는 동안 실제로 무엇이 일어나는지 정신적·육체적 과정에 주목한 수많은 자료가 있다. 비록 우리가 예전에 겪었던 수많은 것들 사이에 그저 하나의 덧없는 사건일지라도, 죽음의 순간은 불교의 상상 속에서 크게 다가온다. 왜냐하면 그것은 한 생과 다음 생 사이에 위험과 가능성으로 꽉 찬 통로이기 때문이다. 「진리에 대한 분석 경(Saccavibhaṅga-sutta)」에서 붓다는 죽음을 '다양한 존재의 질서에서 벗어나는 통과 과정, 제거됨, 부서짐,

---

23 PV 2.189a-190b; Gyaltsab Jé(Rgyal tshab rje), 번역: Jackson 1993, 385-86; cf. Nagatomi 1957, 185.

사라짐, 사망, 종말, 오온의 해체'라고 규정한다.[24] 빠알리 아비담마에서 죽음은 '단일 존재의 한계 내에 포함된 생명 기능의 차단'이라고 정의한다.[25]

죽음은 시의적절할 수도 있고 또 때가 아닐 수도 있다. 적절한 때에 사망한 이유에는 그들이 사는 영역에 속한 존재의 표준 수명 만료, 특정한 윤회를 낳은 업력 만료, 갑작스러운 파괴적 업의 출현이 있다. 때 아닌 죽음은 마침 돌풍이 불지 않았다면 계속 타들어 갔을 기름 램프처럼 외적인 조건을 통해 일어난다.[26] 특히 인간에게 있어서 인생은 짧기 때문에 영적 진보를 이룰 기회는 길게 남아 있지 않을 것이다. 그래서 붓다는 제자들에게 "나는 하루밖에 살 수 없을지도 모르니 가르침에 귀 기울여라. 그러면 많은 것을 이룰 수 있을 것이다!" 처럼 죽음에 관한 사유와 알아차림을 유지하라고 가르친다.[27]

우리는 본능적으로 죽음을 두려워한다. 하지만 붓다의 시각에서 보면, 오직 태도와 행동이 불선한 사람들만이 죽음을 두려워할 필요가 있다. 왜냐하면 그들은 더 낮은 곳에 태어날 것이기 때문이다. 선하게 행동하고 '감각적 쾌락에 대한 탐욕, 욕망, 애착, 갈증, 열정, 갈애'가 없는 사람은 더 높은 곳에 태어난다는 것을 알기 때문에 두려움이 없다.[28] 붓다는 그의 재가자 마하나마(Mahānāma)가 죽어서 좋은 곳에

24 M 141.13, 번역: Ñāṇamoli and Bodhi 1995, 1098.
25 Bodhi 1993, 220, AS 5.34.
26 Bodhi 1993, 220, AS 5.34.
27 A 6.19, 번역: Bodhi 2012, 877.
28 A 4.184, 6.15, 번역: Bodhi 2012, 550-52, 870-71.

갈 것이라고 확신한다. 왜냐하면 "오랫동안 믿음, 덕행, 배움, 관대함, 지혜 등으로 마음이 굳건해지면, 사대 요소로 이루어지고 부모로부터 받은 몸은 파괴되지만, 마음은 위로 올라가서 특별한 경지로 가기" 때문이다.[29] 후대 세친과 같은 인도의 작가들은, 가령 윤회하는 세 가지 영역에서 다양한 존재들의 생이 끝날 때 파괴되는 육체적, 정신적, 도덕적 기능이나 능력에 해당하는 수를 구체화하면서 죽음의 순간을 훨씬 더 자세하게 설명한다.[30] 만일 다음 생이 높은 영역에 속하면 죽음의 순간에 의식은 몸에서 위로, 낮은 영역에 속하면 아래로 빠져나 간다.[31] 임종 바로 직전 물리적 요소들이 몸을 지탱하던 방식은 분열되 거나 기능은 멈춘다.[32] 세친은 여기에 중요한 사항을 덧붙인다. 죽음의 상태는 육체적으로나 정신적으로 '나약하지만', 어떤 악을 습관적으로 저질렀다면 그것이 '투영되고' 죽음의 순간에 활성화되어 다음 생의 성격에 강한 영향을 미친다.[33] 좀 다른 각도에서, 빠알리 아비담마는 '임사업臨死業'의 범주를 인정하고 그것을 다음과 같이 규정한다.

죽기 직전에 기억되거나 실행된 강력한 업 … 만일 악한 사람이 죽기 직전에 그가 했던 좋은 행동을 기억하거나 선행을 한다면, 행복한 윤회를 맞이할 것이다. 반대로, 만일 선한 사람이 죽기

---

29 S 55.21, 번역: Bodhi 2000, 1808.

30 AkBh on AK 2.15a-16b, 번역: La Vallée Poussin 1988, I, 176-77.

31 AkBh on AK 43c-44a, 번역: La Vallée Poussin 1988, II, 499.

32 AkBh on AK 44b, 번역: La Vallée Poussin 1988, II, 449.

33 AkBh on AK 3.37d-38b, 번역: La Vallée Poussin 1988, II, 439; cf. VM 14.111, 번역: Ñāṇamoli n.d., 514.

직전에 일찍이 그가 했던 악행에 연연해하거나 악행을 저지른다면,
불행한 윤회를 맞이할 것이다.[34]

사후에 곧바로 무엇이 일어나는지를 논하기에 앞서, 초기불교 논사
들의 진술이 일치하지 않는 것, 즉 한 생에서 다음 생으로 '넘어가는'
것, 더 정확하게, 무엇이 다시 태어나는 것인지를 살펴보아야 한다.
물론 다시 태어나는 것은 형이상학적 실체일 수 없으며 무상한 사건의
연속으로 이해할 수 있다. 어떤 사람들은 명색 혹은 정신과 물질,
즉 오온은 계속된다고 주장한다.[35] 하지만, 색온色蘊은 죽음에서 해체
된다. 따라서 실제로 계속되는 것은 어떤 의미로든 정신적일 거라고
보통 인식되기 때문에 그 같은 견해는 일반적이지 않다. 네 가지
정신적 요소, 즉 수온受蘊, 상온想蘊, 행온行蘊, 식온識蘊 중 순간순간의
인식적 능력인 식온은 적어도 한 생에서 다음 생으로 옮겨간다는
데 거의 전적으로 동의한다.(윤회의 순간을 암시하는 의존적 발생의 12연기
에서 3번째는 '의식'이라고 불린다는 것을 상기하라.) '과도기' 의식은 '재생
연결식'처럼 특수한 이름이 붙여지거나 '존재의 토대(bhavaṅga, basis
of existence)' 혹은 미래 생의 '획득자(prāpti)'처럼 부가적 요소의 지원을
받는다고 한다.[36] 나아가, 의식뿐만 아니라 다양한 기능, 정신적 경향,
업의 씨앗들도 우주가 의미를 갖기 위해서는 어떤 식으로든 '이어져야'
하기 때문에, 다른 온蘊들 또한 계속 이어진다고 말해야 할 것이다.

---

34 Bodhi 1993, 204, AS 5.19.

35 MP II. 2.6, 번역: Rhys Davids 1963, 71.

36 마지막 두 가지 개념은 10장에서 간략히 설명할 것이다.

따라서 다음 생에 필요한 기능으로서 의식처럼 지각과 인식은 때때로 이어진다고 한다. 하지만 가장 중요한 이전 요소는 행온行蘊에서 발견된다. 행온은 기억, 긍정적이고 부정적인 정신적 경향, 그리고 조건이 무르익어 결과를 가져올 시점까지 업의 씨앗을 보관한 장소이다. 최소한 윤회가 식온과 행온 내의 다양한 요소들로 이루어지며, 그것들은 적어도 비물질이기 때문에 시공을 가로질러 방해받지 않을 수 있다는 것에 거의 모든 불교도는 동의하는 것으로 보인다.[37]

죽음 직후에 일어나는 것 또한 다양한 불교 전통들 사이의 논쟁거리이다. 빠알리 경전은 아주 가끔 "이 몸은 죽었으나 다른 몸을 받지 않은 때" 거치는 중간 상태가 있음을 암시하지만,[38] 상좌부 학파는 한 생에서 죽음의 순간은 그 즉시 다음 생의 '태어남', 수태로 이어진다고 주장한다. 그것이 일어나는 기제는 '재생연결(patisandhi)'이라고 부르는데, 그로 인해 전생의 생명 연속체(bhavaṅga, life continuum), 즉 무시이래 우리를 이끌어 온 개체의 흐름은[39] 죽는 순간의 의식과 내생의 첫 번째 순간에 수반되는 형성(行)을 중단 없이 이어준다.[40] 하지만, 설일체유를 포함한 다른 주류 학파들은 한 생과 다음 생 사이에 중유中有를 거친다고 주장한다. 세친은 말한다.

---

37 이런 합의에 관한 괄목할 만한 예외로서 대승불교의 유가학파는 8장에서 논의할 것이다.

38 S 44.9, 번역: Bodhi 2000, 1393.

39 Collins 1982, 238-47.

40 VM 14.111-16, 번역: Ñāṇamoli n.d., 514-15; Bodhi 1993, 122ff.

죽음, 즉 죽는 순간의 오온 그리고 발생, 즉 태어나는 순간의 오온 사이에 윤회하는 곳으로 가는 존재로서 오온의 '몸(body)'이 발견된다.[41]

나아가 세친은 "미래의 존재를 산출할 행위와 동일한 행위로 산출된 중유의 존재는 수태한 후 도래할 윤회의 영역에 속한 것을 가지고 있다"라고 구체화한다.[42] 또한, 중유의 존재는 (최소한 욕계에서) 모든 기능이 완전히 발달한 대여섯 살 크기의 어린아이로 묘사되는데, 냄새에 의존하기 때문에 간다르바(gandharva)란 이름을 가진다. 창조적 존재, 신성한 눈, 초자연적 힘을 가진 자들은 그를 볼 수 있다.[43] 중유의 존재에게 정해진 시간은 없다. 세친은 7일 혹은 7주 동안 지속된다고 주장하는 여러 논사들을 인용은 하지만,[44] 그에 따르면, "다시 태어나기 위한 조건들이 결합하지 않는 한 그 상태는 계속 유지된다."[45]

따라서 '출생'은 전생의 마지막 순간이나 중유의 마지막 순간에서 이주가 일어난 찰나에 발생한다. 불교는 태생胎生, 난생卵生, 습생濕生, 화생化生이라는 네 가지 형태의 출생을 인정한다. 처음 두 개는 자명하다. 습생은 썩어가는 시체, 오물 또는 하수구와 같은 부패한 환경에서

---

41 AkBh on AK 3.10, 번역: La Vallée Poussin 1988, II, 383. 번역은 약간 수정했다.

42 AK 3.13a-b, 번역: La Vallée Poussin 1988, II, 390.

43 AkBh on AK 3.13, 번역: La Vallée Poussin 1988, II, 390-93.

44 AkBh on AK 3.13, 번역: La Vallée Poussin 1988, II, 394.

45 AkBh on AK 3.13, 번역: La Vallée Poussin 1988, II, 393.

잘 보이지 않는 작은 알을 낳는 구더기와 기타 생물들에 한정된다. 반면에 화생은 천국, 지옥, 때론 인간계를 포함한 어떤 다른 영역에 있는 존재들의 즉각적인 출생 방식이다. 예상대로, 경전과 주석 문헌에 있는 대부분의 설명은 태생에 초점을 맞추고 있다. 붓다는 「아쌀라나야경(Assalāyana-sutta)」에서 부모의 교합, 어머니의 월경, 태어날 존재(간다르바)는 출생과 수태에 필요한 세 가지 조건이라고 설명한다.[46] 세친에 따르면, 다시 태어나고자 하는 중유의 존재는 교합이 이루어질 때 자기 업에 맞는 적합한 부모를 찾기 위해 신성한 눈을 사용한다. 만일 그가 남성으로 태어날 것이라면, 여성을 좋아하고 남성에게 적대감을 느낀다. 여성으로 태어날 사람들은 그 감정이 뒤바뀐다. 어느 경우든 존재는 이성과의 교합을 갈망하면서 자궁으로 들어가 '정액과 출혈', 즉 정자와 난자가 결합하는 곳에 자리 잡는다. 그때, 오온의 요소들이 형성되고 중유의 존재는 사라지며 재생연결이라 불리는 출생이 발생한다.[47]

세친과 다른 논사들은 계속해서 자궁 안의 삶을 묘사한다. 가령 남성과 여성은 자궁 안에서 어떻게 자리 잡는지, 수태 후 '정해진' 성은 어떻게 변할 수 있는지, 배아가 매월 어떻게 발달하는지를 분석한다.[48] 수태와 임신에 관한 가장 상세한 초기불교의 설명은 빠알리 경전에는 포함되지 않은 1~2세기 문헌 『수태경(Garbhāvakrānti-Sū-

---

46 M 93:18, 번역: Ñāṇamoli and Bodhi 1995, 769-70.

47 AkBh on AK 3.15a-b, 번역: La Vallée Poussin 1988, II, 395.

48 AkBh on Ak 3.15-16. 번역: La Vallée Poussin 1988, II, 395-98; VM 8.30, Ñāṇamoli n.d., 254; Kritzer 2014.

tra)』에 보인다. 이 경은 중유에 속한 존재의 성격, 수태에 필요한 물질과 업의 조건들, 자궁에 들어가는 간다르바의 인식 수준, 배아의 성격, 임신 38주에 걸친 태아의 성장, 태아가 먹잇감이 되는 다양한 질병들을 묘사한다. 불가피한 결론은 출생과 삶 모두 무상과 괴로움으로 점철되므로 둘 다 피하는 편이 가장 좋다는 것이다.[49]

---

[49] 티베트어본의 교정본 및 중국과 티베트 자료를 기반으로 한 영역은 Kritzer 2014를 보라.

6장 윤회가 발생하는 이유: 업의 불가사의한 기제

윤회하는 '이유'는 무엇보다 업의 개념에서 발견된다. 업이 투사된 몸과 말과 마음의 행위는 선하거나 불선하며, 그 과보(업의 성숙)는 행위의 수준에 부합한다. 그리고 나를 모욕한 누군가가 그 즉시 내게 모욕을 돌려주거나 나중에 보복할 때처럼, 혹은 살인을 저질러 미래생에 지옥에 태어나거나 관대한 행위로 천상에 태어날 때처럼, 과보는 이생에서 바로 경험하든가 아니면 나중에라도 받을 수 있다. 내가 지금 하는 행위는 조건이 맞으면 가깝거나 먼 미래에 그 결실을 보게 되듯이, 지금 겪는 경험은 내가 이생의 과거나 전생에 지은 행동의 결과이다.

　업은 우주가 정의로운지 그렇지 않은지에 관한 불교(그리고 인도)의 답변이다. 그리고 그 답변은 분명하게 '그렇다'이다. 왜냐하면 수없이 많은 시간 동안 일련의 윤회를 통해 우리가 지은 모든 것은 적절한 보상이나 처벌을 받을 것이고, 내가 지금 경험하는 모든 것은 과거

128

어느 시점에 내가 지은 행동의 결과라는 의미에서 겪어 마땅하기 때문이다.[1] 불교의 관점에서 업은 또한 세상의 다양성을 주관하는 단일한 창조자가 있다고 주장하는 힌두교와 다른 유신론적 전통에 대응한다. 그러나 세친(Vasubandhu)은 "세상의 다양성은 업에서 나온다"라고 단언한다.[2] 다시 말해, 복잡한 결과는 복잡한 원인에서 발생해야 하며, 우리가 살고 있는 우주는 어떤 신에 의해서가 아니라, 주로 다양한 중생들의 행위로 만들어졌다. 불교는 그 존재를 끊임없이 반박하기 위해 애쓴다.[3]

업은 또한, 특별한 종류의 윤리적 무게를 진 원인("이것의 발생")에서 특별하고 적절한 경험의 결과("저것의 발생")가 나오는 인과적 사건을 가리킨다는 점에서, 보편적인 의존적 발생의 법칙에 관한 도덕적 적용으로 이해할 수 있다. 역으로, 12연기와 마찬가지로, 원인을 제거하면 당연히 결과는 사라진다. 불교 수행은 이생과 미래 생에 고통을 초래하는 원인을 제거하기 위해 체계적인 노력을 기울인다. 업은 모든 종류의 경험이 발생하도록 에너지를 공급하는 기제이지만, 그 연료는 모든 중생을 괴롭히는 번뇌와 무명이다. 번뇌와 무명은 욕망, 분노, 질투 등의 정신 상태처럼 완전히 부정적이거나 자애, 연민,

---

1 불교 '신정론'에 관한 문제는 다음을 보라. Herman 1976; Kaufman 2005; Chadha and Trakakis 2007. 불교 업론에 관한 보다 일반적인 비평은 Griffiths 1982를 보라.

2 AK 4.1a, 번역: La Vallée Poussin 1988, II, 551.

3 AkBh on AK 2.64d, 번역: La Vallée Poussin 1988, I, 306-8; PV 2.8-28, 번역: Nagatomi 1957, 17-37.

관대함, 인내심 등의 정신 상태처럼 아주 긍정적일 수 있다. 그러나 '있는 그대로'를 모르는 근본 무명에 지배되는 한, 중생을 이끄는 행위는 윤회의 나침반 안에서 때론 더 높은 영역에, 때론 더 낮은 영역에 머물러 있게 할 것이다. 따라서 단순히 행동을 멈추어서 업을 끝내는 것만으로는 충분하지 않다.[4] 왜냐하면 근본 무명이 계속되는 한, 업과 그 과보 또한 계속될 것이고, 근본 무명과 다른 번뇌들의 연료가 완전히 사라져야만 해탈할 수 있기 때문이다. 그러므로 업을 관찰하고 통제하는 것은 아주 중요한 수행이다. 실제로 율장 전체와 수많은 경전은 올바른 행위와 '윤리'에 중점을 두고 있다. 올바로 행위를 하려면 빠알리 경전과 후대 주석서에 나타난 대로 업이 무엇이고, 또 어떻게 작동하는지를 알아야 한다.

1. 빠알리 경전에서 업

윤회와 밀접한 관련이 있는 많은 주제와 마찬가지로, 업의 토대 또한 경전에 명확히 제시되어 있다. 빠알리 경전에서 붓다가 "비구들이여, 의도가 업이다. 의도 때문에 사람들은 몸과 말과 마음으로 행위를 한다"라고 했듯이, 업의 개념은 아주 간단하다.[5] 세친은 쌘쓰끄리뜨 전통에서 글을 쓰면서 좀 더 선명하게 정의한다. "업은 의도이고 의도를 통해 산출된다."[6] 거의 모든 것은 의도를 통해서 산출된다. 앞서 인용한

---

4 불교의 관점에서 무행위는 자이나교의 형이상학과 구원론이 지닌 특징이다.

5 A 6.63, 번역: Bodhi 2012, 963.

6 AK 4.1b, 번역: La Vallée Poussin 1988, II, 551.

『법구경』의 문구가 떠오른다. "모든 것은 마음을 선구자로 하고, 마음에 기초하며, 마음으로 이루어지고, 마음으로 만들어진다."[7] 여기서 마음이 의미하는 것은 의도적 행위와 그 행위가 만들어 내는 정신적 형성, 즉 업이다. 그런데, 업의 정의는 간단하며, 긍정적 행위와 즐거운 과보 그리고 부정적 행위와 비참한 과보 사이의 보편적 관계는 쉽게 이해되지만, 업이 실제로 우주에서 작동하는 세부적인 방식은 불가해할 정도로 비밀스럽다. 실제로 깨닫지 못한 사람은 업의 모든 기제, 특히 그 결과를 완벽하게 이해할 수 없다. 붓다는 업의 결과가 붓다의 영역, 명상적 몰입의 영역, 세상에 대한 사색, 가령 형이상학과 함께 불가사의한 네 가지 문제 중 하나라는 점을 분명히 한다. 그리고 그것들을 알고자 하는 사람은 정신 착란이나 좌절감을 느낄 것이라고 경고한다.[8] 같은 맥락에서, 잘 알려진 티베트의 속담은 공空의 깊이를 이해하는 것이 업의 모든 작용을 이해하는 것보다 쉽다고 말한다. 왜냐하면 업의 모든 작용을 이해하기 위해서는 전지전능한 마음 또는 적어도 깨달은 날 밤 붓다가 얻은 통찰적 지식이 필요하기 때문이다. 그런 점에서, 업은 우리 대부분에게는 신비롭지만, 붓다에 의해 알려졌으며, 무한히 복잡한 것일지라도 정확한 기제를 수반한다. 우리는 업의 복잡성을 완전히 이해할 수 없으며, 전통은 그것을 설명하려는 시도를 피하고 있지만, 경전과 주석서에는 다수의 개념적 의미가 명시되어 있다. 가령 「합송경(Sangīti-sutta)」에서 붓다는 네 가지 업을 말한다. (1) 좋은 결과를 가져오는 선업(희고 밝은 업), (2) 나쁜 결과를

---

7 Buddharakkhita 1966, 2.

8 A 4.77, 번역: Bodhi 2012, 463.

가져오는 악업(검고 어두운 업), (3) 섞인 결과를 가져오는 선악이 혼합된 업, (4) 좋지도 나쁘지도 않은 결과를 가져오는 선하지도 악하지도 않은 업이 있다.[9] 여기서 중요한 것은 혼합된 업이다. 이것은, 존재 대부분은 복잡한 동기를 가지고 행동하고, 동기는 단지 선하거나 나쁘기만 한 것은 아니며, 특히 윤회의 관점에서, 혼합된 행위에 상응하는 결과는 혼합된 결과를 가져올 수 있다고 하는 인식의 문을 열어준다.[10] 붓다는 말한다.

여기, 사람은 몸으로, 말로, 마음으로 의도적 행위를 한다. 그것은 고통스럽기도 하고 고통스럽지 않기도 한다. 그 결과 사람은 고통스럽거나 고통스럽지 않은 세상에 다시 태어난다. 다시 태어나면, 인간과 일부 천신들, 그리고 낮은 영역의 존재들처럼 고통스럽기도 하고 고통스럽지 않기도 한 쾌락과 고통이 뒤섞인 느낌을 느낀다.[11]

그 밖에 붓다는 혼합된 동기를 가진 행위가 어떻게 미래에 복합적인 결과를 가져오는지 설명하면서 거기에 더 큰 의미를 부여한다. 그는 먼 옛날 독각불에게 아낌없이 보시했지만, 곧 그 돈을 다른 곳에 쓰는 편이 더 나았을지도 모른다고 생각하면서 후회했던 싸왓띠(Sāvat-

---

9 D 33.29, 번역: Walshe, 1987, 492.

10 붓다가 묘사한 네 번째 형태의 업, 즉 좋지도 나쁘지도 않은 결과를 가져오는 선하지도 악하지도 않은 업은 깨달은 존재의 '행위'이다. 그는 사물의 본질에 대한 통찰력과 번뇌의 파괴로 더 이상 추가적인 업을 투사하지 않으므로, 깨달음과 최종 열반 사이에 행위의 결과를 경험하지 않을 것이다.

11 A 4.233, 번역: Bodhi 2012, 602.

thi)의 한 장자에 대해서 말한다. 보시의 결과로 일곱 번 천상에, 그리고 일곱 번 같은 도시에 대부호로 태어났지만, 보시에 대한 양가감정 때문에 거기에서 맛볼 즐거움을 누릴 수 없었다고 한다.[12]

「업 분석의 짧은 경(Cūḷakammavibhanga-sutta)」에서 붓다는 살아 있는 존재를 죽이거나 다치게 하고, 다른 사람의 지위와 행복을 시기하고, 브라만과 사문에게 음식과 재산을 징수하고, 존경할 만한 사람을 존경하지 않으며, 현명한 자에게 올바른 행위에 관해 묻지 않는 것과 같은 비윤리적 행위를 하거나 하지 않는 다양한 인간들을 묘사한다. 그리고 비윤리적 행위로 얻은 낮은 영역으로의 윤회와 반대로, 윤리적 행위로 얻은 높은 영역으로의 윤회를 말한다. 그런데, 만약 이전의 업이 인간으로 태어나게 한다면, 수명이 짧고, 추하고, 세력이 없고, 가난하고, 낮은 계급이거나 어리석게 될 것이라는 말을 덧붙인다.[13] 요컨대, (인간 영역뿐만 아니라) 윤회의 '중간 영역'이라 부르는 곳은, 과거에 지은 선하고 악한 행위로 쾌락과 고통을 함께 경험하는 중생들로 채워진다. 인간으로 태어나는 것은 확실히 긍정적 업, 특히 관용과 도덕을 실천한 결과이지만, 어떤 이는 부유하게 또 어떤 이는 가난하게, 어떤 이는 아름답게 또 어떤 이는 추하게, 어떤 이는 지적으로 또 어떤 이는 어리석게, 어떤 이는 오래 살게 또 어떤 이는 단명으로 태어난다. 윤회 자체를 투영하는 것들과는 별개로, 긍정적이거나 부정적인 모든 행위의 결과는 인간 삶의 성격을 결정짓는다.

---

12 S 3.20, 번역: Bodhi 2000, 183-84.

13 M 135.5-18, 번역: Ñāṇamoli and Bodhi 1995, 1053-57.

2. 아비담마와 주석서에서 업

업의 청사진은 아비담마 및 아나율(Anuruddha), 세친(Vasubandhu), 무착(Asaṅga)과 같은 사람들에서 훨씬 더 복잡해진다. 사실 그들은 여기서 다룰 수 있는 것보다 훨씬 더 상세하게 업을 분석한다. 그렇지만 우리는 빠알리와 싼쓰끄리뜨 자료에서 발견되는 더 중요한 분석 중 일부를 제시하고, 업 유형에 대한 추가 목록 제시, 의도에 관한 부연 설명, 특정한 업이 '가중되는' 방식 탐구, 사업私業과 공업共業의 문제, 중유 및 지옥 존재에 속한 업에 대한 기술, 그리고 업의 편재성과 불가피성을 고찰한다.

빠알리 경전은 주로 좋거나(밝은) 나쁜 것(어두운)으로서 업에 관한 이중 기술, 혹은 좋은, 나쁜, 좋고 나쁜, 좋지도 나쁘지도 않은 네 가지 업에 중점을 둔 반면, 상좌부 아비담마 전통은 (1) 기능, (2) 숙성하는 순서, (3) 숙성하는 시간, (4) 숙성하는 장소의 관점에서 업을 분석한다.

업은 (1) 기능에 따라 나눌 수 있다. (a) 생산업. 이것은 재생 연결의 순간과 존재의 과정 동안에 결과적인 정신 상태를, 그리고 업에서 생긴 물질을 만드는 선하거나 불선한 의도이다. (b) 도움업. 이것은 스스로 결과를 낳지 못하지만, 생산업의 결과에 대한 경험을 지원하고 변경한다. (c) 방해업. 이것은 스스로 결과를 낳지 못하지만, 즐겁거나 괴로운 결과가 지속되는 시간을 단축하거나 그 효능에 역행하면서 다른 업을 누르고 방해한다. (d) 파괴업. 이것은 다른 더 약한 업을 대체하고, 업의 숙성을 막으며, 자기 결과를 생산하는 선하거

나 불선한 업이다.[14]

(2) 결과를 낳는 순서에 따라 나눌 수 있다. (a) 무거운 업. 이것은 모친 살해, 부친 살해, 흉악 범죄와 같이 결정된 윤회로서 다른 어떤 행위로도 대체할 수 없을 만큼 매우 강력한 도덕적 무게를 지닌다. (b) 임종 가까이 지은 업. 이것은 죽기 직전에 기억되거나 지은 강력한 업으로 내생에 잠재적인 영향을 미친다. (c) 습관적인 업. 이것은 습관적으로 지은 행위이다. 무거운 업이나 임종 가까이 지은 업이 없을 때 윤회를 생성하는 기능을 맡는다. (d) 이미 지은 업. 이것은 세 가지 숙성하는 순서와 관련된 업이 없을 때 윤회를 지배하는 역할을 할 만큼 강력하다.[15]

(3) 결과를 낳는 시간에 따라 나눌 수 있다. (a) 바로 결과를 낳는 업. 이것은 업이 실행된 같은 존재에서 결과를 산출해야 한다. 그렇지 않으면 소멸된다. (b) 내생에 결과를 낳는 업. 이것은 이생에 지은 업이 바로 내생에 결과를 산출해야 한다. 그렇지 않으면 소멸된다. (c) 내생 이후에 결과를 낳는 업. 이것은 두 번째 내생부터 기회가 생길 때마다 언제든 결과를 낳을 수 있다. (d) 소멸된 업. 이것은 이생이나 내생에 성숙해야 했지만, 결과에 도움을 주는 조건을 만나지 못한 업이다. 주로 마지막 죽음의 순간 아라한의 마음속에 존재하는 업을 가리킨다.[16]

끝으로, 결과를 낳은 장소에 따라 나눌 수 있다. (a) 불선한 업.

---

14 Bodhi 1993, 201-2, 주석 AS 5.18.

15 Bodhi 1993, 203-4, 주석 AS 5.19.

16 Bodhi 1993, 205-4, 주석 AS 5.20. 일관성을 위해 구두점을 약간 옮겼다.

이것은 주로 열 가지 비윤리적 항목(몸에 관한 세 가지, 말에 관한 네 가지, 마음에 관한 세 가지)으로 이해된다. (b) 욕계에 속한 선업. 이것은 열 가지 비윤리적 항목에 반대되는 열 가지 미덕, 높은 곳에 태어나는 세 가지 중요한 원인(보시, 지계, 명상), 열 가지 선행(보시, 지계, 명상, 공경, 봉사, 공덕 회향, 타인의 공덕을 기뻐함, 청법聽法, 교법敎法, 견해 수정)으로 이해된다. (c) 색계의 선업. 이것은 첫 번째, 두 번째, 세 번째, 네 번째 명상적 몰입에 도달한 순수한 정신적 행위이다. (d) 무색계의 선업. 이것은 무한한 공간, 무한한 의식, 아무것도 없음, 인식도 아니고 비인식도 아닌 명상적 몰입으로 구성된 순수한 정신적 행위이다.[17]

싼쓰끄리뜨 전통 또한 다양한 방식으로 업을 세분화하는데, 세친과 무착 같은 논사들은 선함, 악함, 선함과 악함이 혼합됨, 선하지도 악하지도 않음이라는 네 가지 고전적 분류 외에도,[18] 결정적인 행위(반드시 그 과보를 받아야 하므로), 불확실한 행위(반드시 과보를 받지 않아도 되므로),[19] 칭찬받을 만한 행위(인간계와 일부 천상계로 감), 비난받을 만한 행위(낮은 영역으로 감), 부동不動의 행위(색계와 무색계로 감)[20], 현생·내생·그 이후의 미래 생에 결과를 낳는 행위,[21] 인식(예를 들어, 봄)·기능(예를 들어, 후원)·의도·형성(예를 들어, 어떤 것을 만듦)·성취

---

17 Bodhi 1993, 206-10, 주석 AS 5.21-26.

18 AkBh on AK 59 c-d, 번역: La Vallée Poussin 1988, II, 635; ASm 2.2, 번역: Asaṅga 2001, 126.

19 AkBh on AK 50a-51b, 번역: La Vallée Poussin 1988, II, 625-27.

20 ASm 2.2, 번역: Asaṅga 2001, 116.

21 ASm 2.2, 번역: Asaṅga 2001, 116.

(진리에 대한 직접적인 앎)와 관련된 행위로 분석한다.[22]

의도는 업 자체의 개념에 내재해 있기 때문에 그 개념도 아비담마 편람에 분석되어 있다. 무착은 다섯 가지 형태의 의도를 말한다. (1) 다른 이의 명령으로 일어난 것, (2) 다른 이의 제안으로 일어난 것, (3) 옳고 그름을 알지 못하고 일어난 것, (4) 욕망, 분노, 무지로 인해 일어난 것, (5) 왜곡된 견해로 일어난 것이 있다. 그리고 마지막 두 가지 형태에 속한 결과는 "반드시 받게 될 것이다"라고 덧붙인다. 그는 처음 세 가지 형태에 속한 의도의 결과는 도덕적 모호성 때문에 일어나는 것이 덜 확실하다는 것을 암시한다.[23] 세친은 한 시점에서 12개의 의도를 헤아린다. 그 각각은 해탈에 이르는 특정 지점, 특히 욕계에서 벗어나는 것과 관련이 있다.[24] 또한 "성난 사람이 동시에 살인하고 도둑질할 때"처럼 선하거나 불선한 의도가 하나부터 열까지 행위의 전 과정 어디에나 함께 존재할 수 있는 방식을 설명한다.[25] 한 생에서 다음 생으로의 이전을 논하는 다른 구절에서는, 마음의 의도적 행위가 활성화되고 새로운 존재를 기획하는 방식을 설명한다. 새롭게 기획된 존재는 행위를 통해 의식에 제공된 종자(seed)로부터 태어난다.[26] 이런 식으로 업, 즉 근본적 의도가 윤회로 이어진다.

후대 주석가들이 만든 업론의 가장 중요한 기여 중 하나는 업의

22 ASm 2.2, 번역: Asaṅga 2001, 125-26.

23 ASm 2.2, 번역: Asaṅga 2001, 114.

24 AkBh on AK 3.61-62, 번역: La Vallée Poussin 1988, II, 636-37.

25 AkBh on AK 4.81a-c, 번역: La Vallée Poussin 1988, II, 664.

26 AkBh on AK 3.41, 번역: La Vallée Poussin 1988, II, 444.

중력, 무게 또는 무거움에 대한 개념을 분명하게 표현한 것이다. 세친에 따르면, 특정 행위의 도덕적 무게는 의도("나는 이런저런 것을 할 것이다"라는 생각을 투사), 태도(의도를 가진 몸이나 말의 행위), 행위 자체(주된 원인), 영역(선이나 악을 받는 자), 연속성(행위의 결과) 등의 성격을 고려할 때만 계산할 수 있다.[27] 무착은 비슷하면서도 훨씬 더 복잡한 체계를 세운다. 그에 따르면, 우리는 행위의 범주(가령, 일반적인 사회 상황), 그 대상(행위를 받는 자의 성격), 행위의 성격(행위의 일반적인 도덕적 수준), 토대(행위자의 도덕적 수준), 주의(행위를 실행하고자 몰두하는 것), 의도(수반된 열망의 성격), 도움(행위를 사주 받은 정도), 빈도(행위를 실행한 수), 다양성(대상 이외의 사람들에 미친 행위의 영향력)을 고려해야 한다.[28] 또한 행위를 유발한 의도의 성취와 행위의 종결에서 행위자의 만족과 같은 요소들도 추가되는 경우가 있다.

그런 세세한 규정들은 경전에서 가장 흔하게 제시되는 "X는 선하고 Y는 불선하다"라는 도덕적 계산법을 훨씬 초과한다. 부정적인 행위, 살인의 두 가지 예를 들자면, 먼저 보든(Lizzie Borden)의 행위를 들 수 있다. 그녀는 "도끼로 어머니를 40번 내리쳤고, 그녀가 한 짓을 들켰을 때 아버지를 41번 강타했다." 이것은 악한 의도로부터 희생자의 성격, 행위의 악랄함과 반복성, 행위의 종결, 행위의 종결에서 행위자의 만족에 이르기까지 모든 면에서 아주 심각한 행위이다. 그 결과 내생은 거의 확실하게 지옥에 다시 태어날 것이다. 세친은 강한 번뇌를 통해 이루어지고 분명한 결과를 가져오는 '결정된' 행위의 예로써

---

27 AkBh on AK 4.119, 번역: La Vallée Poussin 1988, II, 700.

28 ASm 2.2, 번역: Asaṅga 2001, 120.

친모와 친부 살해를 언급한다.[29] 한편, 만약 내가 여름밤 침대에 누워 책을 읽고 있는데 모기에게 물려 짜증이 났고 그것을 털어내려는 과정에서 모기를 죽게 만들자 후회했다면, 이것은 살생으로 남지만 그 의도는 불분명하다. 모기는 자기 부모보다 하찮은 존재이고, 살생한 방식은 본심이 아니며, 후회가 뒤따른다. 따라서 그 무게는 상당히 적으며 수반될 수 있는 결과는, 가령 의도가 중요한 원인이 되는 윤회에서보다는 현생에서 약한 방식을 통해 완화될 수 있다.[30] 미약한 번뇌로 저지른 무의식적인 모기 살생은 세친의 '불확정한' 행위로 분류될 수 있다. 정확히 어떤 과보를 받을지는 불확실하지만, 자기 부모를 고의로 살해하는 것보다 분명히 더 가벼울 것이다.[31] 물론 긍정적인 행위 또한 같은 식으로 산정될 것이다. 무착은 보시의 예를 든다. 보시는 동기, 대상, 전달되는 방식, 빈도 등에 따라 더 크거나 덜한 도덕적 비중을 가질 것이다.[32] 요컨대 업의 '무게'는 도덕적 판단을 통과하는 계산법이 얼마나 복잡한지를 나타내는 핵심 개념이다. 그래서 붓다만이 결국 그것을 완전히 이해할 수 있을 만큼 복잡하다.

아비담마 전통이 말한 업설로 제기되는 많은 의문이 있다.[33] 여기서

---

29 AkBh on AK 4.54, 번역: La Vallée Poussin 1988, II,629-30.

30 AkBh on AK 4.55a-c, 번역: La Vallée Poussin 1988, II, 630에서 이 문제에 관한 세친의 논의를 보라.

31 AkBh on AK 4.54, 번역: La Vallée Poussin 1988, II, 630.

32 ASm 2.2, 번역: Asaṅga 2001, 128-29.

33 예를 들어, 세친은 그의 저작 『행위의 성립에 관한 설명(Karmasiddhiprakaraṇa)』에서 다른 불교 학파들의 업설에 수반된 '난제들'을 설명하는 데 주력한다; Lamotte 1988을 보라.

는 그 일부만 언급할 수 있다. 일련의 의문들은 도덕적으로 중요한 인간계 밖의 존재들이 지을 수 있는 업의 종류를 중심으로 전개된다. 천상계의 존재들은 긍정적 행위만 할 수 있고, 낮은 영역의 존재들은 부정적 행위만 할 수 있을 것 같지만, 세친은 "존재의 세 가지 영역과 모든 윤회 영역에서 네 가지 형태의 선한 행위 및 악한 행위를 낳을 수 있다"라고 하여 그런 가정을 복잡하게 만든다. 그러고는 바로 몇 가지 제한을 추가한다. 욕계 밖 색계와 무색계 존재는 투사된 업이 소멸될 때까지 각자 명상적 몰입에 머물기 때문에 악한 업은 짓지 않는다. 반면에 욕계 천신들은 즐거움과 권능을 누리지만, 선한 행위와 나쁜 행위 모두 지을 수 있다. 세친은 낮은 영역 중 지옥에 대해서만 언급한다. 거기서도 선한 행위를 지을 수 있지만, "합당한 과보가 없으므로" 선행의 결과는 미래 생까지 받지 못할 수 있거나 아니면 불확실하다.[34] 그리고 만약 긍정적 행위가 가장 낮은 차원의 영역에서 가능하다면, 그것은 분명히 축생계와 아귀계에서 발생할 수 있다. 하지만 그런 데서 겪는 고통을 고려하면 덕행은 아마 거의 없을 것이다. 세친은 또한 중유의 존재에 속한 업을 말한다. 상좌부와 다른 여러 주류 불교 학파는 중유의 존재를 부정한다. 세친은 중유의 존재도 업을 짓지만, "그들의 행위는 오직 현재의 존재에서만 결과를 낳는다"라고 주장한다. 즉 중유 자체에서든, 중유 다음의 재생에서든 그 모든 상태는 중유와 함께 단 하나의 존재만을 형성하기 때문이다."[35]

또 다른 광범위한 일련의 의문들은 업의 '소유'에 관한 것이다.

---

34 AkBh on AK 4.51c-d, 번역: La Vallée Poussin 1988, II, 627.

35 AkBh on AK 4.53, 번역: La Vallée Poussin 1988, II, 629.

우선, 업은 전적으로 개인적인가 아니면 집단적이 될 수 있는가? 전통의 기본 입장은 업을 자신의 것으로 생각하는 것 같다. 그래서 「작은 업의 분석 경(Cūḷakammavibhanga-sutta)」에서 붓다는 "인간은 행위의 주인이고 상속자이다. 그들은 행위에서 비롯되고, 행위에 구속되며, 피난처로서 행위를 가진다"라고 말한다.[36] 무착은 이에 상응하는 싼쓰끄리뜨어를 자세히 기술한다. "인간은 자기가 지은 행위의 결과를 받기 때문에" 행위를 소유하고 물려받으며, "무인無因이거나 불규칙한 원인으로 태어나지 않기 때문에" 행위에서 유래한다. 그리고 부정적 행위를 상쇄하는 '반작용의 업'을 지을 수 있기 때문에 피난처로서 행위를 갖는다.[37] 한편 경전은 '공업共業'으로 알려진 것에 대해 설할 때가 있다. "요소에 따라 인간은 함께 모여 결합한다"라고 붓다가 묘사했듯이, 잘못된 견해를 가진 자들은 잘못된 견해를 가진 자들과, 올바른 견해를 가진 자들은 올바른 견해를 가진 자들과 함께 모여 결합한다.[38] 그런 의미에서, 인간은 '업의 집단'을 이룰 수 있다. 공업은 부가적 형태의 업이 아니라, 카발라든, 영적 공동체든, 카스트든, 국가든 비슷한 성향의 개별 업을 가진 사람들은 같은 사회 집단을 형성한다는 것을 가리키는 방식이 분명하다. 그와 관련해서 생기는 의문은, 긍정적 행위를 통해 쌓은 이익은 이전되거나 공유될 수 있는가 이다. 표면상 자기 업은 다른 사람이 아닌 자기 것이므로 같은 생각을 가진 개인들의 업을 초과하는 공업이 없듯이, 자기의 업과 긍정적인

---

36 M 135.20, 번역: Ñāṇamoli and Bodhi 1995, 1057.

37 ASm 2.2, 번역: Asaṅga 2001, 130-31.

38 S 14.16, 번역: Bodhi 2000, 640.

행위로부터 얻은 이익 또한 다른 사람들과 공유할 수 없다. 그렇지만 공유에 대한 바람은 불교의 무수한 기도, 의례, 서사에 담긴다. 인간이 올린 음식을 어떻게든 아귀들이 먹을 수 있다는 '물질적' 표현이 후대 『밀린다왕문경(Milindapañhā)』에 언급된 개념에서 발견되고, 붓다의 후원자인 빔비사라왕이 음식 보시의 공덕을 승가에 바침으로써 그의 죽은 아귀 친척들에게 음식을 먹였듯이, 다양한 후대 경전의 서사에 반영되어 있다. 선행으로 인해 공양물은 친척들에게 자양분이 되는 것 같다.[39] 어쨌든, 이익이 실제로 이전될 수 있는지와 상관없이 그렇게 하려는 의도 자체는 긍정적인 행위이며, 그렇게 하려는 사람에게 적어도 이익은 있다고 여겨졌다.

　여전히 업의 '보편성'과 관련된 더 중요한 의문들이 남아 있다. 근본적인 의문은 "즐겁든, 괴롭든, 즐겁지도 괴롭지도 않든 모든 경험은 과거에 지은 행위로 발생한다"는 주장에 대해 대답해달라고 붓다에게 요청한 시와까(Sivaka)에 의해 제기된다. 붓다는 "그런 주장은 자신이 알고 있는 것과 세상에서 사실로 알려진 것을 넘어선다"라고 명확하게 대답한다. 왜냐하면 경험에는 여덟 가지 원인, 즉 담즙, 가래, 바람의 장애, 그들의 불균형, 기후 변화, 부주의한 행동, 폭력, 그리고 마지막으로 업이 존재하기 때문이다.[40] 처음 일곱 가지 각각에는 적어도 어느 정도 의지의 요소가 부족한 것 같다. 왜냐하면 우리는 사실상 몸의 체질, 환경의 변화, 부주의, 불시의 공격에 대해 책임지기 어렵기 때문이다. 이것은 초기 전통의 입장이지만, 후대 논사들은 신체적

39 Malalasekere 1976, 87.
40 S 4.21, 번역: Bodhi 2000, 1278-79.

불균형, 기후 변화, 부주의, 당할 수 있는 폭행 모두 이전의 행위로 추적될 수 있으므로, 업으로 설명하지 못할 경험은 없다고 주장하면서 업을 '극대화'하는 경향이 있다. "세상의 다양성은 행위에서 발생한다"라는 세친의 선언을 기억할 것이다.[41] 어떤 경험만이, 아니면 모든 경험이 이전 업으로 인해서 발생한다고 주장하든, 불교도는 우리에게 일어나는 것은 식별 가능한 원인과 조건의 결과라는 데 동의한다.[42]

이번엔, 모든 행위가 결과를 가져오는지 물을 수 있다. 어떤 행위를 하면 반드시 그 결과를 받아야만 할까? 대답은 분명히 "그렇지 않다"이다. 끝없는 생애 동안 우리는 각자 정신적 연속체에 숨어 있는, 아직 열매 맺지 못한 무한정한 업의 씨앗을 갖고 있으므로, 아무리 많은 개별 행위가 완성을 위한 조건을 충족하더라도, 항상 더 많은 것이 있어야 한다. 그리고 이것은 불교의 핵심적인 구원의 목표, 즉 해탈을 불가능하게 만들 것이다. 붓다의 말처럼, "만일 사람이 의도적으로 행위한다면, 그 결과를 받아야만 할 것이다"는 보편적 진실이다.[43] 주석서는 '윤회를 지속하는 한'이라는 중요한 한정어를 더하면서 그

---

41 AkBh on AK 4.1a, 번역: La Vallée Poussin 1988, II, 551.

42 서구 독자들에게 이 주장은 철저하게 조건화되어 있어서 우리에게 '자유 의지'가 없는 것처럼 보이기 때문에 결정론의 망령을 불러일으킨다. 붓다와 그의 제자들에게 이것은 분명 사이비 문제이다. 왜냐하면 아무리 철저하게 조건화되어 있어도 우리의 부정적인 태도와 행위를 더 긍정적인 방향으로, 자유를 향한 진보로 바꿀 선택을 할 수 있다는 의미에서 인간으로서 우리는 현재 순간에 자유롭기 때문이다.

43 「의도경(Cetanā-sutta)」, 『중아함경(Madhyama Āgama sūtra)』 15, ed. Bingenheimer et al. 2013, 85; cf. A 10.217, 번역: Bodhi 2012, 1535.

사람은 의도적 행위의 결과를 받아야 한다는 의미임을 분명히 한다.
비구 보디(Bhikkhu Bodhi)의 말로 표현하면,

> 붓다는 해탈의 열쇠가 과거 업의 근절이 아니라 번뇌의 제거라고
> 가르쳤다. 아라한은 번뇌를 제거함으로써 그의 마지막 생에서
> 무르익을지도 모를 유여有餘를 뛰어넘어 과거의 모든 업이 숙성될
> 가능성을 제거한다.[44]

'유여' 해탈자 혹은 곧 해탈할 자가 마지막 생에서 겪는 것은 무엇보다
다양한 신체적 경험이다. 붓다조차도 깨달은 이후 여전히 두통, 질병,
사고 등을 겪었다. 그 모든 것은 전생의 부정적 업의 결과로 설명된다.[45]
결정적으로, 해탈한 존재는 보통 사람들이 하듯이 생각하고 말하고
신체적 행동을 유지하지만, 결과를 가져올 그 어떤 업도 짓지 않는다.
왜냐하면 12연기에서 보았듯, 행위의 결과를 가져오는 토대는 무명과
갈애이기 때문이다. 깨달은 존재는 그것들을 완전히 극복한다.

---

44 Bodhi 2012, 1857n2181, on A 10.217.

45 Strong 2001, 32-34.

7장 대중적 전통

지난 장에서 윤회의 영역, 삶과 관련된 인과적 과정, 죽음, 재생, 복잡한 업의 작용에 관한 논의는 거의 전적으로 주류 불교 학파, 특히 상좌부와 설일체유부의 경전과 그 후대 문헌들을 전거로 삼았다. 그 자료들 대부분은 승가의 학술적 구성원들이(압도적으로 남성들이) 주로 승가의 다른 학술적 구성원들을(주로 남성들을) 교화하기 위해 만들어졌지만, 그중 일부는 의심할 여지없이 재가자들에게서도 처음에는 구두로, 그리고 마침내 문자 경전으로 길을 찾았다. 주류 경전에 속한 경전들은 난이도가 다양하다. 그 대부분은 승가이든 재가자든 꼭 글을 읽을 줄 모르더라도, 이성적인 사람이 합리적으로 접근할 수 있는 문학적이고 철학적인 수준을 제공한다. 반면에 그중 일부는 설명이 고도로 기술적인 데다가 많은 주석을 해독해야 하므로, 덜 '사용자 친화적'이다. 아비담마 문헌과 많은 주석 전통은 추상적인 경향이 있으며, 보통 불교 지식인들이 현실을 분석하는 다양한 개념과 범주에 대해서 미리 이해하고 있다는 것을 전제로 한다. 그것은 통상적으로 훈련된 비구와 비구니조차 이해하기 어려울 수 있고, (고대 인도에서 대다수였던) 문맹자는 물론이고 교육받은 재가자도 거의 어둠 속에 남겨졌다. 세월이 흐르면서, 고대 인도에서조차 열반으로 이끄는 명상 생활에 필요한 시간과 규율 및 사회적 환경을 확보하기 어려웠기 때문에, 규범적 가치와 수사법에도 불구하고, 극소수의 불교도와 승려만이 최고선(summum bonum), 열반을 진지하게 목표로 삼았다는 것을 기억해 둘 필요가 있다. 현대 이전, 대부분의 불교 승려와 거의 모든 재가자는 공덕을 쌓아 내생에 좋은 윤회, 이상적으로는 깨달음에 대한 탐구가 더 잘 이루어질 수 있는 환경에 태어나기 위해 주로 선행을 실천하는 데 전념했다. 승려와 재가자는 덕스럽게 살려고 노력했지만 늘 쉬운 일은 아니었다. 그들은 모두 질병, 자연재해, 불만족, 죽음과 같은 감각적 고뇌에 직면했으며, 실용적인 주술을 포함한 가능한 모든 방법을 동원해 그로부터 구원을 모색했다. 스피로(Melford E. Spiro)를 포함한 다수의 인류학자는 세 가지 '유형'으로 불교를 구분했다. 그는 미얀마에서의 연구를 바탕으로 열반 불교, 업 불교, 구마驅魔 불교라고 불렀고, 티베트 문헌을 연구하는 사무엘(Geoffrey Samuel)은 깨달음의 불교, 업 불교, 실용 지향적 불교라고 묘사했다.[1] 그러나 이 유형들은 서로 배타적이지 않으며, 고대 인도에서든 현대 아시아 사회에서든 지상의 불교도들이 실제로 삶을 어떻게 살았는지를 이해하려면 고려해야 할 구분의 기준을 제시한다.

---

1 Spiro 1982; Samuel 1993.

청중 대부분이 (a) 문맹이고, (b) 대개 불교 철학에 대해 잘 알지 못하며, (c) 열반의 성취보다 세속의 질병을 가라앉히거나 행복한 윤회에 관심이 더 많다는 것을 인지한 초기 인도불교는 승속 모두 끌어들여 교화할 수 있는 다양한 '대중적' 이미지, 사상, 수행들을 개발했다. 엘리트와 일반인, 대와 소, 보편 종교와 민속 종교 간의 오랜 반목을 부활하려는 의도로 '대중'이란 용어를 사용하는 것은 아니다. 단지, 종교의 사상과 종교의 이상을 설명하는 다소 기술적인 방법들이 있다는 신호, 그래서 시각 예술과 문학의 표본들을 포함할 수 있는 풍부한 이미지와 명료한 표현, 깊은 정서적 공감과 같은 미적 가치를 덜 표시하는 기술적인 표현들이 지식인 승려부터 일반 비구와 비구니들, 부유하고 권력 있는 재가자, 농부, 서민에 이르기까지 다양한 청중들에게 도움이 될 수 있다는 신호를 보내고 싶을 뿐이다.

1. 불교의 시각 예술, 삶의 수레바퀴와 '업 이야기'

불교의 시각 예술은 전통이 시작한 데까지 거슬러 올라갈 수는 없지만, 꽤 일찍 붓다의 세계관을 나타내는 구두 및 문자 자료와 거의 동시적으로 발전한 것 같다. 공통 기원전 3세기로 거슬러 올라가는, 고고학자들이 발견한 초기불교 유적지는 보통 분묘를 본떠 만든 대형 기념탑 주변에서 출토된 돌이나 벽돌로 지은 승원 단지였다. 그것의 가장 단순한 형태는 반구로 이루어졌는데, 꼭대기에는 파라솔로 덮인 상자가 놓여 있었다. 탑은 처음부터 있었고 대개 오늘날까지도 남아 있다. 승원 단지 중 가장 신성한 곳은 어떤 의미에서는 '살아 있다'고 믿어지는 붓다나, 그의 가장 출중한 제자 중 한 사람의 유골을 모셨기 때문에 신자들에게 숭배받을 만한 가치가 있다. 우리는 산치(Sañchi), 아마라바띠(Amarāvatī), 바르후뜨(Bharhut)와 같은 탑묘 주변의 난간과 출입구 위에서 인간, 동물, 신, 그리고 다양한 세속적이고 종교적인 추구에 종사하는 존재들을 묘사한 돌 부조 형태의 최초기 불교 표현예술을 발견한다. 또한 붓다의 생애에서 가장 중요한 사건들, 특히 수태, 깨달음, 초전법륜, 열반에 관한 묘사를 볼 수 있다. 거기서 붓다는 우스꽝스럽게 보이지만, 붓다의 상황은 각각 코끼리, 보리수, 법륜, 탑으로 표현된다. 그 형상 중 어느 것도 불교 윤회 우주론의 체계적인 지침을 제공하지 않지만, 일부 초기 불교도들이 중생의 특정 측면을 상상했던 방식에 창조적 형태를 부여한다. 최초의 불상은 공통 기원전 1세기 무렵 남아시아에서 제작되었을지 모르나, 인도 서북 지역의 간다라(Gandhāra)와 중북부 지역의 마투라(Mathura)에서 동시에 출토되기 시작하자, 서기 1세기나 2세기에 유래한다고 처음으로 확실하게 산정할 수 있게 된다. 마침내 불상은 수많은 불교도의 신앙적 관심을 상징적으로 표현했으며, 탑은 붓다의 사리로 인해서 생명력을 얻었음에도 그 숭고한 선과 비율 때문에, 이전에 없었던 '개인적인' 감명과 영감을 주었다.

그렇지만 윤회계를 포함한 불교의 우주론은 이른바 삶의 수레바퀴(bhāvacakra)라는 그림이 발달하면서 비로소 체계적으로 그려지게 된다. 그 그림은 티베트와 여러 내륙 아시아 불교 지역에 편재해 있어서 잘 알려져 있는데, 주로 사원 출입구 근처 벽에서 발견된다. 하지만 인도에 근원을 두고 있는 것으로 판별되기 때문에 티베트의

창작물은 아니다. 설일체유부율과 「천신 이야기(Divyāvadāna)」는 마
가다(Magadha)의 왕이자 석가모니의 초창기 후원자인 빔비사라왕
(Bimbisāra)에게 보석으로 장식된 갑옷을 선물로 보낸 붓다 당시 우드라
야나왕(Udrāyaṇa)의 이야기와 관련이 있다. 각료들의 조언에 따라
빔비사라왕은 그에 대한 보답으로 천에 그려진 붓다의 형상을 우드라
야나왕에게 보낸다. 거기에는 12연기에 대한 시각적 묘사와 다음의
시와 함께 피난처와 도덕에 관한 가르침이 하단부에 실려 있다.

이것을 붙들고 그것을 버려라
붓다의 가르침에 들어가라
연못의 코끼리처럼
죽음의 군주가 가진 힘을 파괴하라.

온 마음을 다해
그렇게 수행하는 자
출생의 수레바퀴를 벗어나
괴로움은 끝날 것이다.[2]

우드라야나왕은 선물을 받고 기뻐했고, 12연기와 그 의미를 이해했
으며, 붓다를 신봉하는 자가 되어 자기 왕국에 비구와 비구니들을
초대한다.[3] 붓다고사(Buddhaghosa)는 5세기 『청정도론(Visuddhima-

2 Tharchin 1984, 13.
3 관련된 설일체유부율의 구절은 Tharchin 1984, 9-23을, 「천신 이야기」의 구절은

gga)』에서 '삶의 수레바퀴'를 묘사한다. 중앙은 무명이고, 가장자리는 늙음과 죽음이며, 그 사이에 있는 10개의 바큇살은 형성(行)에서부터 탄생(生)에 이르는 고리들이다. 그는 다음과 같이 명시한다.

붓다가 깨닫는 순간 믿음의 손으로 업을 파괴하는 지혜의 도끼를 휘두르며 이 모든 바큇살은 파괴되었다. 바큇살이 부서졌으므로 그는 아라한이다.[4]

붓다고사는 바퀴가 예술적으로 표현되었다고 말하지 않았지만, 그것이 어떻게 그럴 수 있는지 상상하는 것은 어렵지 않다. 현존하는 삶의 수레바퀴의 최초 모습은 5세기 후반이나 6세기 초로 추정되는 인도 서부 아잔타 유적의 17번 동굴 툇마루에서 발견된 벽화이다. 부분적으로 지워져서 중심 부분을 알 수 없지만, 중간에 다섯, 여섯 가지 윤회계 중 몇 가지를 묘사한 그림들과 가장자리 부근에 12연기의 일부 상징적인 형상들은 알아볼 수 있다.[5] 이것이 삶의 수레바퀴의 원형이었는지, 아니면 발달단계였는지 불분명하나, 설일체유부율과 「천신 이야기」 그리고 『청정도론』의 정황상, 삶의 수레바퀴의 실제 모습은 꽤 이른 시기부터 어떤 형태로든 불교적 전망의 일부였던

Rotman 2017, 289-93을 보라(여기서 왕의 이름은 Rudrāyaṇa이다).

4 VM 7.7-8, 번역: Ñāṇamoli n.d., 207. 나는 8절에서 본 바퀴를 상상하는 두 가지 방법 중 더 간단한 것을 인용했다.

5 Talim 2006-07. 얼마나 많은 수의 영역과 얼마나 많은 연결 고리들이 실제로 묘사되었는지 수많은 논쟁이 있다.

것 같다.

7세기의 화가-승려는 아잔타의 삶의 수레바퀴 그림을 모사해서 티베트로 가져갔는데, 그것이 티베트 벽화의 원형이 되었다고 전한다. 여기서 간략히 그 형상을 설명하자면, 바퀴는 네 개의 동심원으로 나뉘어져 있다. 윤회를 관장하는 마라(Māra) 혹은 죽음을 관장하는 야마(Yāma)로 알려진 화염에 휩싸인 인물의 성난 발톱이 그것을 움켜쥐고 있다. 중앙에 있는 원 안의 동물 셋은 각각 앞에 있는 동물의 꼬리를 물고 있다. 돼지는 무명을, 수탉은 욕망을, 뱀은 분노를 나타낸다. 이들은 전통적으로 윤회의 수레바퀴를 돌리는 '삼독'에 해당한다. 중앙 바로 바깥의 두 번째 원은 어둠과 밝음이 반반으로 나뉘어져 있다. 어둠 속에서 일련의 인간과 같은 존재들은 점점 더 기괴한 형태로 하강하지만, 밝음 속에서는 점점 더 큰 아름다움과 안락한 형태로 상승한다. 이것은 우리가 겪는 두 가지 기본적인 업의 형태, 즉 선함(밝음)과 불선함(어둠)을 나타낸다. 보통 가장 크고 가장 충격적인 세 번째 원은 다섯, 여섯 가지 구획으로 나뉘어져 있는데, 그 각각은 윤회계 중 한 곳을 상세하게 묘사한다. 여섯 개의 영역이 있는 곳은 천신, 아수라, 인간, 축생, 아귀, 지옥 중생의 거처이다. 다섯 개의 영역이 있는 곳은 천신과 아수라가 같은 구획에서 발견되며 종종 서로 싸우는 것으로 그려진다. 상위 영역은 대개 원의 상층부에, 낮은 영역은 하층부에 위치한다. 윤회의 수렁에서도 모든 존재는 해탈할 수 있다는 전망을 일깨워주는 자, 붓다는 각 영역에 그려진다.

바퀴의 바깥쪽 가장자리 좁은 띠에 있는 마지막 네 번째 원은 연기의 12개 고리 각각의 상징을 나타낸다. 다양한 변수가 있지만, 가장 일반적인 순서는(보통 꼭대기에서 시계 방향으로 돌아감) 지팡이로 자신의 길을 감지하는 맹인을 시작으로(무명을 상징) 그릇을 빚는 도예가(업의 형성), 나뭇가지를 움켜잡은 원숭이(재생의식), 네 명의 승객과 배를 젓는 노잡이(정신–물질, 특히 오온), 창문이 많이 달린 집(육입), 사랑을 나누는 남녀(접촉), 눈에 화살을 꽂은 사람(느낌), 술 마시는 남녀(갈애), 나무에서 과일을 따는 여인(집착), 임산부(존재), 산모(출생), 흰 천으로 덮인 시체를 등에 진 남자(늙음과 죽음)가 온다. 요컨대 바퀴는 사성제의 처음 두 가지 진리, 괴로움과 괴로움의 원인을 회화적으로 그린 것이다. 바퀴의 바깥 영역은 다양한 방식으로 장식될 수 있지만, 종종 상단 오른쪽 모서리에서 상단 왼쪽 모서리를 가리키며 서 있는 붓다를 포함한다. 상단 왼쪽 모서리는 또 다른 붓다, 즉 법륜 아니면 달이 묘사되는 곳이다. 붓다가 지은 시는 우드라야나왕에게 보낸 그림에서 붓다, 바퀴, 달 바로 아래 기록된다. 이것은 물론, 깨달음의 가능성과 그것을 성취하는 방법을 가리킨다.

불교의 우주론에 관한 시각적 묘사와는 별개로, 전문적인 철학의 엄격함에 경도되지 않고 건조한 담마의 뼈대에 살을 붙이고 싶어한 초기 불교도들은 광범위한 이야기 전통을 만들어낼 수 있었는데, 그중 대부분은 앞서 언급되었다. 그 이야기들은 주류 학파의 경율 전체에 산재해 있지만, 특히 아귀계의 비참한 고통으로 이어지는 업보에 관한 경고성 이야기가 담긴 『배고픈 귀신 이야기(Petavatthu)』처럼 후기 경전이나 그 외 문헌들에 두드러진다. 『천궁 이야기(Vimāna-vatthu)』에는 천상의 즐거움과 그곳에서 벌어지는 좋은 일들에 관한 이야기를, 『본생경(Jātaka)』에는 전생에 붓다가 행한 미덕과 관련된 감동적인 이야기를,『비유경(Apadānas)』에는 유명과 악명, 부유함과 가난함, 남성과 여성 등 다양한 사람들의 선행과 악행, 그리고 자기가 지은 행위의 결과를 현생과 미래생에 받는다는 이야기가 실려 있다.[6] 또한 그 범주에는『불소행찬(Buddhacāriti)』,『대사(Mahāvastu)』,『보요경(Lalitavistara)』,『인연담(Nidānakathā)』처럼 서기 1000년 초 붓다의 생애와 관련된 이야기들도 포함된다.[7] 영감을 주거나 두렵게 할 수 있고, 아니면 둘 다일 수도 있는 이야기들은 학식 있는 승려들이 기록하고 보존했지만, 구전으로 유래하면서 문헌 밖에서 대중적인 삶을 유지해 왔다. 수 세기에 걸쳐 많은 문화권의 설법 장면에서 이야기들은 재현되고 의례에서도 상연되었다. 그 밖에 파멸의 두려움과 천상의 희망, 심지어 청자나 독자의 마음과 감정에 열반이 깊이 각인될 만큼 충분히 다채로운 이야기 틀을 통해 불교 우주론과 업론에 생기를 불어넣는 데 사용되었다. 모든 사람은 좋은 이야기를 선호하기 때문에 청자와 독자는 의심할 여지없이 승속 모두를 포함했다.

2. 학술적 이론과 대중적 관행

삶의 수레바퀴에 나타난 그림들과 서사문학에 언급된 경이로운 이야기들은 인도와 다른 지역의 불교도들에게 전통적 규준의 '업의 종말론'에 대해 많은 것을 알려주고, 여느 종교 예술과 마찬가지로 동정심, 경외심, 공포, 기쁨, 희망의 감정을 심어줌으로써 교육적 기능을 수행했다.

---

6 *Petavatthu* n.d.; Masefield 1989; Shaw 2007; Rotman 2008, 2017, 2021.

7 Ashva-ghosha 2008; Jones 1949-56; Bays 1983; Jayawickrama 1990.

그러나 여느 종교인들처럼 인도의 불교도들은 항상 전통적인 이론의 틀 안에서만 삶을 생각하고 살아가지 않았다. 왜냐하면 인간의 마음은 개념적 구조의 속박 안에서 항상 만족할 수 없으며, 이론 자체는 가끔 인간의 심리·문화적 요소와 갈등을 일으키기 때문이다. 대중의 종교가 이론에서 빗나갈 수 있는 방식을 강조하는 두 가지 사례에는 (a) 연기론/마법에 호소 (b) 육도 윤회론/편재한 '조상숭배'가 있다.

추상적인 연기 공식은 우주 전체의 인과 법칙을 주장하는 이론이다. 그것의 구체적인 예인 12개의 연결고리에서, 일련의 원인을 통해 발생하는 괴로움은 이해되고 조절될 수 있으며, 올바르게 법을 행함으로써 고리가 풀려 해탈이 보장된다는 것이 확인된다. 이것은 「범망경 (Brahmajāla-sutta)」에서 '마법적' 관행이라고 부를 수 있는 모든 것을 승려가 하는 것은 온당치 않다고 일축한 붓다의 가르침에 담긴 심오한 '이성' 중심주의 때문이다. 거기에는 보호, 조종, 파괴를 위한 주문을 암송하는 것, 거울, 어린 소녀, 신, 동물의 신체적 징후로 점술과 예언에 종사하는 것, 질병을 치료하러 입증되지 않은 민간요법을 사용하는 것, 악마 통제법을 익히는 것, 동물과 대화하는 법을 배우는 것 등이 포함된다.[8] 그런 관행들에 대한 붓다의 거부는 그의 제자들이 해탈이라는 더 중요한 장기적인 목표를 위해 노력하는 것을 방해한다는 생각에 근거한다. 그리고 현대식 용어로 '미신적'이고 '비과학적'이라는 생각 또한 붓다에게 작용하고 있는 것 같다. 그렇지만 동시에, 그는 제자들을 위해 보호적이고 치료적인 용도로 만뜨라를 주었고,

---

8 D 1.1.21-27, 번역: Walshe 1987, 71-73. 또한 van Schaik 2020, 45-46을 보라.

특정 경전들은 재산을 보호하기 위한 용도로 일찍이 대중화되었다. 셰익(Sam van Schaik)이 관찰했듯이, "불교의 문자 기록에서 더 광범위하게 가능한 한 더 멀리 거슬러 올라가면, 마법적인 자료들을 발견할 수 있다." 실제로, 인도와 다른 지역에서 불교의 성공은 붓다의 숭고한 가르침을 상세하게 설명한 것만큼이나 승려가 보인 마법 의식 또한 밀접한 관련이 있는 것 같다.[9]

나아가 주류 경전은 붓다와 그의 제자들이 보인 초인간적인 '기적'에 관한 이야기들로 가득 차 있는데, 주로 불신자들을 개종하는 역할을 한다. 물론 붓다는 제자들이 그 힘을 과시하지 못하게 했지만[10] 경전에는 일화들이 남아 있으며, 초인적인 업적에 관한 설명은 현대에 이르기까지 불전 문학의 표준적이고 매우 인기 있는 요소가 되었다. 그리고 그런 힘은 명상적 몰입의 상태에서 나온 자연스러운 산물이라는 점에서 초인적이지, 초자연적인 것은 아니라고 주장할 수 있다. 그러나 그것들에 대해 듣거나 읽은 사람들에게 경이로움을 주고, 깨달은 존재가 곤경에 처한 우리를 어떤 신비한 방법으로 돕거나 심지어 그들의 상당한 공덕조차 우리에게 돌림으로써, 그토록 불가분하게 묶여 있는 것처럼 보이는 인과율과 업의 법칙을 우회할 수 있다고 사람들을 믿게 만든다.[11]

오늘날 불교에는 '가족의 가치'에 반하는 것처럼 보이는 다수의 방식이 존재한다. 사회적 차원에서, 붓다와 그의 제자들은 남성, 여성,

---

9 Van Schaik 2020.

10 「께와다에 관한 이야기 경(Kevaddha · sutta)」, D 11, 번역; Walshe 1987, 175-80.

11 Fiordalis 2008.

156

젊은이, 노인에게 그들의 생물학적 가족을 버리고 불교 승가라는 새로운 가족을 제공하는 은둔 생활을 하라고 독려했다. 우주적 차원에서, 전통은 사실상 처음부터, 우리는 죽은 후 즉시 또는 짧은 시간 안에 다른 형태로, 종종 다른 영역으로 윤회하며, (인류학자들이 기술한 많은 소규모 사회와 달리) 윤회하는 곳은 전생에 우리가 속했던 가족과 필연적인 연결이 없다고 주장한다.

그런 점에서, 일단 새로 태어나면 우리는 살아 있는 친척들을 잃어버리고, 기도나 의식 또는 다른 수단들을 통해 우리와 닿으려는 그들의 시도는 거의 효과를 보지 못할 것이다. 사후의 이런 접근법은 선조에 대한 봉양과 공물이 중요한 종교적 의무였던 붓다 당시 브라만 전통과 상충된다. 그 브라만 전통은 오늘날 힌두교 전통에 그대로 남아 있다.

불교의 관점에서, 죽은 자에게 바치는 공물은 살아 있는 자에게 베푸는 관대한 행위로 여겨야 한다. 그렇지만 생물학적 계보에 관한 소속감은 인간에게 깊이 뿌리박혀 있어서, 우빠니샤드와 다양한 사문 전통의 윤회 종말론이 남아시아에서 부활했는 데도 소속감이나 그것에 수반되는 의식은 완전히 사라지지 않았다.[12] 이론상으로, 이것은 우주에서 친척들의 영혼을 위한 장소를 찾아야 한다는 것을 의미했다. 따라서 가능한 사후 목적지 목록에 아귀계가 초기에 도입되었다. 그들의 우주론적 견해가 무엇이든 현실적 차원에서, 승속을 포함한 많은 불교도는 죽은 친척들이나 비범한 종교인들과의 지속적인 연결을 보장하는 장례식과 추도식을 계속해서 거행했다. 실제로 많은 재가자

---

12 Sayers 2013.

는 조상들에게 음식을 공양했고, 많은 승려는 사후에 붓다의 유골이나 아라한의 무덤 근처에 묻히기를 바랐다.[13] 다른 불교 문화권에 퍼진 남아시아 관행들은 11~13장에서 논의할 것이다.

끝으로, 불교의 이론이 실제로 실행되었거나 실행되지 않은 정도를 언급해야 한다. 전근대인 모두 전통 종교를 독실하게 받아들이고 실천했다고 가정하는 현대적 경향에도 불구하고, 사회마다, 특히 오베예세케레(Obeyesekere)에 의해 '대규모'로 간주되는 사회마다 모든 사람이 종교적 신자는 아니었다. 2장에서 언급했듯이, 종교적 회의론과 형이상학적 유물론은 인도에서 유서 깊으며, 붓다의 신봉자 중 적어도 몇몇은 붓다가 공표한 세계관을 받아들이지 않았다. 그렇지 않으면, 우리는 불교의 울타리 밖에 있는 브라만과 사문 간에서뿐만 아니라 승가 내에서도 삿된 견해를 그렇게 많이 격렬하게 부정하는 것을 보지 못했을 것이다. 더욱이 대다수 불교도가 암묵적으로나 명시적으로 전통 우주론의 가르침을 받아들였다고 하지만, 그중 많은 사람은 그것을 진지하게 수용했다는 것을 가리키는 방식으로 행동하지 않았다. 그 증거는 긍정적이 아니라 부정적이다. 우리는 악행과 그 업보에 관한 경전의 반복적인 설명과 비구 및 비구니들의 위법에 관한 율장의 기술 모두 고려해야 하며, 세계 곳곳의 종교인들과 마찬가지로 인도 불교도들은 전통의 사상과 가치를 구현하는 데 있어서 완벽하지 않다는 것을 이해해야 한다. 종교적 삶이 흔히 그렇듯, 그들은 열망하더라도 진정으로 거의 성취할 수 없고 감복할 수 없는 '윤리적

---

13 전자는 Sayers 2013, 5장을, 후자는 Schopen 1997, 114-47을 보라.

이상'을 조장한다.[14]

---

14 '불가능한 윤리적 이상'은 니버(Reinhold Niebuhr)가 예수의 가르침, 특히 산상수훈
을 설명하기 위해 만든 용어이다. Niebuhr 1935, II, IV장을 보라.

8장 인도 대승불교의 윤회관

지금까지 주로 다룬 주류 불교 문헌들은 아마도 우리가 소유한 가장 오래된 계층을 포함하고 있을 것이다. 왜냐하면 적어도 공통 기원전 3세기 인도 아소까(Aśoka) 왕의 통치기로 거슬러 올라갈 만큼 오래된 경전들이 현존했던 증거가 남아 있기 때문이다. 그렇지만 빠알리 경전과 초기 경전에 통합된 다양한 문헌들은 긴 수정 과정을 거쳤으므로, 그것들이 '붓다가 가르친 것'을 정확하게 반영한다고 확신하지는 못한다. 다른 주요 불교 지류로서 대승불교 또는 큰 수레는 일부 자료들과 함께 잠정적으로 거의 공통 기원전 1세기 혹은 서기 1세기로 거슬러 올라간다. 그즈음에 주류 경전들은 종결되고 편찬되지 않는다.

1. 대승불교의 기원

대승불교는 동아시아(중국, 한국, 일본, 베트남)와 내륙 아시아(네팔,

티베트, 몽고, 부탄)에서 두드러졌기 때문에 불교의 세계적 담론에서 크게 부각되었으며, 해당 문화의 학자들과 대표주자들은 지난 2세기 동안 서구를 포함한 전 세계에 대승불교의 문헌, 사상, 수행, 심지어 제도를 번역하고 전파했다. 주로 수뜨라(sūtra)나 딴뜨라(tantra) 형태의 대승불교 경전들은, 주류 학파의 니까야(Nikāya)나 아가마(Āgama)가 한 것처럼, 인도에서 교화하는 동안 공포된 붓다의 언설이라고 주장한다. 이 견해는 상좌부와 같은 주류 전통에 의해 강력하게 부정되었다. 상좌부는 "한때 나는 들었다"라는 통상적인 공식으로 시작하고 거기서부터 붓다의 언설이 이어지는 방식을 통해 문학적 시도가 합법화되길 바랐던 승려들이 쓴 완전한 허구가 대승 경전이라 여겼다. 상좌부의 경전들은 종결되어 근 2,000년 동안 그렇게 남아 있게 되었다. 한편 네팔, 중국, 티베트에서 편집된 것과 마찬가지로, 대승의 경전들은 많은 주류 경전뿐만 아니라 방대한 양의 대승 경전과 밀교 경전들을 포함하는데, 어떤 때에는 추가적인 현시에 열려 있으므로 편찬이 완전히 끝나지 않는다. 어쨌든 동아시아와 내륙 아시아 전역에 걸쳐 대승 문헌의 영향력과 아시아 밖의 사람들을 향한 호소력은 아주 컸기 때문에, 대승불교는 인도에서 큰 의미가 있었다고 가정할 수 있다. 붓다의 임종 후 몇 세기 내 아대륙에는 두 개의 거대하고 경쟁하는 큰 불교 분파가 생겨났다. 상좌부/분별설부, 설일체유부, 정량부 등과 같은 초기 주류 학파, 그리고 처음에는 주의를 끌기 위해 발톱을 감춰야만 했지만, 메시지의 보편성과 쉬운 접근성 때문에 결국 승원 기반의 주류 전통을 잠식한 신생 대승불교가 생겨났다.

대승은 서기 1세기에 인도에서 점점 더 비중을 차지했지만, 오해의 소지가 훨씬 더 크다는 점에서 이 개념에는 약간의 진실만이 존재한다. 우선, 대승은 모든 신봉자와 전적으로 보급에만 전념하는 기관들이 받아들이는 확정된 경전을 가진 통일된 '운동'이나 '전통'은 아니었다. 그런 점에서, 대승 운동을 복수형으로 말하는 것이 더 낫다. 실제로 경전을 제작하는 책임이 있는 대부분의 작가는 다른 주류 학파의 승가 계율로 관리되는 승원에 정착한 승려들이 분명한 것 같다. 그들의 계율은 동아시아의 사분율, 티베트와 그 주변 지역의 근본설일체유부 비나야처럼 오늘날 동아시아와 내륙 아시아의 대승불교권에서 여전히 승원 생활을 끌어나간다. 또한 문헌과 비문 증거는 대승이 서기 1000년 중반 혹은 그 이후까지 대부분 인도 불교도의 레이더망에 잡힌 사소한 신호에 불과했음을 분명히 한다.[1] 물론 대승의 작가들은 방대한 양의 경전과 주석서 및 단행본, 그리고 조금 후에 밀교 경전과 그에 부속된 문헌들을 제작했지만, 그것들을 제작했던 집단 밖 인도 불교도들에게는 어떤 영향을 미쳤는지 판단하기 어렵다. 서기 7세기 후반 자료를 수집하고 승원 불교를 배우러 인도에 들렀던 중국 여행가 의정(義淨, Yijing)은 같은 승원에 머물며 주류 수행자와 대승 수행자를 관찰했다.

그들은 같은 규율을 적용하고, 공통으로 다섯 가지를 금하며, 사성제를 실천한다. … 보살을 숭배하고 대승 경전을 읽는 사람들은 대승인이라고 부르고, 그렇지 않은 사람들은 소승인이라고 부른다.[2]

---

1 사실, 대승이 인도에서 진정한 동력을 얻기 시작한 것은 독특한 의식 체계로 밀교가 불교에 편입되었을 때일지도 모른다.

요컨대, 독송했던 경전과 준수했던 의식 형태와는 별개로, 최초의 대승 경전이 인도 아대륙에 나타나 오백 년이 지났어도 주류 수행자와 대승 수행자는 구분하기 어려웠다.

공통 기원전 1세기가 시작될 무렵 인도 여러 지역에 대승 경전이 나타났음을 인정하지만, 주류 전통과 명백히 대조를 이루는 대승불교 운동이 일어난 이유에 대한 의문은 여전히 남는다. 대승 전통주의자들은 그들의 문헌이 뒤늦게 나타났다는 것을 일반적으로 인정한다. 그리고 그것은 석가모니 붓다가 살아생전에 가르쳤던 것이지만, 세상이 대승의 혁신적인 가르침을 받아들일 준비가 되어 있지 않았기 때문에 중생의 업이 그것을 받아들일 정도가 될 때까지 감추어졌던 것이라고 주장한다. 그에 대해 회의적인 현대의 비평가들은 대승의 부상을 설명하기 위해 자신들의 의견을 피력했다. 거기에는 추측도 포함된다. 대승불교는,

- 주류 학파의 학술적 승원주의에 도전한 철학적 대응으로서 존재론, 형이상학, 우주론, 윤리에 관한 기본 불교 사상의 급진화로 초기 대중부에서 일어났다.
- 주류 전통보다 일반인이 더 접근하기 쉬운 (힌두교의 경건주의에서 영향 받은 것 같은) 종교적 수용 운동에서 유래했다.
- 불탑에 대한 숭배와 관련해서 성장했다.
- 처음에는 단순히 경전의 제작과 관련된 문헌 운동이었다.

---

2 I-tsing 1982, 14-15.

- '책 숭배', 즉 경전 자체를 숭배하는 관행에서 시작되었고, 경전은 그 내용만큼이나 마법적 힘 때문에 소중하게 여겨졌다.
- 승원의 담장 넘어 숲속 금욕적 관행에 대한 새로운 강조에 뿌리를 두었다.
- 새로운 명상적 시도와 경험에서 영감을 얻었다.[3]

사실도 있을 것이다. 그리고 어느 쪽도 다른 쪽을 아주 배제하지는 않는다. 초기 대승에 관한 최근의 연구들은 주로 경전의 제작과 숭배, 숲속 금욕주의, 명상 시도와 같은 개념에 초점을 맞추었다. 그러나 인도의 대승은 서기 1세기 전반부 동안 문헌적 측면에서 엄청나게 생산적이었지만, 제도적으로는 취약했으며, 인도 아대륙에서 전통적 담론과 자원을 모두 통제했던 주류 불교 승원 안(혹은 밖)의 소규모 집단에 국한되었다는 광범위한 동의를 넘어서는 합의는 거의 없다.

2. 대승불교의 독특한 주장

의정(Yijing)이 방문했던 승원의 저명한 대승인들은 대승 경전을 읽고, 보살을 숭배했으며, 주류 승려들과 구분하기 어려웠다는 관찰은 분명한 사실이다. 우리는 두 전통 사이에 거대한 간극을 주장하는 대승불교 수사학의 먹이가 되어서는 안 된다. 왜냐하면 그들은 사회 제도적 삶, 철학적 어휘, 종교적 실천 면에서 서로 많은 것을 공유하고 있기

---

3 Walser 2005, 1장; Boucher 2008, 11-16, 40-43; Williams 2009, 21-44.

때문이다. 그런데도 1세기에 등장한 대승불교 문헌들의 실제적인 내용을 살펴보면 몇 가지 핵심적인 대승적 주장의 급진성에 충격을 받지 않을 수 없다.[4]

1. 윤회와 열반, 깨달은 존재와 범부, 조건적인 법과 비조건적인 법, 오온, 육근, 십이처, 십팔계, 사성제, 십이연기 등 실재를 분석하기 위해 주류 학파에서 사용한 기본 범주들은, 지혜의 눈으로 분석하면 본질적인 존재의 공함(空性, śūnyatā)을 진정한 본성으로 한다. 즉 영구적이고, 독립적이고, 비부분적이고, 자족적이고, 또는 자신의 편에서 존재하는 것은 없는 것으로 보인다. 그리고 그 범주들은 다양한 관점에서 비이원성(不二), 본래 고요함과 순수함, 일미一味, 여여如如, 일여一如, 법성法性으로 이야기된다. 그리고 단지 정교한 정신적 부산물(망상), 정신적 구조물(분별지), 정신적으로 인식된 것(유식)이라고 이야기된다.[5]

2. 주류 학파들이 일반적으로 주장하는 것처럼 붓다는 희소하거나 멀리 떨어져 있지 않다. 오히려 다수인 데다 거의 어디에나 있으며, 주기적으로 무수한 시간과 장소에 출현한다. 그리고 불국토나 정토라 불리는 특정한 '영향권'에서 다양한 이름과 모습으로 등장한다. 그중 가장 중요한 것은 약왕불(Bhaiṣajyarāja)인 아촉불(Akṣobhya)이 관장하는 유리광이 나는 동쪽 묘희국(Abhirati)과

---

4 이런 주장은 물론 모든 대승경전, 지도자, 전통에서 받아들여지는 것은 아니나, 여기에 포함될 만큼 일반적으로 제기된다.

5 이런 관점을 통해 나타난 '지혜 전통'에 관하여 Williams 2009, 2-4장을 보라.

무엇보다 가장 중요한 무량광불(Amitābha)의 서방 극락정토 (Sukhāvati)이다. 각 영역은 적절한 기도와 공덕, 명상으로 도달할 수 있는 굉장히 행복하고 법으로 가득 찬 사후 목적지로 여겨졌으며, 완전히 윤회 밖에 있거나 윤회하는 존재와 완전한 깨달음 사이 경계선에 있는 덕분에 어떤 신의 영역보다 우월하다고 여겨졌다. 석가모니가 주재하는 이 지상 영역은 사바세계로 불리게 되었고, 때론 윤회와 같은 것으로, 때론 망상으로 눈먼 자에게만 더럽혀진 땅으로 보이는 정토로 여겨졌다. 부처는 자기 땅에만 국한되지 않아서 서로 방문하고 교류할 수 있다.[6] 세상의 관점에서 보면 구별될 수 있으나, 가장 깊은 수준에서 부처는 하나다.

3. 각각의 부처는 관례적으로 여러 개의 몸으로 이루어진 것으로 이해된다. 가장 일반적인 수는 셋이다. 첫째, 법 또는 진리의 몸, 즉 법신法身이다. 이것은 부처의 비이원적이고 전지한 깨달은 마음과 같고, 무한한 지혜와 자비심, 능력을 보유하며, 때로는 현실 자체와 공존하는 것으로 여겨졌다. 법신의 수준에서는 부처를 구분할 수 없다. 또한 두 가지 형태의 몸이 있다. 보신報身은 유정천有情天에서 윤회가 끝날 때까지 보살들에게 대승 사상과 수행을 가르치기 위해 장엄한 모습으로 나타나고, 화신化身은 모든 윤회계에 나타나는데, 평범한 중생의 세속적 열망과 영적 열망 모두를 성취하도록 돕기 위해 여러 가지 모습으로 출현한다. 현시대의 존재들에게 감화를 준 가장 중요한 신身은 이 땅에

---

6 부처의 다양성과 정토관은 Williams 2009, 132-38, 149-61, 214-18, 238-54를, 무량광불의 정토는 Gómez, 1996을 보라.

출현한 석가모니 부처였다. 사실 그는 고뇌에 찬 인간들에게 본보기와 영감을 주러 세속적인 '경력'을 만든, 이미 오래전에 깨달은 부처의 투사일 뿐이었다.[7]

4. 부처는 다양하고 어디에나 존재할 뿐만 아니라, 아무리 악하고 천한 태생이라도, 또 과거나 현재에 아무리 어리석더라도 모든 존재는 언젠가 자신의 정토를 가진 완전히 깨달은 부처가 될 것이다. 이것은 일승교一乘敎라고 불리는 대승의 독특한 가르침 이지만, 불성 또는 여래장의 가르침으로 더 잘 알려져 있다. 그것은 우리 각자는 맑고 밝고 공한 마음을 지님으로써 번뇌를 제거하고 완전한 깨달음을 성취할 수 있는 잠재력을 가지고 있다 고 주장한다. 우리는 아라한은 될 수 있지만, 소수만이 부처가 될 수 있다는 주류의 견해와는 극명한 대조를 이룬다. 또한 대승 문헌은 주류 불교 수행자 대부분이 추구하는 열반을 완전한 부처 의 깨달음으로 가는 길에 있는 중간 정거장쯤으로 여겨 완전한 불성보다 열등하다고 깎아내린다.[8]

5. 만일 우리 모두, 심지어 주류 전통에서 아라한이 된 사람도 마침내 부처가 되려면, 각자 깨닫기 전의 석가모니처럼 자애, 도덕, 인내, 정진, 명상, 지혜, 방편, 열망, 힘, 영적 직관(gnosis) 등 보살(깨닫고자 하거나 부처가 될 존재)의 십지十地를 먼저 완수해 야 한다. 십지를 올바로 완수하려면 각 덕목은 행위 자체뿐만 아니라 행위의 모든 주체와 대상의 공함, 즉 내재적 존재의 부재를

7 불신佛身은 Williams 2009, 8장을 보라.
8 불성은 Williams 2009, 5장, 152-54; Jones 2020을 보라.

인식하는 맥락에서 실행되어야 한다. 주류 전통 역시 보살의 역할을 알고 있었다. 하지만 그들의 관점에서 볼 때 부처는 극히 드물고 보살도 마찬가지였으며, 우리 시대의 부처는 석가모니였기 때문에 주류 불교의 저자들의 관심을 가장 많이 받은 보살행은 성불하겠다는 공식적인 서약과 그의 최종 생애에서 성불하기까지 방대한 시간 동안 실행한 것들이다.[9]

6. 보살은 단지 개인의 해탈을 위한 염원에 의해서가 아니라, 깨달은 마음(보리심)에 의해 동기부여 되었다. 모든 존재의 이익을 위해 완전히 깨달은 부처가 되려는 자비의 열망은 심지어 낮은 영역으로 수없이 많은 윤회를 선택하기도 한다. 존재의 안녕을 위한 헌신을 강화하기 위해 보살은 일련의 서원을 세운다. 수계를 받은 경우 승려의 서원을 보완하고, 승려가 아닐 경우 평신도 서원을 추가한다. 그리고 명상을 통해 서원을 심화한다. 가령 다양한 윤회계 존재들의 고통을 성찰한 다음 시작도 없는 시간 속에서 각 존재는 사랑하는 자신의 어머니였고, 만일 그녀가 고통받고 있으면 자기 어머니처럼 도움을 받아야 한다고 여긴다. 또한 자신과 다른 사람을 동등하게 여기고, 자신의 공덕을 다른 사람에게 보내는 한편 다른 사람의 고통을 짊어지는 정신적 훈련을 한다. 바라밀과 마찬가지로, 이 모든 것은 '대상 없는' 자비심, 자신과 자신이 돕는 중생 모두 공하다는 이해에서 비롯된다. 일상적인 행위에 있어서, 보살은 깨어 있는 마음을 동기로 모든

---

9 보살, 보살의 계위, 보살의 바라밀은 Dayal 1978, I-II, V장; Wangchuk 2007; Williams 2009, 187-94, 200-8.

행위를 취해야 하고, 공을 인식하고 실행하며, 자기가 얻은 모든 공덕을 고통받는 중생에게 돌림으로써 행위를 종결해야 한다.[10]

7. 보살은 전형적으로 비구이다. 가끔 비구니도 있지만, 대승 문헌은 여왕에서 창녀에 이르는 여신도들을 포함해 깨달음의 길에 있는 평신도들을 칭송한다. 신과 여신들도 보살이 될 수 있다. 높은 수준의 보살들은 깊은 자비심과 심오한 지혜뿐만 아니라, 깊은 명상에 머무는 중에도 엄청난 능력을 갖추고 있으며, 중생을 돕기 위해 다양한 방식으로 여러 영역에 나타날 수 있다. 높은 수준의 보살 중 일부는 인도와 그 밖의 지역에서 신성한 숭배의 중심이 되었고, 그들의 뛰어난 자질과 활약상을 기리게 되었다. 그래서 문수보살과 지혜, 보현보살과 명상 및 덕행, 지장보살과 지옥을 비우려는 서원, 여성 따라(Tārā) 보살과 장애 제거, 금강보살과 권능 행사, 관세음보살과 천상, 인간계, 지옥계 어디서든 온갖 종류의 곤경으로부터 구출을 연관 짓게 되었다. 일부 보살들은 자신의 영역을 관장한다. 가령 문수보살은 중국 중북부에 있는 오대산 정상과 관련이 있고, 관세음보살은 남인도의 신비로운 뽀딸라까(Potalaka) 산 정상과 관련이 있다. 높은 수준의 보살은 더 이상 윤회에 따른 부침과 번뇌에 종속되지 않는 각성 상태의 무주상 열반에 들었으나, 아라한과는 다르게 적정 열반으로 도피하지 않았다.[11]

8. 중생을 구제하는 데 있어서 부처와 보살은 능숙하고 편리한

10 보살의 자비심과 보리심은 Dayal 1978, III장; Williams 2009, 194-200을 보라.
11 구제주 보살은 Williams 2009, 218-31을 보라.

여러 방편을 사용한다. 이것은 아직 깨닫지 못한 존재들을 지적, 정서적, 문화적 상황에 따라 가르치고 그들과 상호 작용하는 능력을 의미한다. 그리고 불교 경전에서 발견되는 명백한 모순은 부처가 자신의 메시지를 서로 다른 요구를 가진 다양한 청중들에게 맞추었다는 사실을 반영한다. 이것을 경전 전통에 구체적으로 적용한 것이, 주류 경전은 근기가 낮은 사람들에게 잠정적인 가르침으로 전달된 것이고, 대승 경전은 결정적이고 최종적인 부처의 말로 간주되어 근기가 더 높은 사람들에게 가르쳐졌다는 주장이다.[12]

9. 방편으로서 교리가 의례적으로 귀결된다. 다양한 종교적 관행, 가령 스승, 불상, 경전, 불탑과 같은 성물에 대한 숭배를 포함해 순례, 순회, 조복, 공물 헌납, 찬양가 부르기, 만뜨라와 주문 암송, 도움 요청하기, 잘못을 고백하고 사죄받기는 승려와 평신도 모두 성공적으로 수행할 수 있다. 그 모든 것은 다른 덕행과 함께 좋은 윤회를 보장하고 깨달을 때 부처의 형상과 한 몸을 만드는 '공덕의 저장고'를 구축한다.

10. 방편으로서 교리가 윤리적으로 귀결된다. 부처와 보살 모두 상황이 정당할 경우 도둑질, 거짓말, 음행, 심지어 살인을 저질러 도덕을 위반할 수 있다. 그런 것들은 행위와 비행위에 따른 업보가 무엇일지 정확히 알 만큼, 영적으로 충분히 개발된 사람들에 의해서만 실행된다. 업과 그 결과의 세부 사항은 불교 사상의

---

12 교육적 방편은 Williams 2009, 150-57; Powers 1995, 7장을 보라.

위대한 신비 중 하나이다. 어쨌든, 다양한 경전들이 분명하게
밝히듯이, 윤리적으로 범법적인 방편을 활용할 수 있을 만큼
충분히 향상된 존재는 번뇌와 망상에서 벗어나 행위로 인한 부정
적인 업의 결과를 받지 않을 것이다. 왜냐하면 고통받는 존재들,
심지어 가장 악한 존재들 역시 더 나은 운명에 처하도록 돕고
있기 때문이다.[13]

이 독특하고 때로는 극적인 대승불교의 주장은 다섯, 여섯 개 윤회계
묘사, 연기와는 다른 원인을 통한 윤회 과정 설명, 이생과 내생에서
선이 상을 받고 악이 벌을 받는 업의 작용 기제에 관한 기술 때문에
명백히 주류 불교 '업의 종말론'의 의미를 담고 있다. 모든 개념과
실체는 공하다는 주장은 잠시 제쳐두고, 우리는 불국토와 정토 개념이
아직 완전히 깨닫지 않은 사람들이 선택할 불교 우주론의 새로운
사후 목적지로 추가된다는 데 주목할 수 있다. 그러나 이는 부분적으로
나 전체적으로 윤회 밖에 놓여 있고, 부처가 주재하는 덕분에 전통적인
신의 영역보다 확실히 더 바람직하다. 심지어 어디에나 부처가 있고
심지어 더 낮은 영역에도 나타난다는 생각은 윤회에 대한 우리의
자연스러운 두려움과 혐오감에 시달리는 고통을 좀 덜어줄 수 있다.
그와 유사하게, 모든 중생은, 심지어 가장 비천한 존재도, 언젠가
부처가 된다는 보장은 현재 우리의 망상과 고통이 덜 심각해 보이고,
우리의 전망이 덜 절망적으로 보이는 관점을 제공한다. 중생을 도우러

---

13 방편으로서 윤리적 귀결에 관한 것은 Pye 2003을 보라.

수많은 불행한 윤회에 합류하고, 천상의 대의를 위해 지옥으로 기꺼이 들어가는 보살의 의지는, 모든 상황에서 윤회는 피해야 한다는 주류 불교의 견해를 부분적으로 뒤엎고, 실제로 그것을 열망할 수 있다는 것을 보여준다. 시각화된 불보살 집회에서 잘못을 고한 자를 정화할 수 있는 능력은 업의 법칙이 그렇게 엄격하지 않으며, 쉬운 사면이 사실상 모두에게 가능하다는 것을 시사한다. 자비행에서 얻은 이익을 돌리려는 보살의 의지는 불교의 개인화한 업의 성격에 반하는 것 같다. 그리고 불보살의 방편으로서 윤리적 적용에 관한 논의는 선한 행위와 악한 행위의 결과에 대한 주류 불교의 분석이 모든 경우에 맞도록 충분히 미묘하지 않을 수 있음을 보여준다.

그런데도 대승의 주장은 기본적인 불교 우주론을 깨는 데까지는 근접하지 않고 단지 굴절시킬 뿐이었다. 정토에 관한 생각은, 전통적인 윤회계를 없애지 않고, 삶의 수레바퀴 바로 바깥이나 그 가장자리에 새로운 '경계' 목적지를 마련함으로써 단지 그것을 보충할 뿐이다. 불보살이 가장 낮은 영역에도 출현할 것이라는 사실은 그것을 즐거운 목적지로 바꾸지는 않지만, 비참한 존재의 삶에도 안도의 순간이 있을 수 있음을 가리킨다. 우리 모두 언젠가 부처가 된다는 기약은 특정한 시간과 함께 오지 않는다. 만약 온다 해도, 아주 긴 시간이므로 현재 우리의 슬픔과 노력은 그러한 약속이 없었던 때보다 덜 중요한 것이 아니다. 윤회를 향한 보살의 열망은 윤회가 악순환이 아니라는 의미가 아니라, 고도로 동기 부여되고 영적으로 진보한 존재는 윤회를 통해 다른 사람의 이익을 도모하고 그 안에서 '활약할' 수 있음을 의미한다. 죄를 고백하는 의례에서 드러나는 '손쉬운 사면'은 실제로

172

그렇게 단순한 일이 아니다. 왜냐하면 부정적인 업의 진정한 정화는 사제의 면죄부나 부처의 자유 의지를 통해서가 아니라 실재의 본성에 대한 깨달음을 통해서만 이룰 수 있기 때문이다. 자기의 공덕을 다른 중생에게 돌리고자 하는 바람이 말 그대로 받아들여지는 경우는 거의 없다. 왜냐하면 그것은 업의 법칙에 어긋나기 때문이다. 그런 바람은 주류 전통의 양상이기도 하다. 교묘하게 숙련된 방편을 사용하는 불보살이 명백한 업의 인과를 초월하는 것은 그런 종류의 것이 아니다. 왜냐하면 그들은 정의상 망상이 없고 악행을 할 수 없으며 불행한 결과로 고통받을 수 없기 때문이다. 사실 영적으로 진보한 존재의 범법 행위에 관한 대승의 승인은 선善으로 간주될 수 있는 것의 경계를 확장하지만, 의도로서의 업이라는 전통적 정의는 여전히 유지한다. 불보살의 행위는 최대한도로 중생의 이익을 바라는 순수한 바람에 의해 동기 부여된다. 따라서 보통의 소박한 마음에 어떻게 보일지 관계없이 그들의 행위는 '선'으로 간주해야 한다.

3. 대승불교의 지혜 전통에서 업과 윤회

만약 대승불교가 주류 불교 우주론에 의미 있는 도전을 제기한다면, 그것은 위의 첫 번째 항목에서 설명한 존재론과 형이상학의 영역에서 발견될 가능성이 크다. 거기서 실재의 본질과 실재를 설명하기 위해 주류 불교 및 대승불교 모두가 사용하는 범주의 구분을 약하게 하는 분석과 비판에 경도되고, 본질적인 존재의 공함과 비이원성, 유심唯心 등을 주장한다는 점에 주목했다. 이번 장은, 가장 잘 알려진 몇 가지 대승적 지혜의 관점, 가령 반야경, 중관학파 철학, 유식학파 철학, 불성론, 화엄경의 전통을 간략하게 논할 것이다. 그런 다음 전통 불교 우주론에 대한 그들의 관점이 지닌 의미를 살펴볼 것이다.

『팔천송반야경』과 그 요약본은 공통 기원전 1세기로 거슬러 올라갈 수 있는데, 모든 대승 경전 중 가장 오래된 것은 아니더라도 그중 하나이다. 그 뒤를 따라 인도에 나타난 40여 개의 대부분의 반야경전류는 가장 긴 것은 십만 줄, 가장 짧은 것은 한 음절(싼쓰끄리뜨 첫 번째 모음 a)로 구성된다. 『팔천송반야경』은 불성과 깨달음의 본질, 정토의 즐거움, 보살도와 수행, 지혜와 방편의 중요성, 사리 숭배와 사리탑 건립, 심지어 부처 숭배보다 우월한 길로서 지혜의 숭배와 실천을 포함한 다양한 주제를 명시적으로 또는 암시적으로 설한다.[14] 또한 반야(완전한 지혜)의 가르침은 '법륜의 두 번째 회전'을 나타낸다는 것을 암시한다. 이것은 싸르나트(Sarnath)에서 붓다의 초전법륜 이후 주류 학파에서 공포한 가르침을 대체한다.[15] 덧붙여서 그리스 전통의 여신 소피아(Sophia)가 지혜로 구현된 것처럼, 반야는 여신으로서 의인화된다.

반야의 실제 수행은 모든 사람, 현상, 개념, 실체의 본질이 비어 있음을 이해하는 데 중점을 둔다. 왜냐하면 보살이 반야로 오온 또는 번뇌와 청정과 같은 불교의 범주를 관찰할 때, "모든 법이 공하고,

---

14 불성과 깨달음은 Conze 1973b, 197, 229를; 정토는 Conze 1973b, 269, 279를; 보살 수행, 지혜와 방편은 Conze 1973b, 19, 52, 38, 161을; 반야의 우월성은 Conze 1973b, 15, 17, 105를 보라.

15 Conze 1973b, 150.

고유한 존재나 내 것은 전혀 없다는 것을" 보기 때문이다.[16] 보살은
이 같은 기본 사실을 파악하고 비개념적인 '공한' 명상에 머물러 모든
범주에 초탈해지므로 해탈한다. 이 철저한 부정은 물론 불교 업 종말론
의 의미 범주에도 적용되었다. 공에는 오염이 없고, 오염될 사람도
없으며, 공덕이 없고, 공덕을 얻을 사람도 없다. 공덕은 "가치가 없고,
비었고, 보잘것없으며, 실체가 없다"고 말해진다.[17] 깨달은 장부로서
붓다는『팔천송반야경』에서 깨달을 수 있는 존재란 없으며, 나아가
완전한 깨달음이란 없기 때문에 성취하기 어렵다고 단언한다.[18]

   이런 식의 정언적 부정은『금강경』과 같은 다른 수많은 반야경전류
에 반영되어 있다.『금강경』은 중생, 몸과 마음, 공덕, 부처와 보살,
장엄 정토, 위대한 존재의 표식, 심지어 불법 같은 개념들을 계속해서
허물고,[19] 조건화된 사물을 두고 별, 시력의 결함, 램프, 가장 무도회,
이슬방울, 거품, 꿈, 번개의 섬광, 구름 같이 보도록 촉구한다.[20] 그와
유사하게,『반야심경』은 불교의 기본 범주를 부정하고 '공에는' 오온,
육근, 육경, 십팔계, 십이연기, 사성제, 직관, 성취가 없다고 주장한
다.[21] 또한『이만오천송반야경』은 긍정, 부정적 업의 행위, 윤회계,
깨달음이 존재한다는 생각을 명백하게 부정한다. 사실 지옥에서 깨달

---

16 Conze 1973b, 10.
17 오염에 대해 Conze 1973b, 173; 공덕에 대해 Conze 1973b, 41을 보라.
18 Conze 1973b, 197.
19 Conze 1973a, 132-35.
20 Conze 1973a, 140.
21 Conze 1973a, 140-41.

음에 이르기까지 모든 것이 부정된다.[22]

그런 사상은 반야경전류 외에도 수많은 대승 경전에서 발견된다. 가령, 「마법사 바드라에 관한 예언(Bhadramāyākāra-vyākaraṇa)」에서 여래는 "이번 생에 오는 법, 다음 세상으로 가는 법, 윤회 같은 법은 없다"는 것을 알았다고 말하고, 「불가사의한 불성의 가르침(Acintya-buddhaviṣaya-nirdeśa)」에서는 다음과 같이 역설한다. 모든 법은 공하기 때문에,

영역은 없다. 만약 영역이 없다면, 땅, 물, 불, 바람의 요소는 없다. 자아, 중생, 삶은 없다. 욕계, 색계, 무색계, 윤회계, 열반은 없다.[23]

『유마경』에서 붓다는 사리불에게 전생에 어디서 살았었는지 유마거사에게 묻도록 지시했다. 이것은, 마법으로 빚은 창조물이 죽거나 다시 태어나지 않는 것과 마찬가지로 아무도 죽거나 다시 태어나지 않는다는 것을 유마거사가 사리불이 인정하도록 만드는 치환으로 이어진다. '죽음'은 공연의 끝이고, '윤회'는 공연의 연속이지만, 그 각각은 단지 공연일 뿐이라고 유마거사는 말한다.[24] 또한 『유마경』은 우리가 함께 살고 있는지, 존재들이 어떤 부류인지 파악하는 능력을 무력화한다. 가령 시방의 무수한 우주에서 악마를 연기하는 마라

---

22 Conze 1975, 629.

23 이 문구는 각각 Chang 1991, 20; Chang 1991, 31에 나타난다.

24 Thurman 1976, 90-91.

176

(Māra)는 모두 불가사의한 해탈에 머무는 보살로 중생을 일깨우기 위해 악마 놀이를 하는 중이다.[25] 액면 그대로라면, 속이 텅 빈 것처럼 보이는 『반야경』 및 다른 초기 대승 경전 어느 것도 전통 불교 우주론에 좋은 조짐은 아닌 것 같다.

주로 철학적 경향을 띤 대승 경전은 부정과 역설을 선호하지만, 사물의 진정한 본성이 있다는 입장, 즉 급진적 존재론을 체계적으로 논박하지 않는다. 오히려 체계적인 주장은 서력 초기에 발생한 대승 사상의 두 주요 학파인 중관과 유식의 영역이 되었다. 중관 철학파 혹은 중도 철학파는 2세기 남인도의 철학승려 용수(Nāgārjuna)로 거슬러 올라간다. 그는 붓다 이후 용왕의 해저에 보관되고 있던 『반야경』을 되찾아 공개한 전설적 인물로 기록되어 있다. 용수에게 귀속된 저서로 『반야경』을 언급하지 않았지만, 『반야경』의 대 주제인 공은 그의 저서의 핵심이기 때문에 그의 행위는 상징적으로 적절하다. 용수의 가장 뛰어나고 영향력 있는 저서 『중론』은 27개의 장을 통해 당대 모든 중요한 철학적 개념의 지속 불가능성과 본질적 공성을 주장한다. 용수는 딜레마와 사단논법과 같은 기술을 적용하고, 독립적인 것처럼 보이는 개념의 상대성을 드러내면서 원인, 동작, 욕망, 행위자, 윤회, 괴로움, 행위 같은 일반적 개념들, 그리고 오온, 십이처, 십팔계, 사성제, 여래, 열반 같은 뚜렷한 불교의 범주를 부정한다. 주지하듯이 삶, 죽음, 윤회, 깨달음에 관한 주류 불교의 전망은 그 개념의 타당성에 달려 있다. 그래서 용수가, 가령 어떤 추론도 실제로 사물이 그 자신이

---

25 Thurman 1976, 54.

나 다른 것, 그 둘 다이거나 또는 둘 다 아닌 것에서 발생한다는
것을 증명할 수 없으며, 그것이 모든 가능성을 없애므로 인과는 있을
수 없다거나, 윤회에서 더 일찍 혹은 더 늦게 태어난다는 생각은
시간의 상대성 개념으로 허물어진다거나, 행위자와 작자, 행위와 결과
사이의 관계를 표현하려는 시도는 필연적으로 불합리를 초래하므로
'간다르바의 도시, 신기루, 꿈'보다 더 현실적이지 않다거나, "윤회와
열반 사이에 어떠한 구별도 없다"라고 주장할 때,[26] 전통적 형이상학과
우주론은 완전히 그 기반을 잃고 혼돈에 빠진 것처럼 보인다.

　용수는 전통적인 지식론도 남겨두지 않는다. 그의 『회쟁론』의 거의
절반은 일반적으로 받아들여지는 인식, 추론, 비유, 증언과 같은 인식
론적 권위도 확립될 수 없다고 주장하는 데 할애한다. (a) 만약 인식의
타당성이 스스로 확립된다면 그것은 동어반복을 수반하고, (b) 만약
인식의 타당성이 동일하거나 다른 유형의 인식으로 보장된다면 무한
회귀가 발생하고, (c) 만약 인식의 타당성이 상호 확립된다면 어느
것도 기반이 되거나 신뢰할 수 없고, (d) 만약 인식의 타당성이 인식의
대상으로 확립된다면 주체와 객체 간의 차이는 사라지며, (e) 만약
인식의 타당성이 근거 없이 단순히 주장된다면 모든 논의는 중단되어
야 하기 때문이다.[27] 따라서 지식은 불가능하며, 업과 윤회와 함께
지식으로 파악된다고 가정한 형이상학적이고 자연적인 과정은 더

---

26 『중론』의 1장, 11장, 7장, 25장(19 게송)에서 구체적인 주장을 볼 수 있다. Siderits
　and Katsura 2013, 17-30, 121-29, 171-92, 302를 보라.
27 이에 관한 논의는 시 30-51에 나타난다. Westerhoff 2010, 30-51, 65-94를
　보라.

큰 난관에 부딪힌다.

유식학파는 부분적으로 용수와 그의 후계자들이 생각한 허무주의에 대한 반발로 중관학파 직후에 일어났지만, 대체로 마음의 성격과 구조, 기능에 비중을 둔 명상적이고 철학적인 탐구의 결과였다. 유식학파의 사상가들은 마음을 우주의 주요 원인으로 보았을 뿐만 아니라, 때로는 우주 전체의 본질로 여겼다. 유식학파는 환상과 같은 세상의 본질과 정신의 조작적인 기만성을 가르친 『반야경』의 영향을 받았지만, 주로 『해심밀경』과 『능가경』, 그리고 무착과 세친의 논서를 비롯해 기원 초에 등장한 다양한 경전에 기반을 두고 있다.

『해심밀경』은 최초기 유식학파의 경전 중 하나로, 세 번째 전법륜을 나타낸다는 주장과 함께 유식학파 사상의 몇 가지 핵심적인 주제를 소개한다. 이 경은 삼성三性의 개념 또는 현상의 특성을 활용해서 존재하는 것과 존재하지 않는 것에 대한 명확한 설명을 제공함으로써, 첫 번째 전법륜의 명백한 실재주의와 반야 및 중관의 허무주의를 대체한다.[28] 『해심밀경』에 따르면, 존재하지 않는 것은 의존적으로 발생한 현상, 즉 의타기성(paratantra-svabhāva)을 분별한 '상상적 본성', 즉 변계소집성(parikalpita-svabhāva)이다. 의타기성이 잘못 이해되면 비실재하지만, 분별하지 않고 '완전한 본성', 즉 원성실성(parini-ṣpanna-svabhāva)으로 보이는 한 실재한다.[29]

유식학파 사상가들은 의존하는 현상에 정확히 무엇이 잘못 전가되었는지 수 세기 동안 논쟁을 벌였을 것이다. 일부 주석가들은 중관에서처

---

28 Powers 1995, 93-146.

29 Powers 1995, 81-89.

럼 우리의 오류는 주류 불교의 표준적인 범주를 포함한 개념과 실체에 고유성을 전가한 것이라고 주장한다. 그렇지만 더 일반적으로, 외부 대상과 그것을 지각하는 인식을 분리된 것으로 보는 데서 발생한다고 주장한다. 이것의 형이상학적 귀결은 '집지식' 또는 '함장식'이라는 의식의 설정을 통해 『해심밀경』에서 표현된다. 이 식은 본래 오염되지 않지만, 순간에서 순간으로, 그리고 생에서 생으로 업의 씨앗을 옮기면서 육식과 육경의 토대가 된다.[30] 결론은, 중생의 출현을 비롯한 모든 것이 유식唯識이라는 것이다.[31] 유식과 동의어인 유심唯心은 좀 더 일반적인 용어일 것이다. 『십지경』은 지혜를 구하려는 보살이라면 '삼계는 오직 마음뿐'임을 깨달아야 한다고 강조한다.[32] 그리고 『능가경』에서 붓다가 설명한 것처럼,

> 보살은 열반과 윤회가 하나라는 이해에 이르고, 모든 존재는 인과 관계에 구속되지 않으며, 주체와 대상을 초월한다는 것을 안다. 더 나아가, 마음 밖에 아무것도 없고, 삼중 세계는 마음 그 자체라는 것을 본다.[33]

또한 『능가경』은 아주 상세히 함장식을 설명하고 그것을 여래장이나 불성과 동일시한다. 왜냐하면 그것은 모든 것이 마음 밖에 존재한다

---

30 Powers 1995, 71-81.

31 Powers 1995, 155.

32 Cleary 1993, 751.

33 『능가경』, 2장, IV부, 번역; Suzuki 1978, 38.

는 잘못된 생각을 없애고 이원론적 범주에 대한 명상적 초월을 통해
부처의 마음으로 변모할 원초적이고 기본적인 순수 의식이기 때문이
다.[34] 나아가 여래장은 즐거움과 괴로움뿐만 아니라 열반의 원인이며
생에서 생으로 옮겨간다고 명시한다.[35] 언급한 바와 같이, 여래장은
함장식과 동의어이고 『해심밀경』에서 상정한 완전한 본성과도 같다.

　『반야경』과 마찬가지로, 유식 경전은 대체로 주장하는 것만큼 많은
논거를 들지 않는 대신 명확한 비유를 든다. 유식론唯識論 또는 유심론
唯心論에 대한 철학적 정당성을 제공하는 것은 무착과 세친 같은 사상가
들에게 맡겨졌다. 『섭대승론』에서 무착은, 가령 명상의 대상은 단순히
심상心相이라는 것이 숙련된 요가 수행자에게 분명하며, 그들의 지각
은 표준 감각이나 지각보다 더 명료하기 때문에 표준 지각의 대상
또한 단순히 마음의 현현이 분명하다고 주장함으로써 유식론의 입장을
옹호한다. 그리고 외부 대상의 모습은 함장식과 육식을 매개하는
말나식의 기능일 뿐이라고 덧붙인다.[36] 무착의 이복동생으로 『구사
론』을 저술한 세친은 그의 『유식이십송』과 그 주석서에서 유심론을
옹호하고, 다음을 지적하면서 더욱 강력하게 주장한다. (a) 깨어 있는
동안 유지하는 확실성은 모두 꿈에서 모사될 수 있지만, 우리는 꿈이
실재하지 않는다는 것을 안다. (b) 인간, 천신, 아귀 등 다른 부류의
존재들이 물, 꿀, 고름처럼 같은 외부 대상을 다르게 본다는 사실은,
말하자면 "거기에는 그것이 없다"는 것을 보여준다. (c) 실재론 학파가

---

34 『능가경』, 2장, XXVIII, 번역; Suzuki 1978, 68.

35 『능가경』, 7장, LXXXIX, 번역; Suzuki 1978, 209.

36 Brunnhölzl 2018, 181-83.

물질의 구성요소라고 주장하는 원자는 자세히 분석하면 분해되기 때문에 증명될 수 없다. 외부 세계 또한 마찬가지이다.[37] 중관에서 모든 것은 공으로 환원된 것처럼, 유식에서 모든 것은 망령된 마음의 현상임이 밝혀져서 윤회계를 가진 전통적 불교 우주론은 다시 한번 난관에 봉착한 것 같다.

　대승적 지혜의 세 번째 중요한 가닥인 불성론은[38] 별개의 철학적 학파라기보다 주제별 초점에 맞춰 표현된 것이다. 이것은 유가의 마음의 본성에 관한 탐구에서 상당 부분 출현한 것이지만, 반야와 중관 문헌에서 공에 대한 표현과 분석을 도출했기 때문에 그 범위가 더 넓어졌다.『여래장경』,『승만사자후경』그리고 미륵불이 무착에게 알려준 다양한 시적 논서들, 특히『구경일승보성론』은[39] 모든 존재는 부처가 될 수 있고, 또 그렇게 되기 위한 토대는 우리 마음의 근원적 순수성에 있으며, 마음의 본성은 맑게 빛나고 윤회에 의한 오염이 없다고 일관되게 주장한다. 그런 오염은 단지 우연적이거나 일시적이거나 우발적일 뿐이다.『승만사자후경』에서 부처는 순수 인식이 망상으로 흐려지는 과정은 '파악하기 어렵다'고 시인하지만, 모호함은 발생한다.[40] 일시적으로 망상에 의해 가려질 때, 우리의 자연적인 빛은 여래장이라 불린다. 수행을 통해 망상이 제거되면, 구름이 흩어졌을 때의 태양이나 불순물에서 정제된 금처럼 남는 것은 부처의 법신이다.

---

37 Anacker 1984, 161-75.

38 Williams 2009, 5장; Jones 2020.

39 또한,『보성론』으로 알려져 있다.

40 Wayman and Wayman 1974, 106.

182

그것은 공하고 편재하며 비이원적이지만 완벽한 자질로 충만하다.
『구경일승보성론』에서 언급했듯이,

불성은 상상할 수 없고, 영원하고, 확고하고, 평온하며, 불변하다.
그것은 완전히 고요하고, 편재하고, 사고를 벗어나 있으며, 공간처
럼 닿을 수 없다. 그것은 장애가 없고 거친 접촉 대상을 없앤다.
그것은 보거나 파악할 수 없다. 그것은 덕이 있고 오염이 없다.[41]

『여래장경』에서 부처는, "이 가르침을 믿고 일념으로 실행하는 자는
누구라도 진정한 해탈과 우주적 깨달음을 얻을 것이고, 세상을 구제하
기 위해 널리 부처의 행위를 실천할 것이다"라고 말한다.[42] 중생심과
불심佛心은 본성이 같으므로 본성은 가장 근본적인 의미, 즉 영원성,
공성, 빛남, 원초적 순수성 등 사물의 존재 방식과 구별할 수 없다.
모든 존재, 심지어 모든 것이 이미 원초적으로 깨달은 부처라고 불성
문헌에서 암시하는 때가 있다.[43] 만일 그렇다면, 다시 한번, 윤회와
열반 간의 고전적 이분법은 위협받는 것 같고, 윤회계 및 업의 과정과
같은 세부적인 우주론은 명백하게 필요 없어지며, 수행하려는 우리의
동기는 잠정적으로 중단된다.
　언급해야 할 마지막 전통은 『화엄경』이다. 이것은 그렇게 철학적이
지는 않지만, 중국과 일본 화엄종의 토대가 되었다. 『화엄경』은 모든

---

41 게송 2.29(196), 번역: Árya Maitreya 2000, 47.
42 Grosnick 1995, 96.
43 Griffiths 1994, 6장.

불교 경전 중 가장 길이가 긴 경전 중 하나로 영어 번역으로는 거의 1,500페이지에 달한다.[44] 윌리엄스(Paul Williams)가 언급한 것처럼, 경명은 단일 경전이라는 인상을 주기 쉽지만, 실제로는 균질하지 않은 편집된 문헌이다. 그중 일부는 개별적으로 유포되었으며 나중에 필요에 따라 모으고 채워 단일하게 엮어냈다.[45] 널리 알려진 『화엄경』의 두 개의 장은, 가장 이르고 완전히 독립된 경전 「십지품」과 「입법계품」으로 시작했을 가능성이 크다. 어쨌든 『화엄경』은 공에 관한 중관의 통찰, 유심에 관한 유식의 관점, 그리고 불성 문헌의 근원적 순수성에 관한 논의를 통합하지만, 그것 넘어 모든 시간이 한순간에 포함되고 모든 것이 다른 모든 것에 포함되어 반영되는 실재의 현상적 관점을 제시한다. 보석으로 묶인 그물의 각 교차점이 다른 모든 보석을 비추는 광대하게 짜인 고전적인 인드라망이 그것을 말해준다.[46] 추가적인 사상을 설명하는 『화엄경』의 다른 이미지들과 그 파생 전통은 부처의 모공을 포함한다. 각 모공에는 셀 수 없이 많은 수의 부처가 존재한다. 미래의 부처 미륵불의 탑도 마찬가지로 탑 안에 수많은 탑이 있고, 거울로 가득한 방은 그 각각이 다른 모든 거울을 비춘다. 요컨대 현상계(법계)는 하나의 무한하고 방해받지 않으며 상호 침투하는 전체이다.[47] 현상계는 단순히 모든 것의 무한한 상호관계라는 관점은 연기관의 급진적 확장일 것이다. 좀 더 심오한

---

[44] Cleary 1993.

[45] Williams 2009, 132.

[46] Cleary 1993, 925.

[47] Cleary 1993, 1453.

관점에서 모든 것은 사실상 무한히 빛나는 부처의 법신이다. 이것은
끝없이 우주에 충만하므로 만물의 모든 무한한 본성이 그 안에 온전히
들어 있다.[48] 다른 법신과 분리될 수 없고, 있는 그대로가 부처이며,
경전 곳곳에서 허공, 공, 마음과 동일시된다. 마음은 예술가와 같아서
세상을 그려낼 수 있다.[49] 이것은 두 가지 중요한 의미가 있다. 첫째,
온蘊, 처處, 계界, 인과, 선악에 대한 우리의 개념적 구성에도 불구하고
현상은 미분화된 단일체이다. 둘째, 단일체는 부처이므로 "사물의
본성은 근본적으로 순수하다."[50] 이 관점은 위에서 언급한 불성을
중시하는 경전과 논서들에 반항을 불러일으킨다. 그러나 『화엄경』과
불성 전통에 명시되거나 암시된 것처럼, 만약 모든 것이 (그리고
우리 각자가) 부처이고 근본적으로 순수하다면, 우주론과 함께 업과
윤회 그리고 그들을 중심으로 한 종말론은 보편적 완전성에 흡수되어
버리므로 진지하게 주목할 필요가 없어진다. 그리고 그것이 윤리에
미치는 영향과 전체 불교의 도道는 잠정적으로 파국을 맞을 수 있다.
우리 모두 이미 부처라면 왜 괴롭겠는가?

4. 업과 윤회에 관한 대승적 지혜의 함의

대승불교의 존재론과 형이상학은 정말로 전통 불교의 우주론과 종말론

---

48 Cleary 1993, 65; 147.
49 Cleary 1993, 85, 373, 452, 비고: 『능가경』에서 말하는 여여함, 공, 경계, 열반,
   법계는 동의어다. (Suzuki 1978, 241).
50 Cleary 1993, 377.

을 부정하는가? 대답은 분명히 '아니오'지만, 이 '아니오'를 이해하려면, 모든 대승불교 문헌을 통해 명시적으로 혹은 암묵적으로 유지된 두 가지 진리, 궁극적 진리와 세속적 진리 사이의 중요한 차이점을 알아야 한다. 용수는『중론』의 24장에서 삼보三寶, 도과道果, 심지어 사성제를 포함한 모든 부처의 가르침을 공의 가르침이 파괴한다고 주장하는 반대자들을 향해 말한다.

불법의 가르침은 세속적 가르침과 궁극적 가르침의 두 가지 진리에 기반한다. 이 두 가지 차이점을 알지 못하는 사람들은 부처의 심오한 가르침에 따라 실재를 이해하지 못한다. 궁극적 진리는 관습적인 말과 사고방식을 떠나 배울 수 없다. 궁극적 진리를 알지 못하고는 열반을 이룰 수 없다.[51]

용수는 계속해서 중요한 점을 지적한다. 그를 비판하는 사람들이 오해하는 것은 모든 관습의 부정을 공으로 보는 것이다. 그는 허무주의를 내세우기 위해 공을 받아들이는 것은 뱀을 잘못 쥐거나 주문을 잘못 외우는 것만큼 위험하다고 말한다.[52] 철학사의 중요한 반전 중 하나로, 용수는 실제로 "모든 것은 공일 때 가능하고, 공이 불가능하면 아무것도 가능하지 않기 때문에" 공이 관습을 없애지 않을 뿐만 아니라 세속적 관습을 보장할 수 있는 것은 공뿐이라고 주장한다.[53] 그 이유는

51 MK 24.8-10; Siderits and Katsura 2013, 272-73.
52 MK 24.11; Siderits and Katsura 2013, 274.
53 MK 24.11; Siderits and Katsura 2013, 276.

(a) 공의 반대는 영원하고 독립적인 내재적 실체(자성)이고, (b) 우리
는 관습적 세상이 유한성과 의존성으로 점철된다고 알고 있으며,
(c) 사물은 비어야만 우리가 알고 있는 대로 기능할 수 있기 때문이다.

용수의 주장은 연기와 공 사이에 심오한 동질성이 존재한다는 것을
보여준다. 실제로 연기는 공을 가리키는 '긍정적' 방식이고, 공은 연기
에 대한 '부정적' 공식이다.[54] 결국 용수의 주장 어느 것도 부처의
근본 가르침을 부정하지 않는다. 오히려 공은 그것들을 가능하게
해준다. 그는 『회쟁론』의 주석서에서 '관습의 구제'의 함의를 설명
한다.

> 공이 있는 사람에게는 모든 자연적이고 초자연적인 것들이 있다.
> 왜냐하면 공이 있는 사람에게는 연기가 있기 때문이다. 연기가
> 있는 사람에게는 사성제가 있다. 사성제가 있는 사람에게는 수행의
> 결실과 모든 특별한 성취가 있다. 그 모든 특별한 성취가 있는
> 사람에게는 부처, 법, 승가의 삼보가 있다.[55]

용수는 '이 모든 게 있는 사람에게는' 선악의 행위 및 그 결과,
윤회계, 윤회의 초월 등 모든 세속적 관습이 확립된다는 결론을 내린다.
그의 주장을 뒷받침하는 두 가지 보충 설명이 있다. 첫째, 『중론』의
26장, 그리고 마지막 장은 전적으로 12연기를 직접 언급한다. 둘째,
『중론』에서 유일하게 언급한 불교 문헌은 빠알리본과 싼쓰끄리뜨

---

54 MK 24.11; Siderits and Katsura 2013, 277-79.
55 Westerhoff 2010, 41.

본에 존재하는 「까띠야야나에 대한 큰 경(Mahākatyāyana-sutta)」으로,[56] 이 경은 12연기를 기준으로 '중도'를 묘사한다. 그런 점에서, 용수의 저작은 『반야경』만큼이나 「까띠야야나에 대한 큰 경」의 주석서일 것이다.

여기서 설명한 논의는 용수가 세운 고유한 중관 전통이지만, 이 장에서 살펴본 모든 지혜 전통이 채택한 입장을 반영한다. 따라서 우리가 파악해야 할 궁극적 진리가 반야경전류와 중관학파처럼 공이든, 유식학파처럼 유심唯心이든, 불성론처럼 자연스러운 마음의 빛이든, 『화엄경』의 설명처럼 "모든 것은 부처다"라는 사실이든, 그 어떤 것도 윤회 종말론을 포함한 주류 전통과 대승 전통의 관습적 가르침을 상쇄하지 않는다. 따라서 중요한 대승 경전 대부분은 상상할 수 있는 거의 모든 지각 영역의 (가끔 낮은 영역 포함) 거주자들을 포함한 존재의 방대한 집합체를 상정한다. 업과 윤회 현상은 (관습적이지만) 보편적으로 가정된다. 그리고 의존적 발생의 12연기는 윤회에서 우리가 어떻게 고통을 겪고 있으며 또 그것을 어떻게 극복할 수 있는지 설명하는 가장 좋은 방식이다. 연기법을 명시적으로 받아들이는 세 가지 간단한 예를 들어보자. 반야 지혜의 108개 명칭을 칭송하는 후대의 반야바라밀다 문헌에는 '연기의 완전한 명상적 개발'이라는 명칭을 나열한다. 『해심밀경』은 궁극적인 경전인 데도, 중생이 복합적 현상이 무상하고, 불안정하고, 신뢰할 가치가 없으며, 변할 수 있다는 것을 이해하고 윤회에 대한 반감을 키워 깨달음으로 나아가는 것은

---

56 이것은 『쌍윳따 니까야』의 「깟짜나곳따경」에 상응한다.

연기에 대한 듣기를 통해서라고 분명하게 언급한다. 그리고 『십지
경』은 '진행 순서에 따라' 부분적으로 12연기에 대한 사유를 통해
지혜를 완성하는 데 특화된 여섯 번째 단계의 보살을 설명한다.[57]
또한 역설이나 부정적인 느낌 없이 단적으로 업 종말론을 드러낸
다수의 대승 경전과 논서들이 존재한다. 예를 들어, 「쁘라띠바나의
물음 경(Pratibhānamatiparipṛcchā-sūtra)」에서 부처는 특정한 종류의
윤회로 인도하는 업의 원인을 분명하고 상세하게 설명하고 있고,
작자미상의 「육도에 관한 게송(Ṣaḍgatikārikā)」에서는 윤회계가 아주
세밀하게 묘사되어 있다.[58]

　요컨대 대승불교의 지혜 문헌은 명백히 전통 불교의 범주와 우주론
을 부정한다. 윤회와 열반, 천상과 지옥, 업과 과보, 연기는 본질적으로
존재하지 않고 상상일 뿐이거나 단지 부처의 일부일 수 있지만, 깨닫지
못한 존재들이 경험하는 관습적 세상에 속한 구조와 기능의 상당
부분을 차지한다. 부처가 되는 데 필요한 지혜를 얻으려면 그것들이
마치 궁극적으로 존재하는 것처럼 집착하지 말아야 한다. 왜냐하면
집착과 매달림은 윤회를 영속시키는 열쇠이기 때문이다. 우리는 우리
를 위험에 빠뜨리는 관습적 실재를 망각한다. 우주를 본질적인 존재의
공함으로 보든, 마음이나 부처가 만든 것으로 보든, 주류 아비다르마의

---

57 Conze 1973a, 197; Power 1995, 107; Cleary 1993, 745. 연기에만 중점을 두고
　그 과정을 불교의 궁극적 사고와 연관시킨 초기 대승불교 문헌은 「벼모종 경
　(Śālistambha-sūtra)」이다. 이것은 Reat 1993을 보라.

58 Dharmachakra Translation Committee 2020; Mus 1939. Ṣaḍgatikārikā는 마명
　(Aśvaghoṣa)이 지은 것으로 여긴다.

다원주의적 관점으로 보든, 윤회계는 충분히 현실적이고 업과 과보에 대한 전통적 설명 또한 충분히 신뢰할 만하므로, 모든 면에서 허구라고 생각했던 불쾌한 거주지에서 사후에 깨어나 충격받지 않도록 우리의 말과 생각과 행동을 잘 살피는 것이 최선이다.

9장 인도 밀교불교의 윤회관

만일 대승불교를 주류 불교의 사상과 수행에 대한 혁신으로 이해한다면, 딴뜨라승(tantrayāna), 금강승(vajrayāna), 만뜨라의 길(mantranaya)이라고 불리는 불교의 밀교 전통 또한 '일반적인' 대승불교에 대한 혁신일 것이다. 밀교 경전과 전통은 7세기 무렵 인도에 나타나기 시작했는데, 점차 대승이 정교화되고 수행되는 방식을 규정하게 되었다. 인도 아대륙에서 불교가 거의 사라지기 얼마 전인 1000년 무렵 일반적인 대승의 전통은 찾기 어려워졌다. 예를 들어, 학자이자 전법사인 아띠샤(Atiśa Dīpaṃkāra Śrījñāna, 982~1054)는 깨달은 마음에 관한 일련의 가르침을 찾으러 수마트라(Sumatra)섬으로 가야만 했다. 이것은 아마도 주류 불교와 일반 대승불교가 쇠퇴한 정도를 좀 과장했을 것이다. 왜냐하면 13세기 초까지 대승불교가 남아 있었던 증거가 존재하기 때문이다. 그렇지만, 인도에서 대승이 결국 누리게 된 성공은 적어도 부분적으로 밀교 운동으로 형성된 경전과 수행, 스승 덕분일

가능성이 크다.[1]

1. 밀교의 기원과 성격

일반적인 대승 경전, 대승 밀교 경전, 전통 경전 사이에 명확한 경계는
없다. 밀교와 가장 관련이 많은 특징, 즉 부처와 다른 신들의 시각화,
신성한 궁전과 만다라에 대한 묘사, 만뜨라 암송, 구루(guru)가 올리는
봉헌과 입문, 그리고 부처와 다른 신성한 힘을 초청하여 활용하는
복잡한 의식들은 인도 아대륙을 공유한 초기 대승불교, 힌두교, 자이나
교 전통의 공통된 특징이다. 1세기 중반 무렵 부처와 다른 신성한
존재들의 초청을 최우선시하는 불교의 주술적 다라니경이 등장하기
시작했고, 이것은 결국 밀교의 출현을 가져왔다. 밀교 경전들은 부처
생전에 가르침을 받아 숨겼다거나, 부처의 화신 중 하나로 그가 후대에
드러냈다고 주장되었다. 나중에 의례 혹은 작법 딴뜨라, 행위 딴뜨라,
요가 딴뜨라로 분류된 가장 최초기의 밀교(7~8세기)는 대승의 이미지,
사상, 수행에서 파생되었다. 그리고 (a) 소수의 제자 그룹을 입문시키
기 위해 자격을 갖춘 스승이나 금강승의 스승(vajrācārya)들이 요구하는
조건에 집중하기, (b) '신성한 요가(devatāyoga)', 몸·말·마음과 자신
을 동일시하는 과정 강조하기, 또한 신성한 형상 안에서 자신과 타인을
보고, 모든 말을 만뜨라로 말하고 듣고, 매 순간 자신과 만물의 순수하
고 공한 본성을 깨닫고, 자신의 주변을 만다라나 정토로 보며 누구나

---

1 인도밀교를 잘 설명하고 있는 Snellgrove 1987, vol. 1; Williams 2000, 192-244;
　 Davidson 2002를 보라.

언젠가 부처가 된다는 환경을 점점 더 강조하는 경향이 있으면, 대승과 구별될 수 있었다. 많은 부분이 우주의 부처 대일여래(Mahāvairocana)로 이루어진 요가 밀교는 8세기에 중국으로 건너갔는데, 거기서 진언불교, 그리고 그 후 일본 진언종의 기반이 되었다.

8세기 후반 인도에는 마침내 마하요가(Mahāyoga) 딴뜨라로 분류되는 경전이 나오기 시작했는데, 그중에서 『비밀집회(Guhyasamāja)』가 가장 유명하다. 그리고 조금 후에 요기니(Yoginī, 여성 요가자) 밀교가 나오기 시작했다. 그중에서 『헤바즈라(Hevajra, 呼金剛)』, 『짜끄라삼바라(Cakrasaṃvara, 摠攝輪)』, 『깔라짜끄라(Kālacakra, 時輪)』가 중요하다. 간혹 무상요가가 아닌 딴뜨라의 항목에 같이 묶이는 마하요가(Mahāyoga)와 요기니 딴뜨라(Yoginī tantra)는 동시대의 힌두 밀교 경전과 강하게 공명하고 있고, 불교 밀교와 힌두 밀교 사이의 실제적인 영향력의 방향에 대해 학자들은 계속해서 논의하고 있는 중이다. 후기 딴뜨라에 영감을 받은 문헌에는 주석서와 독립적인 논서뿐만 아니라 비범한 옹호자, 즉 위대한 성취자들의 시적인 노래들이 담겨 있는데, 분노한 행동과 성적 행복을 모두 포함하는 형상과 관행, 우리의 거친 몸과 상호 침투하는 미세한 몸 안에서 행하는 명상에 초점을 맞추기 때문에 주목할 만하다. 그리고 요가적이고 밀교적인 전통은 우리의 평범한 몸·말·마음을 마침내 부처의 것으로 변형시키는 진정한 '연금술'의 장소라고 여긴다. 마하요가와 요기니 딴뜨라 전통은(작법·행위·요가 딴뜨라와 함께) 티베트에 전해져 요가 딴뜨라가 동아시아에 영향을 미친 것보다 훨씬 더 이례적인 수준으로 전개되었다.

194

2. 밀교의 형이상학

밀교는 세세한 철학적 분석보다 수행 체계로 더 잘 알려졌지만, 앞에서
논의한 대승불교의 철학적 전통에 상당한 영향을 받았다. 따라서
반야경전과 중관에서 강조한 공의 실현은 자신과 세상을 없애고 신성
한 형태로 재창조하기 위한 명상적 토대가 된다. 모든 것은 마음뿐이라
고 강조하는 유식학파는, 현실은 유연하며 마음의 변화가 자신뿐만
아니라 다른 사람들을 위한 현실의 변화로 이어질 것이라고 수행자에
게 확신시킨다. 자연스러운 마음의 빛 때문에 부처가 보장된다는
불성 전통의 주장은 변형적 수행을 위한 중요한 지점을 제공하고,
밀교 문학, 특히 위대한 성취자들의 노래에 핵심적인 요소가 되었다.
『화엄경』 및 다른 대승 경전들에서 현실의 모든 것은 사실상 부처의
현현이라는 암시는 전 우주를 공, 인식, 지복이 밀접하게 융합된 근원적
영지의 발산으로서 이해하는 밀교적 우주론에 영감을 제공한다.

　가령, 마하요가 딴뜨라와 관련된 문헌 『문수보살의 이름 암송(Ma-
ñjuśrīnāmasaṃgīti)』은 부처의 지혜를 말한다. "그것은 모든 존재의
최고 본성이다. 모든 존재의 본성을 지닌 자는 아직 일어나지 않았지만
다양한 의미를 지닌, 모든 것의 본질을 품고 있다."[2] 다른 마하요가
딴뜨라인 『비밀집회딴뜨라』는 더 신랄하게 선언한다. "다르마는 자연
적으로 빛나고 근본적으로 순수하며 허공과 같다 / 깨달음은 없다는
이것이 깨달음을 준다."[3] 요기니 딴뜨라 『헤바즈라(Hevajra)』는 모든

2 Wayman 1985, 97. 번역은 저자가 한 것이다.
3 GT 2.8; Fremantle 1971, 194-95; 비교: 그녀의 번역, 36. 또한 GT 7.34; Fremantle

것 중에서 가장 명료하다. 거기서 부처는 다음과 같이 말한다. "움직이고 움직이지 않는 것이 무엇이든 이 모든 것은 나다. 존재하는 모든 것은 내 안에서 일어난다. / 내 안에 삼계가 일어난다. / 이 모든 것은 내게서 퍼진다. / 이 세상을 구성하는 것은 아무것도 아니다."[4] 달리 말하면, "윤회는 헤바즈라의 현상적 측면이고, 그는 세상의 주인이자 구원자이다."[5] 헤바즈라의 성품은 공하고 깨어 있으며 지복이다. 더 나아가 모든 것이기 때문에,

모든 존재는 부처다. … 만약 자기의 본성을 안다면 깨닫지 못한 존재가 없다. 지옥의 존재, 아귀, 축생, 천신, 인간, 아수라, 심지어 오물더미 위의 벌레조차도 그들의 진정한 본성에서 영원히 행복하다. …[6]

비슷한 맥락에서, 위대한 성취자 띨로빠(Tilopa)는 밀교 수행을 통해서 얻은 깨달음을 노래한다. "나는 우주다, 나는 부처다, 나는 꾸밈이 없다. 분별이 없는 나는 존재를 부수어버렸다!"[7]

『헤바즈라』에서 특히 이 형이상학적 표현은 힌두교의 위대한 비슈누(Viṣṇu)나 쉬바(Śiva)에게 바치는 신학에서 발견되는 일종의 일원론

1971, 49를 보라.

4 HT I. viii.40-41; Snellgrove 2010, 117.

5 HT II. ix.10; Snellgrove 2010, 117.

6 HT II. iv. 69, 73-74; Snellgrove 2010, 107.

7 Jackson 2004, 135.

을 연상시키므로, 대승 경전의 주장보다 훨씬 더 극적으로 보인다. 하지만 사실은 밀교 이전의 많은 경전에 보이는 관점을 크게 벗어나지 않는다. 따라서 앞 장에서 살펴본 자료들보다 불교의 윤회 종말론을 더 허물지는 않는다. 궁극적으로 우주가 비어 있든, 마음만 있든, 근원적으로 순수하든, 부처이든 상관없이, 관행적으로 육도, 업과 과보, 12연기는 아주 많이 적용된다. 어떤 밀교 우주론은, 가령 특정한 신들에게 바쳐진 불국토에 대한 소개와 밀교적 서약을 깨면 무간지옥보다 더 낮은 곳에 태어날 바즈라(vajra) 지옥을 추가함으로써 전통적인 우주론의 구조를 더 풍성하게 한다. 그러나 대부분 기본 윤곽은 그대로 둔다. 본래 윤회와 열반, 망상과 깨달음 사이를 구분하는 관점에서 생각하는 것이 의미 있고 중요하다는 불교의 기본 가정 또한 마찬가지이다. 그런 이유로 반야경전처럼, 『비밀집회(Guhyasamāja)』는 모든 것이 공하다는 자각과 그 사실에 의해 깨달음이 보장된다고 말한다. 만약 망상과 깨달음 사이의 구분이 완전히 무효라면 깨달음은 보장되지 못할 것이다. 그와 마찬가지로, 모든 존재의 근원적인 불성을 주장하는 맥락에서, 『헤바즈라』는 타고난 깨달음을 각성시키기 위해 자기의 참된 본성을 알아야 한다고 말한다. 이것은 우리라는 것과 우리가 이해하는 것 사이에 간극이 있어서 우리와 세상 모든 것이 올바르지 않다는 것을 의미한다. 그 간극은 아마도 밀교 수행을 통해 메워져야 할 것이다.

3. 밀교 수행

위에 제시한 것처럼, 많은 밀교 수행은 일반적인 대승 의례 절차의 연장선처럼 보일 수 있는데, 주로 우리 자신과 세계를 신성한 것으로 대승이 이해하도록 다양한 관심을 쏟는다. 그래서 행위 작법의 관상 의식에 규정된 관조적 수행 그리고 요가 딴뜨라는, 우리의 환경과 다른 존재들, 자기의 몸, 말, 마음을 공으로 수렴하도록 보는 방식을 바꾸고, 깨달음을 위한 일종의 예비 훈련에서 우리의 몸·말·마음을 부처의 것으로 재구성하려 한다. 그러면 우리의 환경은 부처의 만다라와 같아지고 언젠가 우리는 부처, 보살, 그리고 만다라에 사는 여러 존재 같이 다른 존재가 될 것이다. 이것은 그 과정을 '형성 단계'로 언급한 마하요가, 요기니 딴뜨라를 포함한 대부분의 밀교 전통에 공통된다. 후에 '더 높은' 밀교가 나머지들과 가장 명확하게 구분되는 지점은 우리 자신을 부처로 보는 것에서 부처가 되는 것으로 전환하기 전에 취해야 할 최종의 '성취 단계'에 대한 논의에서이다. 나디(nāḍi), 쁘라나(prāṇa), 빈두(bindu), 그리고 차크라(cakra)로 불리는 통로 교착점과 함께 미세한 몸 안에서의 수행에 집중하는 것은 성취 단계에서이다. 성취 단계의 수행은 밀교마다 다르지만, 주로 '외부' 통로에서 중앙 통로로 호흡 에너지를 보내고, 그곳에서 에너지가 상하로 이동함에 따라 여러 지복의 수준을 경험한 후, 호흡 에너지를 심장 차크라로 보내게 한다. 차크라의 중심에는 '파괴되지 않는 물방울(bindu)'이 있는데, 거기에는 수태 시 특정한 재생이 시작되고, 사망 시 모든 정신적, 신체적 활동이 중단되었을 때 다음 생으로 전달되는 미세한

198

의식과 호흡 에너지가 포함되어 있다. 파괴되지 않는 물방울 안에서, 우리의 몸과 마음을 각각 빛나는 법신과 환상 같은 부처의 화신으로 변형시키기 위해 명상적 힘과 공에 대한 깨달음을 활용한다. 우리는 더 이상 우리 자신을 부처라고 상상하지 않는다. 우리는 부처다.

인도와 티베트 주석 전통에서 묘사한 것처럼, 생성과 성취 단계는 출생, 죽음, 재생의 문제, 그리고 궁극적 깨달음의 측면과도 밀접한 관련이 있다. 따라서 사다나(sādhana)의 세 가지 기본 단계 또는 형성 단계 수행은 세 가지 '실존적 순간'에 해당한다. 첫째, 우리 자신을 공으로 수렴하는 것은 평범한 죽음을 정화하고 부처의 법신을 얻기 위한 씨앗을 뿌리는 것이다. 둘째, 부처의 신성한 몸처럼 공에서 출현하는 것은 중간 상태를 정화하고 즐거운 몸을 얻기 위한 씨앗을 뿌리는 것이다. 셋째, 우리 자신을 신성으로 구현하는 것은 윤회를 정화하고 현신(顯身, emanation body)을 얻기 위한 씨앗을 뿌리는 것이다. 일단 우리 자신이 부처로 거듭나면, 우리는 우리가 된 신성한 존재의 진언을 암송하고, 삼계 육도에 윤회하는 존재들의 고통과 망상을 정화하는 빛이나 감로의 물줄기를 보내면 정화된 존재들은 우리의 신성한 형상 으로 다시 흡수된다. 이런 방식으로, 모든 존재는 우리의 바람대로 일상적인 죽음과 재생을 초월한다고 상상한다.

성취 단계에서, 미세한 몸의 중앙 통로로 호흡 에너지를 가져온 다음 심장 차크라로 끌어들이는 과정은 다양한 물질적 요소와 신체적 기능의 소멸, 일상의 정신 작용 붕괴, 다양한 '환영' 보기 등과 관련된 죽음의 순간에 일어나는 여러 신체적, 정신적 사건들을 모방한다. 환영은 죽음의 순간에 목격된 빛이나 광선에서 절정에 이르고, 바로 마음의 본성인 빛은 제대로 파악한다면 해탈의 기반이 된다. 높은 성취 단계의 명상에서 수행자는 실제로 죽지는 않지만 죽음의 과정을 반복적으로 '미리 실행'하고 실제로 죽음이 닥쳤을 때 세세한 것들을 철저히 알게 된다. 만약 아직 깨닫지 못했다면, 부처가 되거나 다음 생을 통제하는 데 그것을 이용할 수 있다. 가장 높은 수준의 명상에 아직 능숙하지 않은 사람들을 위해 밀교 전통은 전이(Skt. vyāvana, T. pho ba)라고 알려진 선택적 수행을 제공한다. 이것은 죽음의 순간에 수행자가, 아니면 스승이 수행자의 의식을 서방 정토 극락에 머무는 아미타 부처의 심장이나 다른 부처의 현존에 투사한다.

성취 단계의 최종 결과, 부처의 법신과 같은 지복과 공의 빛나는 비이원적 인식은 금강승 문헌에서 '마하무드라(mahāmudrā)'를 가리킨다. 그리고 밀교 경전과 그 주석서, 특히 성취자의 노래는 모든 개념적 정교함(망상)을 버리고 마음의 근원적 본성을 직관하는 인식을 즉시 달성함으로써, 밀교 수행에 수반된 복잡한 명상과 의식들은 단축될 수 있다고 말한다. 성취자 사라하(Saraha)는 노래한다.

> 딴뜨라도, 만뜨라도, 성찰도, 반조도 아니다!
> 어리석은 자여! 이 모든 것은 오류의 원인이다.
> 마음은 오염되지 않았으니 명상으로 그것을 더럽히지 말라.
> 이미 지복 안에 살고 있으니 자신을 괴롭히지 말라.[8]

---

8 Dohākoṣagīti 23, 번역: Jackson 2004, 65.

200

인도불교에서 점차 중요해진 용어 마하무드라는 1000년 이후 티베트 고원에 다르마가 전파되면서 발전한 전통, 소위 까규(Kagyü), 사꺄(Sakya), 까담(Kadam), 그리고 까담의 최종 후계자 겔룩(Geluk)에서 특히 더 중요해졌다. 불교가 전파된 초기에 북서 인도에서 온 위대한 성취자 빠드마삼바바(Padmasaṃbhava)는 마음의 참된 본성을 직접 명상하는 체계와 다소 유사한 대성취(Skt. mahāsaṅdhi, T. rdzogs chen)의 체계를 도입한 것으로 알려져 있다. 이것은 우리의 '본래 순수함(ka dag)'을 보는 것을 강조했고, 빠드마삼바바의 방문으로까지 거슬러 올라가는 티베트의 종파, 즉 닝마파(Nyingma) 또는 구파의 심오한 이론과 수행을 형성했다. 13장에서 티베트불교를 설명할 때 대성취와 마하무드라에 대해 좀 더 말하고, 여기서는 그들이 반야경전류에서 마하요가와 요기니 딴뜨라로 이어지는 분명한 발전선상에 있다는 점만 언급할 것이다. 따라서 수사법이 무엇이든, 그들은 초기불교의 고전적 우주론과 일반적인 불교든, 밀교든 대승불교의 사상 및 수행을 훼손하지 않는다.

마하요가와 요기니 딴뜨라에서 눈에 띄는 특징 중 하나는 분노스럽고 성적인 이미지와 수행에 초법적으로 집중한다는 것이다. 이것은 대승불교의 방편의 교리를 더 큰 극한으로 밀교적으로 확장시키는 것을 나타낸다. 따라서 어떤 밀교라도 의례적으로 신성한 힘을 불러일으켜 장애를 제압하고 자신의 속성을 향상시키며, 다른 존재를 끌어들여 반대 세력을 물리치는 방식에 상당한 주의를 기울인다. 이것은 물론 '정신적으로' 혹은 '영적으로' 이해될 수 있지만, 때로는 오히려 더 일상적인 용어로 보인다. 그래서 위대한 숙련가는 악마를 길들이고 영적 능력을 얻고 여성을 끌어들이고 적을 죽일 수 있다고 여겨졌다. 밀교를 유명하게 만든 성적 이미지는 연민과 지혜가 결합된 표시로서 상징적으로 해석될 수 있지만, 마하요가와 요기니 딴뜨라의 입문식에는 성적 교섭 의식과 성액의 복용이 포함되어 있고, 일단 봉헌되면 수행자는 상대방의 살과 피와 함께 (무드라) 성적 요가를 할 수 있음은 의심의 여지가 없다. 실제로, 인도의 숙련가들이 채택한 생활 방식 '밀교행(caryā)'은 보통 숲이나 화장장과 같이 제한된 장소에서 배우자와 함께 살고, 낮은 계급의 직업을 따르고, 기이하게 행동하고, 전통의 윤리적 규범을 위반하고, 노래, 춤, 성교, 고기와 술 그리고 소변, 배설물, 정액, 혈액, 골수 등 다섯 가지 음료를 소비하는 축제 의례에 정기적으로 참여하는 것이다.[9] 사라하(Saraha)가 노래하듯이,

미친 코끼리처럼 행동하고 바보처럼 군다.
코끼리가 연못에 뛰어드는 것처럼 행동하든 하지 않든
행동한다. 그의 마음은 미쳐버렸다.
가장 밑바닥 행동을 하지만 자유롭다.[10]

물론 이 모든 행동은 스승에 의한 입문식을 전제로 하고 있지만, 수행들이 너무 소중하고 희귀하며 심오하기 때문에 제자는 전통을 받을 가치가 있음을 보여주지 않으면 시작할 수 없으며, 밀교의 위대한 서약 중 첫 번째인 영적 스승에 대한 철저한 순종을 기꺼이 마음에

---

9 GT 7.15-27, 17.17-35; Fremantle 1971, 47-48, 124-27.
10 Dohākoṣopadeśanāma 50, 번역: Jackson 2012, 180.

202

새긴다. 그 결과, 밀교의 전승은 미래의 스승들에게 순종하는 제자들이
시도한 이야기들로 가득하다. 그중 가장 유명한 것은 현자 나로빠
(Nāropa, 1016~1100)가 그의 스승 띨로빠(Tilopa, 988~1069)의 손에서
견뎌낸 시험들인데, 거기에는 오늘날 우리가 신체적 학대라고 여길
만한 것이 포함된다. 그러나 밀교 교육을 너무 받고자 한 것은 나로빠였
기 때문에 그 모든 어려움을 견뎠고, 마침내 입문해서 가르침을 받았으
며, 계속 수행해서 당당히 위대한 스승이 되었다.[11]

정말로 많은 밀교의 수행은 일상의 규범을 위반하는데, 윤리적
문제를 제기하는 수준을 가벼이 취급해서는 안 된다. 그러나 초기
대승 경전에서 묘사한 부처와 보살의 교묘한 방편이 그랬던 것처럼,
그들은 불교 윤리를 파괴하지 않고 업의 종말론을 위협하지 않는다.
대승 경전의 부처 및 보살행과 마찬가지로, 밀교행은 규율, 연민심,
사물의 참된 본성에 대한 통찰력이 탁월하게 발달한 덕분에 위법적
관행을 실행할 자격이 있는 경우에만 그렇게 할 수 있다는 전제에
근거한다.

그들의 의도는 순수하며 지식은 방대하고 심오하기 때문에, 상급의
밀교 수행자들은 그들의 행동이 얼마나 부도덕해 보이는지 상관없이
긍정적인 업만 생산한다. 따라서 평온, 향상, 매력, 파괴의 힘은 충분한
지혜와 연민심을 가진 자들만이 사용할 수 있을 것이다. 성적 요가는
가장 높은 성취 단계의 어느 시점에서만 훈련된다. 그런 맥락에서,
그것은 평범한 성적 만족을 위한 것이 아니라, 에너지를 전달해서

---

11 Guenther 1963.

근원적인 마음의 본성에 속하는 지복을 불러일으키기 위한 것이다. 많은 숙련된 수행자들이 실행하는 밀교의 생활 방식은 사회적 규범에 대한 완전한 거부를 보여주는 것이 아니라, 생생하고 적나라한 방식으로 이원성 및 다른 정신적 고착을 극복하는 데 도움이 되는 비승가적 방식을 일시적으로 채택하는 것을 보여준다.[12] 마침내 스승이 미래의 제자에게 부과한 혹독한 시련은 스승과 함께 수행할 사람에게 필요한 것이 정확히 무엇인지에 대한 이해를 반영하고, 아주 극적으로 보일 수 있지만, 스승은 서로 다른 문화적 환경, 지적 능력, 심리적 경향에 따라 다양한 제자들에게 다양한 가르침을 제공하기로 한 대승불교 부처의 서원과 거의 동급의 연속체이다. 스승의 행위는 깨달은 마음과 연민심에 의해 동기 부여되므로 아주 순수하고, 보상과 처벌이라는 고전적 불교 시스템 밖이 아닌 그 내부에서 작동한다.

4. 대승불교와 밀교의 여성

입문 시기에 제자가 수용한 밀교의 첫 번째 서원은 스승에게 순종하는 것이다. 14번째와 마지막 서원은 "여성을 폄하하지 않겠다"는 것이다. 이것은 겉으로 보기에 여성의 재탄생을 불행한 것으로 보는 관념에서 거의 완전히 선회한 것을 의미하는 것 같다. 서원을 더 잘 이해하고 초기불교의 태도와는 명백히 거리가 멀다고 간주하려면, 잠시 뒤로

---

12 이것은 기독교인 베데마이어(Wedemeyer, 2013)의 관점이다. 그는 '밀교 행위'를 단순히 승원 생활의 한 국면으로 보고, 위대한 숙련가들을 문화적 반역자로 보는 경향이 있는 데이비드슨(Ronald Davidson, 2002)이 채택한 입장을 비판한다.

204

물러서서 여성의 재탄생이 지닌 장단점에 관한 대승불교 및 밀교의
관점을 간략히 살펴봐야 한다.

확실히 초기 대승 경전에는 성별의 구분을 허물고, 해탈을 얻을
뿐만 아니라 영적 스승으로 봉사할 수 있는 여성의 잠재력을 기리는
것처럼 보이는 구절들이 있다.[13] 가장 유명한 성별 구분의 전환은
『유마경』이다. 거기서 사리불은 유마거사(Vimalakīrti)의 집에 사는
여신이 자신의 여성성을 바꾸지 않는 이유를 물음으로써 여성의 영적
성취에 도전한다. 사리불의 물음에 그녀는 '여성성'을 2년간 찾아보았
으나 찾지 못했다고 대답한다. 그리고 마법의 힘을 이용해 자기 모습으
로 사리불을 나타나게 하고 그 역으로도 나타나게 한 다음, 남자와
여자는 겉모습일 뿐이며 "모든 것에는 남자도 여자도 없다"고 말한다.
지혜로 충만한 여신은 사실상 사리불의 스승이 된 셈이다.[14] 여성,
심지어 재가 여성도 불교의 스승일 수 있다는 사실은 『승만경』에
더 분명하게 나타난다. 거기서 많은 불성(buddhanature, 佛性)의 가르침
을 그 이름이 경전의 이름인 왕비가 전달한다. 여성 스승은 「입법계품」
에서도 눈에 띈다. 선재동자가 다녀간 53 선지식 중 20명이 여성이다.
그중 절반 이상은 여신이지만, 나머지는 승려, 재가신자, 어머니,
부처의 아내, 그리고 흥미롭게도 바수미뜨라(Vasumitrā)라는 창녀가
포함된다. 그녀는 불순한 윤회 속에서 법을 가르쳤지만, 중국 주석가들
에 의하면, "그녀는 여자로 보이지만 궁극적 실상은 여자도 남자도
아니다. 그녀는 실제 우주의 연민심을 나타내기 위해 여성으로 묘사된

---

13 이와 관련된 좋은 자료를 고르려면 Paul 1985를 보라.
14 Thurman 1974, 61-62.

다."[15] 신앙의 영역에서 대승불교는 주류 불교(Mainstream Buddhism)보다 여신을 더 수용하는 경향이 있다. 여성 보살인 따라(Tārā)는 대승의 중요한 신이며, 반야의 지혜는 여성으로 의인화되어 종종 조각품으로 묘사되고 게송으로 칭송된다.

그런데 여성이 남성의 모습으로 부처가 될 수 있는지에 대한 질문이 제기된다. 주류불교 전통에서는 분명히 '아니오'라고 대답하고, 성차별을 거부하는 대승경전에 나타난 관점조차 명확하지는 않다. 그래서 「위말라닷따의 물음 경(Vimaladattāparipṛcchā Sūtra)」에서 경명과 같은 이름의 아주 지혜로운 여주인공에게 아라한 목건련(Maudgalyāyana)은 "누구도 여성의 모습으로 최상의 깨달음을 얻을 수 없다"라고 언급한다. 그녀는 실제로 자기가 완전히 깨달은 부처가 될 것이라고 대중 앞에서 엄숙히 서약한다고 말한 다음, 그녀의 서약이 유효하면 세상이 흔들리고 16세 소년으로 바뀔 것이라고 예견한다. 이것은 정확하게 일어나지만, 그녀가 겪는 성 변화는 여성 부처의 개념을 유지하기보다 약화시키는 것처럼 보인다. 그렇지만 경전에는 그렇게 말하지 않는다.[16] 마찬가지로, 『법화경』의 유명한 구절에서 문수보살은 해저 왕국에서 만난 용왕의 8살 공주가 지혜롭고 수행이 뛰어나며 연민심이 많아서 사실은 곧바로 "깨달음을 얻을 수 있다"라고 청중에게 말한다. 또 다른 보살은 곧바로 부처가 될 수 없다는 이유로 문수보살의 말에 도전장을 던진다. 왜냐하면 석가모니는 깨달음을 이루는 데 영겁의 시간이 걸렸기 때문이다. 언급되지 않았지만, 청중에게 분명한 것은

---

15 Cleary 1993, 1599.

16 Chang 1991, 91.

어린이, 용, 여성 모두 점진적으로든, 그 즉시든 부처가 될 수 없다는 전통적인 관념이다. 그때 용왕의 공주가 청중에게 나타난다. 사리불이 그녀의 깨달음의 수준을 시험하자, 그녀는 "여성의 몸은 더럽고 오염돼서 법을 담을 수 없다"라고 말하고, 곧바로 부처가 될 것이라고 선언한다. 그런 다음 남성으로 변해서 그 즉시 모든 보살행을 실행하고 부처가 된다.[17] 「위말라닷따의 물음 경」에서와 같이, 여성 부처는 임박해 보이지만, 마지막 순간에 성전환으로 인해 빼앗겨버린다.

우리가 인용한 경전들은 성별 이분법에 관한 도전의 입장이 분명하지만, 성별 차별을 약화하려는 노력과는 확실히 거리가 멀다. 어쨌든, 우리가 인용한 경전들은 여성의 재탄생을 고려한 단지 소수의 대승 경전이다. 대승 경전에서 우리가 만나는 여성에 관한 대부분의 언급은 주류 전통에서 다소 흔한 여성 혐오적인 수사를 따른다. 따라서 「밧싸의 우다야나왕 이야기 경(Udayanavatsarājaparivarta-sūtra)」은 여성의 여러 가지 단점을 나열하고 "죽은 뱀과 개도 혐오스럽지만, 여자는 그들보다 더 혐오스럽다"라고 결론을 내린다.[18] 마찬가지로, 적천(Śāntideva)의 『입보리행론』은 가장 사랑받는 대승 문헌 중 하나인데, 명상에 관한 장에는 특히 추악한 여성 신체에 초점을 맞춰 여성에 대한 혐오감을 섬뜩할 정도로 자세하게 묘사한 부분이 있다. 그것은 매력적으로 보이지만, 분석을 통해 썩어가는 뼈 주머니, 고깃덩어리, 악취 나는 오물 구덩이에다, 열렬한 추구는 고사하고 주목할 가치도 없는 것으로 이해된다.[19] 실례는 끝없이 들 수 있지만, 이로써 페미니스

17 Watson 1993, 187-88.

18 Paul 1985, 41-42.

트와 대승과는 거리가 멀다는 점을 이해하기에 충분하다. 주류 전통이
여성을 혐오하는 주된 이유는 이해하기 어렵지 않다. 그것은 뿌리
깊은 가부장제와 남성 중심주의에 뿌리를 두고 있지만, 대부분의
경전이 남성과 승려들에 의해 쓰였다는 사실에도 뿌리를 두고 있다.
그들에게 있어서 여성은 영원히 '난제'이다. 주류 전통과 마찬가지로,
여성도 분명히 여성으로서 영적 자질을 지니고 있다는 것을 대승이
인정했음을 기억해야 한다. 이 경우, 보살의 길을 닦고 영적 해탈은
이루지만, 여성의 몸으로 부처가 될 수 있을지 의문이다.

그러면, 부처는 여성의 모습일 수 있음을 확인하기 위해 우리는
밀교 전통에 기대야 한다. 거기서 증거는 분명해질 것이다. 일반적인
대승에서 금강승으로 이어지면서 폭넓은 인기를 누린 따라(Tārā) 보살
의 기원담은 그녀가 아주 오래전 쁘라즈냐짠드라(Prajñācandrā)라는
이름의 독실한 공주로 태어났다는 것을 말해준다. 그녀는 한 승려에게
남자로 태어나도록 기도하라는 권유를 받자 대답한다.

"남자나 여자 따위는 없다. 남자와 여자로 묶는 것은 공허하다.
남자의 몸으로 최상의 깨달음을 얻고자 하는 사람들은 많다. 그러
나 여자의 몸으로 존재의 목적을 달성하려는 사람들은 정말로
드물다. 그러므로 세상이 모두 비워질 때까지 나는 오로지 여자의
몸으로 존재의 목적을 이루기를."[20]

---

19 Bodhicaryāvatāra 8. 41-69, 번역: Śāntideva 1996, 91-94.
20 Beyer 1973, 64-65. 인도 전통에서 나는 추적할 수 없었지만, 수많은 티베트
학자에 의해서 회고되고 기록된다.

208

따라는 자기의 서원을 이뤘고, 그녀의 신봉자들은 그녀를 세속적 위험에서 구하는 구세주이자, 악마들과 방해하는 영혼들을 포함하여 성공적인 행위에 누가 되는 모든 장애를 없애는, 때론 평화롭고 때론 분노에 찬 제거자로 여긴다. 그녀는 또한 반야의 지혜를 여성으로 의인화한 반야바라밀에 대한 깨달음 및 본성과 동일시되어 부처의 어머니로서 숭배된다.[21] 더 중요한 것은, 그녀의 32개 이름 목록 중 첫 번째는 부처(Buddhā)로 싼쓰끄리뜨어 여성형 장음 어미이다. 다른 별칭 중에는 법신, 머물지 않는 자, 선서(善逝, Sugata)가 있다.[22]

마하요가와 요기니 딴뜨라 전통에서 여성의 이미지와 여성 인물은 매우 많다. 많은 요가 전통, 특히 『비밀집회(Guhyasamāja)』는 요기니(여성 요가수행자), 다끼니(ḍākinīs), 모신母神, 소녀 약샤(yakṣa) 등을 포함한 다양한 여신들이 등장한다.[23] 또한 붓다가 오온의 변형을 상징화한 것처럼 신체적 요소의 변형을 상징하는 만다라에서 여성 배우자와 거주하는 부처를 상정하고,[24] 밀교 수행자들과 성적 요가를 함께할 여성 배우자의 나이, 계급, 신체적 특징, 장신구 등을 아주 자세하게 묘사한다.[25] 요기니 딴뜨라는 이름에서 알 수 있듯이 여성 인물에게 훨씬 더 탁월함을 부여한다. 『짜끄라삼바라(Cakrasaṃvara, 摠攝輪)』와

---

21 Willson 1996, 101.

22 Willsom 1996, 243, 244, 245.

23 GT 14.38-47; Fremantle 1971, 93-94.

24 GT 17.71-75; Fremantle 1971, 137-138; 표는 24-25를 보라.

25 GT 15.1-18; Fremantle 1971, 95-96. 비고. HT II. 8.1-9; Snellgrove 2010, 116.

『헤바즈라(Hevajra)』 같은 곳에서는 상당히 많은 수의 여신, 부처의 배우자, 요기니가 포함되고, 교섭 상대자 역할을 하고, 그 힘 덕분에 찬양되는 다끼니는 많은 관심을 받는다. 부처의 배우자는 특히 주목할 필요가 있다. 헤바즈라의 배우자 나이라뜨미아(Nairātmyā)는 공과 지복의 결합인데, 반야바라밀과 따라처럼 실재에 대한 참된 본성의 구현으로 칭송받는다.

그녀는 문자 A로 상징된다. 깨달은 자가 그녀를 생각하는 것은 지혜와 같다. 그녀는 본성 그 자체, 위대한 지복의 신성한 요기니이다. 그녀는 만다라 전체이고, 다섯 가지 지혜를 이해한다. 그녀는 '나', 만다라의 주인이다. 그녀는 나이라뜨미아 요기니이고, 본질을 사고하는 곳이다.[26]

바즈라바라히(Vajravarāhī) 또는 바즈라요기니(Vajrayoginī) 같이 다양한 이름으로 알려진 짜끄라삼바라(Cakrasaṃvara)의 배우자는 남성 모습의 부처에게 헌신한 것과 유사하게 숭배되고, 20세기 초 인도에서 불교가 몰락하기 바로 전, 원래 쉬바(Śiva)와 관계가 있던 위대한 힌두 여신 두르가(Durgā)와 깔리(Kālī)처럼, 그녀의 남성 상대자로부터 독립하여 그녀 스스로 부처가 되었다.[27] 티베트에서 그녀는 바즈라요기니(Vajrayoginī)로 가장 널리 알려져 있고, 그녀와 관련된 수행은 모든 주요 전통에서 핵심적인 요소가 되었다. 그녀는 형성 단계와

---

26 HT II. iv. 41, 45-47; Snellgrove 2010, 104-105.

27 English 2002를 보라.

성취 단계를 통해 그녀의 모습으로 부처가 되고자 하는 수많은 수행자를 위한 중요한 명상의 신(yi dam)이었다. 만약 부처가 되지 못하면 그녀의 낙원 케짜라(Khecara)에서 다시 태어난다. 물론 그녀에게는 부처의 자격이 주어졌다.

후대 밀교 체계에서 여신의 중요성을 감안하면, 밀교의 수행을 닦은 위대한 성취자들에 관한 문헌이 중요한 시점에 수행자에게 가르침을 주는 요기니와 다끼니들의 교섭 이야기로 가득하다는 것은 놀라운 일이 아니다. 비록 대부분의 위대한 성취자들은 남성이었지만, 여성 또한 있었다. 여러 세대에 걸쳐 그녀들의 이야기와 자료들은 전해져 왔다. 중세 인도 사회와 문학의 남성 중심적 성격을 고려하면, 역사적 기록이 보여주는 것보다 분명히 더 많은 여성 성취자들이 있었을 것이다. 미란다 쇼(Miranda Shaw)는 요기니 딴뜨라가 여성들 사이에서 유래했을지 모른다고 주장하기까지 한다.[28] 그럴 수도 있고 증거가 설득력이 없어서 아닐 수도 있지만, 초기 요기니 딴뜨라『모든 부처의 합일(Sarvabuddhasamāyoga)』이 "여성은 최고의 보물, 공간의 모든 물질을 모두 즐긴다"라고 선언할 때,[29] 그리고 위대한 성취자 빠드마삼바바(Padmasaṃbhava)가 티베트 전통에서 인용된 것처럼 인정할 때, 무언가 변화했음은 의심의 여지가 없다.

깨달음을 실현하기 위한 토대는 인간의 몸이다. 남성과 여성은 큰 차이가 없다. 만약 그녀가 깨달음으로 마음을 기울여 계발한다

---

28 Shaw 1995, 특히 4-5장.

29 Gray 2011, 471에서 인용했다.

면 여성의 몸은 향상된다.[30]

이러한 문구들은 여성을 비하하지 않는 것이 중요한 밀교 서원 가운데 하나가 된 이유를 이해하기 쉽게 만들고, 마침내 후기 밀교에서 여성의 재탄생을 남성과 동등하게 두는 것처럼 보이게 한다.

그렇지만, 이렇게 다양한 인도의 '여성 찬양'이 반드시 사회 전체에서나 불교 공동체, 심지어 밀교 공동체에서 여성의 지위에 극적인 변화를 나타내는 전조가 아니었기 때문에 마지막 주의 사항이 있다. 서구에서는 종종 형이상학적 또는 존재론적 평등은(모든 사람은 동등하게 태어났다) 사회적이거나 정치적인 평등을 수반한다고 가정하지만(그래서 인종과 성별은 동등하게 대우받아야 한다), 전근대 인도에서는 대부분 그렇지 않다. 따라서 여신은 거의 이천 년 동안이나 인도 종교에서 중요한 요소가 되어 왔으며, 가끔은 남신보다 우월하게 여겨 그들보다 우선 숭배되었다. 하지만 신화, 의례, 명상 수행, 통찰적 경험에 관한 그녀들의 탁월함은 현대적 의미에서 여성을 사회적 '평등'에 더 가까이 다가가게 하는 데는 거의 도움이 되지 않았다. 신성을 여성으로 묘사하는 것은 확실히 남아시아의 종교 전통을 풍요롭게 하고, 인도 아대륙의 여성과 남성 모두에게 개인적인 의미와 영감을 제공했을 수 있지만, 성모 마리아 숭배의 발전이 기독교의 성평등을 바꾸지 못한 것처럼, 성혁명을 촉발하지 못했다. 마찬가지로, 밀교의 성적 의식에서 중요한 여성의 참여는 인도의 종교 집단에서 일반적으로 전제되지 않는 일종

---

30 Willsom 1996, 24에서 인용했다.

212

의 남성–여성 상호 관계성을 나타내는 것처럼 보일 수 있다.[31] 그러나 현존하는 문헌에서 밀교 배우자(여성)가 남성 배우자와 같은 영적 수준에 있는 경우에만 그렇게 봉사할 수 있었는지, 아니면 남성의 성장을 위한 단순한 도구로 여겼는지는 불분명하다. 만약 후자라면, 다시 한번, 양성평등의 지표 같아 보이는 것은 상당히 적어질 것이다. 그럼에도 불구하고 대승불교의 형이상학이 성별 이분법의 공함을 인식함으로써 남성과 여성을 평등하게 만들었다는 것은 의심의 여지가 없으며, 밀교의 신화, 의례, 수행, 여성 성취자들의 이야기는 불교 전통을 독해하는 현대 페미니스트들에게 그 기반을 제공한다. 그리고 오늘날, 여성과 남성이 여성의 재탄생을 소중히 여기도록 고무하고, 인도의 전근대 불교 여성이 결코 누리지 못했고 거의 상상할 수 없었던 종교 공동체에 변화를 촉발한다.[32]

---

31 이것은 Show 1995, 6장에서 주장한 것이다.
32 그렇게 해석하는 예는 Gross 1992, Klein 2008을 보라.

10장 윤회는 실재하는가? 인도불교 논쟁

지금까지 살펴본 윤회에 관한 인도불교 담론의 대부분은 윤회의 영역에 관한 기술, 망상과 업이 사후의 특정한 결과를 가져오는 방식과 관련된 주장, 연기의 요소들이 다음 생으로 이어지는 방식에 관한 분석, 대승과 금강승의 급진적 존재론과 형이상학이 주류 전통의 우주론을 훼손하지 않는다는 확신 등 서술적이거나 설명적인 것들이다. 그 대부분은 입증하려는 시도 없이 윤회의 주장이 진실하다고 여긴다.

윤회는 남아시아 사회에서 공통 기원전 1세기 중반부터 널리 주장되었지만, 초기불교에 관한 유물론적 철학자들의 설명에서 알 수 있듯이, 보편적으로 받아들여지지는 않았다. 특히 불교가 공통적으로 아트만을 부정하는 것이 사실이라면, 윤회를 내세웠던 힌두교 및 다른 학파의 일원들은 윤회는 일관성이 없는 개념이라 하여 윤회에 관한 설명을 반박했다. 그리고 그 결과, 적어도 일부 불교 사상가들은 일찍이 일반적인 윤회론과, 특히 윤회의 공식을 정당화할 필요성을 느꼈다. 그들은 영적 경험, 실용주의, 도덕적 고려, 유추, 공식적이며 합리적인 분석에 입각한 주장을 내세우면서 다양한 근거를 제시했다. 이번 장은 얼마간 연대순으로 진행하면서 평가보다는 표현에 중점을 두고 여러 주장들을 탐구할 것이다.

1. 경험적, 실용적, 도덕적, 비유적 논증

일반적으로 석가모니의 우주론과 특히 윤회의 실재에 관한 가장 기본적이고, 아마도 가장 초기의 불교의 주장들은 우리가 이전에 접한 것이다. 「두려움과 공포 경(Bhayabherava-sutta)」처럼, 붓다의 깨달음에 관한 '1인칭' 서술을 상기해보자. 붓다는 명상에 의해 획득한 반조의 힘을 통해 윤회를, 그리고 신성한 눈을 통해 결정적으로 업과 윤회의 구조 및 작용의 실재를 확신한다.[1] 「천신의 사자 경(Devadūta-sutta)」에서 더욱 명백하게, 업이 윤회로 이끄는 일반적인 방법을 설명하고 지옥에서 태어난 사람들이 겪는 고문을 상세히 묘사한 후 "나는 다른 사문이나 브라만에게서 들은 게 아니라, 내가 실제로 알고, 보고, 발견한 것들을 말한다"라고 선언한다.[2] 니까야와 아함 문헌 전체에 흩어져 있고 나중에 아비담마 전통에 의해 체계화된 그와 유사한 모든 주장은, 그 '증거'가 사물이 우주에 실제로 존재하는 방식을 붓다 자신이 직접적이고 방해받지 않는 초감각적 앎을 통해서 알았다는

---

1 M 4. 27, 번역: Ñāṇamoli and Bodhi 1995, 105-106.

2 M 130. 29, 번역: Ñāṇamoli and Bodhi 1995, 1036.

점에서, 업과 윤회에 관한 '경험적' 논증으로 간주될 수 있다. 붓다의 가르침은 "지금 여기에서 볼 수 있는 것이고, 즉시 결과를 가져오는 것이고, 와서 보라는 것이고, 향상으로 인도하는 것이며, 현자라면 경험해야 하는 것이다"라는 사실과 관련된 많은 것들이 주류 문헌에 담겨 있다.[3] 여기서 핵심적인 문구는 "와서 보라는 것"과 "현자라면 경험해야 하는 것"으로 법(dhamma)은 개개인이 수행을 통해 스스로 확인해야 하는 것임을 분명히 한다.

그런 개인적인 확인은 사물이 작동하는 방식을 탐구하는 다른 모든 방법보다 뛰어나다. 「깔라마 경(Kālāma-sutta)」에서 붓다는 올바른 행위를 확인하는 방법에 관한 질문에 다음과 같이 대답한다.

"구전 전통이라고 해서, 대대로 전승되어 온다고 해서, 성전이라고 해서, 논리적이라고 해서, 추론에 의한 것이라고 해서, 이유가 적절하다고 해서, 사색하여 얻은 견해와 일치한다고 해서, 유능한 사람이 한 말이라고 해서, 아니면, '이 사문은 우리의 스승이시다'라는 생각 때문에 따르지 말라. 그러나 '이러한 법들은 유익하고, 비난받지 않을 것이고, 현자들이 칭찬할 것이고, 전적으로 받아들여 행하면 이익과 행복으로 인도한다'고 알게 될 때 그 법들과 함께 머물러라."[4]

---

3 이 정형구는 갈애 멸진의 긴경(Mahātaṇhasakhaya-sutta) (M 38. 25), 번역: Ñāṇamoli and Bodhi 1995, 358에 나타난다.

4 A 3.65, 번역: Bodhi 2012, 281.

216

깔라마가 스스로 알 수 있게 될 것들에는 아마도 붓다가 깨달은 날 밤 이해한 우주의 구조와 작용에 관한 세부 사항들이 포함되었을 것이다. 왜냐하면 역사적인 역할 면에서 붓다는 특별한 유형의 아라한 이지만, 숙명통과 천안통을 포함한 그의 명상적 성취는 완성까지의 경로를 따라갈 수 있는 시간과 규율이 있는 사람이라면 누구에게나 열려 있기 때문이다. 따라서 "와서 보라"는 법의 초청을 수락한 모든 제자는, 그것이 선언된 것처럼 진실인지를 헌신적인 자세와 사유, 그리고 붓다가 가르친 수행을 통해 직접 경험 속에서 찾아낼 수 있다. 요컨대 누구든 올바른 불교 생활을 통해 명상 수행에 숙련되고, 붓다가 본 것을 보려 한다면, 해탈의 전망뿐만 아니라 업과 윤회의 실재를 확인할 수 있다. 우리가 신비주의라고 부를 수 있는, 평범한 사람들의 인식을 넘어선 명상 경험에 근거한 '사물의 존재 방식'에 관한 주장들이 물론 문제가 없는 것은 아니지만, 경험에 의한 논증은 과거에도 있었으며 오늘날에도 업과 윤회에 관한 믿음과 함께 불교도들이 세계관을 옹호하는 기본 방식으로 남아 있다.

그런데 형이상학과 우주론에서 초기불교가 부정한 실험적(experimental) 논증과 경험적(experiential) 논증을 혼동해서는 안 된다. 3장에서 보았듯이, 「빠야씨 경(Pāyāsi-sutta)」은[5] 죽음의 순간에 육체를 떠나는 영혼이 관찰되지 않으며 사후세계에 관해 보고하려고 죽음에서 돌아온 자는 아무도 없다고 주장함으로써 윤회를 부정하려 했던 유물론자 왕에 관한 이야기를 전한다. 불교는 한 생에서 다음 생으로

5 D 23, 번역: Walshe 1987, 351-68.

전이하는 것은 어쨌든, 의식이라고 가정한다. 의식은 개념상 비물질적이라서 관찰되지 않는다. 따라서 적어도 모든 지식은 감각적 경험으로부터 파생된다는 서구의 일반적 감각 개념 안에서 불교가 경험주의의 한 형태라는 데는 의문의 여지가 없다.[6]

「깔라마 경」에서 붓다는 직접 경험 이외에 다른 모든 지식의 원천으로서의 가치를 일축하지만, 불교 또한 초기부터 사물이 존재하는 방식에 관한 올바른 지식, 즉 바른 견해에 도달하기 위해 구전 전통, 성전의 말씀, 스승의 권위나 능력과 함께 '논리적 유추', '추론적 유추', '합리적 사고' 등을 활용했다. 『경집(Suttanipāta)』에서처럼, 잦은 논쟁을 삼가는 것을 존중한다는 표시로 붓다는 아마도 논쟁거리들을 항상 명확하게 제시하지 않았지만, 그럼에도 불구하고 초기 문헌은 업과 윤회론을 그럴싸하게 만드는 데 도움이 되는 이런저런 유형의 이성적인 논증들로 가득 차 있다. 초기 문헌에 분명하게 나타난 핵심적인 세 가지는 실용적, 도덕적, 비유적 논증이다.

해탈을 향한 진보와 실질적으로 관련이 없는 철학적 사색은 무익하다는 주장 때문에 현대 작가들은 붓다를 종종 '실용주의자'로 묘사한다. 이것이 붓다에게 적절한 호칭인지 아닌지에 관계없이, 우리가 실용적이라고 부를 수 있는 윤회의 수용에 관한 논증을 제시한 것처럼 보이는 몇 가지 경우가 있다. 가장 유명한 것은 「논쟁할 수 없는 경(Apaṇṇaka-sutta)」에 나타난다. 거기서 붓다는 다른 스승들이 업, 윤회, 인과, 무색계, 괴로움의 소멸을 부정하는 데 대하여 생각해 볼 수 있는

---

6 자야띨레께[Jayatilleke(1980, 416-76)]의 견해는 '불교 경험주의 연구'를 처음 시도한 것으로 알려졌지만, 호프만[Hoffman(1982)]은 그것을 체계적으로 폐기한다.

218

유용한 방법을 제공한다. 업과 윤회에 대한 근거는 다음과 같다.

만일 다른 세상이 없다면, 이 사람은 몸이 무너져도 충분히 안전할 것이다. 그러나 만일 다른 세상이 있다면, 이 사람은 죽은 후 몸이 무너져 궁핍한 상태, 불운한 목적지, 심지어 지옥에 나타날 것이다. 이제 다른 세상은 없다고 가정하자. 그런데, 이 사람은 지금 여기에서 비도덕적인 사람, 허무주의와 같은 그릇된 견해를 가진다. 그러나 만일 다른 세상이 있다면, 이 선한 사람은 양쪽 모두에 불운한 패를 던진 것이 된다. 왜냐하면 그는 지금 여기에서 현자들의 비난을 받으며 죽은 후 몸이 무너져 궁핍한 곳, 불운한 목적지, 파멸처, 심지어 지옥에 다시 태어나기 때문이다.[7]

붓다는 계속해서 윤회를 믿는 성향의 사람들, 그리고 업의 효능, 인과의 실재, 열반의 실현 가능성을 받아들이기 꺼리거나 받아들이려는 성향의 사람들에게도 비슷한 방법을 구사한다. 같은 맥락에서, 「깔라마 경」은 선한 길을 택한 사람이 누리는 네 가지 이익을 강조한다. 만일 다른 세상이 있다면, 그는 선처에 태어날 것이고, 다른 세상이 없다면, 지금 여기에서 행복하게 지낼 것이다. 만일 악을 행하는 자에게 괴로움이 닥치면 악행을 피함으로써 괴로움을 피하고, 악을 행하는 자에게 괴로움이 오지 않으면 그래도 정화된다.[8]

「논쟁할 수 없는 경」에서 핵심적인 문구는 '불운한 패'이다. 이것은

7 M 60.9, 번역: Ñāṇamoli and Bodhi 1995, 508.
8 A 3.65, 번역: Bodhi 2012, 283.

불확실한 제자의 접근 방식을 도박꾼의 접근 방식에 비유하기 때문이다. 이것은 다시, 불확실성에 직면해서 신의 존재에 '내기'를 건다는 프랑스의 철학자 파스칼(Blaise Pascal, 1623~1662)의 명제를 연상시킨다. 신의 존재에 우리가 내기를 걸고 경전에 규정된 방식대로 행동한다고 하자. 만약 신이 존재한다면 우리는 보상받을 것이고, 존재하지 않는다 해도 잃을 건 하나 없다. 반면에 신의 존재를 부정하는 데 내기를 걸고 부도덕하게 산다고 하자. 만약 신이 존재하지 않는다면 손해 볼 것이 없지만, 존재한다면 손해를 많이 본다. 요컨대 형이상학적 불확실성에 갇힘에 따라, 우리는 기독교의 경우 신이 존재한다든가, 불교의 경우 업과 윤회는 실재한다든가 하는 가정에 따라 행동하도록 최선을 다한다. 그렇게 하는 것은 우리를 윈-윈 상태에 놓이게 하지만, 그렇게 하지 못하면 이생에서, 만일 존재한다면 다음 생에서 모두를 잃게 되기 때문이다.

초기 문헌에서 만나는 업과 윤회의 실재에 관한 또 다른 유형은 '도덕적 정의(moral justice)' 논증이라고 부를 수 있는 것이다. 이것은 만약 우주가 도덕적으로 정의롭다면, 오로지 불교의 형이상학, 우주론, 업설만이 그것을 설명할 수 있다는 주장과 관련된다. 부정적이거나 긍정적인 형태로 진술된 그런 논증들은 경전에서 일반적이지 않지만, 『본생경(Jātaka)』과 일부 아비담마 문헌에 나타난다. 가령, 『큰 깨달음 본생경(Mahābodhi Jātaka)』에서 미래불은 몇 가지 비불교적인 도덕론을 부정한다. 그는 그것이 악에 대한 징벌을 설명하지 못하고 암묵적으로 중생이 책임질 업보를 면제하므로 도덕성을 훼손한다고 말한다. 무인론無因論은 행위와 결과 사이의 연결을 파괴하므로, 일원론은 개인으로부터 신으로 도덕적 책임이 전가되므로, 그리고 신이 만든 우주에서 악의 현전은 그가 무능하든가 아니면 악이라든가 하는 의미이므로 부정되었다. 무인론, 일원론처럼 결정론과 물질론, 인도식 마카아벨리즘 또한 개인으로부터 도덕적 책임을 없애고 우주로부터 정의를 제거하기 때문에 부정되었다.[9] 그와 유사한 맥락에서, 세친은 그의 『성업론(Karmasiddhiprakarana)』에서 만일 윤회나 이전이 존재하지 않는다면, 그리고 만일 재생연결식에 의해 동종 계열이 뒤따르지 않는 임종시의 의식이라면, 행위와 결과 사이의 관계는 끊어질 것이라고 주장한다. 여기 좀 더 긍정적인 내용이 있다.

> 만일 전이가 존재한다면, 여기서 이루어진 행위와 그 결과 간에 관계가 있고, 행위와 그 결과 간의 관계는 방해받지 않을 것이다. 따라서 행위와 그 결과 간의 관계를 보장하기 때문에 아주 분명하게 윤회는 존재한다.[10]

플라톤주의자, 기독교도, 무슬림, 힌두교도, 그리고 기타 종교인들의 논증처럼, 이러한 불교의 논증은 모두 (a) 우주에는 도덕적 정의가 있고, (b) 개인의 도덕적 책임을 요구하는 정의는 의미가 있으며, 사후세계가 존재한다는 것을 전제로 한다. 물론 불교의 사상가들은 도덕적 책임과 사후세계가 불교적 범주와 인과론에 따라 독특하게 작동하는 업과 윤회를 토대로 설명될 때만 그런 정의가 가능하다고

---

9 Jayatilleke 1980, 410-11.

10 『성업론』 XVII.1, 번역 Lamotte 1988, 78.

덧붙일 것이다. 왜냐하면 『본생경』에서 주장한 것처럼 다른 모든 이론은 부족함이 있기 때문이다.

불교 문헌에는 비유, 은유, 유추가 많은데, 이들의 용도는 논증적이라기보다 설명적이다. 형이상학에 관해서라면 그러한 이미지들은 어느 정도 논증적 기능을 수행한다고 말할 수 있다. 우리 자신의 경험에서 끌어낸 일상적인 사례가, 인식의 범위를 넘어선 형이상학적 사실이 실제로 어떻게 그럴듯하게 들리는지 이해하는 데 도움이 될 수 있다는 점에서 그렇다. 업과 윤회에 관한 주장은 확실히 형이상학적이며, 그것을 방어하거나 옹호하려 할 때 불교의 사상가들은 종종 비유에 의지했다. 비유적 추론으로 가장 유명한 경전은 4장에서 언급한 빠알리 『밀린다왕문경(Milindapañhā)』인데, 이것은 불교 승려 나가세나(Nāgasena)와 인도-그리스 왕 밀린다(Milinda) 간에 대화로 이루어져 있다. 왕은 나가세나에게 다양한 불교 교리와 수행의 측면에 대해 상당히 많은 양의 질문을 하고, 나가세나는 거기에 답변하기 위해 자주 비유를 든다. 당연히 업과 윤회도 그중에 있다. 윤회의 성격을 묻는 왕의 질문에 나가세나는, 마치 망고를 먹은 사람이 그 씨앗을 심고 그것이 자라서 나무가 되며 나무가 씨앗을 생산하는 식으로 망고나무의 이어짐이 끝이 없는 것처럼, 여기서 죽은 존재가 어딘가에 태어나고 거기서 죽어서 또 다른 곳에 태어난다고 설명한다.[11] 다시 태어날 사람은 자신이 다시 태어날 것을 알고 있는지에 대한 그의 질문에 나가세나는 마치 농작물을 심고 비가 내리는 것을 본 농부가

---

11 MP III. 6.9, 번역 Rhys Davids 1963, I. 120.

222

농작물이 경작되었음을 알게 되는 것과 같다고 대답한다.[12] 반대로,
나가세나는 자신이 다시 태어나지 않을 것이라는 사람의 지식을,
농부가 파종과 추수를 중단하고 곡물창고가 더 이상 채워지지 않을
때 "곡물창고를 채우는 가깝고도 먼 조건들이 중단된 것"이라고 아는
농부의 지식과 비교한다.[13] 「바드라빨라 장자의 질문 경(Bhadrapāla-
śreṣṭhiparipṛcchā)」으로 알려진 대승 경전 또한 비유적인 논증을 사용
하는데, 주로 마음의 본성과 기능, 특히 죽음의 시간과 관련된 설명을
한다. 바드라빨라가 어떤 의식이 윤회하고 또 어떻게 다시 태어날
수 있는지 묻자, 붓다는 그에게 눈에 보이지 않기 때문에 의식의
성격과 기능은 식별하기 어렵다고 말한다. 그렇지만,

"의식은 움직이고 돌고, 이전하고 소멸하고, 바람처럼 오고 간다.
바람은 색이나 모양이 없고 눈에 보이지 않지만, 사물을 일으키고
휘저어 다양한 형태를 만들 수 있다. 의식은 색깔, 모양, 빛이
없고, 분명히 나타날 수 없다. 적절한 원인과 조건이 충족되어야
다양한 기능을 발휘하며, 중생이 죽으면 의식과 함께 요소들은
모두 몸을 떠난다. 그와 마찬가지로 아름다운 꽃 위를 바람이
지나도 꽃은 그대로 있지만 향기는 멀리 퍼진다. 물질인 바람은
아름다운 꽃의 향기를 취하지 않는다. 바람 때문에 우리는 바람의
영향을 보고 느낀다. 바람의 힘은 향기를 멀리 그리고 널리 퍼뜨
린다."[14]

12 MP III. 5.9, 번역 Rhys Davids 1963, I. 113.
13 MP II. 2.2, 번역 Rhys Davids 1963, I. 65-66.

경전은 계속해서 마음의 본성과 기능을 설명하기 위해 다양한 비유를 든다. 가령 의식이 다른 몸으로 옮겨가는 것을 거울에 갑작스럽게 비친 얼굴과 기수의 말 바꾸기에, 신체 내 마음의 위치에 대한 불확실성을 임산부가 새로 태어날 아기의 특성을 잘 모르는 것에, 세상에 영향을 미치는 마음의 힘을 꼭두각시 인형을 조종하는 인형 조종자의 의식에, 그리고 의식에 대한 업의 영향을 고운 버터에 허브를 주입하는 것 등에 비유한다.[15] 『밀란다왕문경』과 마찬가지로, 「바드라빨라 장자의 질문 경」은 윤회에 관한 공식적인 변론의 틀을 잡으려는 것이 아니라, 단순히 우리가 그것을 이해하는 방식을 설명하는 데 도움이 될 수 있는 비유를 제공하는 것이다. 그래서 더 쉽게 그것을 받아들이게 된다. 그런 의미에서 비유를 던지는 것은 아주 최소한의 논증 전략이다.

2. 합리적 논증: 용수, 법칭, 적호

방금 인용한 경험적, 실용적, 도덕적 정의, 그리고 비유적 논증들은 모두 형식적인 증명 같은 것은 시도하지 않지만 대체로 철학적이거나 합리적인 방식으로 불교의 업 종말론의 진실을 변론한다. 붓다가 깔라마에게 논리적 추론, 비유적 추론 또는 논리적 사고를 고려하지 말라고 경고했음에도 불구하고, 불교 사상가들은 우주론에 엄격한 형식적 증거를 제시했다.

8장에서 본 것은 『회쟁론(Vigrahavyāvartanī)』의 70게송에 대한 용수

---

14 Chang 1983, 224-25.
15 Chang 1983, 225-32.

224

의 주석에서 그가 한 주장이었는데, 거기서 공空과 연기는 상호 교환할
수 있으므로 공은 모든 타당한 세속적 관습이 정말로 타당하다는
것을 보증한다. 그중에는 사성제四聖諦의 진리, 업과 윤회의 실재,
영적 수행의 다양한 결실과 함께 특정한 형이상학적 주장뿐만 아니라
일상적인 인식과 지식에 기초한 주장들도 있다. 용수의 주장은 매우
독창적인 데다 공의 가르침이 전혀 허무하지 않다는 것을 공고히
했지만, 불교도든 아니든 독자들은 그의 주장이 의존적으로 발생한
세속적 관습의 타당성을 보장하는 반면, 특정한 의존적 발생의 사례에
대해서는 아무것도 보장하지 않는다는 것을 분명히 인식했을 것이다.
용수는 타당한 세속적 관습은 실제로 공으로 보장된다고 논증하면서도
불교의 세속적 관습의 타당성을 위한 논증을 펴지는 않고 단순히
가정만 한다.[16] 특히 형이상학, 우주론, 종말론의 영역에서 타당한
세습적 관습에 대한 사상은 인도의 철학적 환경에서 논쟁의 여지가
없었으며, 불교도들은 유물론자, 자이나교, 다양한 힌두교 학파에
이르기까지 다른 전통의 구성원들과 교류했기 때문에 용수를 넘어
불가피하게 마음과 삶, 우주에 관한 특정한 전망을 적극적으로 방어해
야만 했다.

　　그러한 방어의 몸짓은 세친과 무착, 중관 철학자 제바(Āryadeva,
2~3C)와 청변(Bhāviveka, 6C)을 포함한 많은 1세기 초 사상가들의
저서에 단편적으로 발견되지만, 불교 세계관에 대한 체계적인 방어가
이루어진 것은 1세기 후반부였다. 5장에서 불교 인과론의 논의 중

---

16 이에 관한 논의는 Jackson 1985를 보라.

언급된 법칭(Dharmakīrti, 7C)은 그러한 방어론자였다. 인식적 권위, 특히 지각과 추론, 합리적인 논증 방식에 관한 정교한 분석을 특징으로 하는 수준 높은 인도불교 논리적 인식론의 전통을 창시한 법칭은 보통 진나(Dignāga, 6C)의 수제자로 간주된다. 법칭의 저서 대부분은 그 문제에 관한 자기의 생각을 펴는 데 주력하고 있다. 초창기에 쓴 그의 가장 영향력 있는 저술『양평석(Pramāṇavārttika)』은 4장 중 3장을 자기를 위한 추론과 타인을 위한 추론, 지각에 관한 기술적인 논의에 할애한다. 많은 불교 전임자와 달리, 그는 신비로운 경험, 실용적 고려, 이상적인 도덕적 정의, 유추 등을 자기 주장의 근거로 삼지 않고, 오히려 일반적으로 수용되는 세상에 관한 관찰에 근거한 논리적 주장을 토대로 자기의 주장을 펼치려 한다. 당대 인도 철학 학파들이 일반적으로 받아들인 형식적 추론 방식을 적용하면서 그는 인식론적으로 부처를 신뢰할 수 있다고 주장한다. 왜냐하면 (a) 부처는 완전한 깨달음을 얻었고, (b) 깨달음을 토대로 그가 가르친 사성제는 진실하기 때문이다. 그 과정에서 법칭은 전근대 불교도가 제안했던 윤회에 관한 가장 정교한 논리적 방어의 틀을 잡았는데, 오늘날에도 여전히 많은 사람들이 이를 지지한다.

법칭의 저술에서 도입부는 진나(Dignāga)『집량론(Pramāṇasamuccaya)』1절의 전반부이다. 이것은 부처의 존재를 전제로 (1) 인식론적 권위자가 된 사람, (2) 자비로운 사람(세상의 안녕을 바라는 사람), (3) 스승, (4) 선서善逝, (5) 구원자 또는 보호자에게 경의를 표한다.[17]

---

[17] Steinkellner 2005, 11.

법칭의 저술은 이 다섯 개의 별칭 중 첫 번째를 부처에게 적절히 적용하고, 나머지 네 개의 별칭은 자기 주장에 대한 논리적 근거가 되는 285개의 단일 논증 구절이다. 논증은 실제로 두 개의 상이한 단계로 진행되고, 각 단계는 한 장(chapter)의 절반 정도를 차지한다. 순차적 설명 체계에서, 부처의 자비심을 기반으로 스승이 되고, 잘 가고(선서), 구원자가 된다고 논증한다. 다른 말로 하면, 붓다는 능력이 있고 시간이 지남에 따라 완전한 자질을 계발할 수 있었기 때문에 깨달은 존재가 되었다. 역순적 설명 체계에서, 인식론적 권위자로서 부처의 지위는 그가 진리를 말하는 구원자라는 사실을 통해 먼저 확립되며, 그 결과 틀림없이 잘 가시고, 스승이시며, 자비로워야 한다. 다른 말로 하면, 그가 가르친 사성제는 명백히 참이기 때문이다. 법칭은 그의 저술 두 곳에서 윤회를 옹호하지만, 가장 정치한 논증은 순차적 설명 체계에서 펼쳐진다.

법칭은 신선하고 모순되지 않는 인식으로서 인식적 권위의 개념을 상정하고 옹호함으로써 '인식적 권위의 증명' 장을 시작한다(1-6절). 그런 다음, 그의 전체 논증의 논리적 논제 "석가모니는 인식론적 권위자이다"를 역설한다(7a절). 그리고 자기에게 귀속된 영속성 때문에 힌두 니야야(Nyāya) 학파에 의해 상정된 창조주 신(iśvara)은 인식론적 권위로 인정될 수 없을 뿐만 아니라, 존재하지 않는 것으로 간주해야 한다는 것을 증명한다(7b-28절). 반면에, 부처는 해탈의 길에서 피해야 할 것과 해야 할 일을 아는 덕분에 인식적 권위를 갖게 되었으므로 영적 문제에 대해 신뢰할 수 있는 것으로 정당하게 간주될 수 있다(29-33절). 부처의 신뢰성을 자기의 논제로 세우고, 법칭은 34절에서 "그 증거는 반복된 훈련에서 생기는 자비심이다"라고 말한다. 유물론자일 가능성이 높은 적대자는 반대한다. "마음이 몸에 의존하기 때문에 그것은 증명되지 않는다." 법칭은 그에게 대답한다. "그렇지 않다, 우리는 그러한 의존성을 부정한다."[18] 이 간결한 대화 뒤에 숨겨진 논리는 이렇다. 만일 자비, 지혜, 능력, 기타 긍정적 자질들이 붓다의 자비, 지혜 등이 되도록 반복적인 훈련을 통해 가능한 최고 수준으로 연마해야 한다면, 그러한 자질들이 짧은 생애 동안 계발되는 것은 불가능하다. 불성의 성취는 여러 생, 즉 윤회의 존재를 요구한다. 그러나 유물론자들의 주장처럼, 마음이 전적으로 몸에 의존한다면 몸이 죽을 때 마음은 중단되며, 반면에 마음과 몸이 독립적인 것으로 나타날 수 있다면, 죽음으로부터 마음의 생존은 보장될 수 있기 때문에 윤회의 실재는 마음-몸의 문제에 관한 논의에 달려 있다.

이어지는 85절(34-119)에서 법칭은 몸에 대한 마음의 의존성과 관련된 유물론적 증거를 타파하고 윤회를 받아들이기 위해 마음이 몸에서 충분히 독립적이어야 한다는 것을 증명하는 복잡한 논증을 전개한다. 여기서 간략하게 요약한다.[19]

법칭은 마음이 몸에 완전히 의존하므로 죽음으로부터의 생존은 불가능하다는 유물론자들의 주장에 수반된 부조리를 지적한다. 만일 그것이 사실이라면, 몸이 있는 한 마음은 존재해야 한다. 그 결과

---

18 Nagatomi 1957, 41; Franco 1997, 159. 이 장의 모든 번호 매기기가 서로 일치하는 것은 아니다.

19 더 확장된 논의와 번역은 Nagatomi 1957(싼쓰끄리뜨에서); Jackson 1993(티베트어에서). Franco 1997(싼쓰끄리뜨에서)을 보라.

마음은 시체 속에 있어야 한다. 역으로, 가마를 구운 불을 꺼도 가마는 사라지지 않는 것처럼 몸의 제거는 마음의 파괴를 수반하지 않는다. 유물론적 입장에서의 또 다른 부조리는 마음이 몸을 주요 원인으로 삼는다면 몸의 모든 변화는 마음에 상응하는 변화를 가져와야 한다고 법칭은 말한다. 그러나 마음은 호흡, 여러 감각 기관의 기능, 또는 팔다리의 사용과 같은 물리적 과정이 심각하게 손상된 경우에도 완벽하게 잘 유지될 수 있기 때문에 우리는 몸의 변화에 따라 마음이 바뀌지 않는다는 것을 알고 있다. 법칭이 사용하는 더 전문적인 용어를 빌리자면, 물질적인 것은 정신적인 것의 실질적인 원인이 될 수 없다. 왜냐하면 실질적인 원인은 변형될 때 (씨앗이 싹이 되는 것처럼) 실질적인 결과가 되기 때문이다. 그래서 몸-마음의 관계에 대해서는 말할 수 없다. 몸은 마음의 필수 협력 조건, 즉 (식물의 성장을 위한 습기나 햇빛처럼) 그것이 없으면 결과를 낳을 수 없는 보조 조건이 될 수 없다. 다양한 정신적 특성은 신체적 과정의 변화에 자동으로 수반되지 않는다는 것이 분명하기 때문이다.

  법칭의 윤회에 관한 긍정적 논증의 핵심은 동질적 원인, 즉 동일한 유형의 일반적인 원인 개념을 환기하는 데 있다. 동질적 원인의 일반적인 예는 사과 씨이다. 사과 씨는 반드시 망고, 파파야 등 다른 나무가 아닌 사과나무를 생산할 것이다. 같은 이유로, 법칭은 육체적인 것만이 육체적인 것에서 나올 수 있고, 정신적인 것만이 정신적인 것에서 나올 수 있다고 말한다. 왜냐하면 각기 하나의 본질(vastu)이지만, 그 유형이 너무 달라 실질적 원인과 결과 또는 특수한 보조 조건과 결과로 연결될 수 없기 때문이다. 그들을 극적으로 다르게 만드는 것은, 마음은 본질적으로 비물질적이고 인지적이며, 몸은 물질적이고 감각적이라는 것이다. 그는 몸, 감각, 그리고 다양한 물리적 과정이 마음에 영향을 미친다는 것을 인정하지만, 정신에 영향을 미치는 것은 불가능하다고 생각한다. 그런 의미에서, 그는 상호작용적 이원론을 제안한다. 이것은 몸이 마음에 미치는 영향, 그리고 그 반대의 경우도 인정하며, 가장 깊은 차원에서 몸과 마음은 서로 다르고 분리될 수 있다고 주장한다. 실제로, 죽을 때 서로 분리되어 몸은 썩어 없어지고 마음은 새로운 존재로 넘어간다.

죽음과 윤회의 기제는 우리가 인용한 다른 저술들에서 더 상세히 탐구되고 있다. 그런데 법칭은 만일 마음이 마음을 실질적 원인으로 삼는다면, 이번 생의 첫 번째 의식의 순간, 즉 입태의 순간에는 분명히 같은 유형의 인과 사건이 선행되므로 이전 순간의 마음에 의해, 그리고 그 순간은 필연적으로 전생의 마지막 순간의 마음이었을 것이라고 평석함으로써 과거생과 미래생의 가능성을 수립한다. 같은 순서로 다시 진행할 때, 또 다른 생이 우리의 전생에 앞서 무한정 있었다는 것을 신속히 깨닫게 된다. 그래서 윤회 그 자체인 연속적인 우리의 삶은 시작이 없는 것으로 밝혀졌다. 이번 생의 마지막 마음의 찰나는 다음 생의 첫 마음의 찰나에 직접 선행하는 실질적인 원인이라서 내생 또한 가능해진다. 그러나 내생에 관한 주장은 제한적이다. 즉, 집착심, 더 넓게는 해탈하지 못한 마음일 때만, 주어진 생의 마지막 마음의 찰나는 다음 생의 첫 번째 마음의 찰나로 이어질 것이다. 법칭에 의하면, 만일 누군가 이번 생에 아라한이 된다면, 그의 마지막 마음의 찰나에는 윤회에 필요한 조건, 즉 무지와 갈애가 사라지므로 후속 사건은 없을 것이다. 따라서 윤회가 지속되는 동안 무지와 갈애는 끝이 없다.

이것이 법칭의 핵심적인 주장이다. 그는 일단 확정 짓고 나면, 반복적인 연습을 통해 자비와 다른 자질을 증가시킬 수 있는 여러 삶이 존재하더라도, 그런 자질들은 부처가 되는 데 필요한 정도로 계발될 수 없다는 결론에 대한 이의를 제기하고 반박한다(120-131절). 달리는 능력은 1마일을 뛸 수 있을 정도로 개선될 수 있지만, 끓는 물은 그 밑의 불꽃이 계속 켜져 있지 않으면 어쨌든 끓지 않을 것이다.

법칭의 답변은 몸과 마음 사이의 실질적인 차이에 대한 그의 초기 논의와 일치한다. 그는 그 두 가지 예 모두 물질을 기반으로 하므로 정신적 자질의 계발에 적용할 수 없다고 언급한다. 따라서 각각의 새로운 달리려는 시도는 처음부터 다시 시작해야 하지만, 연민, 지혜, 그리고 다른 긍정적인 정신적 자질들은 항상 새로 시작할 필요 없이 서로를 기반으로 더 높은 단계로 나아갈 수 있다. 그와 마찬가지로, 두 번째 예, 즉 끓는 물은 안정적인 기반이 없어서 사라질 운명이지만, 불교의 길에서 계발하는 긍정적인 정신적 자질은 무아처럼 우리와 모든 것이 실제로 존재하는 방식에 관한 안정적인 명상적 수준을 달성하는 데 확고한 기반이 된다. 그의 주장처럼(205-209절), 마음은 본래 깨끗하고 깨어 있어서 진리를 드러낸다. 진리에 대한 인식은 그 반대의 것으로 대체될 수 없다. 따라서 긍정적인 정신적 자질은 실제로 안정적이고 무한히 개발될 수 있으므로 영적 해탈은 가능하다. 윤회의 실재와 해탈의 가능성에 관한 법칭의 주장은 인도불교 사상가들 사이에 큰 영향을 미쳤는데, 그들은 그와 관련해서 상세하게 논평했으며, 종종 자신의 단독 저술에 논증의 요소를 빌리기도 했다. 그중 가장 중요한 것은 8세기 거장 적호(Śāntarakṣita, 725~788)가 쓴 3,646절의 「땃뜨바상그라하(Tattvasaṃgraha)」이다. 이것은 다양한 비불교 학파들의 철학적 주장을 검토하고 비판한다. 순세파(Lokāyata)의 물질론 편은 법칭이 100년 전에 주장한 핵심적인 주장들을 대부분 개작한 것이지만, 법칭이 상정한 것 이상으로 거기에 전생의 존재를 받아들이는 또 다른 이유는 배고픔, 좌절, 사랑, 증오 등 광범위한 욕망, 감정 및 정신 상태를 나타내는 신생아의 행동 때문이라는 제안을 새롭게 더한다. 적호는 말한다. 감정 및 정신적 상태는 이전의 습관과 반복을 통해 일어날 수 있지만, 그들은 새로 태어난다.

> 현생에서 습관과 반복은 전혀 없다. 그들의 태어남은 무엇을 원인으로 하는가? 만일 다른 생이 없다면, 현생에 나타나는 이러한 감정은 과거에 비슷한 감정이 습관적으로 나타났던 힘을 통해 드러나는 것으로 간주해야 한다.[20]

적호는 그의 주장을 다른 예로 넓히지는 않지만, 특정 어린이가 보여주는 특이한 음악적 재능이나 전생의 사건을 기억한다는 진술과 같이 그도 분명히 그럴 수 있었다. 그런 과정이 없더라도 그의 주장은 우리가 이전 존재에서 알고 있던 것을 '잊지 않는' 과정을 통해 현재의 삶에서 무언가를 알고 배운다는 생각, 즉 『메논(Meno)』과 『파이돈

---

20 Tattvasaṃgraha 1939-41절, 번역: Jha 1986, II, 930.

232

(Phaedo)』에서 플라톤의 상기설을 연상시킨다. 이런 점에서 두 개의 위대한 업 종말론, 즉 인도와 플라톤 철학 사이의 미묘하지만 중요한 연관성이 있다.

3. 자아 없는 윤회

불교 사상가들은 형이상학적 유물론자들의 틀에 박힌 사고에서 나온 회의적인 공격에 대응하여 윤회론의 대부분을 구성했지만, 업과 윤회의 실재를 받아들인 힌두교와 자이나교 학파들로부터는 계속해서 공격받았다. 그들은 기본적으로 영원한 자아를 부정하는 불교가 업과 윤회를 불가능하게 하거나 무의미하게 만든다고 주장했다. 그들이 부정하는 것은 이렇다. 만일 무아라는 개념이 무상이라는 사실에서 연역된다면, 그리고 무상함은 한 순간에서 다음 순간까지 개인의 연속적인 정체성의 부재를 수반한다면, 다른 영역에 환생해서 현생의 '내'가 지은 행위의 결과를 경험하는 것은 물론이거니와, 어떻게 불연속적인 '나'가 현생에서 일관성을 유지한다고 말할 수 있는지 의문이 든다. 불교적 관점에서라면, 한 사람은 죽고 다른 사람은 다시 태어나며, 한 사람은 행동을 취하고 다른 사람은 그 결과를 경험한다고 말해야 할 것이다. 이것은 남아시아 전통에서 폭넓게 수용하는 업 종말론 전체는 물론, 개인의 정체성과 도덕적 책임을 조롱하는 것이다. 이런 것들이 우리에게 "그래서 뭔가요?"라고 묻게 한다면, 인도 철학 학파에서 자아에 관한 논쟁은 단순한 학문적 훈련과는 거리가 멀다는 것을 기억해야 한다. 가령 대부분의 힌두 학파는 영적 자유(mokṣa)가

자아(ātman)나 진아(眞我, puruṣa)에 대한 인식 및 동일시 없이는 불가능하다고 주장하지만, 불교는 역으로 자아나 진아의 궁극적 비실재성에 대한 깨달음이 없으면, 윤회의 그물에 걸려들게 만드는 갈애와 집착을 어리석게 계속 일으킬 것이라고 역설한다. 따라서 무아론이 업과 윤회를 불가능하게 하거나 무의미하게 만들지 않는 법을 설명하려는 불교의 시도는, 고전적인 자아-표현과 자아-방어의 핵심적인 요소이다. 교리의 형이상학적 일관성을 방어하기 위해 불교도들은 두 가지 중요한 비유적 논증과 현상학적 논증을 사용했다. 그것을 간단히 소개한다.

앞서 설명한 비유적 논증과 마찬가지로, 무아의 교리를 업과 윤회의 실재와 조화시키려는 시도는 보이지 않는, 아마 볼 수 없는 형이상학적 과정을 실증하기 위해 일반적으로 수용되는 세간적 표현을 사용한다. 이전과 마찬가지로, 『밀란다왕문경』은 암시적인 비유가 가장 풍부한 초기 문헌이다. 밀란다왕은 그의 대화 상대자에게 묻는다. "태어난 자, 나가세나는 같은 존재로 남아 있는가, 아니면 다른 사람이 되는가?" 나가세나는 "같은 사람도 다른 사람도 아니다"라고 대답한다. 그런 다음, 성인이었던 사람은 유아 때와 같으면서도 다르다고 주장함으로써 이 명백한 역설을 설명한다. 추가적인 두 가지 예를 통해 그것은 더 분명해진다. 즉, 해질녘에 켜져 밤새 타오르는 등불, 그리고 소에서 추출한 우유가 차례로 응유, 버터, 버터기름으로 변하는 것이다. 한밤중에 마지막으로 본 불꽃은 처음 본 불꽃과 같지 않지만, 어떤 의미로는 그것의 연속이다. 그와 마찬가지로, 소에서 추출한 우유를 마지막으로 정제한 버터기름은 우유와 같지 않지만, 그것과 연속체로 존재한다.

234

나가세나는 "바로 그렇기 때문에 사람이나 사물의 연속성이 유지된다. 하나는 생기고 다른 하나는 사라진다. 말하자면 윤회는 동시다발적이다. 따라서 동일하지도 다르지도 않은 사람은 자의식의 마지막 단계로 나아간다"라고 대답한다.[21]

나가세나는 또한 도덕적 문제에 직면한다. 다시 태어나는 것이 정확히 무엇인지 밀란다왕이 묻는다. 그는 '명색名色' 또는 정신과 물질, 즉 오온이며, 다시 태어난 명색은 죽은 것과 같지 않지만, 새로운 명색이 생기는 것은 이전의 업을 통해서라고 대답한다. 왕이 묻는다. "그러나 새로운 존재가 악업에서 벗어나는 것은 아닌가?" 나가세나는 "벗어난다"라고 대답한다. 하지만 그것은 오직 아라한의 경우에 한해서이다. 해탈하지 못한 사람의 경우, 다시 태어났다는 사실 자체가 업에서 아직 벗어나지 못했다는 신호이다. 이것을 설명하기 위해, 나가세나는 다른 자의 망고를 훔친 혐의로 체포된 남자가 자신이 훔친 망고는 원래 주인이 심은 망고가 아니라고 주장함으로써 결백을 호소하는 사람을 포함한 몇 가지 비유들을 더 든다. 겨울에 온기를 위해 들판에 불을 지폈는데 그 불이 들판 전체를 태운 뒤 체포된 남자, 식사를 하려고 집에 등불을 켰는데 그 등불이 결국 온 마을을 태워 붙잡힌 남자, 남편이 여행 중일 때 그자의 아내를 탐해 간음죄로 기소된 남자. 그 모든 경우, 이전 사건과 이후 사건 간에 존재론적 차이를 주장하는 것은 용납될 수 없다. 왜냐하면 심어진 망고와 도난당한 망고, 온기를 위한 불과 들판을 집어삼킨 불, 식사용 램프와 마음을

21 MP II. 2.1, 번역: Rhys Davids 1963, I. 63-65.

태운 램프, 남편과 결혼한 부인과 간음자에게 빼앗긴 부인 사이에 충분한 연속성이 존재하기 때문이다. 각각의 경우, 왕은 법적 소송을 누구에게 유리하게 결정할 것인지 묻고, 원고를 지지할 때마다 매번 질문을 받는다. 나가세나는 "그와 마찬가지로, 죽음으로 끝나는 명색과 다시 태어나는 명색은 다르다. 그러나 그것은 첫 번째 사람의 결과이므로 악행에서 완전히 자유롭지 못하다"라고 말한다.[22] 이러한 비유들을 통해, 『밀린다왕문경』은 무아의 교리가 개인의 정체성이나 도덕성을 훼손하지 않는다는 것을 그럴듯하게 입증한다.

불교 사상가들이 사용하는 문제에 대한 다른 접근 방식은 궁극적인 차이 안에서, 특히 한 생에서 다음 생으로 나아가는 사이에, 상대적인 동일시를 유지함에 따라 실제적인 과정을 현상학적으로 상세히 설명하는 것이다. 우리는 아비담마 문헌에서 많이 발견되는 이러한 유형의 설명들을 이미 5장에서 기술했지만, 힌두교도, 자이나교도 등이 제기한 관점에서 불교도들은 지속적인 개인의 정체성을 부정하면서 업과 윤회의 수용을 정당화한다는 것을 간략하게 재검토할 것이다. 불교도들은 윤회가 일어나는 방식, 정확하게 한 생에서 다른 생으로 넘어가는 것에 관한 기술적인 설명에 의견이 분분하다는 것을 인정하지만, 다음의 기본적인 주장들은 공리로서 받아들인다. (1) 복합적인 모든 현상은 영원하지 않다, (2) 모든 내외적 현상에는 자아가 없다, (3) 세상이 작동하는 방식은 연기법을 통해 가장 잘 설명된다, (4) 업과 윤회는 특별하고, 종말론적으로 중요하며, 의존적 발생을 구체화한

---

22 MP II. 2.6, 번역: Rhys Davids 1963, I, 71-75. Collins 1982, 185-88의 논의를 보라.

것이다.

종종 '원인'이나 '현상'으로 번역되는 싼쓰끄리뜨어 다르마(dharma)는 불교의 형이상학을 이해하는 열쇠이다. 왜냐하면 그것은 초기 전통부터 존재의 기본 요소, 환원 불가능한 실재의 구성요소, 말하자면 불교의 '어휘집'이었기 때문이다. 여러 불교 학파는 다양한 방법으로 다르마를 열거하고 체계화했는데, 거의 모든 목록에는 네 가지 물질적 요소, 오온, 감각적 영역, 다양한 종류의 선과 불선, 중립의 정신적 상태, 명상적 중지처럼 비조건적 현상, 공간, 열반 등을 포함하는 경향이 있다. 다르마는 다양한 유형의 원인과 조건을 통해 의존적으로 연결된다. 그 목록과 정의는 학파마다 다르지만, 원인과 조건은 세상이 작동하는 방식을 설명하는 핵심적인 원리이다. 모든 조건지어진 다르마가 무상無常으로 특징지어진다는 것은 자명한데, 이 역시 어떤 종류의 '자아'나 영구적이고 고유한 정체성의 부재를 의미한다. 무상과 무아에 대한 불교의 주장은 순간에서 순간으로든, 한 생에서 다음 생으로든 개인의 정체성, 기억, 도덕적 책임, 영적 진보에 관한 설명을 불가능하게 한다는 취지로 비불교 학파들의 비판을 받았다. 무상과 무아론이 세상에 관한 일관된 설명을 제공하는 데 제기되는 도전을 인식하고, 불교도들은 무상에 관한 다양한 사고방식들을 고안해 냈다.

초기 주류 학파에서 두 개의 주요한 무상론이 대두되었다. 세친의 『구사론』에 나타난 실재론자 설일체유부는, 사실 다르마는 영원하지 않지만 다르마의 매 순간은 식별할 수 있는 발생, 지속, 쇠퇴 및 소멸의 순간으로 나눌 수 있다고 주장한다. 그렇지만 경량부는, 세친이 『구사론』 주석에서 밝힌 바와 같이, 설일체유부의 설명이 무한 회귀로 이어진다고 지적한다. 왜냐하면 순간을 구성하는 각 하위 순간은 발생, 유지, 쇠퇴 및 중지로, 그리고 각 하위 순간의 하위 순간 또한 발생, 유지, 쇠퇴 및 중지로 무한히 세분되어야 하기 때문이다.[23] 그와 대조적으로, 보편적인 수용은 아니더라도 일반적으로 받아들여진 경량부의 관점은, 부처가 모든 다르마의 무상함을 주장했을 때는 단지 다르마의 근본적인 무상함, 즉 생겨나서, 상상할 수 있는 가장 짧은 시간 동안 머물다 사라짐을 의미했을 뿐이라는 것이다. 사실상 다르마는 거의 동시에 발생하고 소멸하며, 세상에 존재했다고 말할 수 있는 흔적을 남길 만큼만 머문다. 경량부의 철저한 무상론은 후기 불교도들이 가장 널리 채택했기 때문에, 그들이 개인의 정체성, 기억, 도덕적 책임, 영적 진보가 여전히 의미 있는 이유를 설명하려 했던 것은 바로 이러한 이론적 맥락에서였다.

천년에 걸쳐, 인도 불교도들은 대개 연속성, 특히 윤회가 가능한 방식을 설명하기 위해 다르마로 분류는 되지만, 항상 그렇지 않은 다양한 개념들을 개발했다. 상좌부는 바왕가(bhavaṅga), 글자 그대로 '존재의 토대' 또는 거기에 상상이 더해져 마음의 근원적 명석함이나 순수성과 연관된 '존재의 근원적 흐름'이라는 요소를 묘사했다. 바왕가 의 주요 기능은 의식의 순간이 멈췄을 때 그것을 대체하는 것이 살아 있는 동안에, 그리고 결정적으로 죽음과 윤회의 순간에 모두 동일한 연속체에 존재하는 의식임을 보장하는 것이다.[24] 설일체유부는 '득(得, prāpti)'이라 불리는 마음과 관련 없는 구성요소를 상정했는데, 이것은

---

[23] AkBh on AK 2.45c-46b, 번역: La Vallée Poussin 1988, I, 238-47.
[24] Collins 1982, 238-47.

특정한 정신적 연속체 내의 정신적 사건이 한 순간에서 다음 순간으로 진행되고, 특정한 행동을 수행한 사람은 현생이나 내생에 그와 합당한 결과를 낳으리라는 것을 보장한다.[25] 모든 인도불교 학파 가운데 유명한 것 중 하나인 뿌드갈라학파(Pudgalavāda)는 영원한 것도 영원하지 않은 것도 아닌 '사람(pudgala)'을 상정하고 그 비영구성 덕분에 순간순간의, 그리고 삶에서 삶으로의 연속성을 보장할 수 있었다.[26] 결국 대승의 유가학파는 저장식(알라야식)을 상정했는데, 이것은 감각적 의식과 고통받는 왜곡된 마음뿐만 아니라, 일종의 물질적 세계의 기저이자 근원적인 역할을 담당했다. 유가학파의 관점에서 개별 중생의 정신적 연속체에 순간과 순간, 그리고 생과 생에 연속성을 제공하는 것은 저장식이다.[27]

연속성을 보장하는 요인들에 관한 기능적 설명은 그것을 상정한 학파 내에서 정교한 수준으로 발전했지만, 그것이 무상과 무아의 공리를 위반하지 않는다는 것을 보여주기 위해 고된 노력을 기울였다. 그런데도 철학적 뒷문을 통해 모든 조건지어진 다르마의 철저한 무상성 또는 순간성이라는 불교의 기본 주장을 생략해서 자아에 몰래 잠입하려 기획했다는 다른 불교도들의 비판에는 개방적이었다. 우리는 여기서 불교 내부의 비판들을 검토할 수 없지만, 이유는 다르더라도 철저한 무상성을 가장 일관되게 지지한 것은 경량부와 중관학파였다는 점에 주목할 것이다.

---

25 AK 2.36b-40, 번역: La Vallée Poussin 1988, I, 206-19.
26 AkBh의 9장의 논의를 보라. 번역: La Vallée Poussin 1988, IV, 1313-42.
27 Waldron 2003.

자연적 과정에 대한 경량부의 관점은 세친과 법칭에 의해 서로 다른 방식으로 표현된다. 경량부는, 철저한 무상성의 결과 중생의 정신적 연속체의 한 순간과 다음 순간 사이에, 그리고 한 생과 다음 생 사이에 실질적인 연속성은 없으므로 정체성은 완전히 허구라는 것을 흔쾌히 인정한다. 그러나 어떤 순간적인 마음이나 물질적인 사건은 그 다음 순간 그것과 거의 정확히 들어맞는 복제물이 뒤따르기 때문에 사물은 부서지지 않는다. 이것은 깜박이는 순간마다 일종의 관성력, 즉 뉴턴의 제1운동 법칙을 연상시키는 방식으로, 전진하는 추진력이 존재하기 때문에 다른 힘이 작용하지 않는 한, 같은 연속체 내에서 다음 순간은 이전 순간에서 순차적으로 이어진다. 따라서 망치로 부수지 않는 한 항아리의 순간은 또 다른 항아리의 순간으로 이어질 것이다. 반면에 존재를 향한 갈망, 즉 자기 영속성의 욕망이 남아 있는 한, 한 순간의 내 마음은 또 다른 순간의 내 마음으로 이어질 것이다. 아라한처럼 욕망이 사라지면 '나의' 정신적 연속체는 끊어질 것이다. 그들의 철저한 입장에도 불구하고, 다른 학파들처럼 경량부는 주로 경향, 성향, 인상 등으로 번역되고 어원학적으로 향기의 개념과 관련된 훈습(vāsanā)을 통해 연속성을 이해하도록 돕는 그들만의 방식을 제공한다. 따라서 번뇌가 파괴되어 그 기반이 잠식될 때까지 매 순간의 마음은 과거의 어느 시점에 확립된 경향으로 향기를 풍길 것이다.

존재론적, 인식론적 논박에 치중했기 때문에, 용수 자신을 포함한 많은 초기 중관학파는 무상과 무아 또는 공을 배경으로 세상이 작동하는 방식을 긍정적으로 설명하는 데는 크게 관심을 두지 않았다. 그렇지만, 용수는 모든 실체와 개념의 본성으로서 공을 상정하는 과정에서 공의 반대가 연기이며, 연기는 일반적인 인과론의 형태나 12개의 고리와 같은 특수한 형태로, 세상과 그 안에 존재하는 우리의 삶을 가장 적절하게 설명할 수 있다고 분명히 주장한다. 그 이상으로 가는 것이 현명하지 않다고 생각했던 것 같아서, 그가 어떻게 무상을 분석했는지 또는 무상과 공에 직면해서 상대적인 연속성은 어떻게 유지되는지 정확하게 알 수 없다. 결국 자립논증파 혹은 자율론자로 규정된 후기 중관학파는 때때로 다른 학파에서 관습적으로 사용하는 표현에 의존한 것이었다. 따라서 청변(Bhāviveka, 500~578)과 지장(Jñāna-garbha, 8C) 같은 인물들은 관습적 실재에 관한 설명을 구성하는 데 경량부의 관점을 취하지만, 적호(Śāntarakṣita)와 연화계(Kamalaśīla)는 관습적 세상을 분석하는 데 유가학파의 용어를 채용했다. 한편, 나중에 귀류논증파 또는 결과론자라 불렸을 불호(Buddhapālita, 470~550)와 월칭(Candrakīrti, 600~650), 적천(Śāntideva)과 같은 중관학파는 의존적 기원이 실제로 작동하는 방식에 관한 용수의 애매모호한 입장을 따랐으며, 절충된 세속적 관습과 상대적인 진리를 동일시하는 데 만족했다. 그 어느 것도 궁극적 관점에서 분석을 지속할 수 없는 것이며, 어쨌든 심도 있게 조사할 만큼 가치가 있지 않다.

분명히 말하자면, 여기서 인용한 설명과 해설 그 어느 것도 법칭이 제안한 윤회의 완전한 '증거'에 해당하지 않는다. 그 대신, 각자의 방식으로 무상과 무아라는 사실이 개인의 정체성, 기억, 도덕적 정의, 윤회를 배제하지 않는다는 것을 보여주고, 아비담마식 분석을 통해 흄(David Hume, 1711~1776)과 파르피트(Derek Parfit, 1942~2017) 등 서구 철학자들의 방식으로 '물질-언어'에 의존하지 않아도 실재에 관한 긍정적인 설명의 틀이 또한 동일성, 기억, 정의, 윤회를 설명할 수 있다는 것을 보여주려 한 것이다. 이러한 설명 중 어느 것이 아주 만족스러운지는 불교도와 비불교도들 모두에 의해 많이 논의되었으며, 현 상황에서 우리가 결론을 내릴 문제는 아니다.

11장 불교의 전파와 상좌부불교의 윤회관

윤회에 관한 불교 담론의 주요 방향은 남아시아 전통에 의해 설정되었지만, 수 세기에 걸쳐 후원이 축소되고 불교 사원은 터키계 무슬림 침략자들이 일으킨 갑작스러운 무력으로 13세기경 오늘날의 인도, 파키스탄, 방글라데시에서 대부분 사라졌다. 그들은 1192년부터 인도 북부를 휩쓸었고, 불교 사원을 포함한 갠지스 평원의 모든 우상 숭배 사원들을 파괴했다. 소수의 저항군이 인도 북부의 고립된 지역에서 승려 생활을 지켰으며, 불교 전초 기지가 남부에서 한동안 번창했으나 상대적으로 미미했다. 20세기가 되어서야 인도 본토에서 불교는 문화 세력으로서 제 역할을 재개할 수 있었다. 그동안 다르마는 육지와 바다를 통해 아시아의 다른 많은 지역으로 전해졌으며, 인도에서 불교의 쇠퇴가 곧 전통의 종말을 의미하지는 않았다. 1,300년간의 세계 불교 지도는, 본 나무는 사라졌으나 그것이 서 있던 공간은 죽은 어머니 나무가 오래전에 내보낸 뿌리에서 자라난 자손 나무가

244

둘러싼 곳으로, 남아시아 반얀 숲의 조감도를 떠올리게 할 것이다.

인도 밖 불교가 퍼지는 곳마다 승려와 전법사들은 발전된 인도의 경전, 지적 전통, 이야기, 그림, 유물, 의례 등을 가지고 거의 모든 측면에서 이질적인 일련의 사상과 관행, 제도를 다양한 문화에 선보였다. 거기에는 재가자들의 공덕과 영적인 노력에 영감을 주고 구원자의 역할을 할 수 있는 부처와 보살의 그림, 승가의 이상 및 구조와 생활 방식, 고전적인 불교의 기념물, 사리탑, 마법적 주문에서 대중적 의례와 고급 명상에 이르기까지 모든 사람을 위한 다양한 종교적 기법 등 불교의 우주론과 형이상학, 특히 윤회 종말론이 포함되었다. 아시아에서 불교가 전파되는 곳마다 불교의 우주론과 종말론은 특히 강력하고 설득력이 있는 것으로 정평이 났으며, 불교를 종종 장례 종교로 희화할 정도로 불교 수행자들은 대개 죽음, 장례, 내세와 관련된 문제의 탁월한 전문가로 여겨졌다. 물론 훨씬 더 많았지만, 아시아 전역에서 성공을 거둔 것은 수행자들이 명백히 죽음학과 마법학에 능통한 것과 무관하지 않았다.

1. 인도 밖 불교의 확장

지나친 단순화의 위험을 무릅쓰고, 인도 밖으로 확장한 불교의 역사를 세 개의 큰 물결로 나누어 볼 수 있다. 전설에 따르면, 첫 번째 물결은 공통 기원전 3세기 마우리아 왕조 아소까(Aśoka) 왕의 재위 기간에 시작되었다. 그는 서북 중앙아시아로 전법사를 파견했는데, 거기서 다르마는 천 년간 번성했다. 또한, 자신들의 조상을 인도 북부에서 찾는 싱할라(Sinhalese) 원주민들에게 가르침, 즉 사싸나(sāsana)를 심으러 승려인 자기의 아들과 딸을 남쪽 스리랑카로 보냈다. 아소까 후손들의 노력은 싱할라왕의 개종으로 이어져 중북부 수도 아누라다푸라(Anuradhapura)와 그 주변에 사원이 세워지고 '장로들의 교리'를 옹호하는 것으로 알려진 초기불교 학파가 득세했다. 싼쓰끄리뜨어로 스타비라와다(Sthaviravāda), 빠알리어로 테라와다(Theravāda, 상좌부)는[1] 그 사상과 수행의 뿌리를 빠알리(Pāli) 경전에 둔다. 스리랑카에서 상좌부는 성쇠를 겪었지만(대승불교와 밀교가 오래 번성했던 기간이 있었다), 12세기에는 패권적 형태가 되었고, 마침내 그 지역권에 사는 버마, 크메르, 타이, 라오스 민족 간에 지배적인 종교가 되었으며, 일부 베트남과 말레이시아에도 뿌리를 내렸다. 싱할라족처럼 각 지역의 문화는 복잡한 종교사를 갖고 있지만, 오늘날에는 무엇보다 빠알리 경전을 고수함에 따라 서로 결속되어 테라와다 나라라 불리고 있다.

두 번째 물결은 1세기와 2세기에 시작되었는데, 부분적으로 북인도 쿠산왕조 카니시까(Kaniṣka) 왕의 후원 아래 이미 불교의 영향권 아래 있는 인도 아대륙에서 중앙아시아로, 동쪽으로는 중국으로 이어지는 무역로를 따라 불교 비구와 비구니들을 북쪽으로 보냈다. 다양한 불교 전통은 물질문화와 함께 인도와 중앙아시아에서 중국으로 전해졌다. 여러 나라 언어에 능통한 중앙아시아 학자들의 도움으로 중국인들은 방대한 양의 인도불교 문헌을 한문으로 번역해서, 학식 있는 불교도들이 볼 수 있도록 권위 있는 경전군을 제공했다. 시간이 흐르면서

---

1 그 전통은 최근에 '테라바다'로 지정되었는데, 그것을 옹호하는 자들은 테라바다를 가리켜 보통 '가르침'이라 부른다.

대승 경전 전통은 중국에서 8세기 동안 약간의 밀교가 추가되면서 주류 학파보다 더 우세해졌다. 중국의 불교도들은 인도의 선례들을 존중했지만, 천태, 화엄, 정토에 기반한 학파들과 주로 명상에 비중을 둔 선불교를 포함해 자기들만의 전통을 발전시켰다. 동아시아의 중요한 문명국가인 중국은 다른 지역으로 문화적 영향력을 넓혔다. 그래서 5세기 후반 불교가 한국, 일본, 베트남에 전해졌을 때 한문으로 번역된 인도불교 경전과 중국의 여러 교리적 학파를 포함해 중국에서 발전한 전통들과 경전들을 중요하게 여기는 경향이 있었으며, 중국인들과 마찬가지로 그 지역의 불교도들은 그들만의 독특한 형태로 불교 이론과 수행을 발전시켰다. 기원후 천 년 동안의 두 번째 발전은 인도양의 해상로를 따라 캄보디아, 말레이반도, 인도네시아 군도에 대승불교를 수출한 것이다(인도 선원들도 중국으로 향했다). 캄보디아에서 대승불교는 13세기에 상좌부가 올라갈 때까지 힌두교의 양식과 함께 번성해서 앙코르와트 사원과 같은 걸작을 남겼다. 말레이반도와 인도네시아 군도에서 대승불교는 20세기 초 이슬람교가 상륙할 때까지 유지되었으며, 자바섬의 보로부드르(Borobudur)의 대탑 같은 장관을 세상에 남겼다.

세 번째 물결은 티베트 중부의 얄룽(Yarlung) 계곡에서 온 일련의 왕들이 그 지역에서 전쟁 중인 부족을 통일하고 티베트 제국을 열었던 7세기로 거슬러 올라간다. 그들은 이웃 나라에 군대와 특사를 파견하고, 사상과 수행의 통합체로서 불교와 불교문화에 대한 수입을 특징으로 한 티베트인의 '문명화 프로젝트'에 착수했다. 중국불교와 인도불교 모두 초기 티베트 다르마의 발전에 중요했지만, 인도의 영향은 8세기 후반에 대두되었다. 그래서 티베트인들은 동부 이웃이 아닌 북인도로 부터 히말라야산맥을 거쳐 온 경전을 수입해서 번역했다. 중국에서처럼, 반입된 문헌과 전통들에는 여러 주류 학파와 일반적인 대승불교의 학파들이 포함되었지만, 8세기와 12세기 사이 인도불교는 중국인에게 영향을 준 것보다 밀교의 색채가 더 강했기 때문에 밀교는 티베트에서 우세해졌다. 따라서 티베트불교가 2세기 동안 몽골, 라다크, 부탄, 시킴 및 다른 아시아 내륙 지역으로 전파되고 청나라(1644~1911) 조정에도 영향력을 행사했을 때, 그들에게 전해진 다르마의 형태는 티베트어로 번역되고 뚜렷하게 티베트인들의 여과기를 통해 검증되었기 때문에 후기 인도 대승불교의 밀교적 색채가 가미된 것이었다.

이번 장과 다음 두 장에서 불교가 전파된 중요한 장소에 각별한 주의를 기울이면서 상좌부 나라 스리랑카, 동아시아 중국, 내륙 아시아 티베트, 이들 세 아시아 불교 문화권에서 윤회가 그려지고 묘사된 방식을 간략히 살펴볼 것이다. 그 전에, 불교 사회의 '세계적' 문제 대 '지역적' 문제에 대한 약식 기술이 필요해 보인다. 인도에서 불교는 지역마다, 학파마다, 문헌자료마다 상당한 차이를 보이는 가지각색의 전통이었지만, 남아시아의 규범적 불교를 특정 담론, 의례적 관행, 제도화한 구조, 이상적인 사람이나 사회의 이미지에 의해 통합된 것으로 규정하는 것은 부당하지 않다. 그런 의미에서 한 장소와 시간에서 다른 장소와 시간으로 이어지는 불교적 '상상'이나 불교적 '미학'은 존재한다.[2] 이 상상 또는 미학의 핵심적인 요소는 오베예세케레

---

2 불교적 상상에 관해 Collins 1982, 2006을 보라.

(Obeyesekere)가 불교의 업 종말론이라 부르는 것, 즉 행위, 과보, 윤회의 관점에서 가장 잘 이해되는 우주론에 관한 전망과 설명이다. 불교가 주로 엘리트에 속한 승려들에 의해 한 문화에서 다른 문화로 번역되고 전달됨에 따라, 불교적 상상이나 미학의 통일된 특징 또한 대부분 전달되어, 다양한 '지역적인' 변화가 울려 퍼지는 '세계적인' 불교의 주제를 제공하는 데 기여한다. 따라서 업과 윤회의 개념은 거의 모든 전근대 불교문화에서 공리적인 것으로 간주되지만, 불교의 성공은 변함없이 인도의 사상과 관습이 인도 아닌 환경에서 이해되고 매력적으로 다듬어질 수 있는 정도에 달려 있으므로, 각 문화의 불교도들은 인도에서 직접 왔든 다른 불교문화의 중재로 왔든 그들이 받은 규범적이고 세계적인 전망에 그들 자신의 강조점, 미사여구, 지역적 감각 등을 가미했다. 불교의 업 종말론을 다양한 문화에서 수용하고 해석하는 데 있어서 중요한 변수는 한편으로 그 문화 자체에 이미 깊숙이 박혀 있는 상상, 미학, 오랫동안 확립된 일련의 사상, 제도들을 소유한 정도이며, 다른 한편으로 신봉자들을 얻기 위해 불교가 적용해야 했던 관행들의 정도 혹은 문화와 정치는 아직 형성 단계에 있었고 불교를 활용해서 민족, 제도, 언어, 사회, 종교적 정체성을 구현한 정도이다. 이 경우는 적응보다 적용의 방식을 더 많이 포함하고 있었다. 적용과 적응 중 하나에 정확하게 들어맞는 문화는 없지만, 한족 사회는 주요한 측면에서 불교가 적응해야 했던 오래된 문화의 대표적인 예라고 말해야 타당할 것이다. 반면에, 스리랑카의 싱할라족과 내륙 아시아 고원의 티베트인들은 불교에 의해 심오하게 형성된 문화였으며, 불교의 이념과 실천을 전적으로 적용하는 경향이 있었다. 하지만 불교는

결코 문화적 백지 위에 각인되지 않기 때문에 이 지역의 불교도들
역시 기존의 사회적, 문화적 요건에 적응해야만 했다. 그렇지만 인도에
서 거의 공식화된 것처럼 업과 윤회는 모든 전근대 아시아 불교문화에
서 받아들여졌다. 다음 논의에서는 공식화에 추가된 지역적 강조,
미사여구, 변형에 주로 초점을 맞출 것이다.

2. 스리랑카의 예

스리랑카의 싱할라족, 미얀마의 버마인, 캄보디아의 크메르인, 라오
스와 타이의 라오스인과 타이인들은 상좌부 불교를 받아들인 '적용문
화'에 속한다. 그 점에서 불교는 다르마를 받아들이는 민족 집단의
일관된 정체성을 계발하는 데 구조적인 영향을 미쳤다. 물론, 모든
경우에 이미 여러 문화적 전통이 작용하고 있었기 때문에 불교를
전파하는 사람들은 여전히 현지의 관념과 규범에 따라 설득력 있고
이해할 수 있게 다르마를 만드는 과업을 떠안았지만, 대부분의 경우
불교적 이념과 실천은 지역 집단의 정체성에 중요한 요소가 되었다.
그래도, 지역의 역사와 세력은 주어진 상좌부 환경에서 불교에 의해
수용된 형태를 분명히 정하는 데 도움을 주었고, 또 그로 인해 각
'나라의' 상좌부는 인도 전통뿐만 아니라 다른 상좌부 문화 전통에서
벗어난 요소들도 도입했다. 다음은 스리랑카의 예이다.
　우리가 알고 있는 대부분의 고대 스리랑카 역사는 섬 전역에 흩어져
있는 다양한 고고학적 유적지를 통해 추정되는데, 이는 원주민, 남인도
인, 북인도인을 비롯한 다양한 민족들이 교차하는 지점에 초기부터

스리랑카가 있었다는 증거를 보여준다. 우리가 소유한 문헌 증거들은 상좌부의 승원, 아누라다푸라(Anuradhapura)의 대사大寺에서 저명한 승려들이 지은 연대기의 형태로 상당히 후대에 나온 것들이다. 특히 『대사(大史, Mahāvaṃsa)』는 살아생전에 붓다가 스리랑카를 방문한 것, 붓다가 입멸한 해 싱할라족의 북인도 조상 비자야(Vijaya)가 스리랑카 섬에 상륙한 것, 아소까왕의 재위 기간 동안 불교의 체제가 확립된 것, 두탕가미니(Duṭṭhagāmini) 사후 아누라다푸라에 거대한 사리탑을 건설한 것 등을 말해준다.[3] 처음부터 스리랑카에는 상좌부, 대승, 밀교뿐만 아니라 토착 종교와 여러 힌두 전통, 특히 타밀(Tamil)의 수행자들이 동시에 거주했다는 사실에 주목해야 한다. 이슬람교는 10세기 후반에 침투하기 시작했고, 더 나중에는 포르투갈, 네덜란드, 영국의 식민 지배자들이 다양한 형태의 기독교를 섬에 들여와 현대 스리랑카에서 볼 수 있는 풍부한 민족적, 종교적, 언어적 복합물을 만들어냈다.

따라서 상좌부불교가 스리랑카에서 가장 초기의 불교 형태이고 12세기 이후 지배적이었지만, 섬에서 발견된 상좌부의 우주론과 종말론이 빠알리 경전에 나타난 것과 똑같은 복제품이라고 생각하는 것은 잘못일 것이다. 우리가 본 것처럼, 그 자체가 항상 일관성이 있는 것은 아니며, 승원을 위한 것이든 재가자를 위한 것이든 항상 '실제의 삶'으로 해석되지 않는다.

확실히 모든 상좌부 지역에 대한 빠알리 경전의 영향력을 고려할

---

3 Geiger 1986.

때, 오도五道나 육도六道 윤회의 영역에 관한 전망과 업이 연료를 공급하는 윤회에서 열반에 도달할 때까지 다른 생으로 오랫동안 힘겹게 나아가는 중생의 과정은 모든 스리랑카 불교도가 적용한 규범적 관점이지만, 사실 다른 불교 전통과 불교 외부로부터 영향을 받아 복잡해진다. 실제로 고대, 중세, 현대 스리랑카 불교 사원 단지는 모두 외부로부터 영향을 받았다는 증거를 간직한다. 고고학자들은 폐허가 된 거대한 북중부 수도 아누라다푸라(Anuradhapura)와 폴론나루와(Polonnaruwa)에서 힌두교 쉬바(Śaiva) 사원의 유적을 발굴했으며, 14세기 섬 여러 곳에 세워지기 시작한 사원들은 일반적으로 상좌부 외의 다양한 신들을 신성한 경내로 병합하는 양식을 보여준다. 거기에는 섬의 수호자라 불리는 힌두교 신 비슈누(Viṣṇu)를 비롯하여 대승불교의 관세음보살 형태인 나타(Nātha), 토속 신앙의 기원일 수 있는 태양신과 산신 싸만(Saman), 남인도 출신의 여신 빳뜨니(Paṭṭnī), 힌두교 전생신 까따라가마(Kataragama)의 스리랑카판 스칸다(Skanda) 또는 까르띠께이야(Kartikeyya), 무서운 여신 깔리(Kālī), 악마 후니얌(Hūniyam), 서사시 라마야나(Rāmāyaṇa)의 스리랑카계 악당 라바나(Ravaṇa)의 고결한 형제인 비비사나(Vibhiṣana)가 포함된다.〔여성 보살 따라(Tārā)와 여성으로 의인화한 지혜의 완성 반야바라밀 또한 나중에는 아니지만 1세기 대승이 꽃필 때 숭배된 것으로 보인다.〕그중 일부는 다른 신들의 효용이 없어짐에 따라 중요해졌기 때문에 시간이 지나면서 상대적 탁월함에 변화는 있었지만, 그들 모두 스리랑카 불교의 우주론, 예술, 의례에서 중요하게 묘사된다. 의례의 영역에서 고전적인 사례는 중부 고원 도시 캔디(Kandy)에서 매년 여러 날

252

간 열리는 축제 에쌀라 뻬라헤라(Esala Perahera)이다. 달라다 말리가와
(Dalada Maligawa) 사원 인근에 보관된 붓다의 치아 사리는 무용수,
음악가, 그리고 붓다를 비롯한 주변 신전의 나타, 비슈누, 까따라가마,
빳뜨니 등 다른 신들을 모시는 신도들과 함께 화려하게 장식된 코끼리
등 위에서 거리를 행진한다.[4] 신들의 중요성은 상좌부 이념의 중심에
있는 기이한 역설에서 비롯된다. 물론, 붓다는 모든 존재 중 가장
위대했지만, 반열반에 도달한 덕분에 적어도 원칙상 윤회에서 영원히
벗어났다. 그리고 그 결과, 영감을 주는 그의 사례, 그가 남긴 경전,
그가 설립한 승가에서 주는 가르침과 공공 서비스를 제외하면 우리를
지원할 실질적인 힘은 없으며, 국가적, 지역적, 개인적 비중과 관계없
이 분명히 세속적 문제를 도울 수 없다. 스리랑카 불교도들이 거대한
세속적 힘을 비슈누와 나타 같이 국가를 보호하는 강력한 신들로부터
다른 신들, 가령 빳뜨니와 까따라가마처럼 건강, 안녕, 재산에 즉각적
인 영향을 미칠 수 있는 신들, 그리고 삶에 손해를 끼치고 때로는
그들을 지배했으며 일상을 되찾기 위해 달래야만 했던 무수한 이름
없는 악마들에게 부여했던 것은 그런 공백을 메꾸기 위함이었다.[5]
인도에서처럼, 붓다의 부재는 경전이 우리를 믿게 하는 것만큼 완벽하
지 않다고 해야 한다. 왜냐하면 다른 곳과 마찬가지로 스리랑카에서도
석가모니의 권능 중 어떤 것은 그를 기리는 탑에 보존된 유물과 사원에
서 발견된 그의 형상에 남아 있다고 말하기 때문이다. 실제로 모든
스리랑카 의례 중 가장 인기 있는 것 중 하나인 빠리따(paritta) 보호

4 Holt 2017, 67-130.
5 이런 전개는 Gombrich and Obeyesekere 1988을 보라.

의식은 붓다의 형상에 실을 연결한 다음 회중 위로 감아서 그들 각자에게 일종의 영적인 책무나 축복을 부여하는 행위와 함께 승려들이 마법 같은 강한 힘을 가진 빠알리 경전을 암송하는 특징이 있다.

이런 '실용적인' 변형이 있었는데도 규범적 인도불교의 우주론과 종말론은 오랫동안 스리랑카 승려와 재가자들 모두를 지배해 왔으며, 특히 전근대 시기에 천국과 지옥 및 다른 윤회계와 그곳의 거주자들은 인간이 속한 더 넓은 기세간器世間의 일부로 당연하게 여겨졌다. 윤회의 현실과 우리가 다시 태어날 영역들은, 『배고픈 귀신 이야기(Peta-vatthu)』와 『천궁 이야기(Vimānavatthu)』를 포함한 빠알리 경전에서 선별된 경전들에 대한 암송과 주석을 통해서뿐만 아니라, 초승달과 보름달이 뜨는 날에 독실한 신도들에게 승려들이 전하는 업과 윤회에 관한 설법, 그리고 각각의 처벌과 그것을 초래하는 악행들을 진지하게 연결지으며 지옥의 고문을 소름 돋도록 상세하게 묘사한 사찰 벽화의 제작을 통해서 다양한 방식으로 강화되었다. 보다 긍정적인 기록, 붓다의 전생담 『자따까(Jātakas)』는 설법과 승원 예술의 중심을 이루는 동시에 업과 윤회론을 강화하고, 재가자와 승려에게 모든 삶의 방식과 상황을 통해 보살의 노력을 모방하고, 다양한 미덕을 완성하여 깨달음에 이르도록 영감을 불어넣는다. 특히 전근대 시기 명상은 거의 독점적으로 승려에게만 주어졌으므로 재가자는 현생에 아라한이 될 수 없다고 생각했지만, 계율을 성실히 지키고 아낌없이 승가에 기부하면(혹은 더 높은 곳에 태어나고자 하는 의도를 갖고 임종을 맞이하면)[6] 내생에 인간이

---

6 Gombrich 1991, 254-63.

나 신으로 태어나 거기서 영적 훈련에 더 유리한 위치에 놓일 것이
보장되었다. 공덕은 또한 붓다의 보리수와 그 나무에 산다고 여겨지는
신들에게 바치는 보디 푸자(bodhi Pūjā) 같은 의식을 통해서도 계발된
다. 의식이 끝나면 참가자들은 축적된 공덕을 신들에게 옮기려고
기도한다. 앞서 보았듯이, 이런 이전은 업론에 비추어 불가능하지만,
그 자체로 유덕하고 이타적인 의도를 표명한 것이므로 선행을 옮기려
는 사람에게 공덕은 있다.[7] 공덕의 이전 개념은 스리랑카 불교의 장례식
과 그 후속 의식에서도 나타나는데, 그 모든 것은 승려가 주관한다.[8]
장례식에서 고인의 친척들이 무상을 관조하고 승려들에게 의복을
바친 후 접시 위에 놓인 컵에 주전자의 물을 넘칠 때까지 붓는 동안
승려들은 빠알리 경전의 구절들을 암송한다.

높은 땅에 떨어진 물이 낮은 곳으로 흐르는 것과 같이,
여기에 주어진 것은 고인에게 귀속된다.
흐르는 강물이 바다를 채우듯,
여기에 주어진 것은 고인에게 귀속된다.[9]

마찬가지로, 장례식 후 3일이나 일주일 후에 고인을 위해 설법하도
록 승려를 초대한다. 그는 적절한 주제에 관해 설법을 할 것이며,
설법이 끝나면 참석자들이 지은 공덕이 고인에게 이전된다. 또한

7 Gombrich and Obeyesekere 1988, 384-410.
8 Gombrich, 1991, 265-84; Kariyawasam 1995, 42-45.
9 Kariyawasam 1995, 43-44.

공덕의 이전은 보통 장례식 3개월 후에 열리는 '고인의 이름으로 드리는 기부'라는 이름의 자선 의례에서 핵심적인 부분이다. 한 사람이 어디에서 다시 태어났는지 아는 것은 불가능하지는 않지만 어렵다. 상좌부의 경우 환생은 죽은 직후에 일어난다. 이러한 장례식의 전제는 고인이 배고픈 아귀로 다시 태어났을 수 있으므로 더 나은 환생으로 이동하기 전에 음식을 제공하고 위로해야 한다는 것이다.[10] 학자들이 관찰한 바와 같이, 이것은 고인에게 음식을 베푸는 것을 포함하는 힌두교의 슈랏다(śrāddha) 의식과 매우 유사하다. 상좌부에서 아귀계는 대부분의 다른 불교 학파들이 죽음과 다음 윤회 사이를 중재하기 위해 설정한 중간상태를 대신하는 것 같다. 상좌부에서 열반은 윤회로부터의 완전한 자유로 정의되며, 아라한을 목표로 한 소수의 비구나 비구니들은 도덕성이 자유를 위한 필수 조건이기는 하나, 정신적 고요함(samatha)과 통찰 명상(vipassanā)의 숙련도 필요하므로 충분조건은 아니라는 것을 인식했다. 고요함은 단일한 내외적 대상에 대한 집중을 통해 달성된다. 여기에는 호흡, 붓다의 형상, 몸의 다양한 부분, 원반형, 전 우주의 모든 존재로 확장되는 것을 상상하는 자慈·비悲·희喜·사捨의 사범주 또는 사무량심 명상을 포함한다. 물론 이것은 불교의 우주론 안에서 오도五道나 육도六道 윤회에 관한 이해를 수반하며, 그러한 영역에서 윤회로 이끄는 건전하거나 불건전한 행위에 관한 보충적인 성찰 또한 포함할 것이다. 주지하듯이, 고도의 집중 상태는 전생에 대한 기억과 중생의 윤회를 결정하는 업의 작용에 관한 투시력 같은

---

10 Kariyawasam 1995, 44-45.

256

신통력으로 자연스럽게 연결된다. 통찰은 '사물이 존재하는 방식'에 관한 지적이고 경험적인 조사를 통해 얻어진다. 이것은 처음에 정신적, 신체적 사건의 출몰에 대해 현재 순간에 집중된 순수한 알아차림과 관련되지만(이것은 현대 '마인드풀니스 운동'에서 대부분 강조하는 통찰명상의 측면이다), 더 큰 맥락에서 신체, 감각, 생각에 대한 '즉각적인 경험'은 사성제, 12연기, 또는 무상과 무아 등 '존재의 특징' 같은 일반적인 범주를 통해 걸러진다. 마음과 물질에 대한 상세한 묘사는 아미담마에서 볼 수 있다. 아비담마는 철학적 경향의 사람들에게 윤회의 영역과 업의 기능에 관한 설명을 포함해 사람과 사물이 존재하지도, 영원한 자아를 소유하지도 않는데 어떻게 '작동하는지'에 관한 세밀한 분석을 제공했다.

　마지막 단락과 관련한 중요한 경고는 언급할 가치가 있다. 스리랑카와 그 밖의 지역에서 상좌부의 이상은 아라한으로 남아 있지만, 우리가 사는 시대의 타락이 현재로서는 누구도 완전한 자유를 얻을 수 없게 만드는데, 이런 상황은 꽤 오랫동안 획득된 것이라고 규범적 전통 내에서 주장된다. 모든 사람이 이것을 받아들이는 것은 아니지만, 아라한이 있을 수 있다고 믿는 사람들도 진정한 아라한은 자신이 아라한이라고 주장하지 않을 것이고, 우리처럼 평범한 사람들은 어떤 성취를 이룬 비구나 비구니, 또는 재가자의 행동에서 그들이 완전한 자유를 얻은 존재일 수 있다고 추정만 할 뿐 영적 성취가 부족한 우리로서는 그것을 확신할 수 없다는 것을 인정해야 한다. 왜냐하면 불교에서는 항상 "하나를 알기 위해서는 하나가 필요하다"라는 격언이 있기 때문이다. 이것이 이번에는, 숭고한 마음의 상태를 성취하는 것 대신에, 윤회로부터의 자유가 진정으로 상좌부 불교도를 위한 선택인지, 아니면 최근에 어느 때 선택되었는지 의문을 남긴다.

3. 상좌부 나라에서 여성

초기불교 및 대승불교와 관련이 있으므로 여성의 윤회에 관한 스리랑카 상좌부의 관점을 간략히 살펴보겠다. 스리랑카 사회는 북인도 전통과 남인도 전통의 영향이 강한 인도 사회이므로 대부분 가부장제이다. 다른 인도불교처럼, 상좌부 또한 가부장적이며, 세상에 관한 전망과 학문은 대체로 남성 중심적이다. 따라서 여성의 본성, 적절한 사회적 역할 및 영적 잠재력에 대한 스리랑카 불교의 가정은 대부분 상좌부의 규범적 관점과 일치한다. (a) 여성의 본성은 대부분 성적 관심, 정서적 불안정, 교묘한 속임수로 정의된다. (b) 그들의 적절한 사회적 위치는 가정 내에 존재한다. (c) 남성과 마찬가지로 그들 또한 아라한은 될 수 있지만, 결코 붓다가 되기를 바랄 수는 없다. 여성이 아라한이 될 수 있다는 주장은 붓다 당시로 거슬러 올라가는데, 가장 중요한 문제에서 여성을 남성과 거의 동등한 위치에 둔다. 하지만 보통 승원 생활이 해탈에 이르는 유일한 길은 아니더라도 주된 길이라고 여겼기 때문에 스리랑카 비구니들은 강력하고 잘 지원되는 교단을 이루는 것이 중요했을 것이다.

비구니 교단의 전통은 아소까왕 때 스리랑카에 들어왔다고들 하지만, 거기서 번성한 것 같지는 않고, 10세기 후반 남인도의 침략으로 혼란한 시기에 섬에서 자취를 감췄다. 여성은 금욕적인 승원 생활을

258

할 수 있었고 또 종종 그랬지만, 20세기까지 재가 여성이 승원에 합류하는 것은 닫혀 있는 선택지였다.

물론 「장로니게송(Therīgāthā)」에 보이는 초기 인도 비구니들의 노래와 이야기에서든, 마하쁘라자빠띠(Mahāprajāpatī), 비싸카(Viśā-khā), 웃따라(Uttarā) 같은 인도의 위대한 비구니와 재가 여성들의 삶과 행위를 싱할라어로 개작한 이야기에서든, 붓다가 출가하면서 포기한 아내 야소다라(Yaśodharā)의 고뇌를 노래한 시에서든, 다른 가부장적 문화에서처럼, 스리랑카에서도 여성의 목소리는 수면 위로 떠올랐다. 다른 많은 불교의 일화들과 마찬가지로, 이 일화들은 전형적으로 등장인물의 전생에 관한 현시와 행복한 윤회나 불행한 윤회로 이끄는 업을 말하면서도 여성과 그들의 삶에 대부분 긍정적인 빛을 보낸다.[11] 또한 인도에서처럼 빠띠니(Pattinī)와 따라(Tārā) 같이 어느 정도 헌신을 보이는 여신들도 있었지만, 스리랑카 불교도들의 여신 숭배는 인도와 마찬가지로 여성 재가자들의 사회 진출로 해석되지 않았으며, 여성으로의 윤회가 남성으로의 윤회보다 열등하다는 담론을 바꾸지는 못했다.

4. 지역 확장

스리랑카 불교에 관한 조사는 동남아시아의 상좌부 문화에도 조심스럽게 적용될 수 있다.[12] 스리랑카의 싱할라족처럼, 버마, 크메르, 타이,

---

11 인도 여성들의 이야기는 R. Obeyesekere 2001; 야소다라의 시는 R. Obeyesekere 2009를 보라.

라오스의 문화는 상좌부의 문헌, 사상, 수행의 영향을 깊이 받았지만, 스리랑카의 경우처럼 문화 발전은 상좌부의 영향만이 아니었다. 버마 문화는 상좌부뿐만 아니라 대승불교와 밀교의 영향을 받았고, 크메르는 상좌부가 우세해지기 전 힌두교와 대승불교의 중요한 요소들을 받아들였으며, 상좌부가 발판을 마련한 베트남 지역은 중국에서 유래한 대승불교 전통의 흔적을 가지고 있었다. 다른 지역들보다 최근에 형성된 타이와 라오스 문화는 더 큰 수준으로 상좌부의 영향을 받았지만, 동남아시아의 다른 지역들과 마찬가지로 선사 시대로 거슬러 올라가는 토착 전통에다가 불교를 덧씌워 받아들였다. 그 결과, 그들의 우주론은 인도불교에 알려지지 않은 신들을 추가함에 따라 점점 풍부해졌으며, 이론적, 윤리적, 의례적 차원의 고전적 업 종말론과 윤회를 초월하기 위한 지적이고 명상적인 방법을 포함한 상좌부의 불교 사상과 수행은 규범적이고, 지배적이며, 결정적인 것이 되었다. 그러면서도 새로운 영토를 개척할 때 선교사가 해야 하는 것처럼 상좌부를 옹호하는 자들은 각 환경에서 불교 이외의 전통과 불가피하게 맞서야만 했다.

전근대에 뚜렷하나, 특히 현대에 주목할 만한 동남아시아 불교 사회의 한 가지 특징은 기업, 정부 또는 기타 고전적인 재정 의존 기관에 투자하기보다 상당한 부를 승원에 기부하는 '공덕 경제'의 발달이다. 이와 관련된 이론적 근거는 업이었다. 기부의 관대함을 통해 얻은 공덕은 기부자에게 물질적 보상을 현생에 가져다주지 않을

---

12 개요는 Swearer 2010을 보라.

수 있지만, 내생에 더 나은 윤회를 가져올 것이다.[13] 동남아시아 환경에서 가장 자주 언급되는 '공덕 경제'는 승가가 번성한 곳 어디서나 보이는, 즉 아시아 불교국가 거의 전역에 보이는 불교 사회생활의 특징적인 모습이다.

끝으로, 스리랑카에서 여성의 윤회 현상에 관한 조사는 동남아시아 사례에도 적용된다. 동남아시아 문화는 가부장적이자 남성 중심적이었고, 여성의 승가는 거의 중요하지 않았으며, 여성의 영적 잠재력은 원칙적으로 왜곡되었다. 그리고 인도인이든 현지인이든 모범적인 여성의 목소리는 해당 문화에서 전형적인 주류 남성들의 지배 아래 중요한 배경음 정도로 작용했다.

---

13 Spiro 1982, 453-68.

12장 동아시아의 윤회관

오늘날 중국의 동쪽 절반, 한국, 일본, 베트남을 포함한 동아시아 불교는 적용 문화와 적응 문화가 혼합되어 있음을 보여준다. 스리랑카 및 많은 동남아시아 불교도와 마찬가지로, 한국인, 일본인, 베트남인들은 불교사상과 관습에 의해 상당 부분 형성된 삶의 세계와 민족적 정체성을 가지고 있었고, 비록 상좌부 지역의 불교도들과 마찬가지로 초기 전통에 다르마를 덧입혔지만, 틀림없이 적용 문화를 이루었다. 그리고 불교 이전 전통의 영향력과 후대 이런저런 비불교 세력의 영향력은 불교의 '적용'이 아주 간단한 것이라는 생각을 약화시킨다. 스리랑카의 불교도들 그리고 나아가 동남아시아의 불교도들이 인도에서 주된 영감을 받았듯, 한국, 일본, 베트남의 불교도들은 무엇보다 동아시아 불교의 '씨앗'이 된 문명, 즉 중국의 불교에 주목했다. 불교의 인도적 기원 때문에 모든 불교도는 인도 아대륙을 다르마의 모국으로 여겼지만, 동아시아 주변 지역에 전해진 불교의 형태는 처음에는 거의 전적으로 중국식이었다.

앞서 제안한 바와 같이, 중국은 '적응' 문화로 간주하는 편이 좋을 것이다. 인도와 중앙아시아에서 온 불교의 전법사들은 단순히 포괄적으로 불교로 개종할 수 없는 오래되고 강력하며 정교한 문명의 장치들과 마주쳤다.

차라리, 중국의 불교도들은 특정한 측면의 중국 문화와는 타협할 수 없다는 것을 인정하고 지상에서 마주한 현실을 반영하기 위해 그들의 가르침과 관습에 적응해야만 했다. 그래서 불교는 중국에 중대한 영향을 미치기 시작할 수 있었다. 많은 면에서 중국은 동아시아에서 영향력이 큰 문화이고 불교의 적응 문화론을 예시하기 때문에 다음 장에서는 업과 윤회, 그리고 기타 중요한 종교적 교리 및 관행을 둘러싸고 중국이 보인 인도 사상과 관행의 수용 및 적응에 초점을 맞출 것이다.

1. 중국으로 불교의 유입

앞에서 언급했던 것처럼, 인도와 중앙아시아의 불교 승려와 상인들이 해상무역로를 따라 동쪽 한나라 땅으로 진출한 1~2세기에 불교는 처음으로 중국에 스며들었다. 그때 한나라는 쇠락하고 있었다. 다른 곳과 달리, 중국에 새로 도착한 불교도들은 정교한 활자, 크고 작은 제국의 역사, 두 개의 확고한 종교 전통을 포함해 족히 천 년이 넘는 잘 건립된 문명의 장치들을 보았다. 유교는 적절한 사회 질서, 개인의 윤리적 행동, 의례의 유지에 초점을 맞추고, 도교는 철학적 역설,

우주의 기본 원리 탐구, 도道, 불멸을 얻기 위한 무속적, 명상적, 연금술적인 관행들을 갖고 있다. 또한 초기 희생 종교의 잔재뿐만 아니라 넘쳐나는 신당, 대중적인 사상 및 관습들과 함께 항상 활기찬 민간 전통들이 존재했는데, 그 대부분은 세속적인 고통을 완화하기 위한 것이었다.

이 풍요로운 유산 중 어느 것도 다르마의 광채 앞에서 그냥 무너져 내리지 않았기 때문에 중국 무대에서 설법하려는 불교도들은 수많은 어려운 장애물에 부딪혔다. 그중 첫 번째이자 아마도 가장 중요한 것은 불교가 외부인의 종교 또는 '야만인'의 종교였다는 사실이다. 그래서 나라 밖에서 온 수입품을 깊이 의심하는 많은 중국인에게는 아무래도 미심쩍은 것이었다. 게다가 중국에 전래된 많은 불교사상과 관행은 중국의 오랜 가치와 관습에도 어긋났다. 개인의 영적 깨달음을 추구하는 데 재가의 삶을 포기해야 한다는 불교의 주장은 사회 안에서의 삶을 최우선 가치로 여기는 중국인의 성향에 반하며, 다양한 영역으로 윤회하는 데 연료가 되는 불교의 업론은 조상들의 후생에 초점을 맞춘 중국인의 관점과도 역행한다. 중국인들은 그들의 조상들이 후손도 알지 못하는 완전히 다른 어떤 삶에 빠지지 않고 의례를 통해 살아 있는 사람들이 접근할 수 있는 사후세계에 거주한다고 믿었다. 그리고 자체적으로 자산을 관리하는 독립적인 정치 기구로서 승가는 어려운 시기에 제국의 패권을 위협할 수 있는, 잠재적으로 성가신 대체 권력의 구심점으로 비칠 수 있다. 그러나 불교에 전혀 승산이 없는 것은 아니었다. 승가의 자료 및 지적 전통은 한문이 아니지만 분명히 정교한 사회적 산물이었기 때문에, 그것을 만난 중국 지식인들의 흥미를 유발했다. 또한 불교의 수행자들은 종종 카리스마와 마법적 능력을 모두 발산했는데, 이는 사상적 정교함에 무관심한 사람들의 마음을 끌었다. 중요한 것은 철학적 역설과 명상적 전통이 도교의 그것과는 거리가 멀었더라도 연상을 시킨다는 점이다. 그리고 붓다와 그의 후계자들이 보여준 교육적 유연성은, 확고하게 설정한 모든 원칙에도 불구하고, 불교는 특히 교조적인 종교가 아니라 단기간에 또는 장기간에 걸쳐 적응과 변화를 보증했다는 것이 아마도 가장 중요할 것이다.

언급한 바와 같이, 불교가 처음 중국에 들어왔을 때 한나라는 쇠락하고 있었다. 한나라는 유교 전통을 통치의 보루로 삼았지만, 3세기에서 7세기에 걸쳐 흥망성쇠를 거듭한 다른 정권, 즉 진나라, 남북조, 수나라에게 자리를 내주었다. 유교의 공식적인 영향력은 약화했고, 그에 따라 불교는 다른 지역에서 다소 다른 방식이지만, 교두보를 마련할 수 있었다. 인종적으로 비한족인 몽골인들과 다른 야만적인 침략자들이 자주 점령하고 있는 북쪽에서, 학문적 측면이 없지는 않았지만, 불교는 더 실용적이고 더 대중적이었다. 많은 한나라의 지식인들이 도주했던 남쪽에서, 다르마의 이론적인 측면은, 대중적인 관행 또한 소개되었는데도, 더 관심을 끌었다. 두 가지 경우 모두 어느 정도 나라의 지원을 받았다. 유교와 도교 모두 불교는 외국에서 수입된 것이므로 본질적으로 열등하고 위험하다는 이유로 새로운 종교의 정당성에 도전장을 내밀었다. 그런데 때로는 박해를 포함한 10세기 중반의 정치적, 이념적 변화에도 불구하고, 다른 많은 아시아 지역의 문화가 그랬듯 불교는 중국의 문화를 지배하지는 못했지만, 천천히 그러나 꾸준히 자리를 잡아 중국인의 상상 속에서 유교 및 도교와 동등한 종교적 순위를 공유하는 지점에까지 이르렀다. (인도와 다른 많은 복잡한 문화에서처럼, 중국에서도 종교 간의 차별이 대중적 관행보다 엘리트 기관에서 훨씬 더 유지되었다는 점은 주목할 필요가 있다.)

불교가 중국의 이념과 사회 구조에 영향을 끼친 방식 중 하나는 고도로 조직적이고 규율이 잘 잡힌 승원의 건립을 통해서였다. 승원은 흥미롭고 인상적인 인도와 중앙아시아의 불교 자료들을 한문으로 번역하고, 인도 방식과 중국 방식 간의 격차를 해소하기 위해 토착 신과 용어를 차용하고, 중국 황제를 붓다나 보살과 동일시하려는 의지를 보이고, 순례에 초점을 맞춘 일정과 관행을 제작하고, 승려와 재가자 모두에게 의미 있는 일일, 월간, 연간 의례를 개발했으며, 사상과 실천에 관한 다양한 엘리트 학파들을 형성했다.[1]

이 학파들은 상호 배타적이지도 않고 항상 구별되는 것도 아니라, 다양한 인도의 자료나 문헌에 대한 보급과 해석을 통해 확인되는 경향이 있었다. 가장 초기에 등장한 학파 중에는 율장의 승원 규정, 세친의 『구사론(Abhidharmakośa)』, 하리발마(Harivarman, 4C)의 『성실론(Satyasiddhiśāstra)』, 중요한 세 가지 중관학파의 논서들(두 개는 용수가 지었고, 한 개는 그의 제자 제바가 지었다), 유식학파 및 불성론과 관련된 다양한 경전들과 논서들에 비중을 둔 것들이 있었다. 사실상 모든 학파에서 받아들였던 불성의 가르침은 인도 문학의 거장 마명

---

1 이와 관련해서 Ch'en 1964를 보라.

〔Aśvaghoṣa, 2C『불소행찬(Buddhacārita)』의 저자〕의 논서 『대승기신론』에서 가장 효과적으로 제시되었다. 하지만 그것은 거의 확실히 중국에서 만든 것이다. 그들은 모두 중국 불교 사상에 족적을 남겼지만, 인도의 선례에 대한 집착은 그들의 주장을 제한했으며 긴 안목으로 볼 때 후대 천태종과 화엄종의 전통보다 영향력이 덜했다. 천태종은 『법화경』에 집중했고, 화엄종은 『화엄경』과 관련이 있다. 이들 각 종파는 경전의 기본 가르침을 창의적이고 독창적인 방식으로 해석해서, 인도불교 사상을 한문으로 이해할 수 있게 만든 과정을 촉진한 일련의 뛰어난 통합 사상가들을 배출했다. 그들은 중국뿐만 아니라 불교가 일본에 수출되었을 때도 영향을 미쳤다. 거기서는 각각 덴다이 (Tendai, 天台)와 게곤(Kegon, 華嚴)으로 불렸다.

훨씬 더 나중까지 지속된 중요한 학파는 '진리의 세계' 또는 만뜨라 전통의 진언종이었다. 이것은 8세기 중국에서 인도 밀교 전통의 짧은 개화기 동안 도입되었고, 후에 불교의 이념과 의례에 상당한 영향을 미쳤다. 가장 영향력 있는 것은 아마도 5세기경에 시작된 정토종과 10세기 후반 당나라와 송나라 말기에 두각을 나타낸 명상 위주의 선불교 학파였다. 각 학파는 인도로부터의 기원을 주장하고 인도의 사상과 관행을 취하면서도 중국의 청중들이 쉽게 접근할 수 있게 만들었다. 정토종의 경우는 좀 더 대중적이고 선불교의 경우는 좀 더 지적이었다.

2. 죽음 의식과 사후세계

불교가 도입된 다른 모든 아시아 문화에서처럼, 인도에서 발전된
업 종말론은 중국에서 다르마를 옹호하는 사람들이 제공한 지적 체제
의 필수적인 부분이었다. 그러나 스리랑카 및 다른 적용 문화들과는
달리, 중국에 도착한 불교도들은 죽음과 사후세계를 둘러싼 오래된
이념과 관습에 직면했다. 타이저(Stephen Teiser)가 지적했듯이, 불교
의 성장과 조직적인 도교의 발전 이전에 중국의 신앙은 현생과 내생
사이에 상대적으로 유동적인 경계를 유지했다. 인간존재는 우주를
지배하는 양과 음, 이 두 세력의 일시적인 조합체로 여겨졌다. 양과
음은 대강 물질과 정신 또는 몸과 영혼에 해당한다.[2] 죽을 때 가벼운
양의 세력은 위로, 어두운 음의 세력은 아래로 향하는 것으로 가정되
다. 더 직접적으로 표현하면, "일단 죽으면 사람들은 무덤 안이나
그 근처에서 발견되고, 조상의 사당과 가족 연회에 찾아오며, 황천과
같은 특정 장소에 머문다."[3] 타이저는 덧붙인다.

불멸에 대한 열정은 또한 지상에서의 수명 연장에서, 천국과 다양
한 서쪽 낙원 또는 동쪽 섬에서 다함이 없는 존재를 찾는 데 이르기
까지 뚜렷하다. 다른 세계의 또 다른 중요한 특징은 그것이 관료적
노선에 따라 조직되었다는 것이다. 관리들은 죽은 자의 제국을
다스리고 모든 인간에 대한 기록을 보존하며 사후의 영혼을 관리

2 Teiser 1994, 4.
3 Teiser 1994, 14.

268

한다.[4]

사후에 대한 전망은 인도불교를 포함한 다른 많은 문화에서 발견되는 것과 대체로 일치한다. 지상의 삶에서 행한 행위에 대한 사후 보상이나 처벌의 개념은 무덤 너머 사는 것과 일시적이든 영원하든 결국 우리가 행한 곳에서 죽는 이유를 이해하는 방식을 제공한다.

따라서 불교의 우주론과 종말론이 중국에 도입되었을 때, 토착 사상을 보완하려고 그들을 폐지하려 들지 않았다. 왜냐하면 토착 중국인들과 수입된 불교의 개념들 모두 창조주나 고정된 영원한 영혼이 필요치 않은 유동적인 과정으로 자아를 보았기 때문이다.[5] 또한

원래 유동적이고 다중 지역적인 사후 전망에 불교는 가능성을 하나 더 추가했다. 즉, 그 사람이 다른 몸으로 다시 태어날 수 있다는 것. 업에 대한 불교적 관념은 수 세기 동안 존재해 온 사후 심판 체계를 가다듬고 완성했다.[6]

불교의 도래와 함께 윤회, 업, 환생에 관한 상세하고 정교한 인도의 가르침이 왔고, 승려와 재가 불자 모두 그들을 항상 이해하는 것은 아니었지만, 확실히 받아들였다. 게다가 불교 이전 중국의 종말론과 아주 상충하지 않았기 때문에 유교계, 특히 도교계에 깊은 인상을

---

4 Teiser 1994, 4.
5 Teiser 1994, 14.
6 Teiser 1994, 14-15.

남겼다. 그런데도 불교도들은 스스로 조절했다. 종종 불교 신전에 토착 신들을 편입시켰고, 의식적 관행을 기존의 중국 모델에 적용했으며, 일반적인 업 종말론의 틀 안에서 관료화된 내세에 관한 중국식 전망을 채택했다. 그리고 이것은 결국 10세기 후반『시왕경十王經』으로 알려진 외경에 기록되었다. 이 경은 열 명의 관리가 주재하는 사후 '연옥'을 설명하는데, 대부분의 관리 이름은 인도에서 유래한 것이 아니라 중국인의 것들이다. 그들은 죽음과 재생 사이의 중간 기간에 고인의 영혼에게 업에 따라 적절한 보상과 처벌을 가할 책임이 있다. 이 경우 7주가 아니라 3년 동안 지속된다. 일반적으로, 심리를 받으러 시왕의 궁정에 영혼들을 데려오는데, 그곳에서 영혼들은 자기들의 행동을 변호해야 한다. 그런 절차에 어쩔 줄 모르는 영혼을 자비로운 옹호자인 지장보살(Kṣitigarbha)이 변호한다. 지장보살은 모든 중생을 고통에서 인도하고, 특히 낮은 윤회계에 갇힌 사람들을 구원하겠다고 전생에 서원한 것으로 유명하다.[7] 당연히 지장보살에 대한 기도와 시왕에 대한 공물은『시왕경』의 의례 부분에 두드러지게 나타난다. 기도와 공물은 자신의 사망 전이나 사후에 친인척들이 바칠 수 있는데, 그렇게 하면 3년이 지난 후 다음 윤회를 받을 때 그것이 하늘에 태어날 것을 보장한다.

  중국 불교계에서 훨씬 더 큰 종말론적 의의는 일반적으로 '유령 축제'라고 불리는 것을 둘러싼 문헌과 관행들이다. 이것은 음력 7월 보름경(보통 8월) 비구와 비구니들의 우기 안거가 끝나는 순간에 개최

---

7 Teiser, 2014, 6.

된다. 이때 윤회의 모든 영역의 문이 열리고 고인들이 지상으로 돌아가 살아 있는 친인척들을 방문하면 그들은 방문객들 용의 빈자리가 마련된 연회, 의례에 태워지는 '영혼의 돈'과 물품, 축제 끝에 내세로 돌아가는 길을 밝히는 양초가 실린 종이배 등으로 분향할 수 있다고 한다. 고인은 윤회의 영역 어딘가에 살고 있지만, 환영받고 환대받으며, 특히 아귀계와 지옥계에 위탁된 영혼들에 초점이 맞추어져 있다. 이것은 인도 및 중국 출처의 여러 자료에서 나타난 축제의 바탕이 되는 신화를 통해 설명된다. 가장 중요한 것은 『우란분재경(Ullamba-nasūtra)』이다. 이것은 붓다의 제자인 목건련(Maudgalyāyana)이 아귀계에 태어난 어머니를 구하려는 영웅적이지만 성공하지 못한 시도와 그가 붓다에게 배운 보조 수행에 관해 이야기하는 대승 경전이다. 여름 안거가 끝날 때 음식을 승가에 공양하면 승가는 그 공덕을 그의 어머니에게 전가하여 그녀를 해방시킨다. 그와 유사한 이야기가 산쓰끄리뜨본 『찬집백연경(Avadānaśataka)』에 보이는데, 거기서 목건련은 붓다에게 배운 대로 재가자들에게 수행을 가르쳤다. 빠알리본 『배고픈 귀신 이야기(Petavatthu)』은 사리불(Śāriputra)이 아귀계에서 어머니를 구하려는 시도에 실패하고 승가 공동체에 잔치를 베푼 다음 자기 어머니에게 공덕을 전가함으로써 궁극적인 성공을 이야기한다. 그리고 중국의 밀교 경전에서, 아난다(Ānanda)가 모든 곳의 모든 아귀에게 알맞은 음식을 제공하지 않으면 그의 죽음이 임박하고 아귀 (preta)로 태어난다고 예언한 무서운 아귀가 아난다를 방문한다. 아난다에게 붓다가 일련의 강력한 아귀 급식 만뜨라를 알려주면서 그는 아귀를 먹일 수 있었다.[8] 인도와 스리랑카에서처럼 고인을 위한 의식은

한편으로는 철갑 같아 보이는 업의 법칙의 지시에 따라 사랑하는
고인을 우리의 시야에서 제거하는 것과, 다른 한편으로는 고인과의
교감을 유지하려는 너무나 인간적인 욕구 사이에 긴장감을 일으킨다.
그리고 업의 결과는 의식과 주술 또는 어떤 식의 신성한 개입을 통해
완화될 수 있다고 믿어진다.

3. 이후의 논쟁 그리고 정토와 선

중국 불교도들은 윤리적 영역에서 그들 간에 많은 문제를 논의했는데,
그중 업과 윤회에 관한 성찰을 암시하는 두 가지 문제가 언급된다.
첫 번째, 아시아의 다른 곳과 달리 중국 불교도들은 단호하게 엄격한
채식을 선택했다. 붓다는 승려들에게 발우에 놓인 것은 무엇이든
먹으라고 지시했다. 결국 붓다 자신의 식육과 전체 중국인의 육식
성향에도 불구하고, 중국에서 불교도는 동물의 고기를 먹는 것은
분명히 끔찍한 업보를 초래하는 도덕적 악이라는 취지로『능가경』,
『대반열반경』을 포함한 여러 인도 문헌에 산재해 있는 주장들을 받아
들이기로 했다. 그 결과, 중국의 승려는 엄격한 채식주의를 유지하는
데 반해, 재가 신자도 종종 그렇게 하지만 일관되지는 않는다.[9] 또한
채식주의자든 아니든 중국 불교도(및 다른 아시아 사회의 불교도)는 중요
한 행사에서 동물을 매입하지만, 식용으로 도살하지 않고 야생으로
돌려보낸다. 이것은 동물을 매입하고 풀어주기 위해 먼저 포획해야

---

8 Teiser, 1988; Orzech 1996.
9 Kieschnick 205.

한다는 역설을 간과한 것인데도 아주 공덕 있는 행위이다.

두 번째, 풀과 나무, 즉 식물이 영적 깨달음을 얻을 수 있는지에 관한 중국인들 간의 논쟁이다. 암묵적으로 가능하다면, 개념상 그들 또한 지각할 수 있으므로 업과 윤회계에 속한다. 알다시피, 자이나교와 달리, 고전적인 인도불교에서 식물은 중생으로 간주되지 않고 윤회계에 포함되지도 않는다. 하지만 일부 중국불교 사상가들은, 특히 천태종에서, 다음과 같이 추론했다. 만일 우주가 본질적으로 공하고 공이 불성과 같다면 우주의 모든 것은 부처이고 본래 깨달은 마음이다. 이 사상에 따라 천태종은 "한 생각이 삼천세계"라고 표현한다. 따라서 수목은, 그리고 모든 자연과 인간이 만든 것들은 참된 실재에 속하며 또한 부처이다. 인도에서처럼, 중국에서 이러한 대승의 추론은 윤회의 경계를 해체하거나 재구성하지는 않았지만, 우주와 그 안의 본질을 생각하는 불교의 전통 방식에 식물 왕국을 포함한 새로운 관점을 추가했다.[10]

위에서 언급한 것처럼, 장기적으로 볼 때 가장 성공적이었던 두 개의 중국불교 학파는 정토종과 선종이었다. 사실 그들은 842~845년 불교에 대한 큰 박해에도 온전하게 살아남은 유일한 학파들이었다. 정토종은[11] 서방 극락정토의 무량광불(Amitābha, 無量光佛) 또는 약간 다른 도상학적 형태로 무량수불(Amitāyus, 無量壽佛)을 중심으로 한 인도 대승불교 경전에 뿌리를 두고 있다. 무량광불은 인도와 중앙아시아 대승불교 신전에서 핵심적인 인물이었으며, 극락에 다시 태어나려

10 이 문제에 관해 Schmithausen 2009을 보라.
11 Foard, Solomon, and Payne 2006.

는 열망은 거기서 발견된 자료와 형상을 통해 분명하지만, 정토의 이론과 수행이 진정으로 꽃핀 것은 중국에서였다. 412년 여산(廬山, Lushan) 꼭대기에 첫 번째 정토 사원을 건립했던 혜원(Huiyuan, 334~416) 같은 정토 이론가와 『정토경』을 상세하게 주석하고 기도 수행을 간소화했던 담란(Tanluan, 476~542) 같은 위대한 학자이자 사상가의 전통은 대중적인 호소력 때문에 널리 퍼졌다.

인도의 경전은 부처와 그의 낙원을 수행자들이 마음속에 정하게 하고, 죽은 후 그들이 극락에 다시 태어나는 것을 보장하기 위해 무량광불과 정토를 복합적으로 시각화하지만, 중국의 스승들은 경전의 시각화 기법을 폐기하지 않으면서 점점 더 무량광불 명호 암송에 집중했다. 긴 주문을 사용할 수도 있지만, 가장 간단하고 일반적인 형태, "나무아미타불" 또는 "아미타불께 귀의합니다"는 담란이 유포한 것이다. 신자들은 염주를 세면서 끊임없이 주문을 읊조리라고 고무되었지만, 한 번의 진정한 염불만으로도 사후 정토에 태어날 수 있다고 한다. 당연히 그런 방식은 시간과 규율이 부족하고, 학습, 명상, 금욕적 삶에 투자할 환경이 허락되지 않은 사람들에게는 꽤 매력적으로 다가왔다. 반복해서 말하지만, 많은 정토종의 스승은 정말로 위대한 사상가이자 사색가들이었다. 앞 단락에서 설명한 사후 의례와 마찬가지로 정토 수행은, 업의 원인과 결과가 갖는 규칙성에도 불구하고, 진심으로 무량광불의 명호를 염송하는 것이 죽은 직후 극락으로 안내할 수 있기 때문에 어느 정도 업의 절차를 피할 수 있음을 암시했다. 극락에서 윤회로의 복귀는 불가능하다.

10세기 후반 중국에서 전개된 선 또는 명상 학파의 기원 설화는[12]

제자 마하가섭(Mahākāśyapa)에게 교외별전教外別傳, 즉 "말과 문자에
기대지 않고" 사물의 본성을 직접 보는 명상법을 전한 부처의 조용한
의사소통, 이심전심以心傳心으로 거슬러 올라간다. 선종은 우리에게
선 수행의 전통이 용수와 세친을 포함한 인도의 선조들로부터 전해져
525년 『능가경』의 사본과 함께 중국에 선을 가져간 28대조 인도의
보리달마(Bodhidharma)에 이어졌다고 말한다. 초기 선사들은 사원을
건립하고 제도적 후원을 받은 동시에 세속의 관심사와는 동떨어진
분위기를 유지했다. 선사상은 천태종과 화엄종처럼 강력한 전통을
통해 다양한 방식으로 알려졌고, 결국 『반야경』에서 『능가경』으로
관심을 옮겼지만, 적어도 이론상으로는 전통의 핵심은 항상 명상에
초점을 맞추고 있었다. 몇 세기에 걸쳐 승계, 후원, 관행에 대한 의견이
분분함에 따라 선종은 '점차적인' 북종파와 '즉각적인' 남종파로 나뉘었
고, 그중 후자가 우세해졌으며, 마침내 오가五家로 분할되었다.〔그중
임제종과 조동종은 일본 젠 학파 린자이(Rinzai, 임제종)와 소토(Soto,
조동종)의 기반이 되었다.〕모든 우여곡절을 통해 선은 중국의 여섯
번째 선사이자 남종선의 창시자 혜능(638~713)의 것으로 여겨지는
'경전'을 포함해 다양한 계보사, 왕유(699~759)와 한산(8C)의 뛰어난
시, 공론 또는 대화 모음집(公案) 등 방대하고 생생한 문학들을 만들어
냈다. 공안은 카리스마 있고 괴팍한 선사들이 역설적, 간접적, 때로는
폭력적인 가르침을 통해 제자들의 이원론적 고착성을 타파하고 그들의
마음을 있는 그대로 볼 수 있게 돕는다.

12 전통에 관한 좀 더 전통적 관점은 Dumoulin 2005; 좀 더 비판적 관점은 McRae
2004를 보라.

　선은 (그리고 그 대를 이은 동아시아의 다른 곳, 특히 일본 젠은) 많이 논의되어 왔으므로 여기서는, 적어도 선적 수사법은 윤회 종말론과 거의 관련이 없다는 점만 기술할 것이다. 깨달음에 대한 선사의 의지가 지금 여기 너무 강해서 사후 문제는 대부분 보류된다. 그렇지만 업, 윤회, 연기의 작용을 포함한 불교의 우주론이 선사상과 수행의 배경에 숨어 있다는 것은 의심의 여지가 없다. 『능가경』, 『유마경』, 『금강경』, 『수능엄삼매경』과 함께 중국에 영향을 준 대부분의 불교 문헌은 불교의 업 종말론이 사물이 세상에서 실제로 작동하는 방식에 맞는다고 가정한다. 실제로 『수능엄삼매경』은(이것은 중국의 외경일 가능성이 높다) 번뇌, 업, 다양한 윤회의 영역 간의 관계에 주의를 기울인다. 우리 자신의 가장 깊은 본성이자 만물의 본성인 순수하고 빛나는 부처의 마음을 알지 못하는 한, 우리는 그들에게 종속될 것이다.[13] 이런 생각은 중국의 선 문헌 내에 뚜렷하다. 예를 들어, 유명한 공안집 가운데 하나인 『무문관』의 두 번째 공안은 인과 법칙에서 면제되었다고 주장하기 위해 여우로 500번 환생한 오래전 선 수행자의 이야기를 다루고 있다.[14] 다른 많은 사례 또한 인용할 수 있다. 게다가 선사들은 종종 자신의 '죽음 의식'에 참여했는데, 거기에는 무엇보다 죽은 그들의 스승들을 미라로 만드는 일이 포함되었다. 따라서 급진적인 형이상학자나 인도 대승불교의 밀교 수행자들 모두 그들의 수사법에도 불구하고 업과 윤회에 대한 고전적인 개념을 뒤엎으려 하지 않았던 것처럼, 선사들이 성스러운 모든 것을 극적으로 부정하고

13　Yü n.d., 244-76.

14　Aitken 1990, 19-27.

조롱한 것은, 단지 이분법적 사고와 쓸데없는 감정으로부터 제자의 마음을 자유롭게 하고 그들 안에 있는 불성을 직접 깨닫게 하려고 숙련된 충격 요법을 전개한 것뿐이다.

정토와 선은 종종 정반대로 보여진다. 이것은 아미타불을 믿는 사람들은 신의 힘에만 의존하고 선 수행자들은 그들 자신에게만 의존하기 때문이다. 정토의 스승들은 명상을 회피하지 않았고 선 수행자들은 헌신의 중요성을 부인하지 않았다. 영적 스승에게 인도될 때 그의 지도 없이 깨달음은 불가능하다. 게다가, 나중에 선과 정토는 종종 일종의 통합으로 결론지어지는데, 이 때문에 수행자들은 아미타불에 대한 헌신과 선 명상을 함께 실천하곤 했다. 그리고 모순을 느끼지 않고 그렇게 했다. 이것은 특정한 도교의 요소를 불교가 흡수하고, 연금술적 도교가 밀교의 사상과 관행을 받아들이며, 신유교가 불교의 형이상학적 요소를 빌린 것처럼, 일반적으로 중국 종교 내에서 대중적인 수준의 관행뿐만 아니라 이념조차도 편안하게 섞이는 경향과 꽤 일치한다.

4. 여성의 지위

아시아의 다른 곳과 마찬가지로 중국의 문화는 대부분 가부장적이었다. 고전적인 유교 체제 오륜五倫에서 여성은 통치자, 아들, 남동생, 오빠에 종속되었듯이 남편에게 지배된다. 양보하는 여성의 규율, 예禮는 철학적 도교에서 고양되었고, 대중적 도교는 수많은 여신을 인정하면서도 대부분의 전근대 문화에서와 마찬가지로 사회생활에서 여성들의 기회를 제한했다.

중국불교의 경우, 모든 주요 학파의 개조는 다 남성이었고 거의 모든 학파의 문헌은 남성들에 의해 제작되었으므로 중국 불교도의 삶에 관한 우리의 지식에는 확실히 남성 중심적인 그림자가 드리워져 있다. 그렇지만 몇 가지 흥미로운 반전이 있다. 다른 아시아 불교권과 달리, 중국에서 여승을 위한 수계 전통은 꽤 일찍 확립되었고 오늘날까지 지속되어 왔으며 때때로 번창했다. 일부 여승들은 귀족 가문 출신으로 고등교육을 받았으며 그중 몇몇은 문학적 재능을 보여 저명한 남성 상대자와 나란히 시를 지었다.[15] 확실히, 중국 불교도들은 불성의 가르침을 폭넓게 받아들였으므로 꼭 여성의 몸으로 부처가 되는 것이 아니라면 여성도 깨달을 수 있다고 가정했다. 또한 중요한 구원 보살 가운데 한 분인 관세음보살은 거의 천 년 동안 남성의 모습으로 중국에서 널리 숭배되었지만, 약 1,000년경 여성의 모습으로 바뀌었는데, 이는 아마도 중국 문화에서 자비는 너무 강하게 여성의 특질로 확인되었기 때문일 것이다.[16] 결국 많은 문화권에서와 마찬가지로, 중국 불교도 간에 일상의 종교적 관행 대부분은, 활동과 사유가 기록되지는 않았지만, 여성들에 의해 실행되었다. 그런데도, 이런 반전은 현대 양성평등의 이상에 버금가는 어떤 것도 내비치지 않는다. 중국불교 여성들은 다른 지역의 여성들과 마찬가지로 보통 성별이 있는 인간으로의 윤회 중 단연코 열등하다는 가정 하에 노력했다.

---

[15] Grant 2003.

[16] Yu 2001.

5. 지역적 확장

앞에서 언급했듯이, 불교는 중국 문화라는 대리인을 통해 한국, 일본, 베트남 등 다른 동아시아 문화권으로 전해졌다. 그렇지만 거기서 중국불교의 전법사들은 오랫동안 확립된 문명에 적응해야 했고, 동아시아의 다른 지역에서 그들은 다르마가 국가적 정체성을 형성하는 데 영향을 미치도록 도왔다. 스리랑카나 동남아시아의 중앙 집권적이고 문화를 창출하는 왕들과 마찬가지로, 한국, 일본, 베트남의 초기 통치자들은 분열된 사회를 통일하는 데 도움이 될 수 있는 일련의 사상과 관행, 제도로서 불교를 적용했다. 각 나라의 경우 보통 일본의 신도(shinto), 한국의 다양한 무속 전통 같은 불교 이전의 토착 전통들에 순응해야 했었겠지만, 그들 문화 대부분에서 여전히 불교는 선명한 전통으로 남아 있다. 불교의 유입은 대대적인 중국 문화를 동시에 수입하는 것이었기 때문에 유교, 도교, 중국의 민속 전통 또한 섞여서 들어왔다. 어쨌든, 중국의 불교문화는 다른 동아시아 문화로 전승되었고, 그 후 저마다의 방식으로 중국의 사상과 관행에 변화를 가져왔다. 가령 중국에서 발전한 많은 학파는 일본 섬나라에 상응하는 전통을 심어서 중요하고 오래 지속되는 제도가 되었다. 천태는 텐다이(Tendai, 天台), 화엄은 게곤(Kegon, 華嚴), 진언종은 신곤(Shingon, 眞言), 선은 젠(Zen, 禪), 정토종은 조도(Jodo, 曹洞)가 되었다. 중국인들이 그들의 필요에 맞게 인도의 사상과 관습을 바꾼 것처럼, 일본과 다른 동아시아 문화도 중국으로부터 물려받은 사상, 관행, 제도에 독특한 변화를 가져왔다. 가장 결정적으로, 그들은 인도에서 시작된 업 종말론을 받아들이고 그것을 자기 것으로 만들었다. 그래서 아시아의 우주론은 상좌부 나라나 인도의 선례와는 아주 다르게 보일 수 있다. 하지만, 세상에서 사물이 작동하는 방식에 관한 용어, 구조, 전반적인 감각은 서로 간에 매우 유사하며, 그들은 업, 육도 윤회, 열반, 다양한 윤회의 장단점에 대한 전망에 의해 그대로 통치되었다. 이것은 다르마가 뿌리를 내린 모든 곳에서 불교적 삶과 사유의 유통을 의미한다.

13장 내륙아시아의 윤회관

내륙아시아 불교는 티베트 문화지역을 포함하는데, 여기에는 티베트어를 사용하는 중화인민공화국, 네팔, 부탄, 히말라야 인도, 오늘날의 외몽고 일부, 그리고 부랴티아(Bruyatia)와 칼미키아(Kalmykia)와 같은 러시아의 몽골 민족 지역으로 구성된다. 이들 대부분은 불교 적용 문화로 분류될 수 있다. 그런 점에서, 스리랑카, 남동 아시아, 중국 이외의 동아시아 문화의 구성원들과 마찬가지로, 티베트인과 그들이 영향을 미쳤던 사람들은 불교가 자기들의 민족적 정체성이나 국가적 정체성을 상당한 정도로 형성하도록 허용하였다. 그러나 몽골인들은 예외이다. 왜냐하면 티베트 북쪽에 살던 다양한 부족들은 징기스칸 (Genghis Khan, 1155/62~1227)의 비호 아래 아시아와 유럽 세계에 큰 흔적을 남겼던 강력한 정치적, 군사적 힘을 이미 구축한 후에 불교를 적용했기 때문이다.

어쨌든 아시아의 다른 지역처럼, 내륙아시아에서 불교의 전법사들은 단순히 그들의 탁월함과 세련미로 제압할 수 없는 기존의 문화적 이념과 관습을 접했고, 다른 곳에서와 마찬가지로 다르마의 효과적인 유포는 불교의 아젠다를 추진하기 위해 현지의 이념과 관습을 적절히 활용하는 기술에 달려 있었다. 중요한 내륙아시아 불교문화는 티베트 문화로, 그들은 스리랑카인 및 중국인과 마찬가지로 인도에서 주된 영감을 받았다. 그러나 한국, 일본, 베트남이 불교 경전, 제도, 관행의 주요 원천을 인도보다는 중국에서 찾았던 것처럼, 티베트가 씨를 뿌린 몽고와 내륙아시아 사람들은 티베트불교에 가장 깊은 영향을 받았으며, 심지어 티베트인들이 직접 표현한 인도 전통에 말뿐인 찬사를 보내기도 했다. 여기서 우리는 티베트불교, 특히 티베트고원에서 죽음, 윤회, 내생이 그려지는 방식에 주목할 것이다.

1. 티베트불교의 전개

불교는 7세기 중반 쏭젠 깜뽀(Songtsen Gampo, 617~650) 때 처음 티베트로 들어왔다. 라싸(Lhasa)의 남동쪽 얄룽(Yarlung) 계곡에서 온 야심 찬 왕 쏭젠 깜뽀는 중앙 티베트의 다루기 힘든 귀족들을 통합하고, 널리 군대를 파견했으며, 불교가 단지 정교한 종교체제일 뿐만 아니라 반항적인 귀족들에 대항하는 장치로도 사용될 수 있다고 판단했다. 귀족들은 티베트 민속신앙에다가 원래 서쪽에서 온 더 오래된 무속 전통인 뵌(Bön)을 혼합하여 실행하는 경향이 있었다. 쏭젠 깜뽀는 네팔과 중국에서 들어온 종교에 대한 이미지들을 가지고 있었고, 인도의 방식을 기반으로 티베트 문자의 개발을 후원했으며, 궁전에서

불교를 선포했다. 두 번째 왕 띠쏭 데첸(Trisong Detsen, 742~797)은
한 세기가 넘도록 당시 중국의 수도, 시안(Xi'an, 西安)까지 군사력을
확장했으며, 얄룽 계곡에 최초의 티베트 불교 사원인 삼예(Samyé)의
건설을 감독했다. 그 과정에서 우디야나(Uḍḍiyāna)의 서부 히말라야
지역에서 온 인도의 위대한 밀교 수행자 적호(Śāntarakṣita)와 연화생
(Padmasaṃbhava)의 도움을 받았다. 중국불교 전통보다는 인도와 당시
아대륙 북부에서 번성했던 학문적인 밀교 전통으로 티베트인의 시선을
돌린 사람은 띠쏭 데첸이었다. 9세기 띠쏭 데첸의 후계자 랄파첸
(Ralpachen, 802~836)은 열정적으로 불교를 장려했고, 인도 경전의
첫 번째 티베트어 번역을 승인했으며, 급증하는 사원을 지원하기
위해 대중들에게 세금을 부과했다. 이것은 그를 폐위와 피살로 이끈
환영받지 못한 조치였다. 그의 후계자 랑다르마(Langdarma, 799~842)
는 아주 짧은 통치 동안 특히 중부 티베트에서 불교를 억압해서 많은
승려를 재가자로 되돌리거나 외딴 지역으로 추방했다. 이것은 사실상
티베트 제국의 종말을 예견했는데, 티베트불교 역사가들은 이를 '다르
마의 초기 유포'라고 부른다. 불교는 국가의 중심부에서 내몰렸고,
사원 생활은 열악해졌으며, 인도와의 접촉은 아주 중단되지는 않았지
만 줄어들었다는 점에서, 이어지는 세기를 티베트 역사가들은 일종의
'암흑기'로 간주한다. 10세기 후반 서부와 중부 티베트 왕들의 후원
아래 인도에서 온 스승, 경전, 사상의 흐름이 재개되었다. 인도 경전을
티베트어로 번역하는 작업이 새로 시작되었고, 다양한 종단이 생겨났
으며, 각 교단은 인도 스승들과의 연결을 통해 적법성을, 그리고 귀족
내 다양한 파벌들의 지원을 통해 제도적 생존권을 보장받았다. 서양

학자들은 이것을 가리켜 티베트의 르네상스라고 부르고, 티베트인들은 '다르마의 후기 유포'라고 불렀다.

제국은 되살아날 수 없었지만, 까담(Kadam), 사꺄(Sakya), 까규(Kagyü), 닝마(Nyingma) 등 실력 있는 스승이나 라마(lama)가 이끄는 교단들은 이후에 어느 정도 종교 생활을 형성했으며, 어떤 때는 상당한 정치적, 경제적, 사회적 힘을 가졌다. 특히 사꺄파는 13~14세기 몽골과 중국 원나라의 후원 아래 종주권을 누렸고, 까규파의 분파인 까르마파는 14세기부터 17세기 중반까지 티베트 서부, 중부, 동부에서 상당한 통솔권을 행사했다. 처음에는 몽골의 도움을 받았고, 나중에는 중국 청나라 황제들의 지원을 받았던 까담파의 후계자 겔룩(Geluk)은 라싸(Lhasa)의 달라이 라마의 보호 아래 1642년부터 1950년대 중국 공산당이 점령할 때까지 나라의 많은 부분을 (적어도 명목상으로) 다스렸다. 이 복잡한 역사를 거치면서 물론 동의어는 아니지만 가끔 동의어로 간주될 정도로 불교와 티베트 문화는 철저하게 얽히게 되었다. 다른 모든 아시아 불교문화와 마찬가지로, 민간신앙이든 기존의 다른 형태의 사상과 관행이든[티베트의 경우 뵌(Bön)], 지역적 요소는 불교의 사상과 관행에 영향을 미쳤고, 불교가 인도의 패권적 우주론, 형이상학, 종말론, 제도, 가치 체계로 지역적 요소를 감쌌듯, 편협하지 않은 그 실행 범위는 일반 농민과 상인, 상인과 왕자, 승려, 학자, 지식인, 초자연력이 있는 요기에 이르기까지 모든 사람을 대상으로 삼았다.[1]

---

1 이 문제에 대한 더 상세한 논의는 Snellgrove and Richardson 1976, Samuel 1993, and Kapstein 2006을 보라.

2. 티베트불교의 우주론

적용하는 과정에서, 불교를 그들의 가장 중요한 종교적 이념으로
삼은 티베트인들은 대체로 인도불교의 업 종말론을 받아들였다. 다른
아시아 문화에서처럼, 그들의 토착신, 사상, 관습들은 불교의 상부
구조 아래 포섭되었다. 따라서 토착신들은 다르마뿐만 아니라 티베트
의 땅, 물, 공기, 신성한 땅의 고결함을 보호하는 보호자, 특히 분노에
찬 보호자로 전환되었다. 그리고 다른 아시아 불교에서처럼, 이미
많은 존재로 혼잡했던 육도 윤회의 기본 구조는 인도의 주류, 대승,
금강승에서 도입된 강력한 신들로 보완되었다. 중국에서 특히 16나한
이 숭배되었던 것처럼, 주류 불교에서 기렸던 붓다의 위대한 제자들은
티베트에서도 추앙되었다. 대승불교의 인물 중 자비의 관세음보살은
티베트에서 국가의 선구자이자 보호자로, 그리고 권능 있는 스승이나
강력한 왕으로 환생할 수 있는 인물로 여겨졌으며, 관세음보살에
대한 수행, 특히 진언 '옴 마니 빠드메 훔(Oṃ maṇi padme hūṃ)'에
대한 암송은 거의 어느 곳에나 있었다. 지혜의 문수보살, 강경하고
격노한 금강역사, 무엇보다 역경을 없애는 것으로 여겨졌던 다양한
모습을 한 따라(Tārā) 보살 또한 거의 비슷하게 중요시되었다. 비록
특정한 학파의 사상과 관행에 초점을 맞추지도, 그리고 중국과 그
문화가 영향을 미친 정도의 명성을 얻지도 못했지만, 동아시아에서처
럼 무량광불(Amitābha)과 무량수불(Amitāyus)이 티베트에서도 인기가
있었다. 다른 대중적인 인물에는 약사불(Bhaiṣsjyarāja), 미래불(Mai-
treya), 35명의 참제업장불(confession buddha), 밀교의 부처-신, 비밀

집회(Guhyasmāja), 희금강(Hevajra), 시륜(Kālacakra), 승낙금강(Ca-krasaṃvara), 금강유가모(Vajrayoinī) 등이 포함되는데, 남성 '영웅'과 여성 야차녀(ḍākinīs)처럼 작지만 여전히 강력한 밀교의 도우미 신들과 함께 각자 자기만의 낙원에 존재한다.

또한 신전에서 받아들인 인물들에는 인도불교의 위대한 밀교 수행자, 그리고 닝마파, 까담파, 까규파, 겔룩파와 각각 관련이 있는 저명한 스승 빠드마삼바바(Padmasaṃbhava), 아티사(Atiśa, 982~1054), 밀라레빠(Milarepa, 1040~1123), 쫑까빠(Tsongkhapa, 1357~1419)와 같은 신격화한 티베트 문화의 영웅들도 있었다. 부처를 보살과, 그리고 영적 스승과 라마를 부처나 보살과 구분하는 경계가 종종 불분명하여 보살은 부처의 화현으로, 그리고 라마는 부처나 보살로 간주될 수 있다. 또한 인도와 마찬가지로, 일부 티베트 전통(가령, 겔룩파)은 전 우주를 단순히 정신적 사건과 육체적 사건의 복잡한 상호작용의 산물로 보는 경향이 있지만, 다른 학파(특히 닝마파)는 모든 것을 주로 싸만따바드라(Samantabhadra, Kun tu bzang po)로 지칭되는 '만물을 창조하는 왕'이나 원시적이고 선하며 완전무결한 붓다에 적용한다. 오도 혹은 육도 윤회에 대한 고전적인 인도의 전망 외에, 티베트인들은 업과 과보에 대한 남아시아의 모든 설명을 받아들여 논서에서 분석하고, 종교적 시에서 묘사하며, 법률 및 의료 체계에 적용한다. 그리고 삼독三毒에 대한 시각적 표현과 상징적 표현, 행위와 그 결과의 기복, 육도, 12연기를 가지고 그들만의 '삶의 수레바퀴'(7장에서 기술)를 묘사했다. 모두 죽음의 왕의 손아귀에 잡혀 있고, 붓다는 유일한 대안을 가리키며 바퀴 밖에 서 있다.

한편 불교의 업 종말론을 담은 윤회 게임에 참여하였다.[2] 이것은
일반적으로 사꺄파의 대스승 사꺄 빤디따(Sakya Pandita, 1182~1251)에
서 유래한다. 그는 법칭(Dharmakīrti)의 책을 (윤회에 관한 그의 주장과
함께) 티베트에 소개하는 데 일조하고 몽골과 우호 관계를 수립한
최초의 티베트 고관대작 중 한 명이었다. 윤회 게임은 뱀 사다리와
같은 초기 인도의 게임을 바탕으로 한 것 같다. 참가자는 주사위를
던져서 격자판의 사각형에서 다른 사각형으로 (종종 점프로) 진행하거
나 후퇴한다. 이 게임에는 네팔, 부탄, 한국에서 개발된 버전을 포함해
수없이 많은 티베트 버전이 있으며 사각형의 수 또한 상당히 다양하다.
사이판(Sapan) 버전에서 104개의 사각형이 있는 지옥은 가장 낮은
단을 차지하고, 아귀와 그보다 더 낮거나 높은 영역은 지옥 위에
배치된다. 더 높은 곳에는 다양한 정토, 성문聲聞의 계위, 벽지불,
대승불교, 밀교의 도道가 존재한다. 상단에는 도와 붓다의 행위를
실천한 결과로서 삼존불三尊佛을 모신 사각형이 있다. 마침내, 자신의
유골을 탑에 안치하면 '남은 생 동안 경외의 대상'이 될 것이다. 참가자
는 게임을 하는 동안 (특히 학식 있는 교사의 지도로) 불교의 우주론
및 종말론의 구조와 내용을 꽤 많이 배울 뿐만 아니라, 주사위 던지기는
상황이 올바르지 않으면 한 칸에서 다른 칸으로 이동할 수 없게 고안된
방식이라는 점에서 교육적이기도 하다. 따라서 다른 영역이나 수행을
거치지 않으면, 금강 지옥(격자판에서 가장 낮은 사각형)에서 부처로,
혹은 고전적인 도를 따라 어딘가로 즉시 도약할 수 없다. 또한 하위

---

2 Tatz and Kent 1977.

영역 중 하나에서 어디든 가려면 주사위를 잘 던져야 한다. 금장지옥의 경우 1은 한 번, 2는 두 번, … 6은 여섯 번 던져야만 죽음의 신 야마(Yāma)의 영역에 이를 수 있다. 거기서 제대로 잘 던지면 밀교의 도를 시작할 수 있다. 이 모든 것은 참여자에게 이생과 내생에서 업이 작용하는 방식에 관해 특별히 감사하는 마음을 갖게 한다.

3. 윤회와 윤회하는 존재에 대한 티베트인의 명상

윤회는 모든 아시아 불교문화에서 일반적으로 받아들였고, 또 받아들이고 있지만, 가장 정교한 철학적 주장, 인도의 현자 법칭의 주장은 티베트와 티베트에 의해 형성된 전통에서만 수용되었다. 거기서 그의 주장은 불교의 윤회가 참이어야 하는 이유를 설명하는 역할을 해서, 결론까지 뚫고 나갈 수 있는 시간과 지능을 가진 사람이라면 누구나 진실로 받아들일 수 있었다. 물론 그의 주장은 꽤 난해해서 소수의 고등교육을 받은 승원의 승려만이 이해할 수 있을 것 같다. 그것은 학문적 논쟁의 중요한 재료지만, 지난 천 년 동안 티베트인들이 소중히 여겼던 복잡한 교육 전통, 가령 날란다(Nālandā)와 비끄라마실라(Vikramaśīla)와 같은 인도불교의 큰 승가 대학을 본뜬 전통에 의해 단련되지 않은 사람들은 잘 이해하지 못했다. 대부분의 티베트인, 승원, 재가자 모두에게 윤회의 현실은 자명했다. 여기서 철학적 논쟁이 아니라, 승원과 재가자 모두에게 다양한 수준으로 접근할 수 있는 명상 기법에 주목할 것이다. 그것은 다양한 윤회계에 거주하는 존재와 티베트 명상의 깊은 관계를 설명하고, 죽음과 그 이후를 다루는 다양한 전통 기법들을 보여준다.

8세기 초, 까말라실라(Kamalaśīla, 740~795)와 아티사(Atiśa) 같은 인도 스승들은 둘 다 말년에 티베트를 방문했는데, 그들의 분투에 영감을 받았던, 나중에 티베트에 다르마를 퍼뜨린 주요 교단들은 인도 아대륙에서 받은 방대한 문헌과 가르침에서 추출한 일련의 핵심적인 교리들을 성찰과 명상에 적합한 순서로 재정렬했다. 다르마를 조직화하는 방식은 『도道의 단계(lam rim)』로 잘 알려져 있다.[3] 일반적으로 처음에 불성 또는 영적 발달에서 구루(guru)가 하는 중요한 역할에 대한 성찰을 시작으로, 순차적으로 인간으로 윤회하는 희귀성과 소중함, 무상함의 보편성과 죽음의 필연성, 낮은 윤회계의 고통, 업의 작용, 상위 영역의 불만족스러운 성격, 12연기의 내용, 보살의 육바라밀, 즉 보시, 지계, 인욕, 정진, 선정, 지혜로 나아간다. 마지막 두 가지 바라밀은 효과적이거나 비효과적인 명상과 옳고 그른 견해를 구성하는 것에 관한 상세한 토론 및 논쟁의 기회를 제공했다. 또한 다양한 교단의 스승들은 『만뜨라의 단계(sngags rim)』라 불리는 문헌을 만들었는데, 이것은 700년에서 1200년까지 500년 동안 인도에서 티베트로 온 수많은 밀교의 가르침에 비슷한 종류의 질서를 만들려고 했다.

이미 시사한 바와 같이, 『도의 단계』라는 문헌은 윤회의 영역과 의존적으로 발생하는 업에 의해 이생이나 사후세계에 태어나는 과정을 상세히 묘사함으로써 불교 업 종말론에 대한 성찰의 순서를 따르는

---

3 Gampopa 2017; Tsong-kha-pa 2000-2002.

사람들을 소개했는데, 거기에는 승려와 재가자들 모두 포함되어 있다. 수행자들은 낮은 영역에서 태어나는 것을 두려워하고, 그런 운명을 사전에 방지하기 위해 부처, 다르마, 승가에서 피난처를 찾아야 하며, 상위 영역 역시 고제苦諦에 속하므로 윤회의 수레바퀴에서 완전히 벗어나는 것만이 지속적인 만족을 가져올 수 있다고 이해함으로써 상위 영역의 유혹도 물리치도록 배웠다. 하지만 이 '소승'의 도는 중생이 다 할 수 있는 능력에 미치지 못하는데, 완전한 불성이 우리의 진정한 운명이고, 그것은 오직 보살의 도를 따라야 성취될 수 있다. 그 도는 무엇보다 최대한 모든 중생에게 이익을 주기 위해 붓다가 되려는 열망으로 동기 부여된다.

이 보리심(byang chub sems, bodhicitta)은 우리의 일상생활과 명상에서 표현해야 할 단순한 소망이 아니라 계발해야 할 실천 사항이다. 일상생활과 명상에서 모든 행동을 대승의 정신에 맞추고, 모든 행동을 다른 사람의 이익을 위한 열망으로 시작하며, 중생의 복지를 위한 덕행과 함께 갈무리해야 한다. 의례와 명상의 영역에서 중생은 우리의 마음과 멀리 떨어져 있지 않다. 부처와 보살에게 절할 때 모든 중생과 함께 절하는 것을 시각화한다. 부처와 보살에게 공물을 바칠 때 거주자, 사물, 환경이 속한 전체 메루산의 체계를 바친다. 금강살타(Vajrasattva)의 100자 진언을 암송하고 말해서 자신을 정화하고, 회복된 자신의 순수함이 다른 존재에게 넘쳐흐르는 것을 보며, 우리 주변과 위아래를 영역별로 시각화한다. 사무량심을 계발할 때 모든 곳의 존재를 사랑, 연민, 기쁨, 평정심의 대상으로 시각화한다. 윤회는 우리의 생각과 동떨어져 있지 않다. 거의 모든 의례는 상서로운 기도로 끝나는데,

보통 세상의 안녕을 바라고, 모든 내생에서 스승을 다시 만나거나 다양한 불보살과 밀교적 신의 현시 안에 태어나려는 열망을 담는다. 보리심을 일으키려는 사람에게는 특히 두 가지의 구체적인 명상이 권장된다. 첫 번째, 시작은 알 수 없으므로 각자는 무한한 전생을 가졌고, 그 과정에서 모든 중생은 한두 번쯤 우리의 어머니였다는 것을 숙고함으로써 친구, 적, 무관한 사람에 대한 감정을 균등화하려고 노력한다. 그런 다음 이생의 어머니가 우리에게 보인 사랑과 호의를 숙고하고, 그것에 감사하며, 친구, 적, 무관한 사람, 모든 중생에게 사랑과 호의를 확장한다. 끝으로 만일 사랑하는 어머니가 고통을 겪고 있다면 어머니를 돕기 위해 우리는 무엇이든 할 수 있음을 생각하고, 실제로 모든 어머니는 윤회에서 고통을 받고 있음을 알고, 어머니들 모두가 고통을 극복하고 진정한 행복을 얻도록 도울 결심을 한다. 이것을 가능케 하는 한 가지 명상법은 두 번째, '주고받기, 즉 통렌(gtong lan)'을 통해서이다. 통렌은 인간과 비인간, 우리에게 알려지거나 알려지지 않은 모든 중생의 광대한 모임을 시각화하고, 그들을 공중에서 우리 앞에 배열한 다음 그들의 망상과 고통을 검은 연기의 형태로 흡입하는 호흡 명상을 수행한다. 그리고 이것을 우리 안에서 해가 없게 녹아내리게 한 후 우리의 모든 사랑, 연민, 기타 긍정적인 특질을 깨끗한 백색광의 형태로 다시 내보낸다. 마침내 모든 중생이 완전히 정화되고 최상으로 행복해져서 우리 안에 용해된 것을 시각화한다.

그와 유사한 명상은 밀교에서 발견된다. 이것이 티베트불교에 영향을 미치고 재가자에서 비구과 비구니, 밀교의 요기와 요기니에 이르기까지 모든 사람이 다양한 수준에서 수행한다. 일반 수행자들은 다른

사람이나 자신이 신으로 보일 때까지 신의 시각화와 관계없이 관세음
보살의 육자진언 '옴 마니 빠드메 훔'을 단순히 반복하라는 지침을
받는다. 티베트 전통에서, 여섯 음절은 각각 윤회계에 상응한다. 옴
(Oṃ)은 신계, 마(Ma)는 아수라계, 니(Ṇi)는 인간계, 빠드(Pad)는
축생계, 메(Me)는 아귀계, 훔(Hūṃ)은 지옥계를 일깨운다. 그것을
말로 하면, 각 음절은 해당 계의 존재들에게 특정한 색의 빛을 보내
그들을 고통에서 꺼내 행복 속에 놓아둔다고 여겨진다. 밀교의 '성취
수행(sādhana)'에서 가장 높은 수준은 '생성 단계 수행'이라 부른다.
신성한 궁전 만다라(maṇḍala)의 중앙에서 관세음보살, 따라(Tārā),
금강해모(Vajrayoginī)와 같은 부처의 화신으로서 우리 자신을 보고,
우리가 입문한 신과 우리의 신체, 언어, 정신을 동일시한 후, 빛이나
감로 혹은 그 둘의 조합이 우리의 심장을 돌고 있는 진언에서 흘러나와
육도와 시방十方의 중생들을 정화하고, 우리 안으로 돌아와 융해되는
방식으로 신의 진언을 말하도록 배운다.

밀교 체계에서 '완성 단계'라 부르는 가장 높은 단계의 수행은 '생성
단계'보다 방향이 다소 더 내부적이고, 미묘한 몸의 통로, 에너지,
정혈에 초점을 두지만, 그 목표는 실제로 붓다의 법신과 화신을 만들기
위한 것이다. 후자는 우리가 아는 것처럼, 다른 사람들의 요구를 들어주
기 위해 존재하는 붓다의 측면이기 때문에 그런 점에서 '완성 단계'는
육도의 중생을 아주 많이 염두에 두고 있다. 밀교의 의례에서 가장
중요한 공물 의식은, 구루에게 헌신하든 특정한 신에게 헌신하든,
중생에게 빛을 보내는 것과 관련된 다양한 시각화뿐만 아니라 구루나
신에게 음식과 음료를 제공하는 의식의 엄숙한 부분이 끝나고 청중을

축복해 주면, '남은' 음식은 아귀를 위해 밖으로 가져가는 것이 포함된
다. 이것은 분명 인도, 상좌부, 동아시아 불교에서 관찰한 의례와
맥을 같이 한다.

4. 죽음과 윤회를 둘러싼 티베트 기법

아시아의 다른 곳에서처럼, 티베트불교 또한 죽음과 그 이후를 다루는
데 있어서 특별히 정통하고 효율적이라고 여겨졌다.[4] 성찰과 명상의
『도의 길』은 무상과 죽음에 대한 인식을 맨 앞에 두었기 때문에 누구든
지 그 전통에 노출되었다. 임종 시 붓다가 "모든 복합적인 현상은
영원하지 않다"라고 제자들을 상기시켰고 그것의 가장 중요한 실존적
의미, 우리 모두 언젠가 죽는다는 사실 때문에 거의 모두가 그것을
잘 인지하고 있을 것이다. 죽음은 확실하지만, 그 시간은 그렇지 않다.
오늘은 건강하고 행복해도 그것을 보장할 수 없다. 내일이 먼저냐
아니면 다음 생이 먼저냐는 티베트 스승의 말처럼 말이다. 내생의
수준은 우리가 끌고 온 삶의 전반적인 질과 죽음의 순간에 일어난
특정한 마음 상태에 달려 있다. 죽음은 심각한 문제이며, 가능한 한
많은 준비가 불가피한 사건이다. 죽음에 대한 사유로 정신이 번쩍
들지 않는 사람들에게는 시각화된 형태로 또는 가능하면 공동묘지나
납골당 방문으로 신체의 쇠락에 대한 명상을 권장한다. 그 일은 아시아
에서는 그렇게 멀리 있지 않았다.

---

4 이 문제에 관한 많은 자료가 있지만, 특히 Lati and Hopkins 1979; Mullin 1986;
 Sogyal 1993; Lopez 1997, 421-510; Dorje 2005를 보라.

모든 곳의 문화처럼, 티베트 문화는 수명 연장용 기도, 명상, 다양한
마법적 기법을 포함한 의례들을 발전시켰다.[5] 그래서 죽음은 피할
수 없는 것으로 받아들였지만, 그 시기는 그렇지 않았다. 수명 연장에
특히 효과적이라고 여겨지는 신들은 무량수불無量壽佛과 백도모(白度
母, White Tārā)였다. 또한 수행자들은 눈, 귀, 위장, 살, 기타 신체
부위의 다양한 상태를 포함해 호흡의 질, 꿈의 내용, 정액이나 생리혈의
모양과 냄새, 그림자의 특성 등 임박한 죽음을 암시할 수 있는 징후에
익숙해지도록 했다. 그들과 다른 현상들에 대한 주의 깊은 관찰은
죽음의 시기와 내생의 장소를 수행자에게 알려줄 수 있다고 한다.[6]
더 중요한 것은 죽음의 과정이 실제로 진행 중일 때 나타나는 징후였다.
고전적으로, 삶에서 죽음과 윤회로의 이전을 나타내는 일련의 신체적,
심리적 사건들은, (a) 몸을 구성하는 다양한 신체적 요소, (b) 다양한
신체적, 정신적 능력, (c) 오온의 순차적인 용해와 흡수의 관점에서
설명된다. 각 단계에는 특정한 신체 신호, 일련의 내적 영상, 반딧불,
타오르는 버터 램프의 빛, 처음에는 흰색, 그다음에는 빨간색, 검은색
으로 물드는 빈 하늘 등이 동반된다. 검은 색깔 이후 모든 호흡 관련
에너지와 정혈이 심장 차크라 내의 불괴不壞의 정혈로 용해되었을
때, 의식이 몸에서 떠나면서 우리는 실제 죽음의 순간을 나타내는
밝은 빛이나 텅 빈 광채를 본다. 그것은 진정한 마음의 본성으로,
사는 동안 명상하지 않는 사람들에게 덧없이 힐끗 보였지만 죽음의
순간에는 아주 뚜렷하게 나타난다.[7]

---

5 Mullin 1986, 149-72.
6 Mullin 1986, 126-48.

일반인들은 그 모든 것을 배우도록 권장되고, 그것을 상상하려고 노력할 수 있지만, 진지한 밀교 수행자들은 명상에서 그 과정을 미리 연습하려고 노력한다. 따라서 (9장에서) 보았듯이, 자신을 공으로 환원한 다음 종자種字로, 그리고 자신이 선택한 부처의 신체 형태로 출연하는 생성 단계 사다나(sādhana) 수행은 죽음, 중간 상태, 재생의 과정을 각각 정화하는 일반적인 방법이다. 완성 단계 수행에서, 미묘한 몸의 중앙 통로 내 에너지, 정혈, 의식을 조작하는 동안, 죽음의 밝은 빛에 이를 때까지 죽음의 단계를 거치도록 명상자는 분명히 안내된다. 반복된 훈련을 통해 요기나 요기니는 죽음의 전 과정에 익숙해진다. 만일 죽음의 순간에 깨닫지 못했다면 밝은 빛의 형상을 마음과 실재의 본성으로서 이해하고, 몸을 붓다의 몸으로 변형하면 깨달을 수 있을 것이다.

우리 대다수는, 스승들도, 완성 단계를 여행할 수 없을 것이고 죽음의 밝은 빛을 있는 그대로 인식하지 못할 것이다. 따라서 우리는 밝은 빛의 형상을 따라가는 중간 상태, 바르도(bardo)에서 무엇을 기대해야 할지도 배워야 한다. 일부 인도와 동아시아 전통에서처럼, 티베트 스승들은 바르도가 최대 49일 동안 지속되고 7주 단위로 나뉘며 그 후 윤회는 불가피하다고 협의했다. 바르도의 존재는 보통 자기의 업이 내생을 투사한 형상이다. 하지만 바르도의 몸은 마음으로 만들어지고 물질적 대상의 방해를 받지 않으며 업의 바람에 이리저리 날리기 때문에 '형상(form)'이라는 단어를 신중하게 사용해야 한다. 바르도에

7 Lati and Hopkins 1979, 32-48; Mullin 1986, 71-72; Sogyal 1993, 244-56.

관한 티베트 문헌은 방대하다. 그중 가장 잘 알려진 것은 링빠(Karma Lingpa, 1326~1386)의 『바르도에서 듣고 해탈하기(Bar do thos grol)』이다. 이것은 영어로 여러 번 번역되었으며 처음에는 보통 『티베트 사자의 서』란 이름으로 알려졌다.[8] 이 책은 분노한 신과 평화로운 신, 그리고 다양한 윤회계와 함께 바르도의 존재가 직면하는 일련의 혼란스러운 형상들을 묘사한다. 바르도의 존재에게 그러한 형상들은 단지 자기 마음이 투사한 것임을 알고, 실재의 본성으로서 마음의 본성을 깨닫도록 끊임없이 알려주어 중간 상태에 있는 동안 해탈하게 한다. 그렇지만 무지와 업의 힘으로 그들 대부분은 기회를 잡지 못할 것이고, 결국에는 아마 일 이주 후, 아니면 칠칠 주 후 자궁에서 다시 태어난다고 여기고, 교접하는 다음 생의 부모 가까이에 도착할 것이다. 인도의 설명처럼, 태생의 경우 바르도의 존재가 남성이면 어머니를 원하고 아버지를 미워하며, 반대로 여성이라면 아버지의 정자가 도달하는 순간 어머니의 난자에 들어가 수정하게 한다. 이것은 임신의 전 과정과 자궁에서의 출현을 촉발하는 남성과 여성의 정혈이 결합된 곳에 의식이 들어가기 때문에 불교적 의미의 '윤회', 12연기의 요소 중 식(consciousness)으로 지정된 생의 첫 번째 순간이다.

　바르도를 지나는 것은 존재 대부분의 운명이지만, 그 끔찍한 공포와 부침을 감안해 티베트인들은 죽음과 윤회를 극복하는 대안을 발견했다. 그중 가장 유명한 것은 '전이(포와, 'pho ba)'이다. 이것은 이성적으로 숙련된 명상가 스스로 실행하거나 일반인의 사망 시 영적 스승이

---

8 Lati and Hopkins 1979, 49-57; Dorje 2005, 224-303.

(직접 또는 멀리서) 실행할 수 있다. 두 경우 모두 죽은 사람의 정수리에 있는 중앙 통로에서 강제로 의식을 꺼내 극락정토의 무량광불이나 도솔천의 미래불에게로 옮기게 하는 시각화와 진언 암송을 수반한다.[9] 요가로 얻은 밝은 빛으로 완성 단계를 터득한 고급 수행자들에게 죽음은 전혀 다른 문제이다(실제로 그들에게 죽음은 소풍가는 것과 같다고 전통은 말한다). 그들의 몸이 더는 삶을 지탱할 수 없을 때 다양한 단계의 죽음을 기꺼이 받아들이고, 광채의 절정에 도달했을 때 심장 차크라의 불괴不壞의 정혈 안에 머물러 실재를 관조한다. 이 상태를 툭담(thugs dam, '마음의 온전함' 또는 '명상')이라 부른다. 심장박동과 호흡의 멈춤은 그들을 임상적으로 죽게 하지만, 신체의 부패 징후를 보이지 않으며 심장 주위에서 감지되는 온기는 유지되는 것 같다. 그리고 며칠, 일주일, 또는 그 이상 후에 명상을 완성하고, 영원히 향유할 수 있는 순수한 땅으로 가든가, 아니면 새로운 모습으로 다시 세상에 돌아와 중생의 이익을 위해 다시 일하든가 그들이 선택한 어디든 의식을 투사한다.

5. 돌아온 사람들: 툴쿠와 귀환자

세상에 재진입하기로 선택한 깨달은 스승은 티베트어로 툴쿠(tulku, 환생자) 또는 화신化身을 가리킨다. 이는 대승불교에 따르면 고통받는 중생을 돕기 위해 붓다가 취하는 형태이다. 붓다가 화신을 가정할

---

9 Mullin 1986, 61, 173-91; Dorje 2005, 200-216.

가능성은 대승이 뿌리를 내린 곳이면 어디서나 받아들여졌고, 인도나 동아시아에서는 살아 있는 스승을 붓다의 다양한 "화신"으로 묘사해서 경의를 표했다. 체계적이고 광범위하게 살아 있는 사람을 화신과 동일시하는 것은 내륙아시아에 고유한 것으로 보인다. 이 생각은 티베트에서 시작되었지만, 까르마 까규파가 죽은 라마의 친척이나 제자를 후계자로 지정하는 전통 관행을 따르지 않고 이전 스승 라마의 환생, 툴쿠를 확인하기 시작한 13세기경까지는 그렇지 않았다.[10] 툴쿠의 신분은 문제의 라마가 죽기 전에 남긴 표식, 죽은 후 제자들이 경험한 환상이나 꿈, 또는 비정상적인 태도와 능력을 보이는 아이에게 시행된 시험 등 다양한 방식을 통해 보증할 수 있다. 만일 아이가 죽은 라마의 의례 도구를 정확하게 식별하거나 라마가 전생에 알았던 사람들을 인식할 수 있다면 합법적이라고 판단되었다. 툴쿠의 식별이 전부 어린아이의 것은 아니다. 때때로, 계보 일족은 저명한 스승이나 관대한 후원자를 소급해 툴쿠로 지정하곤 한다. 12세기 중반 중국이 티베트를 점령했을 무렵, 티베트 문화권에 걸쳐 100개의 툴쿠 계보가 발견되었는데, 거의가 다 남성이었다. 그중 일부는 국가적으로 중요하고 일부는 단순히 지역 관심사이지만, 그 모든 경우, 툴쿠의 신분은 진정한 신망과 물질적 재화를 가져다주었다.

까르마 까규파의 관행은 다른 종파로 이어졌고,[11] 마침내 현대 학자들이 말하는 '툴쿠 제도'는 영적 권위뿐만 아니라 20세기 티베트의 사회, 종교문화에서 꽤 중요할 수 있는 부, 재산, 정치권력을 이전하는

10 Gamble 2018.
11 Michael 1982.

주요 수단이 되었다. 가장 중요한 툴쿠 계보 중에는 검은색과 붉은색 모자를 쓴 까규파의 까르마파(Karmapa), 겔룩파의 달라이 라마(Dalai Lama)와 판첸 라마(Panchen Lama), 닝마파의 두둠(Dudjom)이 있었다. 툴쿠는 '생불生佛'에 해당하는 것으로 간주했기 때문에 많은 존경과 최고의 교육을 받고, 가능한 한 효과적으로 그의 사원이나 다른 다르마 기관들을 관장하고, 의식을 거행하고, 축복을 주었으며, 그를 찾는 모든 이들에게 가르침을 주었다. 이 체계는 이전 라마의 죽음과 다수의 후계자 사이에 있을 듯한 불안정한 섭정 기간, 그리고 이전 라마의 툴쿠가 될 여러 청구인 중 누가 진정으로 적법해서 이전 라마의 소유에 해당하는 명성과 권력의 상속자인지와 관련해 일어날 수 있는 분쟁과 같은 단점이 없었다. 어쩌다 의도적으로 선택된 환생자로서 툴쿠는 전생의 세부적인 내용을 기억할 것이 예견되었다. 그를 둘러싼 전기와 자서전들은 분명히 전생에 대한 기억을 언급하지만,[12] 위대한 스승이라 도 죽음과 환생의 과정이 어떤 기억을 '묻을' 수 있으며, 상황에 따라 라마가 그것을 전면에 가져오도록 선택할 수도 있고 선택하지 않을 수도 있음을 이해했다.

툴쿠가 중생들에게 이익을 주기 위해 세상에 다시 들어가기로 선택한 보살로 간주된다면, 다른 부류의 '귀환자'는 그들의 정체성과 역할에 대해 할 말이 적어진다. 이들은 죽음의 경험을 겪은 귀환자('das log)로[13] 주로 여성들이다. 그녀는 바르도를 통과하고, 죽음의 신 야마와 만나고, 다양한 윤회계를 방문한 후 자기가 본 것을 살아 있는 사람들에게

---

12 Bärlocher 1982.

13 Pommaret 1997; Cuevas 2008.

300

알려주며, 도덕적 삶을 살지 않는 사람들이 겪을 고통에 대해 경고하러 되살아난다. 되살아난 몸으로 돌아온 귀환자는, 자기가 본 비인간 영역(특히 지옥과 아귀계)을 알려주러 이곳저곳을 이동하며 떠도는 설법자로서의 경력을 쌓을 것이다. 보통 그녀는 육도 윤회의 고통에서 중생을 건질 수 있는 육자진언 관세음보살의 화신이 되었다고 주장할 것이다. 그런 점에서, 귀환자는 또 다른 유형의 떠도는 설법자 마니빠 (maṇipa)와 유사하다. 그는 전형적으로 남성이다. 마니빠는 마을을 돌아다니며 생명의 수레바퀴나 신과 성인에 대한 묘사와 같은 유익한 종교 예술 작품을 전시하고, 그가 규정한 종교적 실천의 중심으로서 관세음보살 및 그의 육자진언과 함께 불전 문학의 교훈담을 이야기한 다. 방랑하는 설법자들은 거의 모든 종교 전통에서 발견되지만, 귀환자 는 흔치 않으며, 죽은 자와 산 자 사이를 중개하는 기능은 티베트 뵌(Bön) 전통의 쉔(gzhen)을 포함해 내륙아시아 사회에서는 일반적으 로 무당이 떠맡은 것이다. 주지하듯이, 초기 불전은 붓다의 위대한 제자들의 지하 세계 방문으로 가득 차 있으며, 붓다는 신성한 눈으로 윤회의 모든 영역을 볼 수 있었지만, 사후세계를 방문하고 그것을 보고하는 것은 평범한 사람들에게는 흔하지 않았다. 불교계 이외의 곳에서는 중국 종교계에 귀환자가 있다는 증거가 있지만,[14] 다른 곳에 서는 드물다. 더 멀리, 우리는 플라톤의 '에르의 신화(Myth of Er)'가 전사한 군인이 사후세계를 보고, 본 것을 말하러 돌아온 경험에 의거한 다는 것을 기억할 것이다. 그리고 이는 다시, 서구의 문학 작품에서

14 Pommaret 1997, 499.

묘사된 유명한 사후세계 방문, 특히 오디세이(Odysseus), 아이네이아스(Aeneas), 단테(Dante)를 떠올리게 한다. 귀환자의 기술과 임사체험을 보고하는 현대인의 기술 사이에는 분명한 공명이 있으며, 그것은 삶, 죽음, 사후세계에 관한 이해에 심오한 영향을 미친다.

6. 대성취와 대수인

9장에서 간략히 언급한 것처럼, 인도 밀교의 중요한 요소는, 깨달음을 얻는 가장 확실하고 빠른 방법이 모든 종류의 정교한 기법을 버리고 단지 우리 마음의 공하고 빛나며 행복한 본성을 직관하는 것이라고 주장함으로써, 교리, 의례, 기타 복잡한 종교 생활을 피하려는 것처럼 보이는 관상 기법에 대한 설명과 규정이었다. 마음의 본성은 불성과 붓다의 법신과 동등한 가치가 있다. 그 기법들은 티베트에서 대성취 (rdzogs chen, mahāsaṅdhi) 또는 대수인(phyag chen, mahāmudrā)으로 분류한다.

대성취는[15] 보통 닝마파에서 가장 높은 견해와 명상 수행을 나타내는 것으로 알려져 있다. 이는 일련의 인도 밀교 경전과 관행들, 그리고 티베트에서 가르침이 전파되는 초기에 가르침을 소개한 스승들로 거슬러 올라간다. 가장 왕성하고 효과적으로 전파한 사람은 위대한 밀교 요기 빠드마삼바바(Padmasaṃbhava)였다. 그는 8세기 후반 티베트에 체류하는 동안 제자들을 가르쳤으며 떠나기 전 대성취 경전들을

---

15 Karmay 1988; Tulku Thondup 2014.

많이 남겼는데, 이들은 수 세기 후 땅속, 기둥, 벽, 또는 후기 닝마파의 마음의 흐름 속에 숨겨진 보물(gter ma)로서 발견될 것이다. 대성취에 대한 기본 접근 방식은 자신의 본래적 순수성을 알기 위해 노력하는 사람들을 촉진하는 것이다. 닝마파에 따르면, 각 개인의 마음은 처음부터 본래 자유롭고 깨끗하며, 우주는 보현보살(Samantabhadra)로 확인된 근원적이고 선한 부처의 발현이다. 대성취 명상은 다양한 방식으로 구분되는데, 성취 단계는 명상가가 수행해야 할 두 가지 중요한 절차, 절단(khreg chod)과 초월(thod rgal)을 명시했다. 절단은 정확히 선과 젠 명상에서 발견되는 마음 자체에 대한 직접적인 명상과 관련된다. 명상가는 윤회와 열반, 선과 악, 주체와 대상, 공과 형상 사이의 모든 이원성을 제거한다. 개념이 떨어져 나갔을 때 남는 건 우리의 본성뿐이다. 초월은 일련의 신비한 요가 수행을 통해 세상을 보고, 사회나 다른 관습에 구애받지 않은 채 자유롭고 자발적인 방식으로 세상 속에서 행동하는 것을 수반한다. 중국에서와 마찬가지로, 대성취의 관례적인 담론에서도 업, 재생, 윤회계에 대한 논의는 뒷전으로 밀려난다. 그래서 그들이 전혀 중요하지 않은지 궁금하게 만든다.

한편, 인도에서 대수인大手印은 의례적인 몸짓, 자신을 부처로 관상, 성적 요가 수행에 고용된 의례용 여성 배우자, 밀교적 깨달음의 결과, 마음과 모든 현상의 진정한 본성 등을 포함한 다양한 의미가 있었다. 티베트 맥락에서 그것은 무엇보다도 까규파의 중심에 있는 견해, 명상 수행, 행위를 가리킨다. 그 용어들은 모든 티베트 전통에서 인식되고 사용되지만, 겔룩파 또한 거기에 상당한 중요성을 부여한다.[16] 대성취와 마찬가지로, 대수인은 인도의 스승들로 거슬러 올라간다.

이 경우 밀교 체계, 논서와 논평, 그리고 틀에 얽매이지 않고 때로는 상당히 파격적인 삶과 사유 방식을 경축하는 자발적인 깨달음의 노래로 밀교 수행을 보급한 위대한 수행자, 마하 요기와 요기니에게로 거슬러 올라간다. 까규파에서 대수인은 핵심적인 전통으로 인식된다. 철학적 관점으로, 모든 현상은 공空하다고 알지만, 마음이 공하다는 방식을 아는 것은 특별하다. 진정한 본성에서, 마음은 모든 종류의 오염이 없고, 본래 순수하고 빛나며, 잠재적이든 실제적이든 부처의 모든 가능태를 품고 있다. 까규파의 대수인 명상은 마음의 본성에 관한 갑작스럽고 직접적인 자유로운 깨달음 혹은 해탈로 이끄는 점진적인 일련의 네 가지 요가를 수반한다. 일경(一境, one-pointedness)은 다른 전통에서 집중 명상에 해당한다. 무공용(無功用, nonelaboration)는 마음, 사람, 현상의 공함을 깨닫는 것이다. 일미(一味, single taste)는 궁극적 실재와 함께하면서 모든 현상을 경험하는 것이다. 무명상(nonmeditation)은 불성과 같다. 대수인의 실천행은 실재의 본질에 대한 인식에 바탕을 두고 있어서 당연히 공덕이 있지만, 규칙에 얽매이고 상상력이 부족한 사람들에게는, 인도 밀교의 수행자, 선의 선사, 닝마파의 초월적 수행자의 행동처럼, 때로 비관습적이거나 심지어 정신 나간 것처럼 보일 수 있다. 대성취의 담론처럼, 대수인의 담론은 불교의 업 종말론을 과소평가하고 때로는 무시까지 하는 것처럼 보인다. 그래서 다시금 그런 특별한 기술들을 통해 해탈을 열망한 사람들이 전통적인 우주론에 관심을 많이 기울였는지 의문이 든다.

---

16 Roberts 2014; Jackson 2019.

이 즈음해서, 대승의 급진적인 존재론적, 형이상학적 주장, 인도 밀교 수행자의 반계율적 선언, 상좌부 통찰 명상의 현재 순간에 대한 강렬한 집중, 중국과 다른 동아시아 선불교의 수사법이 난발하는 역설과 부조리들보다 대성취와 대수인의 수행이 불교의 고전적인 윤회 종말론을 더 훼손하지 않는다는 것을 알게 된다. 그 모든 경우, 대승의 환경에서 특히 그렇지만, '즉각성의 수사법'은[17] 더 큰 우주론적, 형이상학적, 구원론적 질서 내에서 수행의 위상을 가려버린다. 적어도 전근대 시대 해탈에 대한 각 접근법은 윤회와 열반, 연기의 보편성, 업의 원인과 결과의 무오류성, 육체로부터 마음의 분리 가능성, 다양한 윤회계의 실재 등을 가정하는 불교의 기본 틀 안에서 작동한다. 티베트의 사례에서 대성취와 대수인의 명상적 맥락에 대한 면밀한 검토를 통해 볼 때, 각기 사실상 모든 불교 전통이 지닌 공통된 가정을 전제로 한 더 큰 종교적 상황에 포함되어 있으며, 수행자에게 놀라운 수준의 헌신, 자비심, 명상 기술, 지혜, 의례적 능력을 요구한다는 것이 분명해졌다. 실제로, 그 두 가지 유형의 명상 실천은 티베트로 전수되기 전 밀교 교단에서 유래했기 때문에 보통 스승에 대한 헌신, 긴 일련의 예비 성찰과 의례, 그리고 항상 그런 것은 아니지만, 종종 밀교의 입문 과정이 있어야 한다.

그렇다면 즉각성의 수사법은 왜 단순하고 직접적인가, 왜 논리, 의례, 윤리가 해체되었는가? 간단히 말해서, 해탈은 실재의 궁극적인 본질, 특히 마음의 본성에 대한 직접적인 실현을 함축하기 때문이다.

---

17 이 절묘한 용어는 Faure 1994에서 처음 사용되었다.

궁극적인 실재는 헌신, 의례, 심지어 이성을 통해 접근할 수 있지만, 그것을 실제로 깨달으려면 이중성, 개념, 합리성을 초월해야 한다. 망상에 빠진 존재로서, 우리는 불경스러운 것과 신성한 것 모두에 대한 고정 관념을 잘 버리지 못한다. 그래서 수 세기 동안 불교의 스승들은 안일함에서 벗어나게 하려는 극적이고 충격적인 방법들까지 동원해 왔다. 그러나 철학적 범주에 대한 용수의 철저한 부정이 전통 불교 우주론을 취하는 데는 아무런 도움이 되지 않았어도 그것을 뒷받침하는 데 도움이 되었던 것처럼, 대성취와 대수인에 대한 티베트 인들의 논의와 수행은 출생, 죽음, 윤회의 부침을 뒤로 하고 안전한 깨달음의 '먼 해안'에 도달하려는 더 크고 매우 전형적인 시도의 일부로 이해되어야 한다. 이들은 대승의 전통이기 때문에 깨달은 사람은 다시 한번 격전지에 가담할 수도 있을 것이다.

7. 티베트에서 여성으로의 윤회

다시, 환생한 여성에 대한 불교의 관점을 간략히 고찰하면서 마무리할 것이다.[18] 티베트는 방대한 고원의 거리와 적은 인구, 그리고 목가적이고 농업적이며 상업적인 일에 종사했기 때문에 전통적인 사회, 정치, 경제체제는 많은 면에서 고전적인 인도나 중국보다 덜 철저하게 짜여져 있었다. 이는 적어도 표면적으로 티베트의 여성은 다른 곳의 여성보다 더 많이 공적인 역할을 했다는 것을 의미했다. 하지만 다른 전

---

18 Willis 1987; Gyatso and Havnevik 2005.

근대 아시아 사회와 마찬가지로, 기본적으로 가부장적이었기 때문에 어느 영역에서 어느 정도의 독립성을 보였는지 관계없이 정치적, 사회적 권력은 엄격하게 제한받았고, 종교 기관에서 지도자는 거의 될 수 없었다. 여성에 대한 가부장적 관점은 티베트어로 '여성'이란 단어, 케멘(skyes dman)으로 깔끔하게 요약된다. 케멘은 '낮은 출신'을 의미한다. 따라서 여성의 온전한 수계 전통은 티베트에 온 적이 전혀 없었고, 최근까지도 티베트 여승들(a ni)은 남성 초보 수련자에게 지우는 십계만을 받아 지녔다. 성별로 인해 대부분 지위가 낮았기 때문에 어디에서든 남성 승가가 받는 지원과 존경을 받지 못했고, 전통이 완전히 사라지지 않았더라도 번성하는 경우는 거의 없었다. 앞서 말한 대로, 모든 툴쿠 또한 거의 다 남성이었다. 티베트불교는 인도 밀교의 영향을 깊게 받았지만, 여성을 폄하하지 않겠다는 밀교의 기본 서약은 특히 승려와 금욕적 요기로 인해 현실적으로 더 많은 위반 사실이 관찰된 것 같다.

아시아 다른 곳에서처럼 티베트 여성은 신탁, 귀환자, 요기니 등 종교적 영역에서 자신을 주장하는 방법을 찾았다. 요기니의 힘은 빠드마삼바바(Padmasaṃbhava)의 배우자 예셰 초겔(Yeshé Tsogyal)처럼 강력한 라마와의 관계에서 비롯되지만, 때로 모든 티베트 불교 교단에 퍼져 있고 오늘날에도 실행되고 있는 독특한 묵상과 의식의 전통인 쬐(gcod) 수행을 만든 마칙 랍됀(Machik Labddrön, 1055~1149)처럼 널리 자기만의 명성을 얻기도 했다. 툴쿠 체계는 상당히 남성 중심적이었지만, 수년에 걸쳐 전개된 많은 여성의 환생 계보도 있었다. 가장 잘 알려진 것은 삼딩(Samding) 사원의 도르제 파크모(Dorjé

Phakmo) 화신이다. 다른 불교국가와 마찬가지로, 티베트에서도 수많은 다끼니(ḍākinī), 세속적인 여신, 악신, 신장들과 함께 여성 부처 따라(Tārā)와 바즈라요기니(Vajrayoginī) 같은 수많은 여신을 숭배했다. 그렇지만 아시아의 다른 곳과 마찬가지로, 여신의 탁월함은 현대적인 의미에서 여성에 대한 완전한 사회적이거나 종교적인 평등과 유사한 것으로 해석되지 않았다. 따라서 다른 아시아 불교문화에서와 마찬가지로 티베트에서도 여성으로의 윤회는 일반적으로 열등한 것으로 간주했다.

8. 지역적 확장

20세기 티베트불교가 전파된 일부 문화는 상당한 거리와 불가피한 지역적 변수에도 불구하고 티베트의 언어, 사회, 정치, 경제, 종교와 어느 정도 일치했다. 먼 서쪽의 라다크(Ladakh), 남쪽의 따망(Tamang), 쉐르파(Sherpa)와 같은 다양한 네팔족, 그리고 남동쪽의 부탄족은 모두 티베트 문명의 중심부에서 지배적이었던 불교를 채택했으며, 티베트에서 이주한 정착민들의 부추김으로 그들 식의 불교를 지역 종교에 도입했다. 네팔의 라다크족, 셰르파족, 부탄족에서 사용되는 언어는 서로가 거의 이해할 수 없지만, 모두 같은 언어 집단에 속하며 윤회 종말론을 포함해 티베트의 권력 중심과 꽤 일치하는 형태의 불교를 공언한다.

　티베트불교가 퍼진 또 다른 주요 집단은 북쪽의 여러 몽골족이었다. 적은 수에도 불구하고 그들은 뛰어난 조직력과 군사력으로 아시아와 유럽 역사에 엄청난 영향력을 행사했다. 13세기 징기스칸의 통솔하에 급속히 팽창하기 전, 몽골족은 유목인이자 목축인이었으며 종교적 향방은 주로 무속적이었다. 무속은 다른 전통에 의해 완전히 사라진 적이 없었지만, 많은 몽골인이 무슬림이 되었고, 북부 부족을 비옥한 선교지이자 후원과 보호의 중요한 원천으로 이해했던 고매한 티베트 라마들의 노력으로 훨씬 더 많은 사람이 불교도가 되었다. 특히, 16세기 겔룩파에 의해 티베트불교로부터 깊은 영향을 받았는데, 그럼에도 몽골족은 그들만의 불교 양식을 발전시켰고, 위대한 학자, 고매한 툴쿠, 장엄한 승원의 건축물들을 탄생시켰다. 그들은 1924년 소련의 지원을 받은 공산당원이 장악할 때까지 충실한 불교도로 남아 있었고, 1990년 공산 국가가 몰락한 이후 불교의 관행을 재개했다.

티베트불교의 영향을 받은 마지막 문화는 중국 문화이다. 중국불교는 거의 2,000년에 걸쳐 그들만의 고유한 전통을 발전시켰지만, 중국 내 여러 한족과 비한족들은 티베트의 다르마 형태가 상당히 매력적이라는 것을 알게 되었다. 이는 부분적으로 티베트인의 지적, 제도적, 의례적 구조와 관행에 대한 전반적인 인상에 기인할 수 있다. 거기에는 지식인과 대중적인 수행자 모두의 마음을, 그리고 그들만의 불교에 익숙한 한족 불교도의 마음을 끌 요소들이 들어 있었다. 그렇지만 몽골의 경우처럼, 성지순례를 하고 가르치고 설법하러 중국을 여행한 고매한 라마들의 노력이 도움이 되었다. 특히 티베트불교는 간혹 중국을 지배했던 비한족의 마음에 들었는데, 중국에서 우세했던 한족의 제도에 대항할 힘을 원나라의 몽골족과 청나라의 만주족에게 실어주었다. 흥미롭게도 공산주의가 70년 넘게 중국을 통치한 후에도

티베트불교는 소수지만 영향력 있는 그곳 사람들, 특히 지식인 집단의
마음을 끌고 있으며 대만에서도 상당한 인기를 누리고 있다.

14장 윤회와 현대 불교

지금까지 살펴본, 윤회를 둘러싼 모든 자료와 전통은 '전통적'이거나 '전근대적'이다. 우리가 본 것처럼, 해당 장소나 시간에 사용된 수사법이 무엇이든, 오도나 육도 윤회와 이생과 내생 모두에서 업의 인과작용을 소박하게 설명하는 고전적인 불교의 윤회 종말론이 자명한 것으로 받아들여졌을 가능성이 크다. 분명히 일부 자료와 전통, 스승들은 전통적인 우주론을 전면에 배치하고 나머지는 배경으로 강등시켰다. 우리는 아시아의 모든 전근대 불교도가 깨어 있는 매 순간 업과 윤회에 지배당했다고 가정해서는 안 된다.

그런데도, 대부분의 시대와 지역에서 대부분의 불교도들은 전통적인 업 종말론을 엄숙하게 받아들였고, 그것에 대해 어느 정도 알고 있었으며, 도덕적 규칙을 지키든, 마법적 수단을 통해 업을 우회하든, 아주 드물게 완전한 영적 해탈을 위해 노력하든, 적어도 한동안은 윤회 게임에서 '이기는 것'에 관심을 가졌다고 말해야 할 것이다. 그런데 현대 불교도들 사이에서는 상황이 그렇게 간단치 않다. 왜냐하면 우주론, 형이상학, 구원론의 사상에 대한 문제 제기는 어디에서나 현대성의 특징이기 때문이다. 그리고 이것은 불교의 업 종말론과 윤회론에 대해서도 마찬가지였다. 이번 장에서, 불교와 현대성의 관계를 논하고, 윤회에 대한 현대 불교의 태도를 간략하게 살펴볼 것이다. 그리고 마지막 장에서, 윤회에 대한 최근의 철학적 논쟁에 초점을 맞추고, 21세기에 윤회를 어떻게 생각해야 할지 고찰할 것이다.

1. 불교와 근대성

'근대성'이 정확히 무엇인지, 언제 어디서 시작한 것인지, 그리고 그 반의어라 여기는 '전통'과는 어떤 관련이 있는지 많은 논쟁이 있다. 여기서 그런 논쟁에 끼어들 생각은 없지만, 근대성은 주로 서구의 후기 계몽주의, 특히 식민지나 신식민지 양식에서 시작된 이념 및 기술과 직접적이거나 간접적인 접촉을 통해 해당 문화적 환경에 도입된 지적, 사회적 조건이라는 것이 널리 합의된 견해로 받아들여진다. 그리고 그것은 자본주의 기업이나 사회주의 기업의 촉진, 사회적 평등에 대한 이상, 고강도 기술의 사용, 물리적 실재에 관한 질문과 이해와 습득을 위한 표준으로써 과학을 동반한다. 지역적 조건에 따라 근대성은 다른 시기와 다른 장소에 도착했으며 '전통'으로 지정된 기존의 문화적 신념과 관행을 지지하는 사람들의 크거나 적은 저항을 만났다. 심지어 전근대적인 문화에서도 시대를 관통해 전달된 것으로 추정되는 전통은 끊임없이 논의되고 재정의되고 있었다.

근대성의 중요한 부산물 중 하나는 당연히 전근대적 종교 사상, 제도, 관행에 도전하는 것이다. 전통 종교가 제시한 우주론은 과학적 세계관에 의해, 그리고 종교 제도는 새로운 정치적, 사회적 요인에 의해 도전받는다. 종교적 관행은 심리적으로 효과적일 수 있지만, 점점 더 우주의 작용과는 무관한 선택적 활동으로 간주되고 있다. 그래서 우리는 근대기에 접어든 문화에서 종교가 사라지리라 전망할 수 있다. 마르크스와 프로이트 같은 초기 사회과학자들은 그것을 정확히 예측했지만, 그렇게 되진 않았다. 왜냐하면 기어츠(Clifford Geertz)가 예리하게 관찰했듯이, 대부분 근대화된 사회에서 종교인들의 문제는 무엇을 믿어야 하는가가 아니라 어떻게 믿어야 하는가이기 때문이다.[1]

이는 확실히 불교도에게 해당된다. 아시아에서든 서구에서든 근대성은 확실히 다른 토착종교처럼 전통적인 사상, 제도, 관행에 도전했다. 실제로 근대적 사고방식은 고제苦諦를 뒷받침하는 업-윤회의 우주론과 형이상학, 그리고 명확하게 식별할 수 있는 괴로움의 근원이 존재하고, 그것은 완전히 사라질 수 있으며, 그것의 소멸에 이르는 뚜렷한 길이 있다고 주장하는 사성제에 의문을 던지는 경향이 있다. 그 모든 것은 기껏해야 서양과학과 사회과학에서 일반적으로 가정하는 인간 본성에 대한 형이상학적 유물론, 인식론적 회의론, 오류론적 관점에 비추어 볼 때 의심스러운 측면이 있다. 윤회는 많은 전통적인 아시아 불교도에게 자명한 일일 수 있지만, 근대 불교도, 특히 서구

---

1 Geertz 1968, 16.

불교도에게 그럴 가능성은 아주 적다. 윤회는 처음부터 불교의 이념적 장치의 일부였기 때문에 쉽게 무시할 수 없다. 기독교 신자들이 예수의 부활은 물론 전통적인 천국, 지옥, 최종 심판의 개념에 맞서야 하는 것처럼, 현대 불교도 또한 확실히 그것에 대응해야 한다. 윤회에 대한 전통적인 설명을 받아들이는 것이 좋은 불교도가 되기 위해 필수적인 지 아닌지 솔직히 의견 차이가 있을 수 있다. 하지만 기어츠의 관점으로 돌아가, 그것은 모든 불교도가 물려받은 개념적 틀의 일부이기 때문에, 어떻게 믿느냐, 즉 문자 그대로 받아들일지 아니면 비유적으로 받아들 일지의 문제이다.

기독교인과 무슬림, 그리고 다른 종교인이 다양한 방식으로 근대성 의 도전에 대응해 왔던 것처럼 불교 또한 그래 왔다. 실제로 근대 불교에서 문자주의부터 신전통주의, 모더니즘을 거쳐 자의식적 세속 주의에 이르기까지 쉽게 다양한 접근 방식을 볼 수 있다.

- 문자주의는 업-윤회 우주론이 실재하고, 그에 관한 논증은 설득 력이 있으며, 그것이 작동하는 세부 방식은 대개 전통적인 문헌에 설명된 대로 가정하는 경향이 있다.
- 신전통주의는 그 체계의 실재와 그것을 지지하는 많은 전통적 주장을 받아들이지만, 세계를 설명하는 전통 방식과 근대 방식의 혼합을 통해 작동 방식을 이해하려 한다.
- 근대주의는 전통적 우주론이 문자 그대로 사실일 수도, 아닐 수도 있지만, 그것을 지지하는 주장은 설득력이 없으며, 그것은 상징적, 심리적, 실존적 용어로 가장 잘 이해된다고 여긴다.

● 세속주의는 윤회의 개념이 붓다에게 본질적인 것이 아닐 수 있으며 어떤 경우라도 그것이 우리를 사로잡아서는 안 된다고 믿는다. 왜냐하면 다르마는 비형이상학적 삶의 방식이며 세상을 심리적이고 윤리적인 것으로 바라보는 방식이기 때문이다.

문자주의를 제외하고, 모두 전통적인 우주론에 대한 재해석이 필요하다는 데 동의한다. 세속주의자를 제외하고, 모두 윤회는 설명되어야 할 개념이라는 데 동의한다. 근대주의와 세속주의는 다시 태어날 가능성이 크든 작든, 다르마에 더 집중하든 덜 집중하든, 윤회의 문제에 어느 정도 불가지론이 필요하다는 데 동의하는 경향이 있다.[2] 우리는 이 주제를 나중에 다시 다룰 것이다. 그 사이에 아시아든 서구든 근대 불교도들이 윤회에 대해서 다양한 방식으로 생각한 것에 대해서 살펴보는 것은 유용할 수 있을 것이다.

2. 근대 불교에서 윤회의 관점: 1800~1945

1장에서 보았듯이, 윤회의 개념은 서구의 피타고라스학파와 플라톤주의자, 인습에 얽매이지 않는 기독교인, 르네상스 시대의 자유사상가, 계몽주의 시대의 신비주의자들에게 알려졌고 때로는 신봉되기도 했다. 인도 및 불교국가에서와는 달리, 환생에 대한 믿음은 주류로 인정받지 못했고, 현대 서구 사상에서 관심을 끄는 주제가 되었다. 이것은

---

2 단일 불교 조직인 삼보 불교 협회(Triratna Buddhist Community)에서 발견되는 다양한 관점에 대한 흥미로운 조사는 Liebenrood 2015를 보라.

고대 서양 신비주의의 부활만큼이나 유럽인과 미국인들이 아시아 사상에 대해 흥미를 느꼈기 때문일 것이다.

불교와 타협하려는 유럽 지식인의 산발적인 시도는 수천 년은 아니더라도, 수 세기로 거슬러 올라갈 수 있지만, 유럽과 미국에서 지속적이고도 진지한 관심을 받기 시작한 것은 1800년경이었다.[3] 19세에 걸쳐 뷔루느프(Eugène Burnouf, 1801~1852), 호즈슨(Brian Hodgson, 1801~1894), 케른(Hendrik Kern, 1833~1917), 리스 데이비스(T. W. & Carolyn Rhys Davids, 1843~1922, 1857~1942)와 같은 학자는 불교 경전에 대한 선구적인 번역과 함께 불교의 역사와 사상에 대한 설명을 제공했고, 철학자와 문학가들은 불교의 사상에 대해 숙고하기 시작했으며, 가끔 그것들을 자신들의 사고 체계에 통합했다. 18세기 스코틀랜드 철학자 데이비드 흄은 그의 지각, 자아, 현상에 대한 분석이 주류 불교의 분석과 유사하게 보였기 때문에 불교와 친숙했을 수 있다는 주장도 있었지만,[4] 불교는 명백히 19세기 독일 사상가들의 작품에서 현대 서양철학에 데뷔했다. 헤겔(G. W. F. Hegel, 1770~1831), 쇼펜하우어(Arthur Schopenhauer, 1788~1860), 니체(Friedrich Nietzsche, 1844~1900)는 각자 나름의 방식대로 불교의 사상을 사고의 범주 안에 가져왔다. 헤겔은 불교의 형이상학적 허무주의와 신비적 종말을 가장 높은 종교적 표현, 즉 기독교를 위해 길을 닦는 것으로 보았다. 그는 불교도들이 '영혼의 이주론'을 받아들인다고 말하면서도 그 세부 사항에는 거의 관심을 보이지 않고 오히려 열반의 '순수한 무(nothing)'에서

---

3 Batchelor 1994.

4 Gopnik 2009.

맞이할 이주의 멸滅에 더 관심을 보인다고 지적한다.[5] 쇼펜하우어는
'의지와 표상으로서' 세계의 관념과 최고의 선으로서 '열반 원리'를
명료화하는 데 미친 불교의 영향을 인정한 것으로 유명하다. 그는
윤회에 대한 불교적 믿음을 보고했고, 일반적으로 그 가능성을 받아들
이는 편이었다. 하지만, 만일 윤회가 발생하면 이전 존재의 모든 특성은
후속 존재에게 전달될 수 없다고 주장했으며, 문자 그대로 윤회를
받아들이기보다, 의지의 연속적인 재현으로서 지각적인 존재, 즉 부활
의 형태로 윤회에 대한 믿음을 표현하는 대중적인 방식을 제안했다.[6]
헤겔과 쇼펜하우어처럼 니체도 불교를 허무주의로 보는 경향이 있었
다. 그는 변화와 무상에 대한 강조를 높이 평가했지만, 그것이 삶을
부정했기 때문에 기독교만큼이나 부족한 것으로 간주했다. 또한, 그의
독단적인 철학에 대한 비판과 '원근법'은 불교 사상가들의 접근 방식과
유익하게 비교되었고,[7] 그의 영원회귀론은 윤회론에 비견되었지만,
그들은 세부 내용이 다르다. 니체는 영원한 회귀로부터의 탈출을
인정하지 않지만, 불교는 윤회를 극복할 수 있다고 믿는다.

　대서양 너머, 미국의 초월주의자 에머슨(Ralph Waldo Emerson, 1803
~1882), 소로(Henry Thoreau, 1817~1862), 휘트먼(Walt Whitman, 1819
~1892)은 아시아 고전의 번역서를 읽었고,[8] 윤회의 여지가 있을 것
같은 삶과 우주에 대한 광범위한 영적 견해를 제시했다. 실제로, 에머슨

---

5 D'Amato and Moore 2011, 37.

6 Abelsen 1993, 259-60; Batchelor 1994, 250-71.

7 Panaïotti 2013.

8 Fields 1992, 54-69.

318

은 그의 초기 작품 중 하나에서 "영혼의 이주는 우화가 아니다"라고
말하고, 후기 작품에서 "우리는 경향적이거나 증상적이다. 우리 중
누구도 완전하지 않다. 우리는 만지고 간다. 많은 생명의 거품을 마신
다. 순환은 자연의 법칙이다"라고 설명한다.[9] 에머슨과 달리, 소로는
그의 저술에서 윤회사상을 명백하게 지지하지는 않지만, 친구에게
보낸 편지에서 고대 중동에서 살았었다고 믿었던 자신의 삶을 회상하
고, "기억할 수 있는 한 나는 전생의 존재에 대한 경험을 무의식적으로
말했다"라고 기사에 적었다.[10] 휘트먼은 그의 시 '나 자신의 노래'에서
"돌고 돌아 우리는 모두 거기로 되돌아온다", "나는 전에 수천 번 죽었음
을 믿어 의심치 않는다", "오천 년 후 다시 지상에 올 것이다"라고
주장하면서 윤회의 가능성을 여러 번 언급한다.[11] 초월주의자에게
윤회는 우주에 대한 형이상학적 관점을 지닌 작품이다. 그로 인해
영혼은 절대자 혹은 에머슨의 용어로 대영혼의 일부이며 그것과 재결
합할 운명이었다. 그런 생각은 확실히 인도, 특히 힌두교의 영향을
받은 것이었지만, 또한 주류 철학과 종교 아래서도 전혀 사라지지
않았던 19세기 서구 신비주의 전통에 의지한 것이었다. 그것은 아마도
과학이 인간의 영혼을 잠식한다고 인지한 데 따른 반응으로서 초심리
학과 비술祕術에 대한 일반적인 관심의 형태로 재등장했을 것이다.

　인도와 서구의 영향력이 비슷하게 뒤섞인 것은 19세기 후반 신지학
(theosophy)에서 시작된 유럽과 미국의 지적 운동에서 찾을 수 있다.[12]

---

9 Carreira 2010.

10 Carreira 2010.

11 Whitman 1892, sections 27, 49, 43.

러시아 태생의 신비주의자이자 학자인 블라바츠키(Helena P. Blava-
tsky, 1831~1891)와 티베트에 살고 있는 대성인(Mahatma) 또는 숨겨진
스승 간의 선견지명 있는 만남에 뿌리를 두고 있는 신지학은 "모든
종교 배후에 있는 종교", 즉 일원론적 유출설이 고대 이집트 종교,
신플라톤주의, 서구의 신비주의, 힌두교, 불교에서 가장 유사하게
드러난다고 주장한다. 윤회는 신지학의 기본 교리이지만, 진화론에
영향을 받은 많은 근대의 서구 사상처럼, 한 생에서 다음 생으로의
이동은 주기적인 것이 아니라 점진적인 것으로 보였고, 한 유형에서
다른 유형으로 이주할 가능성은 없었다. 따라서 인간은 다음 생에
동물이 될 수 없고 동물도 인간이 될 수 없다. 인간은 영적으로 더
진화된 인간이 되어 절대자와 더 가깝게 결합할 수 있을 뿐이다.
신지학은 올코트(Henry Steele Olcott, 1832~1907)와 베전트(Annie Be-
sant, 1847~1933)를 포함해 블라바츠키(Blavatsky)와 그의 추종자들에
의해 영국, 미국, 인도에서 지식인과 문화계에 깊은 인상을 남겼고,
남아시아에서 힌두교와 불교의 부흥, 그리고 인도와 스리랑카의 반식
민주의 운동에서 작지만 중요한 역할을 담당했다. 올코트는 스리랑카
에서 많은 시간을 보냈는데, 그곳에서 지금도 사용되는 국제적인
불교 깃발을 디자인하고 『불교의 교리문답(A Buddhist Catechism)』을
저술했다. 이 책은 현대 과학과 전통적인 불교 우주론 및 형이상학과의
조율을 모색하고, 순환적인 것이 아니라 점진적이고 진화적인 과정으
로서 윤회의 실재를 주장한다.[13] 후대의 신지학자 에반스 웬츠(W.

---

12 Fields 1992, 83-118; Theosophy 2019.

13 McMahan 2008, 94-113; Lopez 2002, 15-23.

Y. Evans-Wentz, 1878~1965)는 1920년대와 1930년대 카지 다와 삼둡 (Kazi Dawa Samdup)의 티베트불교 의식과 명상 자료 번역이(그 유명한 『티벳 사자의 서』와 함께) 영어권 세계의 관심을 끌도록 도운 한편, 서문과 주석에서 뚜렷하게 신지학적 방식으로 내용을 설명하면서 티베트의 우주론적, 형이상학적 문헌을 서양의 더 많은 청중이 이용할 수 있게 만든 최초의 인물 중 하나였다.[14]

3. 현대 불교에서 윤회의 관점: 1945~2020

서양과 아시아의 많은 불교도는 20세기 전반 서부에서 활동했는데, 그중 카루스(Paul Carus, 1852~1919), 고다드(Dwight Goddard, 1861~ 1939), 다르마팔라(Anagarika Dharmapala, 1864~1933), 데이비드 닐 (Alexandra David-Neel, 1868~1969), 스즈키(D. T. Suzuki, 1870~1966) 는[15] 다양한 차원으로 윤회를 강조했다. 그들은 모두 근대의 표현 방식으로 불교 사상과 수행에 대한 유럽-미국인의 이해를 도왔다. 불교가 서구의 엘리트 계층뿐만 아니라 대중의 상상력에도 본격적으로 진출하기 시작한 것은 제2차 세계대전 이후이다. 지난 75년 동안 유럽과 미국에서 불교의 성장은 윤회의 교리에 대한 강조와 반비례했 다고 말하는 것은 과장이겠지만, 가장 큰 견인력을 얻은 많은 인물이 전통적인 불교 우주론과 형이상학을 경시한 사람들이라는 것은 논란의

---

14 Lopez 2002, 78-84.

15 Fields 1992, 130-45; Lopez 2002의 각 저자에 대한 장을 보라. 나는 잠시 스즈키에 대해서 더 말할 것이다.

여지가 없을 것이다. 소위 뉴에이지 운동의 성장은 아시아와 서구 모두에서 윤회 중심의 우주론과 형이상학을 이전보다 더 많은 사람이 접할 수 있게 했다. 20세기 중반에 다국어를 구사하고 폭넓게 훈련된 일본 학자 스즈키(D. T. Suzuki)보다 더 서양의 불교관에 영향을 준 인물은 없었다. 잘 다듬어진 젠(Zen)에 대한 그의 글은 다른 설명이나 분석이 없으면 반박하기 어려운 기품있는 분위기를 자아냈으며, 불교를 서양 종교와 철학에 조율하려는 서양인들에게는 대단히 매력적이었다. 블라바츠키와 올코트가 신지학을 종교를 초월한 신비주의 종교로 표현했었던 것처럼, 스즈키는 불교의 정수일 뿐만 아니라 특정한 문화적 형태를 완전히 초월한 보편적 신비주의 관점과 실천으로서 젠을 묘사했다. 하지만 젠은 일본 문화를 통해서 가장 잘 드러난다고 생각했다. 12장에서 언급한 것처럼, 젠은 심지어 전근대 아시아 환경에서도 전통적인 불교 우주론의 전생과 내생 및 다른 생의 측면을 경시하는 경향이 있었고, 스즈키의 글에서 우주론은 거의 전적으로 관심 밖으로 밀려났다. 그에게 젠은 완전히 현재 시제였다.[16] 스즈키는 주로 미국에 기반을 둔 20세기 중반의 여러 작가와 사상가들에게 영향을 주었는데, 그들은 불교, 젠 등을 서구 문화를 뒷받침하는 요소로 바꾸는 데 도움을 주었다.

그들 중 가장 주목할 만한 사람은 왓츠(Alan Watts, 1915~1973)와 소위 비트세대(Beat generation)의 여러 구성원이었다. 왓츠는 영국 태생의 학자이자 작가이자 강사로 미국에서 대부분 살았으며 선,

---

16 Suzuki 1996; McMahan 2008, 122-34.

도교, 기타 아시아 종교를 대중화하기 위해 큰 노력을 기울였다. 그는 종교적인 측면의 신비적이고 경험적인 측면을 강조했고, 전통적인 우주론을 알고 있으면서 그것들을 현세적이거나 심리적인 용어로 이해하는 경향이 있었다. 예를 들면 세련된 불교도들은 "문자 그대로 환생을 믿지 않는다. 그 대신 개인의 삶의 다중성 … 신체적, 사회적 관계의 다중성을 본다"라고 기술했다.[17]

훨씬 더 영향력이 있는 사람들은 케루악(Jack Kerouac, 1922~1969), 웨일런(Philip Whalen, 1923~2002), 긴즈버그(Allen Ginsberg, 1926~1969), 스나이더(Gary Snyder, 1930~), 디 프리마(Diane di Prima, 1934~2020)와 같은 비트 작가들이었다. 그들의 작품은 오늘에도 반향을 불러일으키는데,[18] 각자는 자기만의 방식으로 불교를 이해하고 실천했다. 케루악은 그의 소설, 시, 수첩에서 세상의 고통을 슬퍼하고 윤회라는 '노예의 수레바퀴'에서 벗어나길 바라는 현대의 비구-보살로서 자신을 묘사했지만,[19] 모두에게 그들 마음의 자연스러운 자유를 보여줌으로써 모든 존재의 구원을 맹세했다. 웨일런은 삶의 대부분 동안 경건하게 불교를 공부했고, 마침내 샌프란시스코의 할폴드 스트릿 젠센터(Hartford Street Zen-Center)의 승원장이 되었다. 그의 시는 젠에 대한 언급으로 가득 차 있다. 긴즈버그는 케루악에게 불교를 소개받았지만, 명망 있는 티베트 라마 쵸감 트룽파 린포체(Chögyam Trungpa Rinpoche, 1939~1987)를 만난 1970년경에야 열렬한 불교 수행자가

---

17 Watts 1961, 67, 76; Lopez 2002, 159-71.

18 Fields 1992, 195-225; Tonkinson 1995; Lopez 2002, 172-81, 194-200, 207-10.

19 Kerouac 1959, 211.

되었다. 그의 후기 시 대부분은 불교적인 주제와 이미지를 사용한다. 스나이더(Snyder)는 대학과 대학원에서 중국불교를 연구했고, 수년간 일본의 젠 사원에서 살았는데, 미국 캘리포니아의 시에라(Sierra) 네바다 산맥에 농가를 지으러 돌아가기 전 종교, 사회, 환경을 주제로 그 유명한 시와 수필집을 지었다. 디 프리마(Di Prima)는 다년간 젠을 수행했지만, 생의 후반기에는 차츰 티베트 전통으로 전향했다. 불교의 영향은 전 시집에 걸쳐 뚜렷하다. 그런 인물과 '비트세대'로 분류된 사람들은 불교나 불교의 사상과 실천에 단일한 관점을 갖고 있지는 않았지만, 대부분의 작품은 전형적인 젠 스타일로 전통의 현세적 의미를 강조하고 전통적인 우주론과 형이상학을 아주 중지하지 않더라도 제쳐두었다고 해야 할 것이다. 20세기 후반의 카플로(Philip Kapleau, 1912~2004), 에이트켄(Robert Aitken, 1917~2010)과 같은 더 '전통적인' 젠 강사의 강의와 글도 마찬가지라고 할 수 있다. 그들은 제2차 세계대전 직후 일본에서 불교를 접하고 미국으로 돌아가 유력한 젠센터를 설립했다. 선구적인 저술을 남긴 일본의 순류 스즈키(Shunryu Suzuki)와 같은 선사의 『선심, 초심』은 현대 불교의 고전이 되었다.[20] 요컨대, 스즈키(D. T. Suzuki)와 그의 후계자들은 서구에서 불교의 지식을 촉진하기 위해 많은 일을 했지만, 윤회를 포함한 더 어려운 사상의 많은 부분을 경시하는 경향이 있었다.

만일 선적 성향의 비트세대와 동시대인들이 제2차 세계대전이 끝난 후부터 1960년대 말, 1970년대와 그 이후까지 불교에 대한 유럽인과

---

[20] Fields 1992, 11-12장.

미국인들의 이해를 도모하는 데 큰 역할을 했다면, 불교를 현시대에 적합하게 정교화하는 데 새로운 힘과 새로운 목소리를 보탰을 것이다. 서구 세계의 비할 데 없는 풍요, 계몽 사회에서 계속되는 전쟁과 빈곤, 인종 차별에 대한 젊은이들의 환멸, 지혜와 치유의 원천으로서 동양을 보는 낭만적인 동양관, 대륙을 횡단하는 더 빠른 이동 수단 등은 전례 없이 수많은 젊은이들을 동쪽으로 여행가게 했다. 이것은 마치 완화된 이민법과 아시아 전쟁의 여파로 불교 지도자를 포함한 수천 명의 아시아인이 유럽과 미국에 정착하게 된 것과 같았다. 젠은 서구에서(특히 북아메리카에서) 그들만의 독특한 방식으로 계속 발전했지만, 상좌부와 티베트불교 전통 역시 많은 인기를 끌기 시작했다.

주지하듯이, 상좌부불교는 무려 지난 천 년 동안 스리랑카와 동남아시아에서 지배적인 종교였다. 특히 미국이 베트남 전쟁에 개입한 후(1961~1975) 많은 동남아시아 난민이 미국과 유럽으로 향했고, 다양한 마을과 도시에 정착했으며, 불교 사원과 승려를 그들의 지속적인 문화적 정체성의 중요한 표식으로 삼았다. 이 '이주한' 불교도들은 외국 땅에서 할 수 있는 한 그들의 제도와 의식을 재현했는데, 그것들은 현대 서구 불교의 중요한 부분을 이루고 있다. 우리는 그들과 다른 아시아 문화권에서 온 불교도들에 관해 곧 더 많이 이야기할 테지만, 현대 문화에 대한 전반적인 그들의 영향력은 대개 서양인, 특히 미국인의 영향력에 의해 가려진다. 그 미국인들은 1960년대와 1970년대에 동남아시아를 여행하고 미얀마와 태국 상좌부 스승들과 함께 공부한 후, 거기서 배운 마인드풀니스(mindfulness) 또는 통찰 명상을 촉진하러 미국으로 돌아가서는, 그것이 붓다가 가르친 핵심 수행이자 모든 불교의 정수라고 선언했다.

　매사추세츠(Massachusetts)의 통찰명상협회(Insight Meditation Society)와 북캘리포니아의 스피릿 락(Spirit Rock)과 같은 센터에서 골든스타인(Joseph Goldstein, 1944~), 살츠버그(Sharon Salzberg, 1952~), 콘필드(Jack Kornfield, 1945~)와 같은 지도자들은 거의 전적으로 현재 순간에 대한 명상적 자각에 초점을 맞춘 불교의 한 형태를 보급하고 전통적 상좌부의 의례, 헌신, 우주론과 형이상학을 경시했다. 윤회의 가능성이 인정은 되었지만, 대체로 제쳐두었다. 핵심은 보편적 자애심을 함양하는 한편, 현재하는 정신적, 신체적 사건의 생멸에 관해 명상하는 것이다. 그보다 덜 전통적인 불교는 카밧-진(John Kabat-Zinn, 1941~)이 개발한 MBSR(Mindfulness-Based Stress Reduction)이었다. 이 프로그램은 불안한 현대의 서양인들이 과도하게 짜여진, 건강을 해치는 삶에 평온함을 가져올 수 있도록 불교의 명상 기술을 사용한다. MBSR은 큰 관심을 끌고 자금을 지원받으며 병원, 정신 클리닉, 학교, 감옥 등 세속적 환경으로 진출했다. MBSR 지도자는 불교 우주론과 형이상학은 말할 것도 없고 불교 용어를 대체로 외면하지만, 프로그램 자체는 상좌부 전통에 확고하게 뿌리를 두고 있으며, 비평가들, 특히 기독교인들에게는 불교를 서양인에게 은밀히 주입하는 방식으로 여겨져 왔다.[21] 반대로, 전통적인 사고를 하는 비평가들은 MBSR이 필수적인 불교의 사상과 관행을 제거했다고 생각하고는 탄식했다. 서구의 지도자들이 그나마 상좌부 전통을 최소한의 종교로 제시한 것은 태국

---

21 Wilson 2014.

326

승려 붓다다사 비구(Buddhadasa Bhikkhu, 1906~1993)와 아잔 차(Ajaha
Chah, 1918~1992), 인도-미얀마의 재가 지도자 고엔까(S. N. Goenka,
1824~2013)와 같은 아시아의 현대 불교 지도자들한테서 그들이 들은
바를 반영한 것이다.[22] 사실 20세기 후반 상좌부불교에 대한 가장
유력한 설명은 스리랑카의 비구이자 학자인 라훌라(Walpola Rahula,
1907~1997)의 것이다. 21세기에도 여전히 읽히고 있는 그의 책『붓다
가 가르쳐 준 것(What the buddha taught)』은 불교 사상과 관습을 분명하
고 설득력 있게 설명하고 있지만, 윤회의 개념과 함께 전통적인 우주론
과 형이상학에 관한 논의는 거의 생략하고 있다.[23]

　1959년 이전, 티베트불교는 유럽-미국에 거의 알려지지 않았고,
롭상 람빠(T. Lobsnag Rampa, 1910~1981)와 같은 사기꾼은 말할 것
없고, 데이비드 닐(Alexandra David-Neel), 에반스 웬츠(W. Y. Evans
-Wentz), 고빈다(Lama Anagarika Govinda, 1898~1985)와 같이 주로
대담한 여행자들의 작품을 통해서 알려졌다.[24] 그렇지만 1950년대
중국의 티베트 침공, 특히 1959년 티베트 고원에 확산한 반란을 진압함
에 따라 촉발된 이주 때문에 티베트인들은 상대적인 고립에서 벗어나
처음에는 남아시아로, 나중에는 서쪽 외부 세계로 밀려났다. 동쪽으로
여행하는 서양인들은 인도와 네팔에 새로 설립된 정착지에서 난민
라마를 만났고, 유럽, 미국, 그 밖의 다른 나라로 돌아가 불교 센터를

22 아시아에서 부상하는 '마인드풀니스 운동'에 대해 Braun 2016을 보라.
23 Rahula 1974.
24 고빈다에 대해서 Lopez 2002, 98-105; 롭상 람빠에 대해서 Lopez 1998, 86-113
　을 보라.

설립하고 때론 대학에서 공부했다. 한편, 라마는 때로는 가르치러, 또 때로는 아주 머무르러 서구를 여행하기 시작했다. 일반 티베트 난민들 또한 서구에 정착하기 시작했으며, 그들의 독특한 사상과 관행을 현대 서구의 무대로 가지고 갔다. 그 모두를 통해 티베트불교 는 유럽-미국 문화에서 세 번째로 중요한 불교의 목소리가 되었다. 전통에서 현대로의 전환이 짧은 기간으로 단축되었기 때문인지, 아니 면 고전적인 인도 세계관에 깊이 몰두했기 때문인지, 남아시아와 서구에서 서양인을 가르쳤던 티베트 라마는[25] 서양의 사상을 최소한도 로 수용한 채 불교를 소개했다. 두쥠 린포체(Dudjom Rinpoche, 1903~ 1987), 깔루 린포체(Kalu Rinpoche, 1905~1989), 데준 린포체(Dezhung Rinpoche, 1906~1987), 게쉐 룬둡 소파(Geshe Lhundub Sopa, 1923~ 2014), 16대 까르마파(Karmapa, 1924~1981), 41대 사꺄 치진(Sakya Trizin, 1945~), 툽텐 조빠 린포체(Thubten Zopa Rinpoche, 1946~)와 같은 인물들은 아시아에서 배웠었던 것처럼 대부분 다르마를 분명하게 표현했고, 기적 이야기, 불성에 대한 놀라운 묘사, 업과 윤회의 과정에 대한 상세한 분석을 회피하지 않았다. 그렇게 해서, 그들은 초기에 신지학적으로 영향을 받은 티베트불교의 개념에 대처하는 데 도움을 주었고, 인도에서 기원하고 티베트에서 통합된 고전 전통을 서양인이 이해하는 데 크게 이바지했다. 또한 아시아 밖에서 가장 많은 추종자를 끌어들이는 경향이 있는 라마들은 영어를 배우고, 서양 학생들이 이해할 수 있는 용어로 말했으며, 종종 현대 심리학, 과학, 물질문화

---

25 Fields 1992, 13-14장; Paine 2004.

에 대해 강연했다. 버클리(Berkeley)의 닝마파 협회 소속 따르탕 툴구 (Tarthang Tulku, 1934~), 네팔의 코판(Kopan) 승원 소속 라마 툽텐 예쉐(Thubten Yeshe, 1935~1984), 나로빠(Naropa) 대학과 샴발라 훈련 프로그램(Shambhala training program)의 설립자인 쵸감 트룽빠 린포체 (Chögyam Trungpa Rinpoche, 1937~1987)와 같은 뛰어난 스승들은 유럽 인과 미국인들의 마음에 드는 방식으로 다르마를 설명하는 특별한 능력을 보여주었다.

이들은 전통적 우주론과 형이상학을 전적으로 경시하지 않았지만, 다른 메시지를 더 강하게 강조하는 경향이 있었다. 그 메시지는 불교를 '현대적'이고 '과학적인' 것으로 보려는 지적 욕구와 자기의 가치, 즉 트룽빠 린포체가 말했듯이, '근본적인 선함'을 느끼고자 하는 심리적 욕구에 응답했다. 근본적인 선함을 염두에 두고, 그들은 종종 대성취와 대수인 수행의 중요성을 강조했다. 이것은 공하고 빛나며 지복한 마음의 본성에 대한 직관적 깨달음에 중점을 두고, 업 종말론을 주변부 로 돌리는 것처럼 보인다. 트룽빠 린포체는 스스로 창조하는 꿈의 세계에서 존재의 심리적 상태 … 다양한 종류의 투사로서 윤회를 이해하는 대안적인 방법을 서양 학생들에게 제시했고, 『티베트 사자의 서』에서 묘사한 사후세계의 경험에 관한 그의 논의는 강한 심리적인 색채를 띠었다.[26] 트룽빠 린포체의 가장 영향력 있는 제자 뻬마 최됀 (Pema Chödrön)은 주로 심리학적 용어로, 그리고 전 세계 많은 현대인 의 불안과 경험에 깊이 공감하는 언어로 티베트불교의 사상과 수행을

---

26 Trungpa 1973, 131.

나타내는 데 앞장서 왔다.[27] 더 최근에, 다른 티베트 라마는 보수적 전통주의와 급진적 근대주의 사이의 매개적 접근 방식을 효과적으로 수행했다. 그래서 겔렉 린포체(Gelek Rinpoche, 1939~2017), 소갈 린포체(Sogyal Rinpoche, 1947~2019), 종사르 켄체 린포체(Dzongsar Khyentse Rinpoche, 1961~), 촉니 린포체(Tsoknyi Rinpoche, 1966~), 민돌링 제쭌 칸도 린포체(Mindroling Jetsun Khandro Rinpoche, 1967~), 욘게이 밍규르 린포체(Yongey Mingyur Rinpoche, 1975~), 그리고 가장 특별한 14대 달라이 라마(Dalai Lama, 1935~)와 같은 유명한 인물들은 전통의 다양한 측면을 조사하고 개념화하고 표현하는 현대적 방법에 개방적이면서도 윤회와 함께 고전 티베트불교의 많은 교리를 간직했다. 홉킨즈(Jeffrey Hopkins, 1940~), 서먼(Robert Thurman, 1941~), 리카르(Matthieu Ricard, 1946~), 클라인(Anne Klein, 1947~), 월러스(B. Alan Wallace, 1950~)와 같이 더 철학적인 성향을 가진 티베트 라마의 서양제자들 또한 같은 측면이 있다. 요컨대 제2차 세계대전 이후 서구 문화에 가장 영향을 미친 불교의 세 가지 형태 젠, 상좌부, 티베트 중에서 가장 큰 다양성을 보여주는 것은 티베트 전통이다. 많은 티베트 라마들은 윤회를 가볍게 여기거나 상징적으로 표현하려 했지만, 티베트인들과 그들의 서구 추종자들 사이에 고전적인 사상 개념에 대한 가장 상세한 설명과 옹호가 발견되는 경향이 있다. 현대 서구 불교, 특히 북아메리카의 두 가지 요소는 간단하게라도 언급할 필요가 있다.

첫 번째 요소는 '참여 불교'이다. 이것은 기독교 내의 해방 신학처럼

---

27 Chödrön 2016.

(보편적 자비심이나 보살 사상 같은) 전통적인 종교 사상과 태도를 현대의 사회, 정치, 경제, 환경적 대의에 진지하게 참여하기 위한 토대로서 사용한다. 가장 초기에 그리고 가장 진지하게 참여한 불교도의 목소리는 스리랑카의 다르마팔라(Anagarika Dharmapala), 제2차 세계대전 후 인도의 불가촉천민 지도자 암베드까르(B. R. Ambedkar, 1891~1956), 베트남의 선승 틱낫한(Thich Nhat Hanh, 1926~2022), 태국의 재가 사회 개혁가 시바라크사(Sulak Sivaraksa, 1933~)와 같은 아시아인들의 목소리였다. 서구인들은 비트의 활동 작가 긴즈버그(Allen Ginsberg)를 포함해 스나이더(Gary Snyder), 프리마(Diane di Prima), 젠 스승 에이트켄(Robert Aitken), 돌시(Issan Dorsey, 1933~1990), 글래스만(Bernie Glassman, 1939~2018), 로이(David Loy, 1947~), 페미니스트 운동가이면서 학자인 그로스(Rita Gross, 1943~2015), 까르마 렉쉐 쏘모(Karma Lekshe Tsomo, 1944~), 클라인(Anne Klein), 윌리스(Jan Willis, 1948~)의 사례를 본보기 삼았다. 이들은 개인의 믿음이나 소속된 불교가 무엇이든 간에 사회적 저술에서 무엇보다 사회 및 정치 제도의 오염(kleśa)을 극복하는 데 초점을 맞추는 경향이 있었고, 항상 그런 것은 아니지만 종종 형이상학과 우주론의 문제를 잘 제쳐두었다. 그런 의미에서, 우리가 조사한 많은 현대 불교도와 마찬가지로 그들은 실제로 다시 태어나는 것을 피하는 것처럼 윤회에 대한 논의를 의도적으로 피하려는 것처럼 보일 수 있다.

두 번째 요소는, 앞에서 이미 언급했듯이, 19세기 중반에 중국인이 미국에 도착하고, 뒤이어 20세기 초 일본에서 정착민이, 20세기 후반에 동남아시아와 티베트에서 난민이 들어온 이래 미국에 살고 있는 '이민자' 또는 소수 '민족' 불교 공동체이다. 이런 공동체는 적어도 1세대와 2세대에서, 고국으로부터 가져온 언어, 관습, 사상, 관행을 아주 잘 지키는 경향이 있다. 그 결과, 서구에 세워진 불교 사원은 고국의 전통을 보존하고 전달하는 문화의 중심지로서 이중의 기능을 수행했다. 동아시아의 문화를 배운 미국의 비아시아인은 무엇보다도 젠에 끌렸으며, 명상이 불교의 필수적인 수행이라는 생각에 끌렸다. 중국과 일본의 정착민들은 아미타불의 서쪽 낙원에 태어나는 가장 확실한 길로서 헌신적인 암송에 각별한 관심을 쏟고 정토의 전통에 더욱 집중했다. 미국에 있는 중국계와 일본계 사람들의 수를 감안할 때, 오늘날 미국의 모든 불교 형태 중 정토는 가장 인기 있을 것이다. 거기에서 뿌리를 내린 또 다른 동아시아 기도 전통은 일련종(Nichiren) 으로, 해탈의 이상은 무시되지 않지만, 『법화경』에 귀의하는 염송은 세속의 목표를 달성하는 수단으로써 주로 사용된다. 정토보다 덜 종말론적인 일련종은 일본계 미국인들 사이에 추종자들이 있고, 상당 수의 비백인계 미국인을 포함한 비아시아계의 지원을 받고 있다.

불교가 수출된 모든 문화에서와 마찬가지로, 서구에서는 시간이 지남에 따라 전통적인 불교 환경에서 길러진 선구적인 지도자들은 점점 더 수용적인 문화권에서 온 지도자들로 대체되고 있다. 사실 불교는 스리랑카인이든, 태국인이든, 중국인이든, 일본인이든, 티베트인이든, 몽골인이든 '현지인' 스승을 양성하지 않은 문화에서 결코 성공하지 못했다. 우리는 이미 그 과정을 보고 있다. 삼사십 년 전 서양에서 가장 유력한 지도자는 대부분 아시아인이었다. 오늘날, 다르마를 설명할 자격을 갖춘 서양 지도자들은 수없이 많으며, 그 숫자는 앞으로 몇 년 동안 증가할 것이 분명하다. 그들은 서양의 문화적 산물이기 때문에 윤회를 현대 불교의 주요 관심사에서 더욱더 주변부로 밀어내는 것을 보는 것은 놀라운 일이 아니다. 하지만 아시아의 지도자들은 계속해서 서양을 다니면서 그곳의 센터를 감독하고, 아시아에서 견실하게 전통적인 훈련을 받은 정도에 따라 아시아의 지도자들과 그들의 서양 제자들은 서구 및 세계의 다른 곳에서 매우 강력하게 작용하는 근대화의 경향에 대항할 수 있을 것이다.

15장 현대의 논쟁과 미래의 전망

지난 수십 년간 간행된 철학적 성향의 불교학자들의 저술을 보면, 신중한 침묵에서 노골적인 거부, 형이상학적, 경험적 또는 기타 근거에 기반한 교리의 수용에 이르기까지 윤회에 대한 매우 다양한 입장을 발견할 수 있다.

1. 최근 분석

현대 철학 및 과학과 불교가 대화하기를 바라는 많은 작가는 전통적인 우주론과 형이상학, 특히 윤회의 개념을 배제하는 것에 찬성한다. 철학자이자 신경과학자인 플래너건(Owen Flanagan)은 『보살의 뇌(The Bodhisattava's Brain)』에서 윤회, 업의 인과, 열반, 마법적 힘, 천국과 지옥, 비물질적인 마음 상태처럼 증명되지 않고 증명될 수 없을 것 같은 개념들을 괄호로 묶음으로써 현대 철학적 담론 안에 불교를 정초하려는 그의 바람을 기술한다.[1] 그와 유사하게, 언론인 라이트 (Robert Wright)는 그의 베스트셀러『불교는 왜 진실인가(Why Buddhism is true)』에서 자신이 '진실'하다고 말하는 불교는 '초자연적'이거나 좀 더 이채로운 형이상학적 부분, 가령 '윤회'가 아니라, 오히려 자연주의적인 부분, 즉 현대 심리학과 철학에 걸맞은 사상이라고 명시한다.[2] 또한 철학자이자 불교학자인 가필드(Jay Garfield)는 그의『참여 불교: 왜 철학자들에게 중요한가(Engaging Buddhism: Why It Matters to Philosophers)』의 서문에서 "윤회, 업, 명상법은 논하지 않을 것이다. 왜냐하면 나는 그것들을 중요하게 여기지 않는 것이 아니라, 서양 철학과 교전하는 주요 지점으로 보지 않기 때문이다"라고 명시한다.[3] 여기서 기본 가정은, 대부분의 현대 철학자들과 과학자들이 죽음 이후의 삶에 대한 믿음은 물론 마음의 작용에 대한 비물질주의적인 설명을 분명히 고려치 않을 것이라는 점이다. 전통을 근대 문화와 조화시키려는 서양의 수행자이면서 불교학자들 또한 그와 유사한 태도를 보인다. 예를 들어, 배철러(Stephen Batchelor)는 윤회에 대한 불교의 합리적, 경험적, 윤리적 정당성의 범위를 조사하고 그것들이 확정적이지 않다는 것을 알고는 다음과 같이 결론짓는다.

천국과 지옥, 또는 윤회의 순환에 대해 내가 그린 모든 그림은 미지의 압도적인 현실을 알게 되고 받아들일 만한 것으로 대체하는

---

1 Flanagan 2011, 3; 그의 물질과 의식에 관한 논의는 70-90을 보라.

2 Wright 2017, xi.

3 Garfield 2015, 4.

역할을 할 뿐이다. 윤회를 유익한 상징이나 가설로 취급하기보다 윤회에 집착하는 생각은 영적으로 질식시킬 수 있다. 만일 지금 여기에서 지속적인 삶과의 실존적인 만남으로서 불교를 받아들이려면, 그런 생각들을 우리 손아귀에서 놓아야만 할 것이다.[4]

그와 유사하게, 그리고 훨씬 더 날카롭게, 헤이즈(Richard Hayes)는 "천 년에 걸쳐 형성된 아시아의 관습 중 일부를 청산할 때까지 서구에서 불교의 잠재력은 절대 실현되지 않을 것"이라고 주장한다. 그리고 버려야 할 가르침의 첫 번째는 "마음을 둔하게 하고 논리적인 기능을 손상하고 방해하는 업과 윤회에 대한 교리"라고 명시한다. 그러면서도, 현대 세계에서 길을 찾으려는 불교도들에게는 유용한 허구가 될 수 있음을 인정한다.[5] 이것은 나중에 다시 다룰 것이다.

배철러와 헤이즈는 전통 불교도에게 윤회가 중요하다는 것은 잘 알고 있지만, 둘 다 교리를 문자 그대로 받아들이지 않아도 불교도가 될 수 있다고 확신하고 비형이상학적 불교가 어떤 모습일지 상상하기 시작한다.

일찍이 보았듯이, 인도와 티베트불교의 철학계에서 윤회에 관한 규준적인 논거는 법칭(Dharmakīrti, 法稱)의 것이었는데, 복잡하기로 악명은 높지만, 현대 학자들이 경시하지는 않았다. 그의 논거는 대개 전통적으로 훈련된 티베트 불교도들과 그들의 서양 제자들을 충족시켰지만, 철학적 교육을 받은 서양 학자들이 연구한 결과 설득력이 부족하

4 Batchelor 2017, 125.
5 Hayes 1998, 59, 61, 62, 80.

다는 것을 알게 된다. 그 비평들을 상세하게 열거할 수는 없지만, 그들이 취한 접근 방식 중 일부만을 언급하고자 한다. 처음으로 견해를 밝힌 학자 윌슨(Martin Willson)은 두 가지로 축소될 수 있는 다양한 비평을 내놓았다. (1) 법칭과 그를 따르는 이들이 제안한 중생의 출생 과정에 대한 비물질적 설명은 시대에 뒤떨어진 과학과 불충분한 증거에 기반한다. (2) 몸과 마음의 문제에 대한 유물론적 설명에 반대하려는 시도는 마음이 실제로 몸(또는 현대 용어로 뇌)의 창발적 속성이라는 가능성을 결정적으로 반박하지 않는다.[6] 나는 법칭에 대한 걀찹 다르마 린첸(Gyaltsab Darma Rinchen)의 15세기 티베트 논평을 1993년 번역하고 분석했는데, 거기서 그와 비슷한 점을 지적했다. 나아가 결정적으로 몸은 거칠고 감각이 없으며 물질적이지만, 마음은 명징하고 인지하며 비물질적이기 때문에 필경 마음은 몸에서 나올 수 없다는 주장을 옹호했다. 이것은 원하는 결론이 나오게끔 용어를 정의함으로써 논지를 강제적으로 유도하는 형태일 것이다.[7]

거의 같은 시기, 헤이즈는 유물론에 반대하고 윤회를 지지하는

---

6 Willson 1987, 39-46. 윌슨은 현대의 겔룩 라마(Geluk lama), 고故 로상 갸초(Losang Gyatso)의 글에 대해 논평하고 있지만, 로상 갸초가 인용한 주장은 대부분 법칭의 것이다.

7 Jackson 1993, 128-39, 366n 36. 나는 현대의 심리철학자들이 '어려운 문제'라고 부르는 마음에 대해, 즉 마음이 겪는 경험이 뇌 상태나 신경학적 과정으로 환원될 수 있는 방식에 대해 법칭이 자기식으로 문제를 제기했음을 인정하고 지금은 나의 입장을 좀 수정할 것이다. 이것은 법칭이 옹호하는 일종의 상호작용적 이원론이 참이라는 것을 보장하지는 않지만, 환원적 유물론을 주장하려는 시도를 복잡하게 만든다.

법칭의 논거들을 요약하고 부분적으로 번역했으며, 그 과정에서 다음과 같이 논평했다. 그들은 독창적이지만, 마음의 신체적 기반에 대한 유물론적 주장을 해체하거나 궁극적으로 신체적 원인과 무관한 마음을 수립하는 데는 전혀 성공하지 못하고 있다.[8] 아놀드(Dan Arnold)는 2012년 불교와 현대 철학의 지향성 문제에 관한 연구에서, 실제로 우리가 세상에서 관찰하는 물리적 인과 방식에 기반한 용어로 정신적 인과성을 논한다고 법칭을 비난했고, 현대 인지 철학자들이 마음의 작동 방식을 이해하려고 시도할 때 고전적인 인과 언어를 자주 피하는데, 그렇게 하는 것이 법칭과 같은 사례를 논하기 어려워지기보다 더 쉽게 만들었을 것이라고 지적한다.[9] 결국 톰슨(Evan Thompson)은 2015년 그의 대작 『각성, 꿈, 존재(Waking, Dreaming, Being)』에서 법칭의 주장은 물질과 의식을 상호 배타적인 것으로 구분하고, 물질이 우리가 '정신'이라고 부르는 것의 토대가 될 가능성을 차단하는 정의에 정초하고 있어서 현대의 정신철학자들을 설득하지 못할 것이라고 보았다. 톰슨은 '물질적인' 것을 더 이상 본질적으로 비-정신적이거나 비-경험적인 것을 의미하지 않는 어떤 것으로, 물질적인 것을 새롭게 이해하도록 노력해야 한다고 제안한다.[10]

플레너간, 아놀드, 그리고 불교와 현대 철학에서 몸과 마음의 문제에

---

8 Hayes 1993.

9 Arnold 2012, 40-47.

10 Thomson 2015, 82, 105. 톰슨은 명시적으로 이름 붙이기를 거부하지만, 그의 입장은 범심론을 암시한다; 이원론과 일원론 사이의 이 유서 깊은 '제3의 길'에 대한 최근의 발표는 Goff 2019를 보라.

338

관심 있는 많은 작가와 마찬가지로 톰슨 또한 부분적으로 14대 달라이
라마의 전망으로 인해 성찰하게 된다. 달라이 라마는 강연과 출판물에
서 윤회에 관한 법칭의 주장을 반복해서 재구성했는데, 가장 주목할
만한 논의는 아마도 불교와 비교한 과학, 『한 원자 안의 우주(The
Universe in a Single Atom)』일 것이다. 달라이 라마는 반박할 수 없는
과학적 증거로 불교 교리가 모순된다면 그것은 폐기되어야 한다고
선언했고, 전통적인 평면 지구론의 사례에 바로 그것을 적용하자고
제안했다. 그렇지만 윤회에 관해서는, 증거의 부재가 부재의 증거를
구성하지 않기 때문에 윤회론이 반박되었음을 받아들일 수 없다고
말한다. 그리고 계속해서 보편적인 방식으로 법칭의 주장을 소개하고,
신경학적 사건과 일반적인 정신 상태 사이에는 전통적인 불교도가
믿는 것보다 더 강한 연관성이 있을 수 있지만, 신경계에 의존하지
않는 특별한 정신 상태, 말하자면 고급 밀교 요기의 명상적 경험,
특히 (13장에서 설명한) 툭담(thukdam)으로 알려진 마음의 본성의
밝은 빛으로 사후 집중에 들어간 사람의 경험은 있을 수 있다고 주장한
다.[11] 서먼(Robert Thurman)도 대략 비슷한 맥락에서, 법칭의 주장이
일반적인 마음 상태와 관련해서 작동하지 않지만, 신체 기능에서
독립된 정신 상태가 존재한다는 증거는 탁월한 밀교 수행의 성취
단계에 속한 이론과 실천을 통해 제공되며, 그 대표적인 예가 툭담이라
고 역설한다.[12] 달라이 라마는 툭담에 대한 명상가의 신경과학적 연구
를 권했지만, 그것이 몸과 마음에 대한 유물론자 혹은 불교도의 입장에

11 Dalai Lama 2005, 117-61.

12 Thurman, in conversation, 2014; Thompson 2015, 293-99; Burke 2021.

대한 증거를 제공할지는 두고 봐야 할 일이다. 명상가의 미세한 신경
활동성은 현대의 죽음에 대한 개념을 수정하라고 촉구할 수 있지만,
툭담에서 죽은 수행자가 다른 영역으로 이동한다는 것을 증명하지는
못할 것이다. 신경 활동의 부재가 관습적으로 가정한 명상 상태의
미발생을 확신하지 못하며, 임상적으로도 그것은 확인할 길이 없다.
실재이지만 감지할 수 없다면, 죽음과 의식에 대한 현대의 정의는
확실히 재고해야 할 것이다.

다른 현대의 사상가들은 윤회를, 그리고 법칭의 주장에 대한 재구성
을 통해서가 아니라, 물질보다 마음이나 의식을 우주의 원동력으로
만드는 대안적인 과학적 우주론에 대한 포용을 통해서 불교의 몸과
마음의 형이상학을 정당화하려고 한다. 따라서 한 생에서 다음 생으로
의 이동은 상대적으로 문제가 되지 않는다. 월러스(B. Alan Wallace)는
지식의 원천으로서 주관의 일인칭적 경험에 대한 과학의 편견이 측정
할 수 있는 과학의 삼인칭적 방법에 대한 신뢰성을 과대평가하고,
흔히 단순한 주관성으로 일축되는 것의 역할과 신뢰성을 과소평가한
다고 오랫동안 열정적으로 주장해 왔다. 주관성은 마음이 소위 외부의
현실을 형성하는 데 적극적인 역할을 하는 것으로 보이는 양자 수준에
서는 특히 틀림이 없다. 실제로 월러스는 최첨단 양자역학 연구의
중요한 의미가 우주를 고전물리학의 주장처럼 물리적 시스템으로서
가 아니라 근본적으로 더 높은 차원의 현실에서 물질의 모습이 나타나
는 정보 처리 시스템으로서 인식하는 것이라고 말한다.[13] 그리고 덧붙

---

13 Wallace 2012, 84.

인다.

이것은 거시적 규모, 즉 우주에 대한 물질 중심적 관점에서 경험
중심적 관점으로의 전환을 의미하고, 소우주 규모, 즉 인간의
신경 중심적 관점에서 경험 중심적 관점으로의 전환을 요구한다.[14]

그런 점에서, 몸으로부터 마음의 독립성을 유지하기 더 수월하고
윤회를 방어하기 더 쉬워진다. 다소 유사한 방식으로, 로이(David
Loy)는 문화 역사가 베리(Thomas Berry, 1914~2009)의 작품에 영감을
받아 '새로운 진화 신화'를 제안한다. 이것은 우주를 하나의 유기체로,
그리고 '진화'를 점점 더 자각하면서 자기조직화하는 우주의 창조적
모색으로서 본다.[15] 그런 시나리오처럼 만일 의식이 기본이라면, 그리
고 현재 일부 물리학자들이 믿는 것처럼 양자 수준에서도 기초적인
인식이 있을 수 있다면, 죽은 후에도 업 형성(sankhara)이 지속된다는
개념은 어느 정도 타당할 수 있다.[16] 다시 태어난 자아가 없으면 우주의
본질인 공·무한함만이 있을 뿐이며, 끊임없이 형태를 찾고 또 형태를
가정하기 때문에 이것은 일반적으로 전통 불교에서 묘사하는 방식으로
개인의 생존을 수반하지 않을 수 있다. 그런 의미에서, 로이는 "윤회만
존재한다. 그러나 개인의 불멸성 따위는 없다"라고 결론짓는다.[17] 월러

---

14 Wallace 2012, 85.
15 Loy 2015, 85.
16 Loy 2015, 139.
17 Loy 2015, 142.

스와 로이가 취한 입장은 현대 물리학과 우주론의 급진적 해석에
영향을 받았지만, 유식학파의 '관념주의'를 연상시키고, 여러 면에서
젠, 밀교, 대성취와 같은 대승의 명상 전통과 양립한다고 말할 수
있다.

형이상학적 세계에서 멀어지면서 우리는 많은 현대 불교 사상가들이
증거가 과학적 조사의 결과이든, 명상적 경험의 결과이든 경험적
증거에 호소해서 윤회를 입증하려 한다는 것을 알게 된다. 프랑스
출신의 티베트불교 승려 리카르(Matthieu Ricard)는 "관상 수행의 삶이
나 영적 스승과 함께하는 삶에서 생기는 확실성은 수학적 정리(theo-
rem) 증명에서 생기는 확신만큼이나 강력하기 때문에" 인식적 가치를
부여해야 한다고 보았다.[18] 월러스는 세계에 대한 지식의 일인칭적
증거가 지닌 중요성에 대한 강조, 심오한 명상적 집중이 지닌 구원에
대한 확신과 함께 고급 명상가의 경험이 세계의 진실된 정보를 제공하
며, 그들이 이따금 발굴하는 전생의 기억은 신뢰할 수 있으므로 윤회의
가능성에 대한 증거가 될 수 있다고 주장한다.[19] 그는 자신의 주장을
뒷받침하기 위해 요기의 경험뿐만 아니라 스티븐슨(Ian Stevenson,
1918~2007)의 저술도 인용한다. 스티븐슨은 수많은 '환생을 암시하는'
사례들을 조사했는데,[20] 실제로 윤회에 대한 경험적 논증을 제시하려는
현대 불교도들에게 그의 사례사는 금광과도 같아서 보편적으로 인용된

---

[18] Revel and Ricard 1998, 78.

[19] Wallace 2012, 149.

[20] Stevenson 1977. 스티븐이 조사한 수많은 불교의 사례는 Story 1075, part 2에서도
다루고 있다.

342

다. 윌슨은 윤회에 관한 법칭의 논증을 일축했음에도 불구하고, 스티븐
슨이 보고한 것과 같은 자발적 기억의 증거 가치를 꽤 수용하는 것으로
보이며, 의도적인 훈련, 최면 퇴행, 심령 판독과 같이 전생을 기억하는
여러 방법에 대한 신뢰성을 크게 문제 삼지 않는다.[21]

더 최근에, 비구 아날라요(Bhikkhu Anālayo)는 윤회를 받아들이기
위한 수많은 현대적 증거를 조사했다. 그는 스티븐슨의 조사를 깊이
파헤치면서 정말로 윤회 개념 없이는 설명할 길이 없을 것 같은 소수의
경험이 존재한다는 데 동의했다. 그리고 개인적으로 친분이 있는
한 스리랑카 소년의 사례를 자세히 검토했다. 소년이 빠알리 경전을
암송하는 스타일은 그의 생애 초기에 알려진 적이 없었는데, 더 최근의
연구에서 그것은 초기불교 시대에 성행한 것으로 밝혀졌으며 소년은
그때를 기억하고 있다고 주장한다.[22] 스티븐슨은 이런 사례들이 윤회를
암시하지만, 거의 결정적인 것은 아니라고 말한다. 톰슨이 언급한
것처럼, 스티븐슨의 연구는 방법론적 근거, 특히 전생의 기억에 대한
아이의 첫 번째 보고와 연구자들이 아이를 인터뷰한 시간 사이에
시차와 관련된 오류가 있을 수 있으며, 기억의 오류 및 사후 재구성의
여지를 많이 남기고 있다.[23] 배철러(Stephen Batchelor)는 비록 그런
보고가 일부 신뢰할 수 있고 어떤 사람들은 환생했더라도, 그 자체로는
그들 자신이 다시 태어날 것이라는 증거를 제공하지 못하며, 다른
누군가가 과거에 다시 태어났거나 미래에 다시 태어난다는 증거도

21 Willson 1987, 17-32.
22 Anālayo 2017, part III. 3-4, part IV.
23 Thompson 2015, 290.

제공하지 않는다고 말한다.[24] 즉, 재생에 대한 경험적 증거가 있다고 해도 불교의 윤회론을 개괄적으로든 상세하게든 반드시 확인하지는 못할 것이다.

어린아이의 전생에 대한 기억과 함께 아날라요는 두 가지 다른 윤회 경험도 조사한다. 하나는 임사체험인데, 의학적 사망을 겪은 후 다시 소생한 사람은 밝은 빛을 향해 움직이는 강렬한 감각과 죽은 친척 또는 신성한 존재가 현전한 느낌을 자주 보고한다. 다른 하나는, 전생 퇴행 분석을 통해 불러일으킨 경험에 기반한 것이다. 이것은 임상자에게 전생 동안 가졌었을 경험에 대한 명료한 기억을 소환한다. 아날라요는 각각의 경험 유형이 뇌-마음의 복잡한 관계성을 시사하며 어쩌면 마음이 뇌와 독립해 있음을 가리키는 것일 수도 있지만, 그렇다고 윤회의 실재에 대한 결정적인 증거들로 보지는 않는다.[25] 임사체험은 주관적으로 꽤 강력하고 형이상학적으로 설득력이 있을 수 있지만, 죽음에 가까운 경험이지 죽음 자체는 아니므로 여전히 살아 있는 존재가 겪는 경험이다. 그것은 아무도 돌아오지 않는 미지의 나라 국경 너머에 무엇이 있는지 아무것도 말해주지 않을 것이다. 아날라요는 거론하지 않았지만, 임사체험과 관련된 또 다른 경험적 주장은 몸과 마음이 완전히 분리되는 감각과 관련된 유체이탈이다. 이것은

---

24 Batchelor 2017, 121.

25 Anālayo 2017, 66-89. 임사체험에 대한 더 고전적인 현대식 표현은 Moody 1975를 보라; 중세 기독교 사례를 포함해서 더 미묘한 종교사에 기반한 분석은 Zaleski 1987을 보라. 임사체험의 자연주의적 설명은 Nuland 1995, 137-39; Thompson 2015, 299-314를 보라.

가끔 수술이나 의료적 응급 상황에서 일어나지만, 일상생활에서 분명히 자발적으로도 일어날 수 있다. 두 경우 모두 경험한 후 사람, 장소, 대화 내용 등 마음이 목격한 외부 세상에 대한 기억은 대개 사실로 남으며, 그것들에 대한 독자적인 확인은 경험에 강력한 '객관성'을 부여할 수 있다. 임사체험과 마찬가지로, 유체이탈을 겪은 사람들에게 그것은 마음이 뇌와 독립적이므로 죽음에서 살아남을 수 있는 증거로서 간주된다. 그러나 임사체험과 마찬가지로 유체이탈 또한 자연주의적 설명의 대상일 수 있으며, 마음의 독립성과 뇌사에서의 생존 가능성을 시사하더라도 불교의 업 종말론은 물론 특정한 형태의 사후세계를 규정하지도 못한다.[26]

전적으로 초감각적이거나 다른 특별하고 '신비로운' 인식에 기반한 윤회와 같은 형이상학적 진리에 대한 불교의 주장은 다른 종교 전통의 특별한 경험에 기반한 주장들과 반드시 비교해 보아야 한다. 이것은 우주를 '보는' 아주 다른 방식을 가리킬 수 있다. 그리고 공식적으로 이용할 수 있는 삼인칭적 증거가 없는 경우 순전히 독단적인 근거를 제외하고 어느 한쪽 주장에 우선권을 부여할 방법은 없다. 제임스(William James)에 따르면,

신비주의자들은 그들의 특별한 경험이 지닌 해방감을 우리가 받아들여야 한다고 주장할 권리는 없다.…이생에서 우리에게 요구할

---

26 유체이탈에 대한 현대의 영향력 있는 설명은 Monroe 1992를 보라. 현상학적, 심리학적, 생리학적 및, 또는 철학적 분석은 Metzinger 2009, 75-114; Thompson 2015, 309-10을 보라.

수 있는 최대한의 것은, 그들이 만장일치로 합의했으며 결과가
분명하기 때문에 (사실에 입각한) 추정임을 인정하는 것이다.[27]

그러나 제임스는 "신비주의자들이 한 이 추정조차도 강력하지 않다"
고 말한다. 왜냐하면 그들의 합의에는 면밀한 검토가 없으며, 그들이
발전시킨 철학적 입장과 삶의 방식은 범신론, 일원론, 이원론, 또는
금욕주의, 축하, 또는 방종, 어둠과 빛의 이미지가 있는 유신론 등
매우 다양한 것들을 인정하기 때문이다.[28] 제임스는 공공연하게 신비주
의를 논한다. 그러나 모든 뛰어난 불교의 신비가들은 어디서든 우주와
그 본질에 대해 모두 같은 통찰을 한다는 불가사의한 주장을 밀어붙인
다 해도, 업과 윤회의 실상을 보았다는 주장과 함께 신비한 주장
자체는 증거가 될 수 없다. 왜냐하면 매우 다양한 형이상학적이고
우주론적인 방향성을 가진 다른 전통의 신비주의자들이 내린 결론과
불가피하게 비교되기 때문이다. 그러면 불교의 관점이, 가령 기독교나
힌두교의 관점보다 더 '옳다고' 규정하는 유일한 방법은 법칭의 철학처
럼 '보편적' 철학하기로 돌아가는 것이다. 그래도 그것은 우리가 본
것처럼, 결정적인 것으로 판명될 가망은 없을 것이다.

2. 배철러와 서먼의 논쟁, 1997년

현대 불교에 내재한 윤회 담론의 본질을 결정적으로 보여주는 사례가

---

27 James 1961, 332.
28 James 1961, 333.

있다면, 그것은 우리가 앞에서 만난 두 인물, 배철러(Stephen Batchelor)
와 서먼(Robert Thurman) 간의 논쟁일 것이다. 둘 사이의 대담은 현대
서구 불교의 선구적인 불교 평론지 트리싸이클(Tricycle)의 후원으로
마련되었고, 그들의 대화록은 1997년 간행되었으며,[29] 배철러의 『믿음
없는 불교(Buddhism Without Beliefs: A Contemporary Guide to Awaken-
ing)』의 출판을 계기로 진행되었다.[30] 배철러는 영국에서 태어나 프랑
스에 기반을 둔 독립학자이자 교사이다. 20대에 그는 티베트에서
불교 승려가 되었고, 한국의 선 전통을 깊이 탐구했으며, 초기불교에
열중했다. 『믿음 없는 불교』는 사실 근대주의 불교의 선언문이다.
이 책이 근대주의 불교의 시금석이자 피뢰침으로서 출현한 이래 붓다
와 불교의 비전을 제시하는 역할을 하고 있는데, 거기서 다르마의
핵심 교리는 우주론적 또는 형이상학적 주장이 아니라, 삶에 대한
존재론적, 실존적, 심리적, 윤리적 지침으로 간주된다. 배철러는 붓다
가 윤회하는 존재의 육도를 포함한 우주론이나 각 중생이 겪는 일련의
재생을 통한 정확한 업의 작용이 수반되는 형이상학을 내세웠다는
것에 이의를 제기하지 않는다. 하지만 그런 것들은 우리가 불안을
초월하고 현실에 대한 깊은 이해와 모든 존재를 포용할 만큼 넓은
자비심에 고무된 참된 존재 방식을 얻도록 도움을 주는 석가모니의
진정한 목표에 부차적인 요소였다고 주장한다.[31]

---

29 Tricycle 1997.

30 Batchelor 1997. 1992년에 처음 출판된 이 주제에 대한 훨씬 더 이른 시도는
   Batchelor 2017, 111-125에 재인쇄된다.

31 배철러는 1984년 *Alone with Others*에서 처음으로 '불교에 대한 실존적 접근'을

배철러의 『믿음 없는 불교』에서 윤회에 관한 장은 짧지만,[32] 그의 주장과 서먼과의 논쟁을 이해하는 데는 아주 중요하다. 그는 자기와 같이 과학적 세계관으로 단련된 사람에게 윤회는 받아들이기 어렵다고 시인한다. 그리고 붓다는 자신의 더 중요한 심리적이고 윤리적인 가르침을 쉽게 이해할 수 있는 발판으로써 윤회 개념을 사용했다고 주장한다. 또한 후대 아시아 불교도들의 주장에도 불구하고, 윤회를 받아들이는 것은 가르침의 진의와 그 효과성에 비추어 볼 때 중요하지 않다고 주장한다. 붓다가 자신을 따르는 자들에게 비판정신을 가지라고 격려했던 것처럼, 우리 현대인들은 단순히 전통이 그렇게 말하고 있다거나, 증명되지 않은 형이상학이 없으면 윤리적으로 살 수 없을까 봐 두려워 윤회가 실재한다고 믿을 필요는 없다고 배철러는 말한다. 그는 윤회를 부정하지 않으며 불가지론자라고 선언하지만, 그 문제는 분명히 다르마의 실행과 크게 관련이 없으므로 유보해야 한다고 생각한다.

물론, 그의 견해는 결국 윤회에 대한 논의를 피하기보다 윤회 자체를 피하는 것이 목표인 많은 전통주의자에게는 이단이었다. 또한 그는 철저하게 근대적인 많은 불교도로부터도 비판받았다. 그들 중에는 컬럼비아 대학의 교수이고 많은 불교 문헌의 번역자이자 출판인이며 배철러와 마찬가지로 이전에 티베트의 승려였던 서먼이 있었다. 그는 한때 미국에서 가장 영향력 있는 25명 중 한 명으로 타임지에 이름이

시도했지만, 10년이 더 지난 후 *Buddhism Without Beliefs*이 더 많은 대중의 관심을 끌게 되었다.

[32] Batchelor 1997, 34-38.

348

실렸고, 근대의 다르마에 대한 자기만의 독특한 전망을 옹호하는 글을 폭넓게 썼다.[33] 수십 년 후 그와 배철러가 트리싸이클지에서 주고 받은 논쟁은 여전히 지성으로 가득 차 있었다. 이는 수행자이면서 학자인 두 명이 역사, 문화, 철학의 어려운 문제들을 가지고 진솔하게, 또 때로는 매우 미묘하게 씨름하기 때문이다. 원고를 읽어야만 주고받은 생생한 대화를 이해할 수 있지만, 이들이 논한 주요 질문들은 각자 위치에서 확인할 필요가 있다. 왜냐하면 틀림없이 조만간에 모든 현대 불교도가 직면할 문제를 제기할 것이기 때문이다.

논쟁에 생기를 불어넣는 핵심적인 질문은 아주 단순하게, 윤회를 믿지 않고도 불교도가 될 수 있는가이다. 배철러는 그럴 수 있으며, 윤리, 명상, 공성 및 마음의 본성과 작용에 대한 붓다의 가르침은 업의 영향을 받는 개인의 영적 연속성, 즉 윤회에 대한 형이상학 없이도 모두 완벽하게 작동할 수 있다고 주장한다. 서먼에게 있어서, 그런 형이상학을 포기하는 것과 함께 단 한 번만 산다는 의미는 대부분 대승불교도의 목표, 즉 모든 중생을 고통에서 벗어나게 하려고 부처가 되고자 한다는 우리의 시도는 물론 윤리적으로 행동하려는 동기를 약화시킨다. 또한, 서먼은 붓다와 그의 깨달은 제자들의 경험, 그리고 전생 보고서에 대한 보다 최근의 과학적 조사, 특히 스티븐슨의 보고서 등 그 모두에서 윤회에 대한 충분한 경험적 증거가 존재한다고 주장한다. 배철러는 죽은 지 오래된 인간의 것으로 간주하거나 심지어 주장된 초지식에 기반한 주장의 증거력에 대해 회의적이며, 스티븐슨의 사례

---

33 Thurman 1999.

연구는 흥미롭지만, 그것이 불교 윤회 체계의 보편성과 작용성을 완전히 증명하는 것과는 거리가 멀다고 여긴다.

배철러와 서먼은 불교의 궁극적 진리와 공의 중심성에는 동의하지만, 서먼에게 그것은 업과 윤회를 포함한 붓다의 주요한 관습적 가르침을 확인하는 토대를 제공한다. 한편, 배철러에 따르면, 공을 문자 그대로 받아들이는 것이 다른 가르침, 즉 업과 윤회에 대한 모든 가르침을 보장하지 못한다. 그는 그런 (문자주의적) 생각을 완전히 버리든가, 아니면 만일 유지한다면 실존적으로, 심리적으로, 그리고/또는 은유적으로 읽어야 하며, 사실상 그 소중함을 잘 모르는 우주 안에서 진정성 있게 살도록 영감을 주는 신화로서 읽어야 한다고 믿는다. 서먼은 어느 정도 문자 그대로 받아들이지 않으면 영감을 얻기 어렵다는 것을 알게 된다. 결론적으로, 다른 사람을 위해 일할 수 있는 삶의 다양성을 믿지 않고는 보살 서약을 진지하게 받아들일 수 없다는 것이다. 배철러는 자신이 할 수 있는 최선은 마치 "존재를 구하는 일에 헌신할 무한한 생애가 있는 것처럼 행동하려고 노력하는 것"이라고 시인하면서 토론을 끝맺는다.[34] 요컨대 배철러에게 윤회의 존재 여부는 다 따지고 보면 중요하지 않지만, 서먼에게는 대단히 중요하다.

---

[34] Tricycle 1997, 18.

3. 마지막 생각

현대 불교문화에서 대부분의 불교도는 전통적인 불교의 업 종말론을 받아들이고 옹호한다. 이번 장과 앞 장의 분석을 통해, 아시아 불교도들은 현대성에 주의를 기울이고 서구 불교도들이 아시아의 전통을 고려하기 시작하면서, 윤회를 전혀 언급하지 않던 불교도들은 14장에 설명된 윤회에 관한 네 가지 접근 방식 중 어느 쪽이든 채택해서 일반적으로 업 종말론을 받아들이고 옹호해 왔음을 알 수 있다.

(1) 문자주의자. 이들은 업-윤회 우주론에 대한 전통적인 설명과 주장을 의심 없이 또는 자체 분석을 바탕으로 받아들인다. 가장 흔한 분포 층은 아시아에 있든 서양에 있든 아시아 불교도이다. 거기에는 전통적으로 훈련된 상좌부 승려와 티베트 라마가 포함된다. 티베트 라마의 범주에는 사꺄 치진(Sakya Trizin), 두쬠 린포체(Dudjom Rinpoche), 라마 조파 린포체(Lama Zopa Rinpoche), 깔루 린포체(Kalu Rinpoche)와 같은 인물들이 있다. 이들의 서양 제자들은 문자주의적 윤회 개념을 채택하고, 자신들의 견해에 대해 자주 글을 쓰는 편은 아니지만 그들의 글은 불교 소책자와 잡지 외에는 찾아보기 어렵다.

(2) 신전통주의자. 이들은 더 현대식 용어로 전통적인 우주론과 형이상학의 정당성을 추구하면서 크고 다양한 집단을 구성한다. 그들 중 우리는 서먼을 꼽을 수 있다. 그는 고전적 윤회 개념의 진실성과 중요성을 역설했지만, 그것을 진화론적 용어로 재구성했다. 월러스(B. Alan Wallace)는 양자물리학을 기초로, 마음은 유물론적 과학이 인정하는 것보다 우주에서 더 탁월한 요소이고, 제임스(William James)

의 정신에 따라 지식의 원천으로서 일인칭적 경험을 철학자들이 인정하는 것보다 더 신뢰할 수 있다고 주장했다. 윌슨(Martin Willson)은 윤회에 대한 합리적인 주장이 설득력은 없지만, 여러 유형의 경험적이고 체험적인 증거는 꽤 미더운 것으로 여긴다. 그리고 14대 달라이 라마는 법칭이 주장하는 많은 전제와 결론은 받아들이지만, 실제로 신경 활동 없이는 일상적인 의식이 불가능할 수 있다고 인정하면서 윤회의 진정한 적용 가능성을 몸과 마음이 작동하는 아주 미묘한 수준으로 제한한다.

(3) 근대주의자. 이들은 전통적인 우주론과 형이상학의 문자 그대로의 진실에 대해 확신하지 못하고, 일반적으로 그것에 관한 논쟁에 설득되지 않으며, 업, 윤회, 윤회계의 용어와 이미지를 유지하기 위해 다양한 방법을 모색하지만, 현대적인 감각에 더 잘 어울리는 상징적, 심리적, 실존적 용어로 재구성한다. 배철러는 불교에 대한 '실존적' 해석과 함께 이 접근법의 가장 탁월한 대표적인 서양 인물이지만, 다른 많은 사람도 존재한다. 예를 들어, 왓츠(Alan Watts)는 전생과 내생에 관한 주장을 현재의 삶에서 채택하는 다양한 사회적 역할을 설명하는 방식으로 이해했다. 트룽빠 린포체(Trungpa Rinpoche)는 대체로 육도윤회에 대한 심리학적 설명과 죽음에 대한 전통적인 생각을 선호했던 것으로 보인다. 로이(David Loy)는 전통적인 개인 생존 틀로부터 효과적으로 윤회의 개념을 제거하는 새로운 우주론적 신화 안에서 윤회를 재구성한다.

(4) 세속자의자. 다른 그룹과 마찬가지로, 이들의 동기와 주장은 다양하지만, 윤회가 그렇게 중요하지 않다는 데 동의한다. 비록 지난

2,000년 동안 붓다와 그의 신봉자들이 가르쳤다고 해도, 공통 기원전 이전의 인도와 마찬가지로 윤회는 현실을 이해하는 방식으로서, 그리고 현재의 삶과 우리가 공유하는 공동의 세상에서 현명하게, 자비롭게, 의미있게 사는 방식으로서 실제로 오늘날 다르마의 진정한 의미에 불필요한 것이다. 따라서 플래너건(Owen Flanagan), 라이트(Robert Wright), 가필드(Jay Garfield)와 같은 작가들은 현대 철학이나 심리학과 불교를 연결 지으려 할 때 의도적으로 윤회를 빼놓았다. 참여 불교도들은 암베드까르(B. R. Ambedkar)가 그랬던 것처럼 윤회 개념을 완전히 거부하거나, 틱낫한(Thich Nhat Hanh)과 다른 많은 사람과 마찬가지로 대체로 무시한다. 불교 신자는 아니더라도 일상생활의 특정 목적을 위해 불교적 통찰과 명상 기법을 활용하고자 하는 많은 현대인에게 윤회는 기껏해야 부적절하고, 나쁘게 말해서 광기이며, 어떤 경우에도 신경 쓸 가치가 거의 없다.

이 네 가지 범주는 많은 주의를 기울여 받아들여야 한다. 예를 들어, 문자주의와 신전통주의 간의 차이와 근대주의와 세속주의 간의 차이가 항상 뚜렷한 것이 아니기 때문에 경계는 명확하지 않다. 그리고 여기서 논의된 많은 사상가는 너무 복잡해서 하나의 범주에만 배당할 수 없다. 따라서 다양한 맥락에서, 14대 달라이 라마는 문자주의를 신전통주의나 근대주의로 읽은 것 같고, 심지어 네 번째 그룹인 세속주의에 맞을 것 같은 세속적 윤리를 제안하기도 했다. 배철러와 헤이즈는 근대주의로 분류될 수 있지만 강한 세속주의의 경향을 보인다. 실제로, 배철러는 근대주의자가 하듯이 상징적이고 실존적으로 윤회를 포함한 불교 교리를 제시했음에도 불구하고, 가장 최근에 자신을 세속적 불교도로 묘사했다. 윤회에 관한 논의를 대체로 피한 틱낫한과 같은 인물은 세속주의자로 보이며, 그의 공적 사업과 사적 신념에도 분명히 전통적 요소와 현대적 요소를 모두 갖고 있다.

네 가지 범주로 구성된 불교 대 근대성을 생각하는 시도 그 자체가 비판의 여지가 있다고 볼 수 있다. 우리가 조사한 사상가 대부분은 어떤 식으로든 전통적인 불교 우주론과 형이상학을 근대 서양의 사상과 관행에 일치시키려고 노력한다. 단순히 그것을 이해하기 위해서든, 옹호하기 위해서든, 거부하기 위해서든, 덜 전통적으로 '종교적인' 노선에 따라 재해석하든 간에 말이다. 그러나 그런 노력은 사실상 전통 불교와 현대 과학, 심리학, 미학과는 거의 전적으로 비교할 수 없다는 사실을 알지 못한 데서 비롯된 결과라고 말할 수 있다. 이런 입장은 『과학적 붓다(The Scientific Buddha)』에서 로페즈(Donald Lopez)가 행한 분석에서 취한 것이다. 현대인이 상상한 붓다의 삶과 가르침은 지난 몇 세기 동안 서양에서 발전한 과학적 관점 및 절차와 완벽하게 일치한다. 로페즈는 그런 부처는 결코 존재한 적 없으며, 그를 상정하는 것은 불교도가 세상에서 전통적으로 이해하고 살았던 방식에 심각한 폭력을 행사하는 것이라는 사실을 알게 된다. 그에 따르면, 붓다와 그가 설립한 전통은 대부분의 측면에서 근대 서구의 사상 및 가치와 양립할 수 없으며 그렇다는 사실 또한 인정해야 한다.

과학적 붓다가 아닌 오랜 붓다는 2,000년 전에 본 세상과 오늘날 본 세상 모두에서 세상을 보는 방식에 근본적인 도전을 했다. 그가 가르친 것은 이색적인 것도, 대안적인 것도 아니다. 그 반대이

354

다. 우리를 행복으로 인도할 줄 알았던 길이 슬픔으로 인도하는
길이라는 것을. 옳다고 믿은 것이 거짓이라는 것을. 현실이라고
여긴 것이 비현실이라는 것을. 특별한 가치는 때론 도전을 기억하
는 데 있다.[35]

로페즈는 말한다. '불교를 과학, 심리학, 현대 철학과 일치시키려
하지 마시오. 그것을 정당화하려 하지 마시오. 오히려 근대성과 그
현실안주에 대한 신랄한 비판으로 이해하시오.' 그러면 그것은 아마도
다섯 번째 접근 방식, 근원적 문화 비평으로서 문자주의가 될 것이다.[36]
　로페즈의 접근 방식은 세상을 이해하는 상반된 방식, 소수만이
지속할 수 있는 '부정을 수용할 수 있는 능력'의[37] 발휘를 염두에 두도록
현대 불교도에게 강요하기 때문에 어려운 까다로운 방식이다. 대다수
사람은 윤회에 관한 네 가지 접근 방식 중 하나 또는 몇 가지 조합을
선택할 것이다. 나는 그 각각이 현대 세계에서 전통이 그려지고 규정되
는 방식에 관해 현재 진형형인 불교도들 간의 대화에서 역할을 할
것으로 기대한다. 문자주의는 우리의 것과는 너무나 다른 고전적인
불교의 관점을 상기시켜 준다. 신전통주의는 전통적인 우주론과 형이
상학 또는 그와 비슷한 것을 주장할 방법을 제공한다. 근대주의는
고전적인 패러다임을 중단하거나 거부하지만, 그것을 의미 있게 만드

35 Lopez 2012, 131-132.
36 이 문제에 관한 또 다른 견해는 Cho and Squier 2016, 특히 140-158을 보라.
37 이 용어는 영국의 시인 키츠(John Keats)가 만들었으며 20C에 케루악(Jack Kerouac)
　과 다른 비트 작가들에 의해 미학적 이상으로 부활했다.

는 새로운 비형이상학적 방법을 찾는다. 세속주의는 환멸에 빠진 이 세상에서 불교의 자리를 찾는 과정에서 얼마나 많은 전통을 버릴 수 있는지에 대한 중요한 질문을 던진다.

논쟁의 여지가 있는 나 자신의 견해는 근대주의의 한 형태가 미래를 향해 나아갈 가장 바람직한 방향을 가장 잘 가리킨다는 것이다. 나는 특히 최근 수십 년 동안 표현된 다양한 형태의 '불교의 불가지론'에 고무되었다. 이 용어는 배철러(Stephen Batchelor)가 만들었지만, 윤회를 지지하는 전통적인 합리적, 경험적, 신앙 기반 주장에 문제가 있다고 생각하고 한계를 인정하면서도 그 개념들을 아주 부정하지 않는 사상가들에게 알맞게 적용될 수 있다. 우리는 전생과 내생이 실재하는지 알 수 없다. 흥미로운 불가지론자의 주장 중 하나는 예상치 못한 출처에서 나온다. 후대의 티베트 라마 라띠 림포체(Lati Rimpoche)는 1986년 헤이즈(Richard Hayes)와의 대담에서 업과 윤회에 대해 확신이 없는 서구인은 (림포체는 절대적인 증거가 없다고 인정함) 전통적인 우주론과 형이상학이 참일 가능성을 열어 두어야 하고, 어떤 경우라도 윤리적이고 자비로운 삶을 살아서 윤회가 진짜인 것처럼 행동해야 한다고 제안했다. 그렇게 하면, 이생에서 자신과 남을 행복하게 만들며 내생이 있다면 행복한 존재가 될 것이다. 역으로, 부정적으로 행동하면 이생에서 자신과 남을 불행하게 만들며, 만약 윤회가 있다면 슬픔에 찬 재생을 맞이할 것이다.[38] 그가 올바르게 언급했듯이, (10장에서 인도의 형식으로 접한) 이 논증은 신의 존재와 최종 심판의 실재에

---

[38] Hayes 1998, 78-79.

관한 그 유명한 파스칼의 '내기'와 유사하다. 종교적 주장을 그렇게 잠정적으로 수용하는 것 자체가 신의 눈에 혹은 미묘한 업에 문제가 될 수 있는지에 대한 질문을 제쳐두면, 우리는 헤이즈의 다음 말에 동의할 수 있다.

림포체는 이 교리를 역사적이나 과학적 틀과 반대되는 것으로서 신화적 공간에 두는 것 같다. 이 신화적 공간은 논리적인 증명이나 감각적 세계에 대한 체계적인 실증적 조사를 통해서가 아니라, 상상력을 발휘하고 상상할 용기를 내서 접근할 수 있다.[39]

헤이즈에게 있어서, 현대인들이 전통적인 우주론과 형이상학을 신화와 허구로 읽으면 좋을 소설과 다르지 않은 그들만의 사뭇 다른 삶의 방식을 상상하게 하는 것일 수 있다. 소설이나 예술작품이 우리의 관점을 넓히고 삶을 고상하게 만드는 만큼, 전통적인 불교적 상상에 참여함으로써 현대 불교도들은 불교 생활의 흐름에 더욱 의미 있게 들어갈 수 있고 자신들의 삶에 의미를 부여할 수 있다.[40]

비슷한 맥락에서, 배철러는 독단적으로 주장하거나 부정할 필요가 없는 '중도' 불가지론을 선택한다. 전통이 제시한 문자 그대로의 버전을 채택할 필요도 없고 죽음이 최후의 소멸이라고 믿는 다른 극단에 빠질 필요도 없다.[41] 그는 이것이 우리를 우유부단하게 만들지 않는다

---

39 Hayes 1998, 79-80.

40 Hayes 1998, 80-81.

41 Batchelor 2017, 123.

고 말한다. 오히려, 젠처럼 '삶과 죽음의 중대한 문제'에 담대하게 직면할 수 있게 해주고, 가상의 미래 삶에서 현재의 딜레마로 관심을 돌리기 때문에 행동을 위한 강력한 기폭제가 되어 준다. 거기에는 우리의 삶과 다른 사람의 삶에 기쁨을 가져다줄 자비 중심의 윤리가 요구된다.[42] 배철러의 글은 전통적인 우주론과 형이상학에 관한 생각, 심지어 상징적 수준에 관한 생각에서도 양가적인 것으로 보인다. 그는 시대에 뒤떨어진 개념을 넘어서야 한다고 전하지만, 서먼과의 토론 끝에 만일 전통적인 불교의 전망을 적용한다면 "나는 존재를 구하는 데 헌신할 무한한 생애가 있는 것처럼 행동하려고 노력할 것이다"라고 말한다.[43]

나를 '처럼 불가지론자(As-If Agnosticism)'라고 부르는 것에 대해 나는 양가감정 없이 논의할 것이다. 내 입장은 불가지론적이다. 왜냐하면 헤이즈와 배철러(및 다른 많은 사람)처럼 업과 윤회에 대한 전통적인 설명을 문자 그대로 믿을 수 없으며, 합리적이든 경험적이든 신앙에 기초하든 그들이 옹호하는 주장을 완벽하게 이해할 수 없기 때문이다. 다른 한편으로, 그런 설명(또는 그와 유사한 것)이 실제로 사실일 가능성을 배제할 수는 없다. 우주는 엄청나게 기이하다. "우리는 믿음 없이 믿음 너머를 믿는다"라는 그 유명한 스티븐스의 말에 담긴 정신에 따라[44] 그런 설명이 사실인 것처럼 살기를 제안한다. 단순히 희망찬 생각을 하라는 뜻에서 하는 말이 아니다. 만일 전생과 내생이 있다면,

---

[42] Batchelor 2017, 125.

[43] Tricycle 1997, 336.

[44] Stevens 1971, 336.

만일 전통이 말하는 대로 업이 작용한다면, 만일 영광스럽고 완전한 붓다가 무지개 저 끝에서 우리 모두를 기다리고 있다면 좋을 텐데 라고 말이다. 그럴 수도 있고 아닐 수도 있다. 불교도들이 수천 년간 주장해 온 것처럼 서구 인본주의자들도 수 세기 동안 말해 왔으며 과학자들은 최근에 인식하기 시작했다. 세상은 실제로 우리가 생각하는 것보다 훨씬 더 우리의 이념, 열망, 사색, 즉 'As-If'에 기반하고 있으며, 우리 아래에 있다고 추정되는 견고한 기반, 즉 'As-Is'는 우리가 생각하는 것보다 찾기가 훨씬 더 어렵다는 것을 말이다. 그러므로 어떤 교리가 참인 것처럼 생활하는 것은 실제로 어떤 기반이 되는 객관적 현실로부터 도피하는 것이 아니다. 왜냐하면, 확실히 우리에게 제한을 가하지만, 현실은 특히 사망 시점에서 우리가 생각했던 것보다 훨씬 더 관습의 문제이고, 훨씬 덜 '상황 그대로임'이 드러나기 때문이다. 완벽한 객관성의 환상에서 벗어나 불교가 사실인 것처럼 생각하고 살 생각을 왜 하지 않는가. 그렇게 살면서 우리는 회의적인 시대에 지속적이고 끊임없이 변화하는 다르마의 삶으로 들어가는 권한을 가능한 한 스스로에게 부여하고, 불교의 이상을 채택하고, 불교를 이야기하고, 불교의 교리를 분명하게 표현하며, 불교 의식을 실천한다. 그리고 우리에게 의미를 부여하고, 다른 사람에게 위안을 주는 수단을 제공하며, 우리 모두 살고 있는 불완전하고 위태로운 이 세상을 개선하는 데 일조하는 방식으로 불교 윤리를 구현한다.[45]

마지막은 붓다의 이야기를 전하려 한다. 붓다는 「로힛땃싸 경(Ro-

---

45 나는 불교에 대한 그런 접근법을 Jackson 2000(223-27)에서 '심미적'으로 표현했다. 나의 As-If/As-Is 분석에 대한 최초의 설명은 Jackson 2016을 참조하라.

hitassa-sutta)」에서 전생에 로힛땃싸라 불린 한 선각자에 관한 이야기를 들려준다. 그는 강한 활을 가진 궁수가 손쉽게 쏘는 가벼운 화살과 같은 속도로 하늘을 이동할 수 있는 마법의 힘을 가지고 있었다. 그런데 세상의 끝을 알고자 하는 염원을 품고 백 년을 바람처럼 빨리 달리다가 결국 세상 끝에 이르지 못하고 죽었다. 지리적 세계에는 끝이 없다고 붓다는 말하지만, 어쨌든 그것은 우리가 찾아야 할 세상의 끝이 아니다. 오히려 우리는 태어나지 않고, 늙어 죽지 않고, 죽어서 다시 태어나지 않는 곳을 찾아야 한다. 더 깊은 의미에서 세상의 끝인 열반은 어디에서 찾을 수 있는가. 붓다는 말한다. "지각과 마음이 있는 이 한 길 몸에서 (1) 세상, (2) 세상의 발생, (3) 세상의 소멸, (4) 세상의 소멸에 이르는 길이 있다고 나는 선포한다."

"세상 끝에 도달한 지혜로운 자, 세상을 아는 자,
영적인 삶을 살고,
세상의 끝이 평안함을 알아
이 세상이나 저 세상을 바라지 않는다."[46]

46 A 4.45, 번역: Bodhi 2012, 434-36.

참고문헌

Abelsen, Peter. 1993. "Schopenhauer and Buddhism." *Philosophy East and West* 43.2: 255-78.

Anacker, Stephan. 1984. *Seven Works by Vasubandhu: The Buddhist Psychological Doctor.* Delhi: Motilal Banarsidass.

Anālayo, Bhikkhu. 2017. *Rebirth in Early Buddhism and Current Research.* Boston: Wisdom Publications.

Arnold, Dan. 2012. *Brains, Buddhas, and Believing: The Problem of Intentionality in Classical Buddhist and Cognitive-Scientific Philosophy of Mind.* New York: Columbia University Press.

Ārya Maitreya. 2000. *Buddha Nature: The Mahayana Uttara Tantra Shastra with Commentary.* Translated by Rosemarie Fuchs. Ithaca: Snow Lion Publications.

Asanga. 2001. *Abhidharmasamuccaya: The Compendium of the Higher Teaching (Philosophy) by Asanga.* French translation by Walpola Rahula; English translation of the French by Sara Boin-Webb. Berkeley: Asian Humanities Press.

Ashva-ghosha. 2008. *Life of the Buddha.* Translated by Patrick Olivelle. Clay Sanskrit Library. New York: New York University Press/JJC Foundation.

Bärlocher, Daniel. 1982. *Testimonies of Tibetan Tulkus: A Research among Reincarnate Buddhist Masters in Exile.* 2 vols. Rikon, Switzerland: Tibet -Institut.

Basham, A. L. 1951. *History and Doctrines of the Ajivikas.* London: Luzac.

Batchelor, Stephen. 1984. *Alone with Others: An Existential Approach to Buddhism.* New York: Grove Press.

Batchelor, Stephen. 1994. *The Awakening of the West: The Encounter of*

Buddhism and Western Culture. London: Aquarian.

Batchelor, Stephen. 1997. *Buddhism Without Beliefs: A Contemporary Guide to Awakening*. New York: Riverhead Books.

Batchelor, Stephen. 2015. *After Buddhism: Rethinking the Dharma for a Secular Age*. New Haven: Yale University Press.

Batchelor, Stephen. 2017. *Secular Buddhism: Imagining the Dharma in an Uncertain World*. New Haven: Yale University Press.

Bays, Gwendolyn, trans. 1983. *The Voice of the Buddha: The Beauty of Compassion*. Emeryville, CA: Dharma Publishing.

Becker, Ernest. 1973. *The Denial of Death*. New York: Free Press.

Beyer, Stephan. 1973. *The Cult of Tara: Magic and Ritual in Tibet*. Berkeley, Los Angeles, and London: University of California Press.

Bingenheimer, Marcus, with Bhikkhu Anālayo and Roderick S. Bucknell, eds. and trans. 2013. *The Madhyama Agama (Middle-Length Discourses)*. Vol. I. BDK English Tripitaka Series. Berkeley: Bukkyo Dendo Kyokai America.

Bodhi, Bhikkhu, ed. and trans. 1993. *A Comprehensive Manual of Abhidhamma: The Abhidhammatha Sangaha; Pali Text, Translation and Explanatory Guide*. Kandy: Buddhist Publication Society.

Bodhi, Bhikkhu, trans. 2000. *The Connected Discourses of the Buddha: A Translation of the Samyutta Nikaya*. Boston: Wisdom Publications.

Bodhi, Bhikkhu, trans. 2005. *In the Buddha's Words: An Anthology from the Pāli Canon*. Boston: Wisdom Publications.

Bodhi, Bhikkhu, trans. 2012. *The Numerical Discourses of the Buddha: A Translation of the Anguttara Nikāya*. Boston: Wisdom Publications.

Boucher, Daniel. 2008. *Bodhisattvas of the Forest and the Formation of the Mahāyāna: A Study and Translation of the Raṣṭrapalaparipṛcchā-sūtra*. Honolulu: University of Hawai'i Press.

Braun, Erik. 2016. *The Birth of Insight: Meditation, Modern Buddhism, and the Burmese Monk Ledi Sayadaw*. Chicago: University of Chicago Press.

Brons, Lajos L. 2014. "The Incoherence of Denying My Own Death." *Journal of Philosophy of Life* 4.2 (May 2014): 68–89.

Brunnhölzl, Karl, trans. 2018. *A Compendium of the Mahāyāna: Asanga's Mahāyānasamgraha and Its Indian and Tibetan Commentaries.* Boulder: Shambhala Publications.

Buddharakkhita Thera, Venerable Acharya, ed. and trans. 1966. *Dhammapada: A Practical Guide to Right Living.* Bangalore: Buddha Vacana Trust, Maha Bodhi Society.

Burke, Daniel. 2021. "The Thukdam Project: Inside the First-Ever Scientific Study of Post-Mortem Meditation." *Trike Daily. Tricycle*, July 28, 2021. https:// tricycle.org/trikedaily/thukdam-project. Accessed August 14, 2021.

Campbell, Joseph. 1962. *The Masks of God: Oriental Mythology.* New York: The Viking Press.

Carreira, Jeffrey. 2010. "Evolution, Enlightenment, and Reincarnation (Part 2)." *Philosophy is Not a Luxury.* https://philosophyisnotaluxury.com/2010/07/05/evolution-enlightenment-and-reincarnation-part-2/. Accessed October 23, 2019.

Chadha, Monima, and Nick Trakakis. 2007. "Karma and the Problem of Evil: A Response to Kaufman." *Philosophy East and West* 54.4: 533–56.

Chang, Garma C. C., trans. 1991 [1983]. *A Treasury of Mahāyāna Sūtras: Selections from the Mahāratnakūṭa Sutra.* Delhi: Motilal Banarsidass.

Chattopadhyaya, Debiprasad. 1992 [1959]. *Lokāyata: A Study in Ancient Indian Materialism.* 7th ed. New Delhi: People's Publishing House.

Chattopadhyaya, Debiprasad. 1994. *Cārvāka/Lokāyata: An Anthology of Source Materials and Some Recent Studies.* New Delhi: People's Publishing House.

Ch'en, Kenneth. 1964. *Buddhism in China: A Historical Survey.* Princeton: Princeton University Press.

Cho, Francesca, and Richard K. Squier. 2016. *Religion and Science in the Mirror of Buddhism.* New York and London: Routledge.

Chödrön, Pema. 2016 [2000]. *When Things Fall Apart: Heart Advice for Difficult Times*. Boulder: Shambhala Publications.

Cleary, Thomas, trans. 1993. *The Flower Ornament Scripture: A Translation of the Avatamsaka Sūtra*. Boston and London: Shambhala Publications.

Collins, Steven. 1982. *Selfless Persons: Imagery and Thought in Theravada Buddhism. Buddhism*Cambridge: Cambridge University Press.

Collins, Steven. 2006. *Nirvāṇa and Other Buddhist Felicities*. Cambridge: Cambridge University Press.

Conze, Edward, trans. 1973a. *Perfect Wisdom: The Short Prajñāpāramitā Texts*. London: Luzac & Co.

Conze, Edward, trans. 1973b. *The Perfection of Wisdom in Eight Thousand Lines and Its Verse Summary*. Bolinas, CA: Four Seasons Foundation.

Conze, Edward, trans. 1975. *The Large Sutra on Perfect Wisdom, with the Divisions of the Abhisamyālamkāra*. Berkeley: University of California Press.

Cuevas, Brian J. 2008. *Travels in the Netherworld: Buddhist Popular Narratives of Death and the Afterlife in Tibet*. New York: Oxford University Press, 2008.

Dalai Lama [XIV]. 2005. *The Universe in a Single Atom: The Convergence of Science and Spirituality*. New York: Morgan Road Books.

D'Amato, Mario, and Robert T. Moore. 2011. "The Specter of Nihilism: On Hegel on Buddhism." *Indian International Journal of Buddhist Studies* 12: 23–49.

Davidson, Ronald M. 2002. *Indian Esoteric Buddhism: A Social History of the Tantric Movement*. New York: Columbia University Press.

Dayal, Har. 1978 [1931]. *The Bodhisattva Doctrine in Buddhist Sanskrit Literature*. New York: Samuel Weiser.

Dharmachakra Translation Committee, trans. 2020. *The Questions of Pratibhāna-mati. Pratibhānamatiparipṛchhā Sūtra*. 84000: Translating the Words of the Buddha. https://read.84000.co/translation/toh151.html. Accessed October

9, 2020.

Dharmachakra Translation Committee. 2021. *The Noble Application of Mindful-ness of the Sacred Dharma. Aryasaddharmasmṛtyupasthāna.* 84000. Transla-ting the Words of the Buddha. https://read.84000.co/translationtoh287.html. Accessed July 12, 2021.

Doniger, Wendy, trans. 2001. *The Rig Veda: An Anthology.* London: Penguin.

Dorje, Gyurme, trans. 2005. Padmasambhava. *The Tibetan Book of the Dead. First Complete Translation.* Edited by Graham Coleman and Thupten Jinpa. New York: Penguin Books.

Ducasse, C. J. 1961. *A Critical examination of the Belief in Life after Death.* Springfield, IL: Charles C. Thomas.

Dumoulin, Heinrich. 2005 [1988]. *Zen Buddhism: A History. Volume I: India and China.* Translated by James W. Heisig and Paul Knitter. Bloomington, IN: World Wisdom.

Duncan, Alexander. 2015. "Payasi the Prince." Paliesque. https://palisuttas.word press.com/2015/03/29/payasi-sutta/#:~:text=The%20description%20is %20nearly%20that, they%20wisely%20await%20its%20ripening. Accessed June 15, 2020.

Eggeling, Julius, trans. 1897. *Śatapatha Brāhmaṇa*, part IV. Sacred Books of the East, 43. Internet Sacred Text Archive. www.sacred-texts.com/hin/sbr /sbe43/index.htm. Accessed June 3, 2020.

English, Elizabeth. 2002. *Vajrayogini: Her Visualizations, Rituals, and Forms.* Boston: Wisdom Publications.

Faure, Bernard. 1994. *The Rhetoric of Immediacy: A Cultural Critique of Chan/ Zen Buddhism.* Princeton: Princeton University Press.

Fields, Rick. 1992. *How the Swans Came to the Lake: A Narrative History of Buddhism in America.* 3rd ed. Boston and London: Shambhala Publi-cations.

Fiordalis, David. 2008. "Miracles and Superhuman Powers in South Asian Buddhist

Literature." PhD diss., University of Michigan. http://hdl.handle.net/2027.
42/61721.

Flanagan, Owen. 2011. *The Bodhisattva's Brain: Buddhism Naturalized.* Cambridge, MA: MIT Press.

Foard, James Harlan, Michael Solomon, and Richard K. Payne, eds. 2006. *The Pure Land Tradition: History and Development.* Fremont, CA: Jain Publishing.

Franco, Eli. 1997. *Dharmakirti on Compassion and Rebirth.* Wiener Studien zur Tibetologie und Buddhismuskunde, heft 38. Wien: Arbeitskreis für Tibetische und Buddhistische Studien Universität Wien.

Fremantle, Francesca. 1971. "A Critical Study of the Guhyasamāja Tantra." PhD diss., University of London.

Fronsdal, Gil. 2016. *The Buddha Before Buddhism: Wisdom from the Early Teachings.* Boulder: Shambhala Publications.

Fuller, Paul. 2005. T*he Notion of Diṭṭhi in Theravada Buddhism: The Point of View.* London: Routledge.

Holt, John Clifford. 2017. *Theravada Traditions: Buddhist Ritual Cultures in Contemporary Southeast Asia and Sri Lanka.* Honolulu: University of Hawai'i Press.

Gamble, Ruth. 2018. *Reincarnation in Tibetan Buddhism: The Third Karmapa and the Invention of a Tradition.* New York: Oxford University Press.

Gampopa. 2017. *Ornament of Precious Liberation.* Translated by Ken Holmes. Boston: Wisdom Publications.

Garfield, Jay. 2015. *Engaging Buddhism: Why It Matters to Philosophy.* New York: Oxford University Press.

Gecewicz, Claire. 2018. "New Age' beliefs common among both religious and nonreligious Americans." Pew Research Center. www.pewresearch.org/fact-tank/2018/10/01/new-age-beliefs-common-among-both-religious-and-nonreligious-americans/#:~:text=Overall%2C%20roughly%20six%2Din%2D,%25)%20and%20astrology%20(29%25). Accessed October 23,

2020.

Geertz, Clifford. 1968. *Islam Observed: Religious Development in Morocco and Indonesia.* Chicago: University of Chicago Press.

Geiger, Wilhelm, trans., assisted by Mabel Haynes Bode. 1986 [1912]. *The Mahāvaṃsa or the Great Chronicle of Ceylon.* New Delhi: Asian Educational Services.

Goff, Philip. 2019. *Galileo's Error: Foundations for a New Science of Consciousness.* New York: Pantheon Books.

Gombrich, Richard. 1991 [1971]. *Buddhist Precept and Practice: Traditional Buddhism in the Rural Highlands of Ceylon.* Delhi: Motilal Banarsidass.

Gombrich, Richard, and Gananath Obeyesekere. 1988. *Buddhism Transformed: Religious Change in Sri Lanka.* Princeton: Princeton University Press.

Gómez, Luís O. 1976. "Proto-Madhyamaka in the Pāli Canon." *Philosophy East and West* 26.2: 137-65.

Gómez, Luís O., trans. 1996. *The Land of Bliss: The Paradise of the Buddha of Measureless Light. Sanskrit and Chinese Versions of the Sukhavatīvyūha Sūtras.* Honolulu: University of Hawai'i Press.

Gopnik, Alison. 2009. "Could David Hume Have Known about Buddhism? Charles Francois Dolu, the Royal College of La Flèche, and the Global Jesuit Intellectual Network." *Hume Studies* 35.1-2: 5-28.

Grant, Beata, trans. 2003. *Daughters of Emptiness: Poems of Chinese Buddhist Nuns.* Boston: Wisdom Publications.

Gray, David B. 2011. "Imprints of the Great Seal: On the Expanding Semantic Range of the Term Mudrā in Eighth through Eleventh Century Indian Buddhist Literature." *Journal of the International Association of Buddhist Studies* 34.1-2: 421-81.

Griffiths, Paul J. 1982. "Notes Towards a Critique of Buddhist Karmic Theory." *Religious Studies* 18.3: 277-91.

Griffiths, Paul J. 1994. *On Being Buddha: The Classical Doctrine of Buddhahood.*

Albany: State University of New York Press.

Grosnick, William H. 1995. "The Tathāgatagarbha Sutra." In *Buddhism in Practice*. Edited by Donald S. Lopez, Jr., 92–106. Princeton Readings in Religions. Princeton: Princeton University Press.

Gyatso, Janet, and Hanna Havnevik, eds. 2005. *Women in Tibet*. New York: Columbia University Press.

Hallisey, Charles, ed. and trans. 2015. *Therīgāthā: Poems of the First Buddhist Women*. Murty Classical Library of India. Cambridge, MA: Harvard University Press.

Hayes, Richard P. 1993. "Dharmakītri on punarbhava." In *Studies in Original Buddhism and Mahāyāna Buddhism*. Edited by Egaku Maeda, I, 330. Kyōto: Nagata Bunshodo.

Hayes, Richard P. 1998. *Land of No Buddha: Reflections of a Sceptical Buddhist*. Birmingham, UK: Windhorse Publications.

Herman, A. L. 1976. *The Problem of Evil in Indian Thought*. Delhi: Motilal Banarsidass.

Hoffman, Frank J. 1982. "The Buddhist Empiricism Thesis." *Religious Studies* 18.2 (June 1982): 151–58.

I-tsing. 1982 [1896]. *A Record of the Buddhist Religion as Practised in India and the Malay Archipelago*. Translated by J. Takakusu. New Delhi: Munshiram Manoharlal.

Jackson, Roger R. 1985. "For Whom Emptiness Prevails: An Analysis of the Religious Implications of Nagarjuna's *Vigrahavyāvartani 70*." *Religious Studies* 21: 407–14.

Jackson, Roger R. 1993. *Is Enlightenment Possible? Dharmakirti and rGyal tshab rje on Knowledge, Rebirth, No-Self and Liberation*. Ithaca: Snow Lion Publications.

Jackson, Roger R. 2000. "In Search of a Postmodern Middle." In *Buddhist Theology: Critical Reflections by Contemporary Buddhist Scholars*. Edited by Roger R. Jackson and John Makransky, 215–46. Richmond, Surrey, UK: Curzon Press.

Jackson, Roger R. 2004. *Tantric Treasures: Three Collections of Mystical Verse from Buddhist India*. Oxford and New York: Oxford University Press.

Jackson, Roger R. 2012. "Saraha's Queen Dohās." In *Yoga in Practice*. Edited by David Gordon White, 162–84. Princeton Readings in Religions. Princeton: Princeton University Press.

Jackson, Roger R. 2016. "As Is/As If: The Anxious First-Year's Guide to Argument and Inquiry." Unpublished lecture, Carleton College Argument and Inquiry convocation, September 23, 2016.

Jackson, Roger R. 2019. *Mind Seeing Mind: Mahāmudrā and the Geluk Tradition of Tibetan Buddhism*. Studies in Indian and Tibetan Buddhism. Boston: Wisdom Publications.

Jackson, Roger R. 2021. "Avoiding Rebirth: Modern Buddhist Views on Past and Future Lives." In *Secularizing Buddhism: New Perspectives on a Dynamic Tradition*. Edited by Richard K. Payne, 239–63. Boulder: Shambhala Publications.

Jaini, Padmanabh. 1983. "Karma and the Problem of Rebirth in Jainism." In *Karma and Rebirth in Classical Indian Traditions*. Edited by Wendy Doniger O'Flaherty, 217–38. Delhi: Motilal Banarsidass.

James, William. 1961 [1902]. *The Varieties of Religious Experience*. London: Collier-Macmillan.

Jamison, Stephanie, and Joel Brereton, trans. 2017. *The Rigveda: The Earliest Religious Poetry of India*. Oxford: Oxford University Press.

Jayatilleke, K. N. 1980 [1963]. *Early Buddhist Theory of Knowledge*. Delhi, Varanasi, and Patna: Motilal Banarsidass.

Jayawickrama, N. A., trans. 1990. *The Story of Gotama Buddha (Jataka-Nidāna)*. Oxford: Pali Text Society.

Jha, Ganganatha, trans. 1986 [1931]. *The Tattvasangraha of Shantarakṣita, with the Commentary of Kamalashīla*. 2 vols. Delhi: Motilal Banarsidass.

Jones, C. V. 2020. *The Buddhist Self: On Tathagatagarbha and Atman*. Honolulu: University of Hawai'i Press.

Jones. J. J., trans. 1949–56. *The Mahāvastu*. 3 vols. Sacred Books of the Buddhists. London: Luzac & Co.

Kapstein, Matthew T. 2006. *The Tibetans*. Malden, MA: Wiley and Blackwell.

Kariyawasam, A. G. S. 1995. *Buddhist Ceremonies and Rituals of Sri Lanka*. The Wheel Publication No. 402/404. Kandy: Buddhist Publication Society.

Karmay, Samten Gyaltsen. 1988. *The Great Perfection: A Philosophical and Meditative Teaching of Tibetan Buddhism*. Leiden: E. J. Brill.

Kaufman, Whitney R. P. 2005. "Karma, Rebirth, and the Problem of Evil." *Philosophy East and West* 55.1: 15–32.

Kerouac, Jack. 1959. *Mexico City Blues [242 Choruses]*. New York: Grove Press.

Kieschnick, John. 2005. "Buddhist Vegetarianism in China." In *Of Tripod and Palate: Food, Politics, and Religion in Traditional China*. Edited by Roel Sterckx, 186–212. New York: Palgrave Macmillan.

Kritzer, Robert, trans. 2014. *Garbāvakrantusūtra: The Sutra on Entry into the Womb*. Studia Philological Buddhica Monograph Series XXXI. Tokyo: International Institute for Buddhist Studies.

La Vallée Poussin, Louis de, trans. 1988. *Abhidharmakośabhāṣyam*. Translated by Leo M. Pruden. 4 vols. Berkeley: Asian Humanities Press.

Lamotte, Étienne, trans. 1988. *Karmasiddhiprakaraṇa: The Treatise on Action by Vasubandhu*. Translated by Leo M. Pruden. Berkeley: Asian Humanities Press.

Lati Rinbochay and Jeffrey Hopkins. 1979. *Death, Intermediate State and Rebirth in Tibetan Buddhism*. Valois, NY: Gabriel/Snow Lion.

Liebenrood, Mark. 2015. "Do Buddhists Believe in Rebirth?" *Windhorse*, March 5, 2015. www.windhorsepublications.com/do-buddhists-believe-in-rebirth/. Accessed October 16, 2019.

Lopez, Jr., Donald S., ed. 1997. *Religions of Tibet in Practice*. Princeton Readings in Religion. Princeton: Princeton University Press.

Lopez, Jr., Donald S. 1998. *Prisoners of Shangri-La: Tibetan Buddhism and the West*. Chicago: University of Chicago Press.

Lopez, Jr., Donald S., ed. 2002. *A Modern Buddhist Bible: Essential Readings from East and West*. Boston: Beacon Press.

Lopez, Jr., Donald S. 2012. *The Scientific Buddha: His Short and Happy Life*. New Haven: Yale University Press.

Loy, David R. 2015. *A New Buddhist Path: Enlightenment, Evolution, and Ethics in the Modern World*. Boston: Wisdom Publications.

Malalasekera, G. P. 1967. "Transference of Merit' in Sinhalese Buddhism." *Philosophy East and West* 17: 85-90.

Masefield, Peter, trans. 1989. *Vimana Stories*. Bristol, UK: Pali Text Society.

McMahan, David L. 2008. *The Making of Buddhist Modernism*. Oxford and New York: Oxford University Press.

McRae, John R. 2004. *Seeing through Zen: Encounter, Transformation, and Genealogy in Chinese Chan Buddhism*. Berkeley: University of California Press.

Metzinger, Thomas. 2009. *The Ego Tunnel: The Science of the Mind and the Myth of the Self*. New York: Basic Books.

Michael, Franz. 1982. *Rule by Incarnation: Tibetan Buddhism and Its Role in Society and State*. Boulder: Westview Press.

Monroe, Robert A. 1992. *Journeys Out of the Body*. New York: Broadway Books.

Moody, Raymond. 1975. *Life after Life*. Tracy, CA: Mockingbird Books.

Mullin, Glenn H. 1986. *Death and Dying: The Tibetan Tradition*. Boston, London, and Henley: Arkana.

Mus, Paul. 1939. *La Lumière sur les Six Voies: Tableau de la Transmigration Bouddhique*. 2 vols. Paris: Institut d'Ethnologie.

Nāgārjuna. 1979. *Nāgārjuna's Letter: Nāgārjuna's "Letter to a Friend," with a Commentary by the Venerable Rendawa Zhon-nu Lo-Dro.* Translated by Geshe Lobsang Tharchin and Artemus B. Engle. Dharamsala: Library of Tibetan Works and Archives.

Nagatomi, Masatoshi. 1957. "A Study of Dharmakirti's Pramāṇavārttika: An English Translation and Annotation of the *Pramāṇavārttika*, Book I." PhD diss., Harvard University.

Ñāṇamoli, Bhikkhu, trans. n.d. [1956]. *The Path of Purification, by Bhadantācariya Buddhaghosa.* Taipei: Corporate Body of the Buddha Educational Foundation.

Ñāṇamoli, Bhikkhu, and Bhikkhu Bodhi, trans. 1995. *The Middle Length Discourses of the Buddha: A New Translation of the Majjhima Nikāya.* Boston: Wisdom Publications.

Niebuhr, Reinhold. 1935. *Interpretation of Christian Ethics.* New York: Harper & Brothers.

Nietzsche, Friedrich. *Beyond Good and Evil.* Translated by Helen Zimmern. Project Gutenberg. www.ma tists.org/reference/archive/nietzsche/1886/be yond-good-evil/index.htm. Accessed May 28, 2020.

Nikam, N. A., and Richard McKeown, ed. and trans. 1959. *The Edicts of Asoka.* Chicago and London: University of Chicago Press.

Nuland, Sherwin B. 1995. *How We Die: Reflections on Life's Final Chapter.* New York: Vintage Books.

Obeyesekere, Gananath. 2002. *Imagining Karma: Ethical Transformation in Amerindian, Buddhist, and Greek Rebirth.* Berkeley, Los Angeles, and London: University of California Press.

Obeyesekere, Ranjini, trans. 2001. *Portraits of Buddhist Women: Stories from the Saddharmaratnāvaliya.* Albany: State University of New York Press.

Obeyeskere, Ranjini, trans. 2009. *Yasodharā, the Wife of the Bodhisattva: The Sinhala Yasodharāvata* (The Story of Yasodharā) *and the Sinhala Yaso-*

dharāpanāya (The Sacred Biography of Yasodharā). Albany: State University of New York Press.

O'Flaherty, Wendy Doniger, ed. 1983. *Karma and Rebirth in Classical Indian Traditions*. Delhi: Motilal Banarsidass.

Ohnuma, Reiko. 2017. *Unfortunate Destiny: Animals in the Indian Buddhist Imagination*. New York: Oxford University Press.

Orzech, Charles. 1996. "Saving the Burning-Mouth Hungry Ghost." In *Religions of China in Practice*. Edited by Donald S. Lopez, Jr., 278-83. Princeton Readings in Religions. Princeton: Princeton University Press.

Paine, Jeffrey. 2004. *Re-Enchantment: Tibetan Buddhism Comes to the West*. New York and London: W. W. Norton and Company.

Panaïotti, Antoine. 2013. *Nietzsche and Buddhist Philosophy*. Cambridge, UK: Cambridge University Press.

Paul, Diana Y. 1985. *Women in Buddhism: Images of the Feminine in the Mahāyāna Tradition*. 2nd ed. Berkeley: University of California Press.

Petavatthu (Ghost Stories). n.d. Wikipitaka-The Completing Tipitaka. https://tipitaka.fandom.com/wiki/Petavatthu. Accessed July 15, 2020.

Phillips, Stephen. 2009. *Yoga, Karma, and Rebirth: A Brief History and Philosophy*. New York: Columbia University Press.

Plato. *Republic*. Perseus Library, Tufts University. Greek and Roman Materials. [English Translation.] www.perseus.tufts.edu/hopper/text?doc=Per seus%3 atext%3a1999.01.0168. Accessed May 28, 2020.

Pommaret, Françoise. 1997. "Returning from Hell." In *Religions of Tibet in Practice*. Edited by Donald S. Lopez, Jr., 499-510. Princeton: Princeton University Press.

Powers, John, trans. 1995. *Wisdom of Buddha: The Samdhinirmocana Mahāyāna Sūtra*. Berkeley: Dharma Publishing.

Pye, Michael. 2003. *Skilful Means: A Concept in Mahāyāna Buddhism*. 2nd ed. London and New York: Routledge.

Querido, René, ed. 1997. *A Western Approach to Karma and Reincarnation: Selected Lectures and Writings by Rudolph Steiner.* Hudson, NY: Anthroposophic Press.

Rahula, Walpola. 1974. *What the Buddha Taught.* Revised ed. New York: Grove Press.

Reat, N. Ross, ed. and trans. 1993. *The Śalistambha Sutra: Tibetan Original, Sanskrit Reconstruction, English Translation, Critical Notes (including Pāli parallels, Chinese version and ancient Tibetan Fragments).* Delhi: Motilal Banarsidass.

Revel, Jean-François, and Matthieu Ricard. 1998. *The Monk and the Philosopher: A Father and Son Discuss the Meaning of Life.* New York: Schocken Books.

Rhys Davids, T. W., trans. 1963 [1890–94]. *The Questions of King Milinda.* 2 vols. New York: Dover Publications.

Roberts, Peter Alan, trans. 2014. *The Mind of Mahamudrā.* Boston: Wisdom Publications.

Rotman, Andy, trans. 2008. *Divine Stories* (Divyāvadāna), *Part 1.* Classics of Indian Buddhism. Boston: Wisdom Publications.

Rotman, Andy, trans. 2017. *Divine Stories* (Divyāvadāna), *Part 2.* Classics of Indian Buddhism. Boston: Wisdom Publications.

Rotman, Andy, 2021. *Hungry Ghosts.* Boston: Wisdom Publications.

Saddhatissa, H., trans. 1985. *The Sutta-Nipāta.* London: Curzon Press.

Samuel, Geoffrey. 1993. *Civilized Shamans: Buddhism in Tibetan Societies.* Washington and London: Smithsonian Institution Press.

Śantideva. 1996. *The Bodhicaryāvatāra.* Translated by Kate Crosby and Andrew Skilton. Oxford and New York: Oxford University Press.

Sayers, Matthew. 2013. *Feeding the Dead: Ancestor Worship in Ancient India.* New York: Oxford University Press.

Schmithausen, Lambert. 1991. *The Problem of the Sentience of Plants in Earliest Buddhism.* Studia Philologica Buddhica Monograph Series VI. Tokyo: The

International Institute for Buddhist Studies.

Schmithausen, Lambert. 2009. *Plants in Early Buddhism and the Far Eastern Idea of the Buddha-Nature of Grasses and Trees.* Lumbini: Lumbini International Research Institute.

Schopen, Gregory. 1997. *Bones, Stones, and Buddhist Monks: Collected Papers on the Archaeology, Epigraphy, and Texts of Monastic Buddhism in India.* Honolulu: University of Hawai'i Press.

Schopen, Gregory. 2005. *Figments and Fragments of Mahāyāna Buddhism in India: More Collected Papers.* Honolulu: University of Hawai'i Press.

Sharf, Robert H. 2014. "Is Nirvāṇa the Same as Insentience? Chinese Struggles with an Indian Buddhist Ideal." In *India in the Chinese Imagination: Myth, Ritual, Thought.* Edited by John Kieschnick and Meir Shahar, 141-70. Philadelphia, University of Pennsylvania Press.

Shaw, Miranda. 1995. *Passionate Enlightenment: Women in Tantric Buddhism.* Princeton: Princeton University Press.

Shaw, Sarah. 2007. *The Jataka: Birth Stories of the Bodhisatta.* Baltimore: Penguin Books.

Snellgrove, David. 1987. *Indo-Tibetan Buddhism: Indian Buddhists and Their Tibetan Successors.* 2 vols. Boston: Shambhala Publications.

Snellgrove, David. 2010 [1959]. *The Hevajra Tantra: A Critical Study.* Bangkok: Orchid Press.

Snellgrove, David, and Hugh Richardson. 1967. *A Cultural History of Tibet.* New York: Praeger.

Sogyal Rinpoche. 1993. *The Tibetan Book of Living and Dying.* San Francisco: HarperCollins.

Spiro, Melford. 1982. *Buddhism and Society: A Great Tradition and Its Burmese Vicissitudes.* 2nd ed. Berkeley, Los Angeles, and London: University of California Press.

Steinkellner, Ernst. 2005. *Dignāga's Pramāṇasamuccaya, Chapter 1: A Hypothe-*

tical Reconstruction of the Sanskrit Text with the Help of the Two Tibetan Translations on the Basis of the Hitherto Known Sanskrit Fragments and the Linguistic Materials Gained from Jinendrabuddhi's Tikā. www.ikga. oeaw.ac.at/Mat/dignaga_PS_1.pdf. Accessed October 27,2020.

Stevens, Wallace. 1971 [1954]. Collected Poems. New York: Alfred A. Knopf.

Stevenson, Ian. 1977. Cases of the Reincarnation Type: Vol. II: Ten Cases in Sri Lanka. Charlottesville: University of Virginia Press.

Story, Francis. 1975. Rebirth as Doctrine and Experience: Essays and Case Studies. Kandy: Buddhist Publication Society.

Strong, John S. 2001. The Buddha: A Brief Biography. Oxford: Oneworld Publications.

Sujato, Bhikkhu. n.d. "Abhidhamma." SuttaCentral. https://suttacentral.net/ a-bhidhamma. Accessed 19 July 2020.

Suzuki, Daisetz Teitaro, trans. 1978 [1932]. The Lankāvatāra Sūtra. Boulder: Prajñā Press.

Suzuki, Daisetz Teitaro. 1996 [1956]. Zen Buddhism: Selected Writings of D. T. Suzuki. Edited by William Barrett. New York: Harmony Books.

Swearer, Donald K. 2010. The Buddhist World of Southeast Asia. 2nd ed. Albany: State University of New York Press.

Talim, Meena. 2006-07. "The Wheel of 'Law of Causation' in Ajanta Paintings." Bulletin of the Deccan College Post-Graduate and Research Institute 66/67: 245-58.

Tatz, Mark, and Jody Kent. 1977. Rebirth: The Tibetan Game of Liberation. Garden City, NY: Anchor Press/Doubleday.

Teiser, Stephen F. 1988. The Ghost Festival in Medieval China. Princeton: Princeton University Press.

Teiser, Stephen F. 1994. The Scripture on the Ten Kings and the Making of Purgatory in Medieval Chinese Buddhism. Honolulu: University of Hawai'i Press.

Thanissaro, Bhikkhu, trans. 1993. "That the True Dhamma May Last a Long Time: Readings Selected by King Asoka." Access to Insight. www.accesstoin sight.org/lib/authors/thanissaro/asoka.html. Accessed July 13, 2020.

Thanissaro, Bhikkhu, trans. 1996. "Upatissa-pasine: Upatissa's (Sariputta's) Question." Access to Insight. www.accesstoinsight.org/tipitaka/vin/mv/mv .01.23.01-10.than.html. Accessed July 18, 2020.

Tharchin, Sermey Geshe Lobsang. 1984. *King Udrayana and the Wheel Life: The History and Meaning of the Buddhist Teaching on Dependent Origination.* Howell, NJ: Mahayana Sutra and Tantra Press.

Theosophy. 2019. "Theosophy." Wikipedia. https://en.wikipedia.org/wiki/The osophy_(Blavatskian). Accessed October 23, 2019.

Thompson, Evan. 2015. *Waking, Dreaming, Being: Self and Consciousness in Neuroscience, Meditation, and Philosophy.* New York: Columbia University Press.

Thuken Losang Chökyi Nyima. 2009. *The Crystal Mirror of Philosophical Systems: A Tibetan Study of Asian Religious Thought.* Translated by Geshé Lhundub Sopa et al. Edited by Roger R. Jackson. Library of Tibetan Classics, 25. Boston: Wisdom Publications.

Thurman, Robert A. F., trans. 1976. *The Holy Teaching of Vimalakīrti.* University Park, PA: The Pennsylvania State University Press.

Thurman, Robert A. F. 1999. *Inner Revolution: Life, Liberty, and the Pursuit of Real Happiness.* New York: Riverhead Books.

Tonkinson, Carole, ed. 1995. *Big Sky Mind: Buddhism and the Beat Generation.* New York: Riverhead Books.

Tricycle. 1997. "Reincarnation: A Debate: Batchelor v. Thurman." *Tricycle* (Summer 1997). https://tricycle.org/magazine/reincarnation-debate/. Accessed November 17, 2019.

Trungpa, Chögyam. 1973. *Cutting Through Spiritual Materialism.* Berkeley: Shambhala Publications.

Tsong-kha-pa. 2000–2002. *The Great Treatise of the Stages of the Path to Enlightenment. Lam rim chen mo.* Translated by the Lamrim Chenmo Translation Committee. Edited by Joshua W. Cutler. 3 vols. Ithaca, NY: Snow Lion Publications.

Tulku Thondup, trans. 2014. *The Practice of Dzogchen: Longchen Rabjam's Writings on the Great Perfection.* Edited by Harold Talbott. Ithaca, NY: Snow Lion Publications.

van Schaik, Sam. 2020. *Buddhist Magic: Divination, Healing, and Enchantment through the Ages.* Boulder: Shambhala Publications.

Waldron, William. 2003. *The Buddhist Unconscious: The Alaya-Vijñāna in the Context of Indian Buddhist Thought.* London and New York: Routledge.

Wallace, B. Alan. 2012. *Meditations of a Buddhist Skeptic: A Manifesto for the Mind Sciences and Contemplative Practice.* New York: Columbia University Press.

Walser, Joseph. 2005. *Nāgārjuna in Context: Mahāyāna, Buddhism, and Early Indian Culture.* New York: Columbia University Press.

Walshe, Maurice, trans. 1987. *Thus I Have Heard: The Long Discourses of the Buddha. A New Translation of the Digha Nikaya.* London: Wisdom Publications.

Wangchuk, Dorji. 2007. *The Resolve to Become a Buddha. A Study of the Bodhicitta Concept in Indo-Tibetan Buddhism.* Studia Philologica Buddhica Monograph Series XXIII. Tokyo: The International Institute for Buddhist Studies.

Watson, Burton, trans. 1993. *The Lotus Sutra.* New York: Columbia University Press.

Watts, Alan. 1961. *Psychoanalysis East and West.* New York: Ballantine Books.

Wayman, Alex. 1985, trans. and annot. *Chanting the Names of Mañjuśrī: The Manjuśrī Nāma-samgiti, Sanskrit and Tibetan Texts.* Boston and London: Shambhala Publications.

Wayman, Alex, and Hideko Wayman, trans. 1974. *The Lion's Roar of Queen Śrīmālā: A Buddhist Scripture on the Tathāgatagarbha Theory.* New York: Columbia University Press.

Wedemeyer, Christian K. 2013. *Making Sense of Tantric Buddhism: History, Semiology, and Transgression in the Indian Traditions.* South Asia Across the Disciplines. New York: Columbia University Press.

Whitman, Walt. 1892. "Song of Myself (1892 version)." *The Poetry Foundation.* www.poetryfoundation.org/poems/45477/song-of-myself-1892-version. Accessed October 23, 2019.

Williams, Paul. 2009. *Mahāyāna Buddhism: The Doctrinal Foundations.* 2nd ed. London and New York: Routledge.

Williams, Paul, with Anthony Tribe. 2000. *Buddhist Thought: A Complete Introduction to the Indian Tradition.* London and New York: Routledge.

Willis, Janice D., ed. 1987. *Feminine Ground: Essays on Women and Tibet.* Ithaca: Snow Lion Publications.

Willson, Martin. 1987. *Rebirth and the Western Buddhist.* London: Wisdom Publications.

Willson, Martin, trans. 1996. *In Praise of Tara: Songs to the Savioress.* Boston: Wisdom Publications.

Wilson, Jeff. 2014. *Mindful America: The Mutual Transformation of Buddhist Meditation and American Culture.* New York: Oxford University Press.

Wright, Robert. 2017. *Why Buddhism Is True: The Science and Philosophy of Meditation and Enlightenment.* New York: Simon and Schuster.

Yu Chun-fang. 2001. *Kuan-yin: The Chinese Transformation of Avalokiteśvara.* New York: Columbia University Press.

Yü, Lu K'uan (Charles Luk), trans. n.d. *The Śūraṅgama Sūtra (Len yeng Ching).* [Battaramulla,] Sri Lanka: Bright Hill Buddhist Centre.

Zaleski, Carol. 1987. *Otherworld Journeys: Accounts of Near-Death Experience in Medieval and Modern Times.* New York: Oxford University Press.

찾아보기

392

398

402

역자 후기

언젠가 조 피셔가 쓴 『환생이란 무엇인가』를 읽고 매료되었던 적이 있다. 아마도 윤회와 관련해서 처음으로 읽었던 책으로 기억한다. 그 후로 윤회와 관련된 책이 나오면 항상 사두었고, 절판된 책은 어떻게든 구입해 두었다.

이후 불교를 공부하면서 윤회에 대해서 학자들의 의견이 나뉘는 것을 알게 되었다. 윤회는 없고, 있다고 할지라도 윤회는 수행을 독려하기 위한 방편이라는 주장이다. 경전 곳곳에 윤회가 없다는 말이 나온다고 한다. 그러나 똑같은 근거로 경전 곳곳에서 육도윤회에 대한 이야기 또한 수없이 등장한다. 또한 윤회의 다양한 사례를 다루는 책들이 속속 등장하고 있다. 일찍이 성철 스님께서도 윤회에 대한 관심 때문에 몇 권의 책을 펴내기도 하셨다.

이러한 현실에서 윤회와 관련된 저자의 학술적인 연구를 발견하고 반가운 마음에 번역하기로 마음을 먹었다. 저자는 사례를 중심으로 하지 않았다. 전 세계의 윤회와 관련된 이론을 분류하고, 이를 바탕으로 불교의 윤회를 주류불교에서 현대의 논쟁에 이르기까지 다루고 있다. 저자가 50년 이상 윤회와 관련된 문제의식을 가지고 있었다고 하니, 아마도 사례 연구가 아닌 이론적 측면의 윤회 연구를 집대성한 서적이라고 생각한다. 이제는 윤회에 대한 이론적 고찰을 할 시기가 된 것이다. 이러한 즈음에 본서를 번역할 수 있게 되어서 기쁘게 생각한다.

　저자는 윤회 연구의 저명한 학자인 오베예세케레의 견해를 따라 윤회의 유형을 윤회 종말론과 업 종말론으로 분류하고, 이를 바탕으로 전 세계의 다양한 유형의 윤회를 먼저 분석한다. 이를 토대로 점점 불교의 윤회로 초점을 맞추어 가면서, 붓다가 생존했던 당시의 윤회사상을 다루고 이를 바탕으로 초기불교의 오도 또는 육도윤회, 윤회의 토대로써 업을 다룬다. 이후에는 대승불교에서 윤회를 반야·중관, 유식, 정토, 나아가서는 밀교를 중심으로 다루고 있다. 저자의 전공이 다르마끼르띠이기 때문인지 다르마끼르띠의 윤회 관련 논변 또한 심도 있게 다루고 있다. 현대에서는 배철러와 서먼의 논쟁을 중심으로 현대사회에서 윤회사상이 어떻게 자리매김하고 있는지까지를 다루고 있다.

　저자는 윤회를 네 가지 접근방식, 즉 문자주의, 신전통주의, 근대주의, 세속주의로 분류한다. 자신은 근대주의의 한 형태가 미래를 향해 나아가는 가장 바람직한 방향이라고 하면서 불가지론적 입장을 취한다. 마치 윤회가 존재하는 것처럼 행동함으로 인해서 어느 쪽에 내기를 걸든 이기는 쪽을 택하고자 한다. '완벽한 객관성의 환상에서 벗어나 불교가 사실인 것처럼 생각하고 살 생각을 왜 하지 않는가'라는 문장에서 저자의 핵심을 볼 수 있다.

　윤회에 대한 개별적인 증거가 윤회 자체를 입증하지는 못한다. 이는 과학에 대해서도 마찬가지이다. 즉 귀납법이 진리를 담보하지는 못한다. 단지 진리로 나아갈 뿐이다. 그렇다고 연역법이 진리를 담보하는 것도 아니다. 연역적인 이론은 반박 가능한 증거에 대해서 항상 열려 있기 때문이다. 칼 포퍼의 말처럼 반박 가능성에 열려 있는 이론이 과학적 진리일 수 있다. 역자의 견해로는 윤회가 없다는 결정적인 증거가 나옴으로 인해서 윤회가 폐기될 수 있는 가능성을 열어놓기 때문에 윤회는 진리의 가능성이 있는 이론이 된다. 반박되기 이전에는 개별적 사례 또는 다양한 논증에 의해서 진리로 나아가는 것이다. 그러기에 윤회는 현재까지 반박되지도 않고 입증되지도 않은 열린 진리인 것이다. 역자에게 윤회는 여전히 진리이다.

깨달았던 밤, 붓다는 삼명三明을 통해서 자신의 숙명과 타인의 마음을 본다. 숙명통을 통해서 자신의 윤회를 보게 되고 타심통을 통해서 타인의 윤회를 보게 된다. 윤회를 봄으로 인해서 붓다는 새벽에 누진漏盡, 즉 번뇌를 다하게 된다. 윤회를 통해서 자신과 타인의 모든 번뇌의 원인을 알게 되고, 더 이상 번뇌가 문제가 되지 않게 된다. 이때 붓다는 비로소 붓다가 된다. 붓다가 깨달음을 얻게 된 것은 윤회를 봄이라고 이야기할 수 있을 것이다. 그러하기에 붓다는 오도송에서 더 이상 윤회의 집을 짓지 않는다고 한다. 윤회에서 벗어남으로써 붓다는 깨달음에 들게 된 것이다. 또한 육도, 나아가서는 십법계가 온처계와 더불어 불교의 우주론이라고 한다면, 깨달음과 우주론은 윤회와 밀접한 관련이 있다. 이렇게 중요한 주제가 되는 윤회에 대해서 학술적으로 정리하는 것은 의미가 있을 것이다. 불교전문가뿐만 아니라 '나는 누구인가', '나는 어디서 와서 어디로 가는가'에 대해서 의문을 품고 있는 모든 이들의 일독을 권한다.

많은 분들의 도움이 있었다. 박재은 박사의 헌신이 없었다면 원서의 번역을 시작할 엄두조차 못 내었을 것이다. 항상 무한한 감사의 마음을 전한다. 수행과 관련해서 윤회에 대한 많은 통찰을 준 하하 님, 지혜

님, 미라 님에게 감사를 전한다. 항상 윤회를 수행의 토대로 생각하면서 수행을 독려해 주신 것에 감사드린다. 언제나 변함없는 관심을 보여주시고, 수행과 치유의 길을 일러주신 법정 스님에게 감사드린다. 항상 교정과 윤문을 도와주는 엄세정 선생에게 감사를 전한다. 아낌없는 지원을 해준 최명희, 최검열, 김미진, 이장미 님, 고정혜 박사, 김명준 박사에게도 감사를 전한다. 마지막으로 출판을 지원해주신 대한불교 진흥원의 신진욱 국장님, 고영인 부장님, 도서출판 운주사 김시열 대표님에게 감사를 전한다.

윤희조

지은이 **로저 잭슨**(Roger R. Jackson)

미국 미네소타주에 있는 칼턴 대학(Carleton College)의 아시아 연구 및 종교(Asian Studies and Religion) 명예 교수이다. 위스콘신대학에서 석·박사학위를 했으며, 50년 가까이 불교, 특히 티베트불교 전통을 연구하고 수행하고 있다. 특히 인도와 티베트불교 철학, 명상, 의식에 관심을 가지고 있으며, 또한 불교 종교시, 스리랑카의 종교와 사회, 신비주의, 현대불교사상에도 관심을 가지고 있다. 현재 매우 존경받는 학자이자 법사이자 작가로 활동하고 있다. 많은 학술 서적과 기사를 집필했으며 불교저널에 자주 기고하고 있다.

옮긴이 **윤희조**

서울불교대학원대학교 불교학과 불교상담학 전공지도교수이며, 불교와 심리연구원 원장을 맡고 있다. 서울대학교 철학과 학부와 대학원 석사과정을 졸업하고, 서울불교대학원대학교 불교학과 대학원에서 석·박사학위를 취득했다. 주요 저·역서로『붓다와 아들러의 대화』,『유식과 합리적 정서행동치료』,『불교심리학과 인지행동치료』,『붓다와 프로이트』,『붓다의 영적 돌봄』,『만다라 미술치료』,『심리치료와 행복추구』,『자비와 공』,『불교심리학사전』,『불교상담학개론』,『한역으로 읽는 알아차림의 확립 수행』,『불교심리학 연구』,『불교의 언어관』 등이 있고, 40여 편의 불교심리학 및 불교상담 관련 논문이 있다.

대원불교
학술총서 **15** 윤회

초판 1쇄 인쇄 2024년 4월 11일 | **초판 1쇄 발행** 2024년 4월 18일
지은이 로저 잭슨 | **옮긴이** 윤희조 | **펴낸이** 김시열
펴낸곳 도서출판 운주사

(02832) 서울시 성북구 동소문로 67-1 성심빌딩 3층

전화 (02) 926-8361 | 팩스 0505-115-8361

ISBN 978-89-5746-776-3 93220   값 25,000원

http://cafe.daum.net/unjubooks 〈다음카페: 도서출판 운주사〉